全国交通土建高职高专规划教材

Gonglu Gongcheng Jingji

# 公路工程经济

周传林　赵丽珠　王中伟　主编
王选仓[长安大学]　主审

人民交通出版社

## 内 容 提 要

公路工程经济是工程监理、工程造价、道路桥梁工程技术等专业的主干课程之一。它是由公路工程技术、经济学与管理学等相互融合渗透而形成的一门综合性科学，具有理论面宽、实践性强的特点。

本书采用理论与实际相结合的方法，全面系统地介绍了公路工程经济的基本理论与方法，以及公路工程项目经济评价、工程概预算、招投标、计量与支付、工程财务管理中所用到的经济知识和方法。本书既可以作为工程管理专业以及相关专业的大学、专科院校的教学用书，也可以作为公路工程单位广大工程技术人员、工程单位各级管理人员加强成本管理、提高经济效益、转变管理理念、拓宽管理视野的必备参考书；同时本书还可以作为公路监理工程师考试的必备学习参考书。

**图书在版编目（CIP）数据**

公路工程经济/周传林，赵丽珠，王中伟主编．—北京：人民交通出版社，2006.9（重印 2007.8）
全国交通土建高职高专规划教材
ISBN 978－7－114－06158－5

Ⅰ.公…　Ⅱ.①周…②赵…③王…　Ⅲ.道路工程－工程经济－高等学校：技术学校－教材
Ⅳ.F540.3

中国版本图书馆 CIP 数据核字(2006)第 107690 号

书　　名：全国交通土建高职高专规划教材
　　　　　公路工程经济
著 作 者：周传林　赵丽珠　王中伟
责任编辑：卢仲贤　毛　鹏
出版发行：人民交通出版社
地　　址：(100011) 北京市朝阳区安定门外外馆斜街 3 号
网　　址：http://www.ccpress.com.cn
销售电话：(010) 59757973
总 经 销：人民交通出版社发行部
经　　销：各地新华书店
印　　刷：北京鑫正大印刷有限公司
开　　本：787×1092　1/16
印　　张：18.5
字　　数：450 千
版　　次：2006 年 9 月　第 1 版
印　　次：2019 年 8 月　第 11 次印刷
书　　号：ISBN 978-7-114-06158-5
定　　价：32.00 元

# 全国交通土建高职高专规划教材编审委员会

# 总 序

针对高职高专教材建设与发展问题，教育部在《关于加强高职高专教材建设的若干意见》中明确指出：先用2至3年时间，解决好高职高专教材的有无问题。再用2至3年时间，推出一批特色鲜明的高质量的高职高专教育教材，形成**一纲多本、优化配套**的高职高专教育教材体系。

2001年7月，由人民交通出版社发起组织，15所交通高职院校的路桥系主任和骨干教师相聚昆明，研讨交通土建高职高专教材的建设规划，提出了28种高职高专教材的编写与出版计划。后在交通部科教司路桥工程学科委员会的具体指导下，在人民交通出版社精心安排、精心组织下，于2002年7月前完成了28种路桥专业高职高专教材出版工作。

这套教材的出版发行，首先解决了交通高职教育教材的有无问题，有力支持了路桥专业高职教育的顺利发展，也受到了全国各高职院校的普遍欢迎。

随着高职教育教学改革的深入发展、高职教学经验的丰富与积累，以及本行业有关技术标准、规范的更新，本套教材在使用了2至3轮的基础上，对教材适时进行修订是十分必要的，时机也是成熟的。

2004年8月，人民交通出版社在新疆乌鲁木齐召开了有19所交通高职院校领导、系主任、骨干教师共41人参加的教材修订研讨会。会议商定了本套教材修订的基本原则、方法和具体要求。会议决定本套教材更名为"交通土建高职高专统编教材"，并成立了以吉林交通职业技术学院张洪滨为主任委员的"交通土建高职高专统编教材编审委员会"，全面负责本套教材的修订与后续补充教材的建设工作。

2005年6月，编委会在长春召开了同属交通土建大类、与路桥专业链接紧密的"工程监理专业、工程造价专业、高等级公路维护与管理专业"主干课程教材研讨会，正式规划和启动了这三个专业教材的编写出版工作。

2005年12月，教育部高等教育司发布了"关于申报普通高等教育'十一五'国家级规划教材"选题的通知（教高司函[2005]195号），人民交通出版社积极推荐本套教材参加了"十一五"国家级规划教材选题的评选。

2006年6月，经教育部组织专家评选、网上公示，本套教材中有十五种入选为"十一五"国家级规划教材，2008年1月，又有六种教材在"十一五"国家级规划教材补报中列选，共计21种，标志着广大参与本套教材编写的教师的辛勤劳动得到了社会的认可、本套教材的编写质量得到了社会的认同。

2006年7月，交通土建高职高专统编教材编审委员会及时在银川召开会议，有24所各省区交通高职院校或开办有交通土建类专业的高等学校系部主任、专业带头人、骨干教师以及人民交通出版社领导共39位代表出席了本次会议。会议就全面落实教育部"十一五"国家级规划教材的编写工作进行了研讨。与会代表一致认为必须以入选的十五种国家级规划教材为基本标准，进一步全面提升本套教材的编写质量，编审委员会将严格按照国家级规划教材的要求审稿把关，并决定本套教材更名为**"全国交通土建高职高专规划教材"**，原编委会相应更名为**"全国交通土建高职高专规划教材编审委员会"**。以期在全国绝大多数交通高职院校和开办有交通土建类专业的高等院校的参与、统筹、规划下，本套教材中有更多的进入"十一五"国家级规划教材行列。

2007年5月，编委会在湖南长沙召开工作会议，就“十一五”国家级规划教材主参编人员的确定和教材的编写原则作出了具体安排，全面启动“十一五”国家级规划教材的编写与出版工作。

2008年4月，编委会在广东珠海召开工作会议，研讨了**“工学结合”**高职高专教材编写思路，决定在“十一五”国家级规划教材编写过程中，注重高职教学改革新方向，注重工程实践经验的引入，倡导**“工学结合”**。

本套高职高专规划教材具有以下特色：

——顺应交通高职院校人才培养模式和教学内容体系改革的要求，按照专业培养目标，进一步加强教材内容的针对性和实用性，适应学制转变，合理精简和完善内容，调整教材体系，贴近模块式教学的要求；

——实施开放式的教材编审模式，聘请高等院校知名教授和生产一线专家直接介入教材的编审工作，更加有利于对教材基本理论的严格把关，有利于反映科研生产一线的最新技术，也使得技能培训与实际密切结合；

——全面反映2003年以来的公路工程行业已颁布实施的新标准、规范；

——服务于师生、服务于教学，重点突出，逐章均配有思考题或习题，并给出本教材的参考教学大纲；

——注重学生基本素质、基本能力的培养，教材从内容上、形式上力求更加贴近实际；

——为加强学生的实际动手能力，针对《工程测量》、《道路建筑材料》等课程，本套教材特别配套有实训类辅导教材；

——为方便教学，本套教材配套有《道路工程制图多媒体教材》、《公路工程试验实训多媒体教材》、《路基路面施工与养护技术多媒体教材》、《桥涵设计多媒体教材》、《桥涵施工技术多媒体教材》、《现代道路测量仪器与技术多媒体教材》等。

本套教材的出版与修订再版，始终得到了交通部科教司路桥工程学科委员会和全国交通职教路桥专业委员会的指导与支持，凝聚了交通行业专家、教师群体的智慧和辛勤劳动。愿我们共同向精品教材的目标持续努力。

向所有关心、支持本套教材编写出版的各级领导、专家、教师、同学和朋友们致以敬意和谢意。

全国交通土建高职高专规划教材编审委员会

人民交通出版社

2008年5月

# 前　言

在我国公路工程项目投资规模日趋增大、公路工程项目建设所需资金日趋增多的情况下，现代公路工程技术人员在精通工程技术的同时，还必须掌握工程经济学一定的基本知识，将工程经济学的基本原理与公路工程实践相结合，以更好地提高公路工程项目的经济效益。

现代公路工程技术人员不但是公路工程项目的规划者和建设者，同时也是公路工程项目问题的解决者、管理者和决策者。但是长期以来，我们传统的教育模式中，公路工程技术教育与经济管理教育相分离，学习公路工程技术的学生不学习工程经济，对市场经济、市场竞争、产品成本、经济效益等经济概念不了解。当这些学生从学校毕业走上公路工程技术岗位后，往往不知如何考虑在保证公路工程质量的前提下降低公路工程造价、增加利润、提高经济效益，致使设计或施工技术方案缺乏竞争能力，不能适应市场经济发展的需要，有时甚至给国家的经济带来严重的损失。

因此，公路工程技术专业学生在学习公路工程设计及施工技术的同时，学习一些公路工程经济相关知识，培养用经济理论去分析公路工程项目的经济效益，提高他们解决实际问题的能力和决策能力，这是市场经济发展对新一代公路工程技术人员的要求，也是时代发展的需要。

本教材是高职高专工程监理、工程造价、道路桥梁工程技术等专业主干课程教材之一。本教材在编写过程中力求将经济学理论与经济学概念通过简明的语言阐述出来，同时结合公路工程的实际特点来组织有关篇章内容。本教材的出版，希望能够给相应岗位工作的工程技术人员、设计人员及管理人员以帮助，给即将走上工作岗位的学生以启迪。

本教材根据公路工程经济学的基本规律和实际教学的要求，分为上、中、下三篇，在内容编排上紧扣交通部监理工程师考试大纲“公路工程经济”科目的要求。同时在本教材后附有近年来交通部公路工程监理工程师执业资格考试“公路工程经济”科目试题及解答，目的在于：**一是推动职业技术教育的“产教结合”，促使在校生了解实际公路工程对有关知识的要求；二是为备考交通部公路工程监理工程师执业资格考试的有关人员提供一本有价值的辅导教材。**

2006年2月20日至22日在北京召开本书审稿会。参加本次会议的有：内蒙古大学张保成、赵丽珠，河北交通职业技术学院田平，南京交通职业技术学院罗云军，湖南交通职业技术学院王中伟，宁夏交通学校孙元桃，人民交通出版社卢仲贤、师云。会议代表认真审查了本书，并对全书的编写内容及编写分工进行了调整与完善。

本教材由周传林（南京交通职业技术学院）、赵丽珠（内蒙古大学职业技术学院）、王中伟（湖南交通职业技术学院）主编。具体编写分工如下：第一章、第二章由赵丽珠、周传林编写，第三章由赵丽珠编写，第四章、第十二章由罗云军（南京交通职业技术学院）编写，第五章由周传林编写，第六章、第七章、第八章由王中伟编写，第九章、第十一章由徐能化（内蒙古大学职业技术学院）编写，第十章由周传林、罗云军编写。全书是由赵丽珠统稿。

**全国交通土建高职高专规划教材编审委员会特邀长安大学王选仓教授（博导）担任本教材主审。**

本教材的图片绘制是由内蒙古大学职业技术学院的教师张广慧等人协助完成的，在此表示深深的感谢!

由于编者的知识水平有限,书中肯定有许多的不足和疏漏之处,恳请各位读者提出宝贵意见。本教材在编写中,借鉴了许多他人的文献或作品(见书参考文献),在此向他们深表谢意。

编者

2006 年 5 月

# 目　录

## 上　篇



## 中　篇

下　篇

# 上 篇

## 第一章 绪 论

**学习重点**:1.了解公路工程经济学的发展概况;
2.明确公路工程经济的含义;
3.说明公路工程经济的研究目的;
4.描述公路工程经济研究的内容;
5.描述公路工程经济研究的基本原则;
6.叙述公路工程经济分析的一般步骤;
7.阐述公路工程经济研究中的几个基本概念。

### 第一节 公路工程经济的发展概况

#### 一、工程经济学的萌芽与形成

早在19世纪40年代,法国工程师J·Dupuit就已经注意到了用财务分析方法不能正确评价公共工程项目对整个社会的经济效益。1844年他第一次提出了“消费者剩余”概念(消费者剩余的确切概念由英国经济学家A·马歇尔提出),并把它应用于公用事业工程项目的分析中,这是西方经济分析思想的开始。

工程经济学正规的历史渊源可追述到1887年惠灵顿(Arthar M.Wellington)的《铁路布局的经济理论》的出版,文中首次对工程经济进行了精辟的评述。他写道:“不把工程学简单地理解和定义为建造艺术是很有用处的,从某种意义上来说,工程经济并不是建筑艺术。我们不妨把它精确地定义为一门少花钱多办事的艺术。”作为一名建筑工程师,惠灵顿认为,资本化的成本分析法可应用于铁路最佳长度路线曲率的选择,从而开创了工程领域中的经济评价工作。这也是工程经济(学)的萌芽。惠灵顿认为,工程经济并不是建造艺术,而是一门少花钱多办事的艺术[①]。

惠灵顿的精辟理论被后来的工程经济学家所承袭。20世纪初,斯坦福大学教授菲什(J.C.L.Fish)出版了第一部以《工程经济学》(Engineering Economics,1915年第一版,1923年第二版)命名的著作。他将投资模型与证券市场联系起来,分析内容包括投资、利率、初始费用与运

① A M Wellington. The Ecnomic Theory of the Location of Railways. New York; Wiley,1887

营费用、商业与商业统计、估价与预测、工程报告等①。与此同时，戈尔德曼（O.B.Goldman）教授在其著作《财务工程学》一书中提出了决定相对价值的复利模型。同时，他指出："有一种奇怪而遗憾的现象就是许多作者在他们的工程著作中，没有或很少考虑成本问题。实际上，工程师的最基本的责任是考虑成本，以便取得真正的经济效益，即赢得最大可能数量的货币，获得最佳的财务效率②。

真正使工程经济学成为一门系统的独立的科学的学者是格兰特（Eugene L.Grant）教授。他在1930年发表了被誉为工程经济学经典之作的《工程经济原理》③。格兰特教授不仅在该书中阐述了古典工程经济的局限性，而且以复利技术为基础，讨论了判别因子和短期评价的重要性以及资本长期投资的一般方法，首创了工程经济分析的评价理论和原则。他的许多理论和贡献获得了社会公认，故被誉为工程经济学之父④。

从惠灵顿到格兰特，历经43年的探索，一门独立的系统化的工程经济学终于形成。

## 二、工程经济学的发展

第二次世界大战之后，工程经济学受凯恩斯主义经济理论的影响，研究内容从单纯的工程费用效益分析扩大到市场供求和投资分配领域，从而取得重大进展，当然，这与和工程经济学密切相关的两门学科的重大发展有关。这两门学科，一是1951年由乔尔·迪安（Joel Dean）教授开创的新应用经济学——管理经济学；另一是战前就已存在，但在20世纪50年代发生了重要变化的公司理财学（企业财务管理学）。二者对研究公司的资产投资，把计算现金流量的现值方法应用到资本支出的分析上，起了重要作用。更重大的转折发生于1961年，因为乔尔·迪安教授的《资本预算》一书不仅发展了现金流量的贴现方法，而且开创了资金限额分配的先进分析方法。

20世纪60年代以来，工程经济学（包括公司理财学）研究主要集中在风险投资、决策敏感性分析和市场不确定性因素分析等3个方面。主要代表人物是美国的德加莫、卡纳达和塔奎教授。而提供投资分析和公司理财一般理论基础和方法的则是4位先后获诺贝尔奖的大经济学家迪里安尼（Franco Modigliani）、马克维茨（Harry Markowitz）、夏普（William Sharpe）和米勒（Merton Miller）。德加莫教授偏重于研究工程企业的经济决策分析，他的《工程经济》（1968年）一书以投资形态和决策方案的比较研究，开辟了工程经济学对经济计划和公用事业的应用研究途径；卡纳达教授的理论重视外在经济因素和风险性投资分析，代表作为《工程经济学》（1980年）；塔奎因教授等人的理论则强调投资方案的选择与比较，他们提出的各种经济评价原则（如利润、成本与服务年限的评价原则，盈亏平衡原则和债务报酬率分析等），成为美国工程经济学教材中的主要理论。

20世纪后期，工程经济分析的地位日益突出，其重要性得到公认。特别是1982年，工程经济学家里格斯（J.L.Riggs）教授出版了《工程经济学》一书，使工程经济分析的学科体系更加完整与充实，从而成为国外许多高等学府的通用教材。目前，工程经济分析的发展侧重于用概率统计进行风险分析、敏感性分析和随机分析等新方法的研究。

---

① J C L Fish. Engineering Economics. 2ded, New York: McGraw – Hill, 1923

② O B Goldma. Financial Engineer. New York: Wiley, 1920

③ E L Grant. Principles of Engineering Economy. New York: Ronald, 1930

④ A Lesser, Jr. "Engineering Economy in the United States in Retrospect-An Analysis", The Engineering Economist. Vol. 14, No. 2, 1969

近十几年来，西方工程经济学理论出现了宏观化研究的趋势，工程经济中的微观部门效果分析正逐渐同宏观的效益研究、环境效益分析结合在一起，国家的经济制度和政策等宏观问题成为当代工程经济学研究的新内容。

## 三、公路工程经济在我国的发展

我国在建国初期，比较重视经济效益，因此在56项重点工程的建设中，在借鉴前苏联经验的基础上，形成了一套自己的技术经济论证方法。在这种技术经济论证中，从国民经济角度出发，考虑了工程中的经济因素，尽管是静态的（即没有考虑到资金的时间价值），但在建国初期的建设中起了良好的作用。在随后的“大跃进”和“文革”年代，工程建设中只讲政治，不讲经济，因此，刚刚萌芽的技术经济论证理论也就夭折了。工程经济分析在我国真正得到发展和广泛应用是进入20世纪70年代后期，随着改革开放，传统的计划经济不讲效益的观点被逐渐摒弃，在工程项目的成本核算中，开始出现折现、现金流量等概念。党的十一届三中全会之后，我国的各项工作转移到以经济建设为中心的轨道上来了，党和国家领导人多次强调要重视前期工作。广大工程技术人员面临进行可行性研究的实际需要，以积极的态度引进和吸收西方国家的工程分析方法，并结合我国的具体实践，探索并制定适合我国国情的条例和方法。

1981年以来，国家科委和国务院经济社会发展中心组织力量对建设项目经济评价的基础理论和方法进行研究，与此同时，我国一系列世界银行贷款项目都严格按世界银行的要求进行了工程经济分析，在此基础上，1987年10月，国家计委组织编写和出版了《建设项目经济评价方法与参数》，为我国进行工程经济分析提出了规范化的方法和参数。1988年6月交通部颁发了《公路建设项目经济评价方法》。因此可以说，从20世纪80年代开始，随着我国经济建设的飞速发展，工程经济分析得到了完善和发展。目前，我国在项目投资决策分析、项目评估和管理中，已经广泛地应用了工程经济学的原理和方法。

从理论的角度来说，公路工程经济目前在我国依然处于引进、吸收阶段。工程经济学的在国内有两本代表性著述，一为黄渝祥、邢爱芳编著的《工程经济学》（1985年，同济大学出版社），一为任隆、陈云鹏合著的《工程经济学》（1987年，西南财经大学出版社）。但从体系完备性当首推已译为中文的里格斯教授的《工程经济学》。我国公路工程经济的最早的代表作为蔡成祥教授于2002年2月编写并出版的《公路工程经济分析》（高等学校试用教材），基本原理阐述非常清晰、翔实，只是随着我国公路建设的加速发展，公路工程项目的经济分析方法与实践都有了飞速的发展，所以，我们应该与时俱进，不断修改，完善教材，使教材的理论与实践的发展相统一。

我国公路工程经济的发展过程大致分为三个阶段，见表1-1。

**我国公路工程经济的发展过程**　　　　表1-1

| 时　期 | 学科阶段 | 发展状况 |
|---|---|---|
| 20世纪50年代 | 雏形阶段 | 经济分析方法阶段。经济分析方法开始应用于工程技术中 |
| 20世纪60年代初至70年代初 | 第一阶段 | 经济效果学阶段。经济分析方法在公路工程建设和许多领域得到广泛应用 |
| 20世纪70年代 | 第二阶段 | 停滞、涣散阶段 |
| 20世纪80年代以后 | 第三阶段 | 蓬勃发展阶段。工程经济学的原理和方法在公路建设的项目评价中得到系统、广泛的应用；学科体系、理论与方法、性质与对象的研究不断深入，形成了较完整的学科体系 |

## 第二节　公路工程经济的研究对象及内容

### 一、公路工程经济研究的目的

1.公路工程经济的含义

公路工程经济是对公路工程进行经济分析，确切地说，就是以系统分析和定量分析为手段，研究如何在一项公路工程活动中，综合运用工程技术和经济学原理，使投入公路工程项目的资金发挥最大经济效益的一种科学方法。该含义主要包括如下几个方面：

(1)公路工程经济的主要研究对象是公路工程项目。

(2)研究手段为系统分析和定量分析。系统分析是在分析公路工程项目时，要站在整个项目的角度进行分析，避免因为只站在某一个角度进行分析而导致错误的结论；定量分析与定性分析是相对应而存在的，定量分析是从事物的数量方面进行分析，即用数字说话，而定性分析则侧重于对事物的性质方面进行分析。在市场经济条件下，我国现在进行经济分析时主要采用定量分析的方法，这也是与国际经济的分析方法相衔接。

(3)资金具有稀缺性的特点。在西方经济学中，贯穿整个学科体系的一个中心主题是资源具有稀缺性(scarcety)，这里的资源包含资金、劳动力、能源、信息等。稀缺性并不是说资源已经少到了稀缺的程度，而是指相对于人类社会的无穷欲望而言，经济物品，或者说生产这些物品所需要的资源总是不足的，这种资源的相对有限性就是稀缺性。因此，我们需要对工程项目进行分析，使有限的资金得到最合理有效的利用。

(4)充分发挥资金的经济效益，即在公路工程项目的建设中，在保质保量的前提下，尽量节省资金，使资金的经济效益得到更大的发挥和利用。

2.公路工程经济研究的意义

要想提高公路工程项目的经济效益，使技术能够有效地应用于公路工程项目的设计和施工工作中，就必须对各种技术方案的经济效益进行计算、分析和评价，在保质保量的前提下，尽量少花钱，多办事，即进行公路工程经济研究。具体说来，公路工程经济研究的重要意义主要体现在以下三个方面：

(1)公路工程经济研究是提高社会资源利用效率的有效途径。

任何公路工程项目(投资项目)都伴随着对资源的消耗，经历研究、开发、设计、建造、运行、维护、管理之中的某些过程。这种实践活动必将产生经济效益、社会效益以及对生态、环境产生影响。如何在揭示公路工程项目的经济特征基础上，做出正确的公路项目投资及运营决策，以最大限度地发挥资源的作用，确保资源得到合理地使用并取得满意的经济效果，是公路设计、施工、监理等工程技术人员必须要考虑的问题。

(2)公路工程经济是工程师的必修课。

现代社会要求公路工程单位要具有较高的竞争力，不仅技术上、设备上要有吸引力，价格上也要有吸引力。如果只考虑提高质量，不考虑公路投资成本，导致公路建设的成本很高，甚至经常出现在建公路因缺少资金而中途停工。如何降低成本，增加利润，是工程师的重要任务，也是经济发展对工程师提出的要求，如果工程技术人员不懂经济，不能正确处理技术与经济关系，就不能很好地完成公路工程项目的建设。

(3)公路工程经济的分析是降低项目投资风险的可靠保证。

公路工程经济研究的最主要目的就是降低投资风险，使决策更加科学化、合理化。在工程项目投资前期进行各种技术方案的论证评价，一方面可以在投资前发现问题，并立即采取相应措施；另一方面对于技术经济论证不可行的方案，及时否定，从而避免不必要的损失，使投资风险最小化。如果盲目从事或凭主观意志发号施令，到头来只会造成人力、物力和财力的浪费。只有加强工程经济分析工作，才能降低投资风险，使每项投资获得预期收益。

## 二、公路工程经济的研究对象

公路工程经济的研究对象主要是工程项目，它贯穿于工程项目的各项工作中，是工程活动中一个极其重要的工作内容，是技术知识与经济知识在工程项目上的具体运用。同时，工程经济分析作为一种科学方法，它可以广泛应用于各项工程活动中。不仅可以帮助解决投资决策，而且可以帮助工程技术人员选择设计方案、施工方案、资源配置方案、公路收费方案和养护方案等。还可以帮助承包单位选择投标项目、制定投资方案，帮助监理工程师制定和选择监理方案及分析监理工作中各类问题的处理方案，如工程变更方案的选择等。总之，公路工程经济在工程项目的各项工作中有着广泛的应用价值，起着极其重要的作用。可以说，现代工程决策取决和依赖于工程经济分析这一有效的方法。

任何工程项目，总是通过投资活动才得以实现。在市场经济条件下，各项资源总可以用货币来表示其价值，因此，工程经济研究就抓住这一特点，以货币为具体参照物对工程项目进行定量分析。从资金运动来看，对工程建设项目的经济分析，实际上就是对一项投资活动的分析。工程经济研究的问题一般包括三个方面：

1.通过经济分析，评价投资方向的合理性。即在一定的地区或部门，根据国家当前的经济发展政策、自然资源条件及市场的需求预测等，寻求最有利的投资机会，选择最合理的工程建设项目，保证国家有限的投资发挥最大的经济效益。

2.通过经济分析为实现某一项目总目标选择最优的实现途径。这要求在列举一切可行的技术方案的基础上，通过分析比较，选择最经济有利的方案付诸实施，保证以最小的资源耗费满足预定的目标要求。其工作程序为：确定目标→列举方案（凡能达到目标的所有方案都应列出）→分析比较（对所列出的方案进行经济计量与比较，比较各方案的优劣）→评价（在前一个分析的基础上，以经济分析数据为依据，综合考虑各方面因素，在各方案中做出最终选择）。

3.分析建设工程的投资来源，即资金如何筹措及为取得投资而付出的代价限度是多少，投资的最有利偿还方式及最佳的筹资结构等。投资来源有时是取舍技术方案的决定性因素。

公路建设作为交通运输业的主要支柱，其经济效益虽然形成于建设工程中，但主要反映在其使用工程中。因此，对其进行经济分析必须从项目的整个寿命周期来考虑，并从整个运输业的角度来考虑和分析，才能得出较完整和科学的结论。

对于公路建设项目来说，公路工程经济所研究的主要问题可概括如下：

(1)合理配置资源。即在有限资源的条件下，究竟应将有限的资金投入到哪些公路项目上，也就是如何合理配置资源的问题。

(2)选择方案。为达到工程目标，对几个参加比较的方案，如路线方案、桥型方案、施工组织方案等应该如何筛选，看哪个方案最佳。在多项可供选择的方案中，如公路施工投标报价方案的选择等，是选择一项稳妥可靠的方案，还是选择一个具有较大潜在收益，同时具有较高风险性的方案。

(3)筹资分析。随着社会主义市场经济体制的建立，建设项目资金来源多元化已成为必然。因此，要研究在市场经济体制下，如何建立筹资主体和筹资机制，怎样分析各种筹资方式的成本和风险。围绕多个提供资金的建议或筹资方案，如公路建设资金中外资利用额度和发行股票及债券的比重等，应怎样选择最有利的资金来源或资金方案。

(4)财务分析。从经济的角度出发，评价和完善公路建设中的各项技术政策、技术措施和技术方案，如公路收费政策，养护管理政策，新工艺、新技术的推广，各技术标准和技术规范的修订等。

(5)经济分析。从整个国民经济角度出发，分析和鉴定一个公路建设项目对整个国民经济体系的影响。

(6)风险与不确定性分析。任何一项经济活动，由于各种不确定性因素的影响，会使期望的目标与实际状况发生差异，可能会造成经济损失。为此，需要识别和估计风险，进行不确定性分析。

以上所述问题有两个共同的特点：一是每项目标都要从各种可行的方案中进行分析、比较和优选；二是在所有问题中都要涉及经济研究，都要从经济效益上说明技术方案的合理性。

工程经济研究既有利于引导投资方向，控制投资规模，提高投资效益；又能使项目和方案经过需要→可能→可行→最佳的步骤得到步步深入地分析、比较。这样可避免由于依据不足，方法不当而盲目决策所导致的失误，把有限的资源用于经济效益和社会效益真正好的建设项目，使我们在全面了解和把握项目或方案经济特征的基础上，实现项目和方案决策的科学化和最优化。

## 三、公路工程经济研究的内容

1.公路工程经济研究的内容

经济学按所分析的范围不同，可分为微观经济学和宏观经济学。亚当·斯密通常被认为是微观经济学的创始人，今天，微观经济学的这一分支主要研究市场、企业、家庭等单个实体的行为；宏观经济学主要研究经济的总体运行。公路工程经济的内容一般从分析的角度分为微观经济分析与宏观经济分析。微观经济分析是从项目和方案本身出发，分析和考察建设项目在财务上带来的经济效益，以判断项目在财务上的可行性。宏观经济分析是从整个国民经济和国家利益出发，分析和计算项目对整个国民经济的影响，以判断项目在经济上的合理性。

习惯上，微观分析又称财务分析或财务评价；宏观分析则通常又称为经济分析或国民经济评价等。

事实上，分析与评价有所区别。分析是以系统的观点，运用数学的、经济的、技术的手段来客观地揭示事物特征的过程；而评价则是在分析的基础上，运用价值观念，对达到目标的各项目和方案进行定量和定性的论证并进而对各方案做出选择的过程。分析更主要的是依靠模型、分析方法及基础数据，是实证和客观的；评价则更多地依靠价值观念即事先制定的评价指标和准则，是规范的和价值性的。

价值观念是人们在长期实践中所形成的综合性概念。由于每个人所处环境不同，所经历的实践也不同，因此，对同一事物的"好"与"坏"、"重要"与"次要"、"满意"与"不满意"的判断也不同，结论也各异。因此，评价人员价值观念上的差别，不可避免地给评价工作带上主观性的特点，从而给评价工作带来一定的片面性。

但是，分析与评价是紧密结合在一起的，分析是评价的前提，评价是分析的继续，甚至评价本身也是一个分析过程。同时，分析本身并非目的，分析是为了做出正确评价。虽然分析更多地注重于客观性，评价更多地依赖于价值观念，但因为所进行的是经济方面的分析和评价，分析也就无法离开价值观念。因此，为了尽量保证经济分析与经济评价的客观性和科学性，不论是分析还是评价，都必须解决价值的度量问题。并且由于分析与评价的高度统一性，在本书的后续内容中，交替使用分析和评价这两个术语，不再对二者作区分。

2.价值的度量

对于一个工程项目、一个工程方案或一种工程技术，它的效果和消耗都具有自己特定的具体内容，都反映了某种特定的使用价值。在这些不同的使用价值之间，怎样进行相互比较呢？这就需要一种“协调函数”(或者称为价值理论)来完成。价值理论分为两大类。

(1)经济价值

不论是物质效果、心理效果还是社会效果，都包含着一定量的活劳动的消耗，它们都可以看作一种商品，即可以在交换中把它们的使用价值转换为货币形式，实现它们的经济价值。因而，在市场经济条件下，对不同形式的投入及产出进行统一量化的唯一尺度就是货币，经济价值就直接表现为货币形式，其他各类效果也就可以转化成相应经济效果而以货币来度量。当然，由于价值和价格的背离，特别对某些非商品化的效果，要真正定量地以货币形式来计量是困难的，对具体情况需要进行具体的专门研究。

(2)心理价值

心理价值理论认为价值存在于事物所提供的欣赏或满足中，也就是说价值是一种感觉，而价值的度量是感觉的强度。心理价值更多地体现在文艺作品、名家的字画上，在工程上则主要体现在(所设计的)路或桥上。心理价值要将“个体”的感觉统一成“群体”的感觉，这又是一个困难的课题。心理价值理论与经济价值理论相比还是很不成熟的。

工程经济分析中，价值的度量以经济价值为准，即以货币形式计量为准，而心理价值辅之以定性说明。

3.公路工程经济研究的基本要求

为了提高公路工程经济研究的准确性和可靠性。真实地反映项目建成后的实际效果，公路工程经济研究应做到以下几点：

(1)以经济效益为中心，把提高国民经济效益作为投资决策的主要目标。当项目的主要矛盾是经济问题时，工程经济分析的结论即可决定其取舍。也就是说，工程经济分析最适合解决那些以经济效益为主要目标的工程问题。

(2)必须考虑资金的时间价值因素。这是同我国过去所做的技术经济论证的重要区别之一。

(3)不同方案的比较，必须具有可比性。项目及其方案的分析指标、计算指标和评价指标的口径与尺度，以及计算经济效果(直接的与间接的效果，有形的与无形的效果)的深度与广度都应当一致。

(4)价格与经济参数必须在时间上保持一致。

(5)在微观分析(财务分析)与宏观分析(经济分析)的基础上，做好不确定性分析，以保证建设项目决策的可靠性。

## 四、公路工程经济研究的基本原则

近十年来，工程经济分析在我国得到了广泛的应用和发展，虽然各部门的项目评价方法各有特点，但基本上都是以效益费用分析为基本理论，并坚持以下基本原则。

1.系统分析原则

首先将工程经济分析对象看作一个系统,明确系统的功能目的,剖析系统的要素构成、各自的特征及其相互联系,实现要素的有机结合,达到系统的整体优化。对于工程项目来讲,项目本身就是一个独立的系统,提高经济效益,实现利润最大化是系统整体目标。在这个系统中还有许多子系统,如生产系统、财务系统、供销系统等等,企业要想提高经济效益必须首先具备优良的生产、财务、供销子系统,使之有机地结合,达到整体目标。

另外,任何工程项目都是一个开放的系统,都处于社会经济大系统之中,与之有着信息和能量的交换和对社会、生态环境的影响。工程经济分析人员要坚持系统论的观点,在提高项目的经济效益的同时必须兼顾社会效益。

2.资源最优配置原则

人类的资源是有限的,但人们的需求是递增的、无限的。如何使有限的资源为社会创造出更多、更好的产品和劳务是我们的最终目的。因此,生产什么、生产多少、如何生产就成为这一客观矛盾的中心。解决好这些问题需要工程经济分析人员对工程项目进行综合分析、合理筹划,以资源的最优配置为原则,选择那些技术上可行、经济上合理的项目上马。

3.定性分析和定量分析相结合

在对项目进行评价时要采取定性分析与定量分析相结合的原则。首先能定量的效益与费用要尽量量化,只有用数字说话才更有说服力,才能对项目做出较准确的评价。另外,我们所考察的项目与科学技术、经济、社会、文化(价值)大系统相联系,有些内容是很难(或不能)量化的,需要进行定性分析,作为定量分析的补充。

4.静态分析和动态分析相结合

静态与动态之分在于是否考虑资金的时间价值,对项目评价不考虑资金时间价值称为静态评价,它适用于对项目的粗略评价。考虑时间价值称为动态评价,它适用于对项目进行详细评价。为了更科学、更全面地反映项目的经济情况,必须对其进行详细评价。所以对公路工程项目进行评价时应静态评价与动态评价相结合,并以动态评价为主。

5.统计分析与预测分析相结合

公路工程经济分析是项目投资之前所进行的主要工作,此时的项目正在酝酿之中,尚未上马,因而所有的经济数据都需来自于预测。预测方法在工程经济分析中很重要的。评价结论的准确性很大程度上依赖于预测,分析人员要学习和掌握不同的预测方法以便于实际工作中的应用。另一方面,工程经济分析离不开统计分析。许多模型的建立、经验数据(系数)的取得离不开统计、回归分析。掌握适当的统计方法也是十分必要的。

6.考虑未来情况的不确定性

对项目进行评价主要基于对项目未来效益的估计,然而影响未来的因素是众多的,这些因素的数据大多是来源于预测和估计,这种预测和估计的数据与实际数据相比,肯定有差距。因而存在着不确定性。决策者要充分考虑(估计到)项目未来的发展或变化的不确定性,并做出相应的风险分析。

7.微观效益分析和宏观效益分析相结合

微观经济效益是个体的、局部的,是宏观经济效益的基础。没有微观经济效益的提高,宏观经济效益的提高也是难以实现的。所谓“小河有水大河满,小河无水大河干”正是强调微观经济的作用。项目在追求其微观经济效益的同时决不能忽视其宏观经济效益,比如对国民经济的贡献、对社会安定、对生态环境的影响。我们决不能以牺牲宏观经济效益为代价而达到发展微观经济效益的目的。否则，则是一种近视的、短期的行为，人类将为对环境的破坏而付出沉重的代价。生态环境逐渐被破坏，环境污染越来越严重，现在，人类已经清醒地认识到了这一点。人类也正在积极地探索解决这些问题的途径。如环境材料、环境协调型产品的产生，都是出于资源消耗少，给环境带来负荷小的考虑。总之要正确处理微观经济效益与宏观经济效益的关系，在合理利用资源，保护环境与生态的前提下，以尽量少的劳动消耗，生产和提供更多、更好的符合人和社会需要的产品和服务。

8.短期经济效益与长期经济效益相统一

任何项目上马，不能只顾眼前利益，要以发展的眼光，从长远的角度看问题，使项目具有长期的生命力，要正确处理短期(当前)经济效益与长期经济效益的关系。作为一个公路企业，要合理地安排人力、物力、财力资源，把握好项目投资方向，加大技术投资力度，在增进公路项目建设的同时，注意保护并治理生态环境，合理有效地利用资源，站在国家和整个社会的高度分析问题，将短期经济效益与长期经济效益合理有效地统一起来。

## 五、公路工程经济分析的步骤

公路工程经济是为公路工程决策服务的。公路工程决策一般有如下九个步骤：即认识问题→确定目标→收集有关数据→确认可行方案→选择或确定判断方案的准则→方案内在关系的模拟→预测各方案的效益(结果)→选择达到目标的最好方案→成果的事后评估(即工程项目的后评估)。为了做好工程经济分析的各项工作，了解和掌握工程决策程序是必要和有益的。

对公路工程项目进行经济分析的一般步骤如下：

1.汇集、整理基础数据

在经济分析之前的可行性研究工作中，需要汇集、整理的基本数据是：

(1)建设项目总投资额，分年度的投资安排和资金筹措来源；

(2)公路营运期间每年的营运和养护成本(包括原材料、人工、管理费、一般养护费和大修费等)；

(3)公路营运期间各年的交通量和收费收入，汽车运输成本等；

(4)公路营运期间的效益分配和贷款偿还计划；

(5)综合以上数据编制整个公路建设项目计算期内的现金流量表。

值得说明的是，基础数据的准确性和可靠性是保证经济分析质量的关键。目前我国公路建设项目的可行性研究中，由于我国经济统计和历年交通量数据缺乏，或基础数据深度不够，影响经济分析的质量。此外，整理出的上述数据应符合微观与宏观两种经济分析的不同要求，便于对相应指标进行分析计算。

2.编制财务、经济活动报表

要完成微观分析和宏观分析，需要分别编制财务、经济活动报表。汇集、整理基础数据的过程，实质上是分析项目建成后的财务与经济活动。它可以揭示项目计算期内的财务与经济活动规律，而财务、经济活动报表就是用报表这种形式反映这种规律，作为分析和计算经济指标的工具。

3.进行微观分析与评价

主要任务是计算财务效益指标，并进行不确定性分析，评价项目的财务经济效益。

4.进行宏观分析与评价

主要是分析建设项目的经济费用和经济效益，对项目的国民经济效益作出评价，并进行不确定性分析。

5.综合分析与评价

主要任务是通过对财务经济效益和国民经济效益的综合分析，提出投资决策的经济依据，确定最优方案。

## 第三节　公路工程经济的基本概念

在公路工程经济中，要用到很多的经济术语，只有较好的理解这些术语，才能更好地进行公路工程经济分析。

### 一、工程(Engineering)

工程是指土木建筑或其他生产、制造部门用比较大而复杂的机器、由技术人员按一定工艺进行的工作，如土木工程、交通工程、化学工程、采矿工程、水利工程等。

一项工程能被人们所接受必须做到有效，即必须具备两个条件：一是技术上的可行性；二是经济上的合理性。在技术上无法实现的项目是不可能存在的，因为人们还没有掌握它的客观规律；而一项工程如果只讲技术可行，忽略经济合理性也同样是不能被接受的。人们发展技术、应用技术的根本目的，正是在于提高经济活动的合理性，这就是经济效益。因此，为了保证工程技术更好地服务于经济，最大限度地满足社会需要，就必须研究、寻找技术与经济的最佳结合点，在具体目标和条件下，获得投入产出的最大效益。

我们这里主要研究公路工程项目。公路建设项目的显著特点是它的长期性和不可撤消性。所谓不可撤消性是指公路建设项目一旦实施，就不能随意终止或取消，否则，已投入项目的资金无法发挥效益，即告全部浪费，所以项目决策的科学化是头等的大事。所谓长期性是指公路工程项目的寿命一般都很长，通常是10年甚至是20年以上。因此，公路工程项目的建设需要投入较多的人力、物力和财力。因此公路工程项目的建设应该格外慎重，应在可行性研究和项目评估过程中，引入公路工程经济分析，以实现建设项目决策科学化、民主化。公路工程经济分析是建设项目可行性研究和评估的核心内容和决策的重要依据，其作用在于最大限度地避免风险，提高投资效益。

### 二、经济学(Economics)

经济一词在我国古代有“经邦济世”、“经国济民”之意义，是治理国家、拯救庶民的意思。与现代所用的“经济”含义不同，“经济”一词在西方语言中，原意指家庭管理。希腊科学家亚里士多德定义“经济”为谋生的手段。19世纪后半叶，日本学者借用古代汉语中的“经济”一词，将英文Economy译成汉字“经济”，以后一直沿用。人们对经济的理解多种多样，概括起来一般有以下4种含义：①生产关系、经济制度、经济基础；②国民经济的总称及其各个部门，如工业经济、农业经济；③社会的物质生产和再生产过程，如经济效益、经济规模；④节约、节省的意思，如经济实惠、经济小吃。前两层含义属于宏观经济的范畴，后两层含义属于微观经济的范畴。

虽然经济有多种含义，但这里所谈到的经济问题既要涉及成本的节约问题，即社会活动中的经济合理性。具体说来，就是指工程技术方案和技术措施对企业、国民经济影响的问题，还要涉及工程经济活动的有效组织与管理问题。

经济学是什么？最近30年来，经济学覆盖了各种各样的论题。如何定义这一成长中的学科？经济学的重要的定义包括：

• 研究在经济活动中如何确定劳动、资本和土地的价格，以及如何运用这些价格配置资源；

• 考察金融市场行为，并分析金融市场如何将资本配置到其他经济部门；

• 考察收入分配，以及如何在不损害经济运行的前提下对穷人给予帮助；

• 考察政府支出、税收、预算赤字对经济增长有何影响；

• 研究经济周期中失业与生产的波动，并提出改善经济增长的政策；考察各国贸易模式并分析贸易壁垒有何影响；

• 观察发展中国家的发展，并对鼓励资源有效利用的方式提出建议。

总结以上的各个观点，经济学的含义归纳如下：

经济学研究的是社会如何利用稀缺的资源以生产有价值的商品，并将它们分配给不同的个人。

这个定义的背后隐含了经济学的两大核心思想，即物品是稀缺的，社会必须有效地利用它们的资源。事实上，正是因为稀缺性和追求效益的愿望，才使经济学成为一门重要的学科。经济学的理论博大精深，内容涉及社会生活的方方面面，但是我们不可能一一加以讲解，只就公路工程经济中涉及到的相关理论予以阐述。

## 三、工程技术与经济

技术与经济是密切联系、相互制约、相互促进的。工程离不开技术，而先进的技术并不一定在工程中能够应用，因为先进的技术并不一定能够保证工程的经济性要求。技术与经济是人类社会进行物质生产所不可缺少的两个方面。

经济发展往往是技术进步的动力和方向，而技术进步又是推动经济发展的重要条件和手段。在一定的社会经济条件下，生产技术的发展水平和结构，决定了整个社会的进步和经济发展。技术在人类社会进步中经历了许多发展阶段，从最简单的手工劳动工具直到现代的自动化和电子化的机器体系。18世纪的欧洲产业革命已广泛使用蒸汽机为标志，促进了工业、商业和交通运输业的发展。19世纪开始进入电力时代，发电机和电动机的出现，为机械工业、汽车工业、航空工业的发展开辟了道路。20世纪中期电子计算机的出现，开创了技术发展的新阶段，标志着人类开始进入生产自动化和劳动生产率急剧提高的时代。当前以微电子技术、生物工程、光纤通信、宇航工程、海洋工程、新能源、新材料等为标志的新技术革命，必将进一步促进社会经济的发展，为节约社会劳动时间、缩短空间距离、促进人类交往、发展生产等带来巨大的社会经济效益。

但是另一方面，技术和经济之间也往往有相互制约和相互矛盾的一面。技术的发展要受到各种条件的制约，这是由于技术的实现总是要依靠当时当地的具体条件，包括自然条件、经济条件、社会条件等。条件不同，技术所带来的经济效益也就不同。例如，某种技术在某些条件下体现出较好的经济效益，而在另一些条件下就不一定如此；又如，从近期效益看，需要采用这一种技术，而从远景的发展方向来看，则可能采用另一种技术为好。有些技术的应用又往往受到经济条件的限制，例如太阳能发电、煤炭的地下汽化、电力牵引机车等先进技术之所以未能广泛采用，主要就是由于成本昂贵的问题还未能得到解决。又如自动化技术可以提高劳动生产率、节约劳动力和降低成本，但在某些国家、某些地区和某些行业，在一定条件下就不宜广泛采用。

此外，有不少技术，如果单从技术本身来看，都是比较先进的，不过在一定条件下，某一种技术可能是比较经济，效果较好，在实践中被采用；而另几种技术可能是不太经济，效果较差，在实践中一时不能采用。但是，随着事物的发展变化，原来不经济的技术可以转化为经济的技术，原来经济的技术也可能转化为不经济的技术。

综上所述，技术和经济有统一，又有矛盾。如何使技术和经济相互适应，寻求技术和经济的合理结合或最佳关系，这是我们进行公路工程经济研究的主要工作之一。

## 四、资源的稀缺性及其经济含义

稀缺性并不是说资源已经少到了稀缺的程度，而是指相对于人类社会的无穷欲望而言，经济物品，或者说生产这些物品所需要的资源总是不足的，这种资源的相对有限性就是稀缺性。这里的资源是指资金、劳动力、能源、信息等。因此，我们需要对工程项目进行分析，使有限的资金得到最合理有效的利用，现在，如何利用稀缺的资源以满足人类需要也就成为任何社会都共同面临的基本经济问题。任何经济研究归根结底与资源的稀缺性有关，稀缺性是个很普遍的经济问题，是任何社会、任何时代所面临的严峻问题。事实上，作为一门社会科学的分支学科，经济学一直以来被认为是一门配置稀缺资源的科学。我们可以从以下四个方面来理解稀缺性的经济含义。

第一，稀缺性意味着经济个体要做出选择，而选择必须付出成本。

在一个资源相对稀缺的世界里，经济个体的需要不可能都得到满足，因而，必须根据需要的轻重缓急来确定选择的先后次序。但是选择的同时意味着放弃，如果不放弃某些东西就不可能得到另一些东西。换句话说，任何经济选择都有成本，我们把这种因选择而产生的成本叫做机会成本。

第二，稀缺性迫使经济个体不断地提高经济效率。

在资源稀缺的情况下，任何社会和个人必须以最高的效率来使用资源，这意味着经济生产所追求的目标是在既定资源条件下使产出最大化以满足社会需要，这一状态只有在资源得到充分利用且不存在资源配置扭曲的情况下才可能实现。

第三，资源稀缺突显经济运行制度选择的重要性。

资源稀缺的实质在于人们在某个时期对产出的需要是大于社会的产出能力。因此，在资源稀缺的条件下，资源的配置与分配常常会引起冲突。为有效解决这些冲突，选择合理的经济运行机制就显得尤为重要。不同经济运行机制的资源配置效率有着显著的差异。在当代世界，市场经济制度被普遍认为是合理配置稀缺资源的首要选择。

公路工程项目的建设需要消耗大量的资源，而资源又是稀缺的，因此我们在对公路工程项目的建设方案进行分析、评价、选择时，必须要考虑如何节约有限的资源来达到公路工程项目经济效益的最大化。

## 五、利润(Profit)

利润(profit)是企业在一定期间的总收入和总成本的差额，生产经营活动的最终成果。如果收入大于费用，其实现的纯收益即为利润；反之，则为亏损。要计算利润，先计算销售产品的收入，然后再减去相关的费用(工资、薪金、租金、利息、消费税和其他支出)，剩余的部分就称为利润。利润是企业经济目标的集中表现。工程投资项目投产后所获得的利润可分为销售利润（忽略营业外收入和其他投资收益）和税后利润两个层次：

销售利润 = 销售收入 - 总成本费用 - 销售税金及附加

税后利润 = 销售利润 - 所得税

企业生产的主要目的是在最大限度地满足人们需要的同时获得最大限度的利润。为了实现这个目的，企业要从以下两个方面入手：一方面，要进行市场调查，了解消费者的当前需求和潜在需求，生产更多的满足消费者需要的产品，增加销售量，进而增加利润；另一方面，企业要增加产量，提高劳动生产率，提高产品价格。因为：利润 = 销售收入 - 成本 - 税收 - 其它费用。而产量越高，价格越高，销售收入也随之越高，利润就越高。

利润是与工资、利息和地租相对应的收入分配范畴。马克思主义政治经济学认为，利润是剩余价值的转化形式，当剩余价值被看作是全部预付资本的产物时，剩余价值就采取了利润的形式。利润和剩余价值本来是同一个东西，但二者又不是直接等同的，剩余价值转化为利润，掩盖了剩余价值的真正来源，剩余价值被看作不是由可变资本产生，而是由全部预付资本产生，这就掩盖了剩余价值同工人剩余劳动的关系，它表现为资本自行增值的结果。

在当代经济学中，把利润理解为承担不确定性风险的报酬。利润与其它要素报酬如工资、地租、利息等相比较，具有以下特点：一是利润可能是负数，因为利润不像其它报酬那样有契约保证，它是扣除其他收入以后的一种剩余；二是利润比其它形式的报酬波动得更厉害，它直接受到经济周期中繁荣和萧条的影响。利润分为正常利润和超额利润。正常利润被计入到成本中，是厂商总成本的一部分。超额利润包括创新利润和垄断利润。前者是因创新而带来的超额利润，如引进新的生产技术、开辟新的市场等；后者是因垄断了市场的供给而产生了超额利润。

利润的作用主要有：利润可以鼓励人们承担不确定性的风险；超额利润指出哪一个行业应该收缩和哪一个行业应该扩张；超额利润鼓励企业家增加商品的产量；超额利润为扩大生产提供了资金；利润保证生产由最有效率的厂商来进行生产。

## 六、机会成本（Opportunity Cost）

机会成本是经济学中的一个重要概念。机会成本又称择一成本，是指在经济决策过程中，因选取某一方案而放弃另一方案所付出的代价或丧失的潜在利益。在资源稀缺的世界中，不存在任何免费的午餐。

企业中的某种资源常常有多种用途，即有多种使用的“机会”，但用在某一方面，就不能同时用在另一方面，因此在决策分析中，必须把已放弃方案可能获得的潜在收益，作为被选取方案的机会成本，这样才能对中选方案的经济效益做出正确的评价。

根据以上定义的“机会成本”概念，我们不难知道它有以下特性：机会成本不是指实际的货币支出；机会成本是除此项业务之外的最好的业务收益。所以，机会成本实际上是属于“收益”概念，不属于“成本”概念范畴。“成本”是指投入、消耗，“收益”通常指产出与成本的相对关系。

如果我们必须在几种资源或投资方案中选择其一，而且这些资源或方案对我们都是有益的，那么由于我们只能选择其一而放弃其他资源或方案，也就相应地放弃了其他资源或方案所能带来的效益。如果所放弃的效益也可以考虑为一种成本的话，那么这种成本显然有别于表示消耗的成本，如生产成本、销售成本。

例如，一吨煤炭，如果用于发电，就不得不放弃它用于取暖所获得的效益；再如，某人有一亩地，用来种小麦，就不得不放弃玉米、蔬菜所得的效益。这种被放弃的效益就是使用某种资源或采用某个方案的机会成本。又如,如果某个企业拥有500万元资金,如果用于别的一项投资,企业可以获利500 000元,但现在只获利400 000元,可见,获利400 000元的投资的机会成本是500 000元,净损失100 000元。可见,机会成本不是指实际的货币开支,而是指本来可以得到,但实际没有得到的损失。我们从事企业经营决策必须懂得机会成本的概念,这样才能真正评价企业投资究竟是否最为有利,到底是最大限度地获得了经济效益,还是并没有做到。

由此可见,机会成本在决策中不容忽视,优选方案的预计收益必须大于机会成本,否则所选中的方案就不是最优方案。实际分析中如果某项资源只有一种用途,则其机会成本为零。

劳动力是一种社会资源,劳动力的机会成本指劳动力不就业于拟建项目而从事其他生产经营活动所创造的最大效益。如果劳动力是失业者,一般可认为该劳动者的机会成本为零。如果劳动力来源于其他企业,那么由于劳动力转移而使原企业损失的效益,即为该劳动力的机会成本。

土地也是一种社会资源,项目用土地的机会成本等于该土地的替代用途所能获得的最大效益。如果该土地原来用于种植农作物,那么土地的机会成本即为种植该农作物的净收益。

计算机会成本是为了在若干可行方案中优选方案提供信息,并对优选方案的经济效益做出全面正确评价。由于机会成本并没有实际发生,故在会计记录中不作任何反映。

机会成本在决策时经常被忽略,决策者在项目方案的决策中由于认识和论证不足以及信息误导等原因,经常选择非利益最大化的方案,导致损失大量的机会成本。因此,对机会成本的认识也应与成本的换取性相联系,用较小的机会成本来换取最大的经济利益。

## 七、经济效益

在社会实践中,人们进行的所有的实践活动,都是为了要取得一定的效益,以满足人们生产和生活的需要,这是人类社会实践所遵循的一个重要原则。只是由于各类活动的不同,人们取得效益的形式也有所不同。从事工业生产,希望造出质量好、成本低、数量多的产品;从事工程项目建设,希望建出投入最少,而质量、效益最好、寿命最长的项目;从事教育工作,则希望能培养出热爱祖国、热爱人民、有技术、有能力的品德兼备的人才。

经济学上讲的经济效益,是指劳动耗费与劳动成果的对比关系。社会主义经济效益,是指在社会主义经济活动中,劳动耗费与所取得的符合社会和人民需要的劳动成果的对比关系,即投入与产出的对比关系。这种投入与产出的对比关系有以下三种情况:

(1)投入等于产出,即劳动耗费等于劳动成果,为不赔不赚;

(2)投入大于产出,即劳动耗费大于劳动成果,为经济效益低下;

(3)投入小于产出,即劳动耗费小于劳动成果,为经济效益较高。

经济学教科书和经济学理论专著上所讲的投入,通常是指资源、资金、劳力的投入。所谓资源的投入,是指能源、原材料等自然资源的投入;所谓资金的投入,主要是指购买机器、设备等有形资产的投入;所谓劳力的投入,是指经济活动中人的投入。从生产经营角度分析,经济效益可用资产报酬率、权益报酬率等指标反映;从物化劳动效果角度分析,经济效益可用销售利税率、成本费用利税率、固定资产生产率和流动资产周转率等指标反映;而从活劳动效果角度分析,经济效益可用全员劳动生产率和人均利税率等指标反映。

经济效益的数值表示有两种形式:

$$经济效益 = \frac{有用的劳动成果}{劳动耗费}$$

经济效益 = 有用的劳动成果 - 劳动耗费

劳动耗费是指在生产过程中耗费的活劳动和物化劳动。

活劳动消耗是指生产过程中具有一定的科学知识和生产经验并掌握一定生产技能的人,消耗一定的时间和精力,发挥一定的技能,有目的地付出的脑力和体力劳动。物化劳动消耗是指进行劳动所具有的物质条件和基础,它一方面包括原材料、燃料、动力、辅助材料在生产工程中的消耗;另一方面包括厂房、机器设备、技术装备等在从事生产实践过程中的磨损折旧等。

经济效益就是所获得的有用的劳动成果与劳动投入的劳动耗费之间的比较值,这个值越大,经济效益就越好。据此可知,为保证有效的劳动成果不变,通过技术或规模等手段努力降低越多的劳动耗费,经济效益就越好;类似地,若使劳动耗费保持不变,努力取得更大的有效劳动成果,则经济效益就越好。反之,就越差。

另外,经济效益有两个层次:一个是反映国民经济全局的宏观经济效益;另一个是反映个别企业或个别生产单位的微观经济效益。在现实的经济活动中,没有劳动者的劳动投入,国民经济全局的宏观经济效益和个别企业或个别生产单位的微观经济效益都无从谈起。

在本书中我们所讲到的经济效益是指由于公路建设项目的建设给企业带来的经济效益(即财务分析)以及运输费用节约效益、减少拥挤效益、节约旅客及货物在途时间效益、缩短里程效益、减少交通事故效益、减少货物事故效益等(即国民经济分析)。对公路工程项目经济效益的分析是公路工程经济研究的主要目的。

## 八、公路工程项目的寿命周期

1.公路工程项目寿命周期的含义

用项目寿命周期的概念来概括项目存在的全过程,就可以从整体上描绘出项目的轮廓,以便于对项目作全面的分析和研究。一个项目总有一个确定的开始和终了时间,这个从开始到终了的时间就是项目的寿命周期。一般认为,寿命周期应从提出建立或改造一个项目时开始,到该项目脱离了运行并为新的项目所替代时止。

公路工程项目的寿命周期是指一个公路项目从开始酝酿、立项、设计、施工、投入使用,直至退役弃置为止的整个过程。通常,一个公路工程项目的寿命周期可延续 20 ~ 30 年,或更长的时间。在这一漫长的过程中要进行各种各样的工程工作,从确定目标,开始设计,进行施工直至投入使用,工作千头万绪,纵横交错,因而必须运用系统工程学关于复杂工程系统全寿命期发展规律的认识来合理地划分和安排工程项目的发展阶段,以便抓住各阶段的特点,掌握其规律,更好地搞好公路工程项目各阶段的工作。

在公路工程项目的寿命周期中,要消耗各种各样的资源,这种耗费相应地称为寿命期费用。公路工程项目寿命期费用是指从开始酝酿,经过论证、设计、施工、投入使用一直到最后废弃该项目的整个期间内所耗费的研究费用、试验费用、施工费用、养护费用和大修理费用及最后弃置费用的总和。

按时间顺序,一个完整的寿命周期(或叫项目周期)又可分为七个阶段:项目的目标设想;项目的预选、选定;项目的准备;项目的评审;项目的实施;项目的使用;项目评价(事后)。每一阶段必定导致下一个阶段的产生,最后一个阶段又导致产生新项目的设想,并进而选定新的项目。这样,一个项目的程序完结,又导致新的项目程序开始,周而复始,不断循环,按程序每循环一次即为一个周期。

2.公路工程项目的阶段

一般项目生命周期必须经过项目设想、项目初选、项目准备和拟定、项目评估和审批、项目实施和监督、项目投产经营、项目评价总结等七个工作阶段。每一阶段工作相互衔接，最后阶段工作的结束是新的项目设想和选择产生的开始，周而复始，不断循环，按程序每循环一次即为一个周期。

项目生命期的工作过程大致可分为三个时期：投资前期、实施期(投资执行时期)和营运期(投资服务期)。这三个时期包括项目生命期中的各个工作阶段。项目生命周期内各期的工作重点见图 1-1 所示，图中还标明了各个时期开展的工作及其相互关系，其中“投资决策”和“交工验收”是各个时期的分界线。

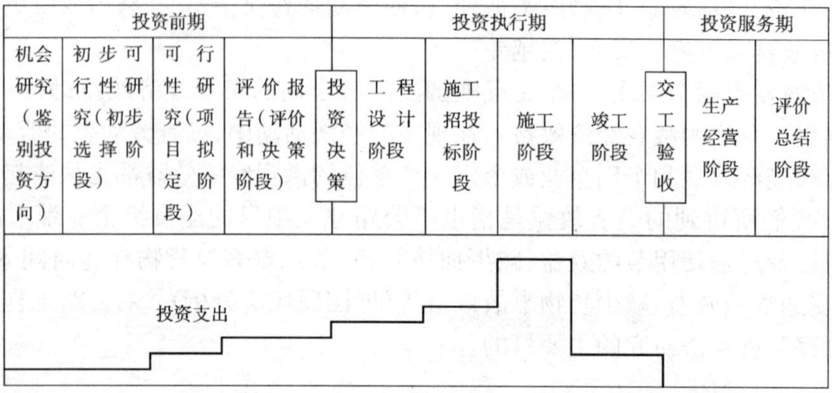


图 1-1　项目生命周期的工作重点及投资支出情况

投资前期主要是开拓投资项目，并对项目进行规划、研究和作出决策的时期。包括了项目设想、项目初选、项目准备和拟定、项目评估和审批四个工作阶段。这四个阶段的工作是投资前期的主要工作，它决定项目是否进行，是项目工作的重要时期。在这一时期，主要是进行公路建设项目可行性研究和资金筹措活动。

投资执行期的主要工作包括工程设计、招投标、施工和竣工验收。这个时期工作重点是控制建设工期、质量和投资费用，一般通过项目全过程的管理来实现，项目经理在这一时期起到了非常重要的作用。项目经理管理水平的高低直接影响建设周期的长短和投资总额的高低。缩短建设周期和防止项目投资总额的突破都是为了提高项目经济效益，及早发挥投资效果。

投资服务期的主要工作是保证公路建设项目在整个生命期内达到预期的经济效益和社会效果。它不仅反映了建设前期可行性研究工作质量和投资执行期的工作质量，而且也要受到服务时期管理水平的影响。因此，在这一时期内既有生产技术的应用和设备运行与更新改造等技术问题，也有生产成本、投资回收、税收和利润等经济问题，生产管理将贯穿始终。

项目生命周期的各阶段工作的主要内容简述如下。

(1)项目设想

投资项目的建设是为了解决国家、社会或企业所面临的特殊问题，满足某种特殊需要。因此，要想提出一个成功有效的建设项目，必须弄清这些问题和需要，制定项目建设目标，分析项目能获得的效益，确定项目的适应性与可取性。项目设想阶段就是要规定项目应达到的目标，这种目标的设想主要来自国家和地方各级政府部门的规划与计划安排，来自市场调查研究和预测的结果，来自社会和经济发展的需求等等。不管来自何方，公路项目的设想应当把交通需求预测放在首要位置，对拟建项目进行分析研究，及时提出项目投资的设想，明确规定项目的建设目标，包括项目应达到的经济目标、社会目标和时间目标，并考虑项目可能承担的风险。

同时可提出两个以上的项目设想方案,编写项目建议书。

(2)项目初选

投资者在项目建设书获得批准后,应对拟建公路项目的各种预选技术方案和建设方案进行筛选,最后选定投资少、收益高和风险低的项目。在公路项目筛选过程中,必须收集准确和完善的基本数据,对项目进行价值测定,大致确定项目的成本与效益,对项目从技术上和经济上进行综合分析,找出某些不利因素和不确定因素,然后进行项目可行性研究前的决策分析,写出项目初选报告或初步可行性研究报告。

(3)项目拟定和准备

项目准备阶段的主要内容是进行可行性研究,在准备阶段需提出技术方面和组织方面可供选择的方案,测定各种方案的价值,比较它们的成本效益,进一步证明被选择的项目方案在技术上是先进可行的,在经济上是能赢利的。由此可见,可行性研究是较彻底和全面的研究,以明确项目在技术、经济和社会等方面是否合适、是否较为完善,为项目决策提供牢固的依据。

可行性研究应包括项目的内部结构和项目外部环境的研究。因为,每个项目的研究都要以其所处的社会、经济、技术、体制和政治因素为基础,而项目的内部结构和外部环境都要受这些因素的制约。所以应对项目的所有基本技术、社会经济特点进行分析,详细估算项目的成本和收益、估计项目的间接和直接影响,并将各种可替代方案从定性和定量方面进行优劣比较,选择最佳有效方案,最后编写可行性研究报告。

(4)项目评估与审批

项目的评估与审批(简称评审)是项目程序中的一个重要工作阶段。一个项目的设想,在经过选定和准备两个阶段后,形成了可行性研究的有关文件(即可行性研究报告)。投资者和有关机构必须对项目的各方面进行全面的评价和审查,也就是对公路建设项目的可行性研究报告进行全面的评价和审查,一般从工程技术、项目实施的组织机构、项目的财务收益和项目的经济效益四个方面进行评审,最后才决定项目是否实施。工程技术评审的内容一般有:项目的技术等级、工程建设规模、路线方案、投资估算和各种工程技术方案是否符合当地的条件(如地形、地质、气候、水文等)。对项目实施的组织机构评审,主要是审查项目执行机构的组织与管理情况。一个项目的组织机构对于执行项目的成败是关键,必须建立一套合理的高效率的管理组织机构,来保证项目建设能顺利和有效地进行。值得注意的是,我国目前的公路建设中,往往对项目的组织机构没有引起足够重视,在公路建设项目的可行性研究中没有这一方面的内容,在可行性研究报告的评审中也很难对此做出合理的评审,因此导致了公路项目建设过程中的管理混乱。财务收益的评审首先是对项目资金筹措方案进行审查,从而落实项目的资金来源;其次是审查公路收费方案,审查项目在财务上能否偿还借款。经济效益的评审,则是对公路建设项目的国民经济评价进行审查,以明确项目的经济合理性。

(5)项目实施与监督

公路建设项目经过评估与审批并批准后,即开始进入项目的实施阶段,一直到竣工投入使用为止,为项目执行期,在这一时期又分为设计、招标、施工等多个环节。其主要工作内容是建立项目执行管理机构,落实项目监理单位,进行项目的设计招标和施工招标,签订各类合同,成立项目的现场管理机构,制定项目的执行计划,将项目按预定的计划和目标建成并交付使用。项目实施阶段的全过程中,对项目必须从成本、时间进度和工程质量上进行严密的监督和有效的控制,以保证承包者严格执行项目的规格、标准和时间进度的安排,这一时期的一切活动都要按照预定的计划和目标进行。当然,这一阶段中,公路施工监理是特别重要的,也是确保工程进度、工程质量和控制工程费用的关键。

(6)项目投产与经营

项目建成后,就进入营运时期,也就是公路项目发挥作用,服务于社会的时期。凡经过上述项目工作程序建成投产的项目,一般能达到预期的经济目标和时间目标,获得一定的经营收益。项目投资决策的成败,最终就要在生产时期的生产经营过程中具体体现出来。项目经济效益的好坏,同时也取决于生产时期企业的经营管理水平。

(7)项目的后评估与总结

公路建设项目营运一段时间后,不管是成功的或失败的项目,都应该进行事后的总结和评价,评估项目的实际成就,以确定这一项目是否达到了预先设计和期望的目标,编写出“项目完成报告”或“项目后评估报告”。具体做法是:根据项目的有关实际资料进行分析,检查和验证项目可行性研究报告中所做出的预测和判断是否正确,项目成功的经验有哪些,失败的教训有哪些,同时整理出总结、评价的资料,作为改进今后项目设计和投资管理工作的参考,作为新建项目的初选和评估等工作的参考。

## 复习思考题

1.什么是公路工程经济?并简述其作用和意义。

2.简述公路工程经济的内容和研究的主要问题。

3.说明公路工程经济研究的对象及其特点。

4.简述公路工程经济研究的步骤与要求。

5.试阐述技术与经济的内涵及其相互关系。

6.试阐述公路工程技术人员掌握经济基础知识和具备公路工程经济分析能力的必要性与紧迫性。

7.简述公路工程经济发展的历史过程,并说明财务评价与国民经济评价的区别。

8.简述我国公路工程经济研究的特点。

9.对于公路建设项目来说,公路工程经济所研究的主要问题有哪些?

10.阐述公路工程经济研究的基本原则。

11.什么是项目的寿命周期?并阐述投资前期的工作内容及其重要性。

12.结合实际,阐述我国目前公路建设过程中在项目寿命周期内各环节上存在的问题。

13.公路工程经济课程的特点与研究方法。

14.试用经济学的基本原理分析公路工程项目的意义。

15.阐述机会成本在公路工程经济中的意义。

16.说明资源稀缺性在公路工程项目建设中的意义。

17.为什么说对公路工程项目经济效益的分析是公路工程经济研究的主要目的?

# 第二章　经济分析原理

**学习重点**:1.描述现金流量的含义说明现金流量图的绘制;
2.说明资金时间价值的含义及应用;
3.说明利息及利息率的含义及计算;
4.描述有关复利分析的几个基本概念;
5.运用复利分析的基本公式计算实际问题;
6.说明一次支付公式与多次支付公式的区别;
7.运用变额年金的复利分析方法分析实际问题。

## 第一节　现金流量及现金流量图

### 一、现金流量(Cash Flow)

生产建设项目一般要经历建设期、生产期(包括投产期和正常生产期)两大阶段。我们根据项目经济评价的需要在项目整个寿命期内确定合理的经济寿命期作为计算期。在市场经济条件下,一切投资项目都可以抽象为现金流量系统。拟建项目在整个计算期内各个时点上所发生的现金流入和现金流出,称为项目的现金流量,从项目系统角度看,凡是在某一时点上,流出项目的货币称为现金流出量,记为 CO(Cash Output)。流入项目的货币称为现金流入量,记为 CI(Cash Income)。同一时点上的现金流入与现金流出之差,称为净现金流量,记为 NCF(Net Cash Flow)。现金流量一般以计息期(年、季、月)为时间量的单位,用现金流量图或现金流量表来表示。现金流量表的内容在后面有关内容中介绍,这里先介绍现金流量图。

### 二、现金流量图(Cash Flow Diagram)

现金流量图是描述建设项目在整个计算期内各时点上的现金流入和现金流出序列的图形。现金流量图有三大要素,即:大小、流向、时间点。其中大小表示资金数额,即建设项目流入或流出的资金数额大小;流向是指建设项目的资金性质(即流入或流出);时间点是指建设项目的资金流入或流出所发生的时间。现金流量图的一般形式如图 2-1 所示。

在图 2-1 中,横轴称为时间轴,表示一个从 0 开始到 $n$ 结束的时间序列,每一个刻度表示一个计息期,比如说按年计息,则该时间轴上的刻度单位就为年。在时间轴上 0 代表时间序列的起始点,$n$ 代表时间序列的终点。从 1 到 $n$ 分别代表各计息期的时间点。除 0 和 $n$ 以外,每个数字都有两个含义,如 2,它既代表第二个计息期的终点(结束),又代表第三个计息期的始点(开始)。各时点上垂直于横轴的有竖线用来描述现金流量。箭头向上表示现金流入(CI:Cash Income),此时现金流量为正值,箭头向下表示现金

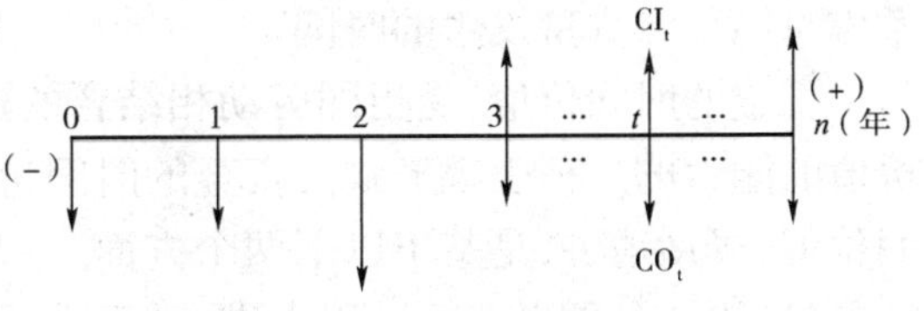

图 2-1　现金流量图

流出(CO:Cash Output),此时现金流量为负值,第 $t$ 年的现金流入记为 $CI_t$,现金流出记为 $CO_t$,箭头的长度与流入和流出的金额成正比,金额越大,其相应箭头线段的长度就越长。需要特别指出的是,现金流量的位置确定问题,如在第三年发生一笔资金的流入或流出,因而形成了相应的现金流量,那么这笔现金流量应该标在哪一个时间点上呢?是标在年初 2 上呢,还是标在年末 3 上呢,需要为此做一下规定或说明。对这个问题一般有两种处理方法,一种方法是工程经济分析中常用的,其规定是建设期的投资标在年(期)初,生产期的流入和流出均标在年末;另一种方法是在项目财务评价中常用的,也是国家计委和建设部颁布的《建设项目经济评价方法与参数》规定项目经济评价采用年末习惯法。时点标注遵循期末习惯假设,无论现金的流入还是流出均标示在年(期)末。本书均采用期末习惯假设。这两种处理方法的结果稍有差别。一般在工程经济分析原理中大多采用第一种处理方法;而在工程经济分析实践中我国规定采用第二种方法。

**例 2.1** 某公路项目,其建设期为 2 年,生产期为 8 年,第 1、2 年年初的固定资产投资分别为 1000 万元和 500 万元。第 3 年初项目投产并运行。项目投产时需流动资金 400 万元,于第 2 年年末投入。投产后,每年获得销售收入 1200 万元,年经营成本和销售税金支出 800 万元;生产期最后一年年末回收固定资产残值 200 万元。试画出现金流量图。

**解:**由题意可知,项目寿命期为 10 年,作现金流量图 2-2 如下:

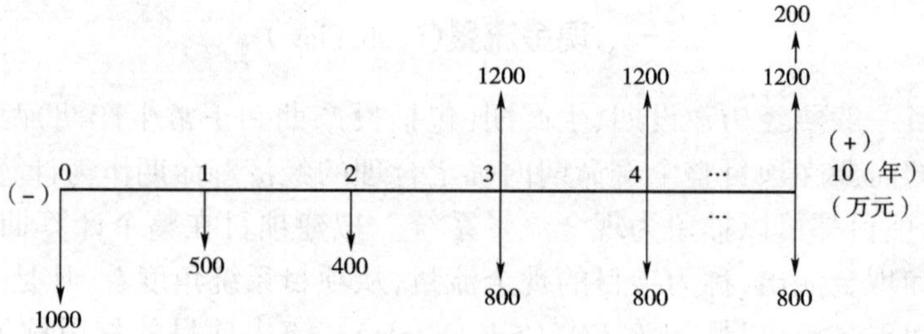


图 2-2

## 第二节 复利分析

### 一、资金的时间价值

任何工程项目的建设与运行,任何技术方案的实施,都有一个时间上的延续过程。对于投资者来说,资金的投入与收益的获取往往构成一个时间上有先有后的现金流量序列。要客观地评价一个建设项目或技术方案的经济效果,不仅要考虑现金流入与现金流出的数额,还必须考虑每笔现金流量发生的时间。

资金的时间价值,是指同劳动相结合的资金在时间推移中的增值能力,它是社会劳动创造价值的能力的一种表现形式。资金的时间价值是商品经济中的普遍现象,资金之所以具有时间价值,概括地讲,是基于以下两个方面:

(1)从社会再生产的过程来讲,对于投资者或生产者,其当前拥有的资金能够立即用于投资并在将来获得利润,而将来才可取得的资金则无法用于当前的投资,因此也就无法得到相应的收益。正是由于资金作为生产的基本要素,进人生产和流通领域所产生的利润,使得资金具有时间价值。

(2)从流通的角度来讲,对于消费者或出资者,其拥有的资金一旦用于投资,就不能再用于现期消费。消费的推迟是一种福利损失,资金的时间价值体现了对放弃现期消费的损失所应做出的必要补偿。

由于资金存在时间价值,今天的100元资金存入银行后,假如按5%的利率计算,一年后可变成105元,两年后将变成110.25元,说明随着时间的推移,这笔资金因获得利息而增值。同样道理,如果把一笔资金成功地投资到生产活动中,它也可以随着时间的推移因获得利润而增值。反之,如果把100元的资金放在家中而不加利用,一年、两年甚至几十年后它仍将是100元,而不会有任何增值。这就是一般所说的"资金的时间价值"的概念。按照这个观点,在进行投资活动时,一方面要考虑采用何种经济活动方式使资金得到最有效的利用,使其随时间的推移能获得更大的增值;同时,要充分认识"时间就是金钱"、"资金只有运动才会增值"的规律,不要随便积压资金,而是要充分利用资金,加速资金的周转。

利润和利息是资金时间价值的基本表现形式,它们都是社会资金增值的一部分,是社会剩余劳动在不同部门的再分配。利润由生产和经营部门产生,利息是以信贷为媒介的资金使用权的报酬,都是资金在时间推移中的增值。对于利息和利润的获得者来说,利润和利息都是一种收入,都是投资得到的报酬。利息是贷款者的报酬,而利润则是生产经营者的报酬。

在经济分析中用以度量资金时间价值的是社会资金收益率,或叫社会折现率,是指贷款人或企业经营者对其投资得到的利息率或利润率,也是指企业使用贷款人的资金或自有资金来支付人力、物力耗费,用以经营企业所获得的收益率。折现率反映了对未来货币价值所作的衡量。如果采用一个高的折现率,将来的货币价值就折扣得多一些,如果选用一个低的折现率,将来的货币价值就折扣得少一些。若折现率为8%,则第8年的100元钱就相当于现在的54元钱;当折现率为5%时,就相当于现在的68元了。社会平均的资金收益率,各国不等,一般为公债利率与平均风险利率之和。

必须指出,货币还存在通货膨胀的问题。通货膨胀就是指由于货币的发行量超过了市场商品流通对货币的需求量而引起货币贬值、物价上涨。换句话说,就是由于物价上涨,使钱越来越不值钱。所以,通货膨胀对资金的时间价值的影响是非常大的,这可用通货膨胀率来计算。但我们这里所讨论的,是假定不存在通货膨胀的情况下,货币资金存在增值的时间价值。即今天一定数量的钱等于将来更多的钱,反过来说,将来同样数量的钱,在今天看来就不值那么多钱。这就是"时间就是金钱"的概念。

## 二、利息与利率

1.利息(Interest)

利息是指资金所有者让渡资金的使用权而获得的报酬,或资金使用者为取得资金使用权而付出的代价。简单来说,利息就是资金的收益。利息有存款利息、贷款利息等形式,它们来源于信贷。在利息基础上又形成了股息、债券利息等各种形态,它们来源于间接投资。如果将一笔资金存入银行,这笔资金就称为本金(Principal)。经过一段时间之后,储户可在本金之外再得到一笔利息,这一过程可表示为:

$$F = P + I$$

式中:$F$——本利和,又称为资金的未来值(Future Value);

$P$——本金;

$I$——利息。

根据利息的计算方法不同，将利息分为单利和复利两种形式。

(1)单利（Simple Interest）

单利是指利息的计算不把以前的利息加到本金中计算利息，而只以本金为基数计算利息。计算公式为：

$$I = P \cdot i \cdot n$$

式中：$I$——利息；

$i$——利率；

$n$——利息的周期数；

$F$——$n$ 个计息期后的本利和为：

$$F = P(1 + i \cdot n)$$

(2)复利（Compound Interest）

复利的计算是指用本金和前期累计利息总额之和进行计息，即除最初的本金要计算利息外，每一计息周期的利息都要并入本金，再生利息，即所谓的“利滚利”。复利的计算公式为：

$$I = F - P = P(1 + i)^n - P$$

$n$ 个计算周期后的本利和为：

$$F = P(1 + i)^n$$

我国国库券的利息就是以单利计算的，计息周期为“年”。

复利计息时，是用本金和前期累计利息总额之和进行计息，即除最初的本金要计算利息外，每一计息周期的利息都要并入本金，再生利息。复利计算的本利和公式推导如表 2-1：

表 2-1

| 计息周期 $n$ | 本 利 和 $F$ | 计息周期 $n$ | 本 利 和 $F$ |
|---|---|---|---|
| 1 | $F = P(1+i)$ | … | …… |
| 2 | $F = P(1+i) + P(1+i)\cdot i = P(1+i)^2$ | $n$ | $F = P(1+i)^{n-1} + P(1+i)^{n-1}\cdot i = P(1+i)^n$ |
| 3 | $F = P(1+i)^2 + P(1+i)^2\cdot i = P(1+i)^3$ | | |

商业银行的贷款是按复利计息的。

复利计息比较符合资金在社会再生产过程中运动的实际状况，在技术经济分析中，一般采用复利计息。复利计息有间断复利和连续复利之分。如果计息周期为一定的时间区间(如年、季、月)，并按复利计算，称为间断复利；如果计息周期无限缩短，则称为连续复利。从理论上讲，资金是在不停地运动着的，每时每刻都通过生产和流通在增值，但是在实际商业活动中，计息周期不可能无限缩短，因而都采用较为简单的间断复利计息。

2.利息率

利息率是一定时期的利息与本金的百分比，它是计算利息的尺度，是资金的价格。一年的利息额与本金之比为年利率，一月的利息额与本金之比为月利率，一天的利息额与本金之比为日利率。年利率除以 12 就是月利率，月利率除以 30 就是日利率。年利率一般用百分比来表示，月利率和日利率一般用千分比来表示。其公式为：

$$利息率 = \frac{利息额}{本金} \times 100\%$$

3.名义利率与实际利率

在技术经济分析中，复利计算通常以年为计息周期。但在实际经济活动中，计息周期有年、季、月、周、日等多种形式。这样就出现了不同计息周期的利率换算问题。

通常，银行的利率是以年利率来标明的，叫名义利率(nominal interest rate)。而实际利率(real interest rate)又称为有效年利率，即当一年内计息多次时，反映实际利息额高低的年利率。在低利息率和低通货膨胀时期，实际利息率非常接近于名义利息率减去通货膨胀率。

在复利计算中，一般每年计息一次，但实际工作中有时会出现按半年一次、每季一次计息。复利计息的频率不同，其结果也不同。例如本金为 1000 元，年利率 12%，若每年计息一次，一年后本利和为：

$$F = 1000 \times (1 + 0.12) = 1120(\text{元})$$

按年利率 12%，每月计息一次，一年后本利和为：

$$F = 1000 \times (1 + 0.12/12)^{12} = 1126.8(\text{元})$$

实际年利率 $i$ 为：

$$i = \frac{1126.8 - 1000}{1000} \times 100\% = 12.68\%$$

这个"12.68%"就是实际利率，这 0.68 个百分点的差额是由计息频率增加而增加的时间价值所产生。因此，利率的时间单位与计息周期不一致时，名义利率等于周期利率与周期数的乘积，实际利率等于名义利率加上利息的时间价值。即名义利率按单利计算，而实际利率则按复利计算。名义利率与实际利率的关系如下：

$$i = \left(1 + \frac{r}{m}\right)^{m} - 1$$

式中：$i$——实际利率；

$r$——名义利率；

$m$——一年中计息周期数。

当用连续复利时，即每时每刻均计息，则是 $m^{\cdot\cdot}$，此时有：

$$i = \lim_{m \to \infty}\left[\left(1 + \frac{r}{m}\right)^{m} - 1\right] = \lim_{m \to \infty}\left[\left(1 + \frac{r}{m}\right)^{m/r}\right]^{r} - 1 = e^{r} - 1$$

式中：$e$——自然数。

当名义利率为 12%时，不同计息周期的利率如表 2-2 所示：

表 2-2

| 计 息 周 期 | 一年计息周期数 | 各期利率 $r/m$(%) | 年实际利率 $i$(%) |
|---|---|---|---|
| 年 | 1 | 12.000 | 12.000 |
| 半年 | 2 | 6.000 | 12.360 |
| 季 | 4 | 3.000 | 12.551 |
| 月 | 12 | 1.000 | 12.683 |
| 周 | 52 | 0.2308 | 12.736 |
| 日 | 356 | 0.03288 | 12.748 |
| 连续 | ∞ | — | 12.750 |

**例 2.2**　年利率为 15%，按季计息，试求实际利率？

**解**：15%为名义利率，年计息次数 $m = 4$，根据公式 $i = \left(1 + \frac{r}{m}\right)^{m} - 1$ 得：

$$i = \left(1 + \frac{15\%}{4}\right)^{4} - 1 = 15.865\%$$

可见，名义利率与实际利率在数值上是不相等的，除一年计息一次时名义利率等于实际利率之外，实际利率一般要大于名义利率。

**例 2.3** 有两个银行，甲银行贷款年利率为 17%，按年计息；乙银行贷款年利率 16%，按月计息。现某企业拟向银行贷款 1500 万元，5 年后一次还清。请问向哪家银行贷款比较经济？

**解：** $F_{甲} = 1500(1 + 17\%)^5 = 3288.67$（万元）

$$F_{乙} = 1500\left(1 + \frac{16\%}{12}\right)^{12\times5} = 3320.71（万元）$$

$$F_{甲} < F_{乙}$$

或直接求出乙银行的实际年利率与甲银行比较即可。

$$i_{乙} = \left(1 + \frac{16\%}{12}\right)^{12} - 1 = 17.23\%$$

因为 $i_{甲} < i_{乙}$，故向甲银行贷款比较经济。

## 三、有关复利计算的几个基本概念

(1)利率或收益率($i$)，在经济分析中如果不作其它说明，一概指年利率。其意义是在一年内投资所得的利息与原来的本金或投资额之比。

利率与收益率是有差别的。利率是一个固定值，比如银行在某一时期内规定一个固定利率；而收益率是一个变量，是反映投资收益的指标。比如今日投资 1000 元，一年后收回 1100 元，则这项投资的收益率为 $(1100 - 1000) \div 1000 = 10\%$；而如果一年后收回 1200 元，则收益率增大为：$(1200 - 1000) \div 1000 = 20\%$。

(2)期数($n$)，在利息计算中它是指计算利息的次数；在经济分析中它一般代表工程项目的寿命。

(3)现值(present value)或简称为 $P$，表示资金在某一特定时间序列始点上的价值。在资金等值计算中，将一个(一系列)时点上的资金"从后往前"折算到某个时点上都是求其现值，通常情况下是折算到 0 时点上。求现值的过程称为折现(或贴现)，折现计算是工程经济分析时经常采用的一种基本方法。

(4)终值($F$)，又称未来值，表示资金发生在某一特定时间序列终点上的价值。在资金等值计算中，将一个(一系列)时点上的资金"从前往后"折算到某个时间点上都是求其终值，通常情况下是折算到 $n$ 时点上，求资金的终值就是求其本利和。

现值与终值是相对的，两者如何区分，要视所分析的具体问题而定。

(5)年金($A$)，是指各年取得的收入或支出的金额，通常以等额序列表示，即在某一特定时间序列内，每隔相同时间收入与支出的等额资金。

(6)时值($W$)，指资金在某一特定时间序列始点和终点之间任一时刻的价值。

(7)等值，是指在考虑时间因素条件下，不同时点发生的绝对值不等的资金具有相同的价值。等值资金在任何时点上的时值必然相等。在资金时间价值计算中，等额是一个十分重要的概念，资金时间价值计算的核心就是等值计算。

例如：现在的 100 元钱与 5 年后的 146.93 元在数额上并不相等，但是，在年利率为 8% 的复利计息条件下，两者是等值的。因为现在的 100 元，在 8% 的利率条件下，5 年后的本利和是 146.93 元。即：

$$F_5 = 100(1 + 8\%)^5 = 146.93（元）$$

同样的，5 年后的 146.93 元折算到现在的价值应该是：

$$146.93 \times \frac{1}{(1+8\%)^5} = 100(\text{元})$$

而且,这两笔资金折算到任何确定的时间,都可以算出它们的数额是相等的。比如,分别把这两笔资金折算到第 3 年末,则有:

$$100 \times (1+8)^3 = 125.97(\text{元})$$

$$146.93 \times \frac{1}{(1+8\%)^2} = 125.97(\text{元})$$

所以,在不同时点的两笔或两笔以上的不同数额的资金,在考虑资金时间价值条件下,把它们折算到某一相同的时点,都可以算出它们的数额是相等的。

## 四、复利分析的基本公式

1.一次支付公式

一次支付又称整付,是指所分析系统的现金流量,无论是流入还是流出,均在一个时点上一次发生。

在一次支付的情况下,$i$、$n$、$P$ 及 $F$ 四个参数一定要出现,其中 $i$ 及 $n$ 一般为已知;$P$ 及 $F$ 中有一个为已知,另一个为未知。一次支付的现金流量图如图 2-3 所示:

(1)复利终值公式

复利终值公式就是在已知 $P$、$i$、$n$ 的情况下,求终值 $F$,即求本利和。也就是现在存入银行 $P$ 元,在年利率为 $i$ 的情况下,将来 $n$ 年后所得本利和为多少。

假设有 $P$ 元本金(或投资),在年利率 $i$ 的条件下,经过 $n$ 年以后,得到的本利和(即终值)$F$ 为:

$$F = P(1+i)^n$$

上式中$(1+i)^n$ 称为"复利终值因子"。它乘以本金即为 $n$ 年后的终值。

实用上,常用一种规格化的代号来代表各种计算因子,这种规格化代号的一般形式为$(X/Y,i,n)$。括号中的第一个字母 $X$ 代表所求之未知数,第二个字母 $Y$ 为已知数,$i$ 为年利率,$n$ 为计息的期数。故复利终值因子$(1+i)^n$ 代号应为$(F/P,i,n)$即已知 $P$、$i$ 及 $n$,求终值 $F$。因此,公式 $F = P(1+i)^n$ 可改写为如下形式:

$$F = P(F/P,i,n)$$

**例 2.4** 某企业为开发研制新产品,向银行贷款 200 万元,年利率为 8%,贷款期限为 5 年,问 5 年后一次归还银行的本利和应为多少?

**解**:根据题意作现金流量图 2-4:

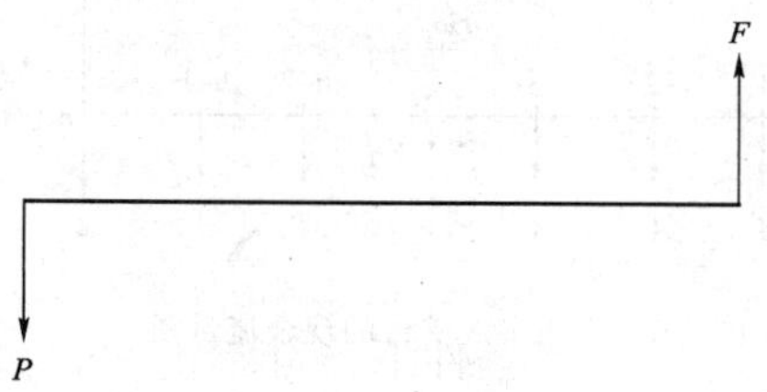


图 2-3 一次支付的现金流量图

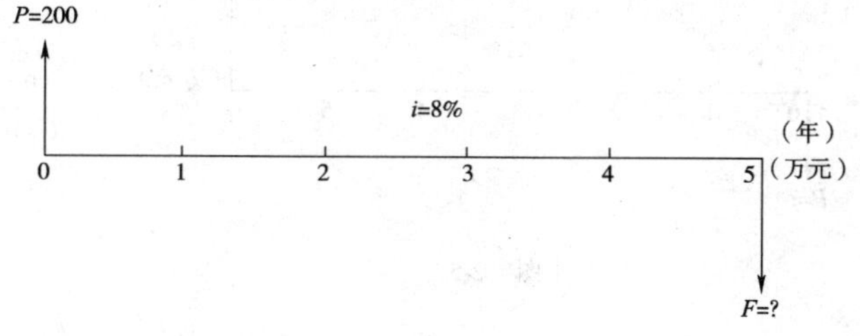


图 2-4

利用复利终值公式,可得:

$$F = P(1+i)^n = 200(1+0.08)^5 = 293.866\text{ 万元}$$

或查复利因子表(见本书附录),当年利率为8%,$n=5$时的复利终值因子$(F/P,8\%,5)$为1.469。故

$$F = P(F/P,i,n) = 200(F/P,8\%,5) = 200\times 1.469 = 293.8\text{ 万元}$$

(2)复利现值公式——已知$F$、$i$及$n$,求现值$P$。

如欲以$i$的利率,经$n$年后累计得$F$元,现在(第0年)的投资$P$应为多少?$P$的计算公式很容易由复利终值公式$F=P(1+i)^n$导出。即

$$P = F\cdot\frac{1}{(1+i)^n}$$

上式中$\frac{1}{(1+i)^n}$称为"复利现值因子",也称为贴现系数(或折现系数),其中$i$称为贴现率或折现率。其代号为$(P/F,i,n)$,公式$P=F\cdot\frac{1}{(1+i)^n}$可改写为:

$$P = F(P/F,i,n)$$

为了简化计算工作,可预先算出各种因子的数值,编成利息表,计算时可以查表计算。

**例2.5** 如果银行利率为12%,假定按复利计算,为在6年后获得10000元款项,现在应存入银行多少?

**解:**根据题意作现金流量图2-5:

利用复利现值公式,可得:

$$P = F\cdot\frac{1}{(1+i)^n} = 10000\times\frac{1}{(1+0.12)^6} = 10000\times 0.5066 = 5066(\text{元})$$

或查复利因子表(见附录),当年利率为12%,$n=6$时,复利现值因子$(P/F,12\%,6)$为0.5674。故:

$$P = F(P/F,12\%,6) = 10000\times 0.5066 = 5066(\text{元})$$

2.等额多次支付公式

多次支付是指现金流入和流出在多个时点上发生,而不是集中在某个时点上。现金流数额的大小可以是相等的,也可以是不等的。在本问题中我们指的多次支付的现金流量是相等的,所以称之为等额多次支付。

等额多次支付的情况下,$i$、$n$、$A$三个参数一定要出现,再加上$P$或$F$,一共四个参数。

(1)年金终值公式——已知$A$、$i$及$n$,求终值$F$。

每年末等量地投资$A$元,年利率为$i$,经过$n$年后所积累的本利和(图2-6)为:

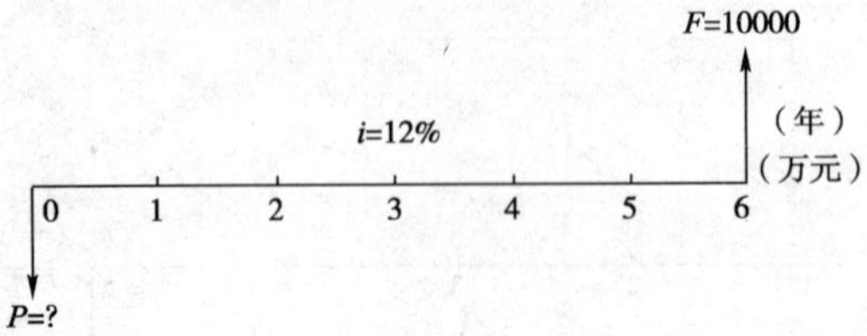


图 2-5

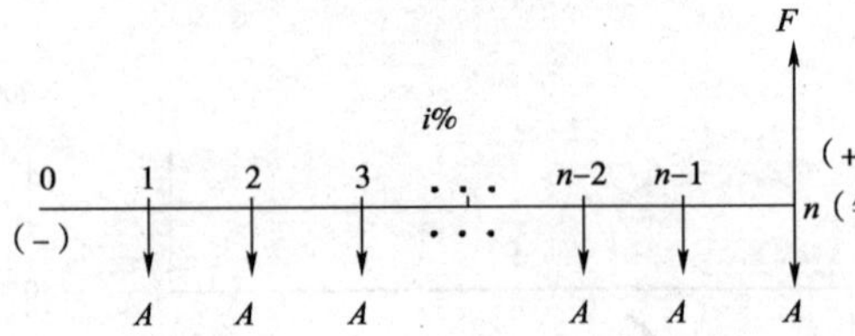


图2-6 等额多次支付的现金流量图

$$F = A\left[\frac{(1+i)^n-1}{i}\right]$$

公式推导过程如下:

首先,根据题意作现金流量图2-6:

若在每年年末投资 $A$ 元，则在第 $n$ 年末累积的终值 $F$ 显然等于各年投资之本利和。

则各年投资到第 $n$ 年的本利和为：

$$F_1 = A(1+i)^{n-1}$$
$$F_2 = A(1+i)^{n-2}$$
$$F_3 = A(1+i)^{n-3}$$
$$\vdots$$
$$F_{n-1} = A(1+i)^1$$
$$F_n = A(1+i)^0$$

因此，各年投资之本利的总和为：

$$F = A(1+i)^{n-1} + A(1+i)^{n-2} + \cdots\cdots + A$$
$$F = A[(1+i)^{n-1} + (1+i)^{n-2} + \cdots\cdots + 1]$$

将上式左右两边同乘以 $(1+i)$，则有：

$$F(1+i) = A[(1+i)^n + (1+i)^{n-1} + \cdots\cdots + (1+i)]$$

两式相减得：

$$F \cdot i = A[(1+i)^n - 1]$$

因此
$$F = A\left[\frac{(1+i)^n - 1}{i}\right]$$

上式中的 $\frac{(1+i)^n - 1}{i}$ 称为"年金终值因子"。它乘以已知的等额年金 $A$，就可得到年金数列的终值 $F$（本利和）。值得说明的是，终值 $F$ 与最后一项年金是发生在同一年末。

年金终值因子的代号为 $(F/A, i\%, n)$，即已知 $A$、$i$ 及 $n$，求终值 $F$。因此，年金终值公式可写为：

$$F = A(F/A, i, n)$$

**例 2.6** 某公司为设立退休基金，每年年末存入银行 2 万元，若存款利率为 10%，按复利计息，第 5 年末基金总额为多少？

**解**：根据题意作现金流量图 2-7：

利用年金终值公式，可得：

$$F = A\left[\frac{(1+i)^n - 1}{i}\right] = 2 \times \left[\frac{(1+0.1)^5 - 1}{0.1}\right]$$
$$= 2 \times 6.105 = 12.21 \text{ 万元}$$

或查复利因子表，当利率为 10%、$n = 5$ 时，年金终值因子 $(F/A, 10\%, 5)$ 为 6.1051，故：

$$F = A(F/A, 10\%, 5) = 2 \times 6.1051 = 12.21 \text{ 万元}$$

(2)偿债基金公式——已知 $F$、$i$ 及 $n$，求年金 $A$

若欲在第 $n$ 年末累积起 $F$ 元，在利率为 $i\%$ 的条件下，每年末应存的年金 $A$ 的计算公式可由年金终值公式导出：

即
$$A = F\left[\frac{i}{(1+i)^n - 1}\right]$$

式中：$\frac{i}{(1+i)^n - 1}$ 称为"年金终值因子"。它乘以已知的等额年金 $A$，就可得到年金数列的终值 $F$（本利和）。值得说明的是，终值 $F$ 与最后一项年金是发生在同一年末。

年金终值因子的代号为 $(F/A, i, n)$ 即已知 $A$、$i$ 及 $n$，求终值 $F$。因此，偿债基金公式可写为：

$$A = F(A/F, i, n)$$

**例 2.7** 某厂欲积累一笔资金，用于 3 年后在职工住宅小区建活动中心。此项投资总额为 400 万元，银行存款利率 6%，问每年至少要存款多少？

**解**：根据题意作现金流量见图 2-8：

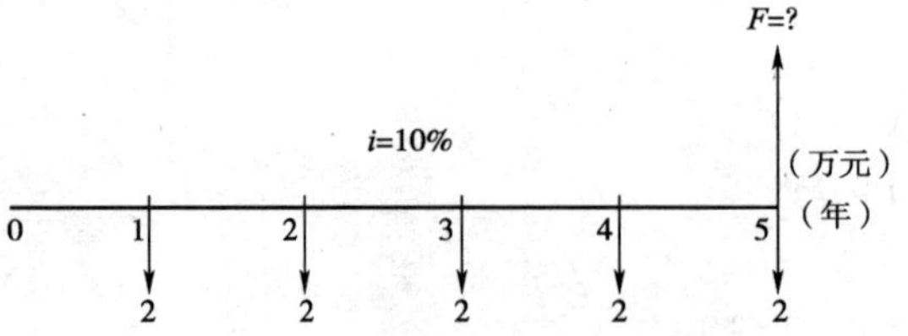


图 2-7

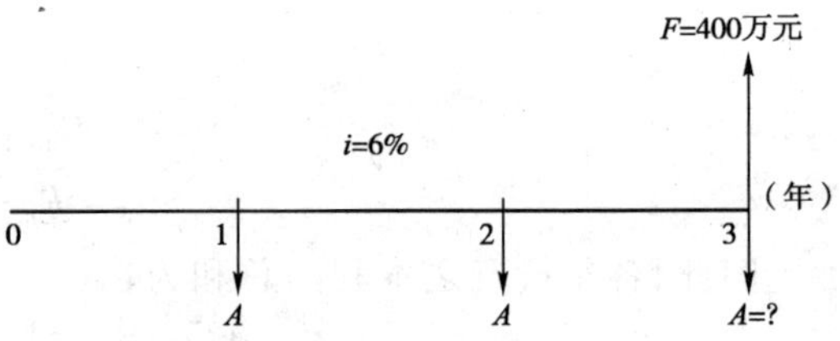


图 2-8

由偿债基金公式，可得：

$$A = F\left[\frac{i}{(1+i)^n - 1}\right] = 400 \times \left[\frac{0.06}{(1+0.06)^3 - 1}\right] = 400 \times 0.3141 = 125.64(\text{万元})$$

或查复利因子表，可得：

$$A = F(A/F, i, n) = F(A/F, 6\%, 3) = 400 \times 0.3141 = 125.64(\text{万元})$$

(3)资金回收公式——已知 $P$、$i$、$n$，求年金 $A$

若以年率 $i$ 投资 $P$ 元，在 $n$ 年内每年末等量地提取 $A$ 元，到第 $n$ 年将投资连本带利全部提完(图 2-8)，求 $A$ 值应为多少？它的计算公式为：

$$A = P\left[\frac{i(1+i)^n}{(1+i)^n - 1}\right]$$

公式推导：此公式可由偿债基金公式导出。偿债基金公式为：

$$A = F\left[\frac{i}{(1+i)^n - 1}\right]$$

上式中的 $F$ 为 $n$ 年末之一次付款。利用公式 $F = P(1+i)^n$ 可将未来值转换为现值 $P$。

$$A = P(1+i)^n\left[\frac{i}{(1+i)^n - 1}\right] = P\left[\frac{i(1+i)^n}{(1+i)^n - 1}\right]$$

上式中的$\frac{i(1+i)^n}{(1+i)^n - 1}$称为“资金回收因子”，它乘以现值 $P$，可以按年利率 $i$，在 $n$ 年内每年年末收回 $A$ 元而使 $P$ 得到偿还。它是经济分析中很重要的一个因子。

资金回收因子代号为$(A/P, i, n)$，即已知 $P$、$i$、$n$，求 $A$。因此资金回收公式可以改写为：

$$A = P(A/P, i, n)$$

**例 2.8** 一套运输设备价值 30000 元，希望在 5 年内等额收回全部投资，若折现率为 8%，问每年至少应回收多少？

**解**：根据题意作现金流量见图 2-9：

资金回收公式，可得：

$$A = P\left[\frac{i(1+i)^n}{(1+i)^n - 1}\right] = 30000\left[\frac{0.08(1+0.08)^5}{(1+0.08)^5 - 1}\right] = 30000 \times 0.25046 = 7514(\text{元})$$

或查复利因子表，可得：

$$A = P(A/P, i, n) = P(A/P, 8\%, 5) = 30000 \times 0.25046 = 7514(\text{元})$$

(4)年金现值公式——已知 $A$、$i$、$n$、求现值 $P$

当利率为 $i$ 时,为在 $n$ 年内收回 $A$ 元,现在投资 $P$ 应为多少? 它的计算公式可由资金回收公式导出:

$$P = A\left[\frac{(1+i)^n - 1}{i(1+i)^n}\right]$$

式中$\frac{(1+i)^n - 1}{i(1+i)^n}$称为“年金现值因子”,它是“资金回收因子”的倒数。它的代号是$(P/A, i, n)$,即已知 $A$、$i$、及 $n$,求现值 $P$。因此年金现值公式可写为:

$$P = A(P/A, i, n)$$

复利现值公式和年金现值公式是现值公式,是不同情况下现值的不同表达,其使用比其它公式更为广泛。

**例 2.9** 一位将要退休的工人,为了退休之后的生活保障,他现在准备存入银行一笔钱。假设现在银行的存款利率为 8%,在未来的 12 年内,每年末从银行取出 1000 元,现在他存入银行的资金应为多少?

**解:**根据题意作现金流量见图 2-10:

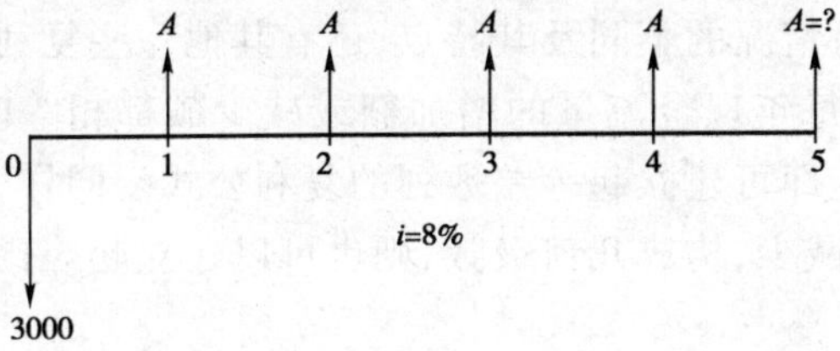


图 2-9

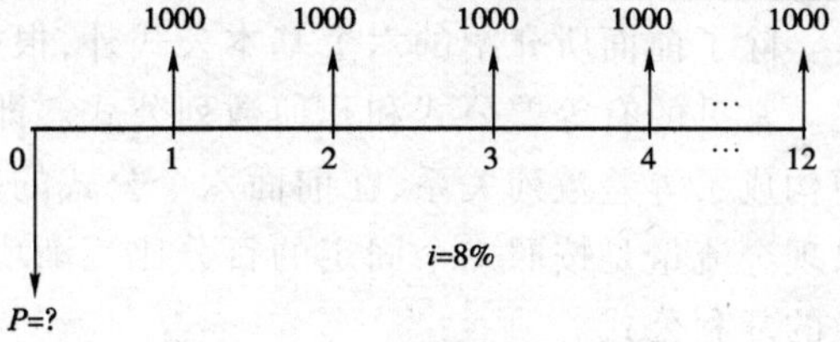


图 2-10

由年金现值公式,可得:

$$P = A\left[\frac{(1+i)^n - 1}{i(1+i)^n}\right] = 1000 \times \left[\frac{(1+0.08)^{12} - 1}{0.08(1+0.08)^{12}}\right] = 1000 \times 7.536 = 7536(\text{元})$$

或查复利因子表,可得:

$$P = A(P/A, i, n) = 1000 \times (P/A, 8\%, 12) = 1000 \times 7.536 = 7536(\text{元})$$

## 五、基本公式中各计算因子间的关系

1.复利终值因子与复利现值因子互为倒数关系

$$(F/P, i, n) = \frac{1}{(P/F, i, n)}$$

2.年金终值因子与偿债基金因子互为倒数

$$(F/A, i, n) = \frac{1}{(A/F, i, n)}$$

3.资金回收因子与年金现值因子互为倒数

$$(A/P, i, n) = \frac{1}{(P/A, i, n)}$$

4.资金回收因子等于偿债基金因子与利率之和

$$(A/P, i, n) = (A/F, i, n) + i$$

证明:$(A/P, i, n) = \frac{i(1+i)^n}{(1+i)^n - 1} = \frac{i + i(1+i)^n - i}{(1+i)^n - 1}$

$$= \frac{i}{(1+i)^n-1} + \frac{i[(1+i)^n-1]}{(1+i)^n-1}$$

$$= \frac{i}{(1+i)^n-1} + i = (A/F,i,n) + i$$

复利分析基本公式见表 2-3：

**复利分析基本公式** 表 2-3

| 求 | 已知 | 因子名称 | 标准代号 | 代数式 | 计算公式 | 说明 |
|---|---|---|---|---|---|---|
| $F$ | $P$ | 复利终值因子 | $(F/P,i,n)$ | $(1+i)^n$ | $F=P(F/P,i,n)$ | 一次支付 |
| $P$ | $F$ | 复利现值因子 | $(P/F,i,n)$ | $\frac{1}{(1+i)^n}$ | $P=F(P/F,i,n)$ | |
| $F$ | $A$ | 年金终值因子 | $(F/A,i,n)$ | $\frac{(1+i)^n-1}{i}$ | $F=A(F/A,i,n)$ | 等额多次支付 |
| $A$ | $F$ | 偿债基金因子 | $(A/F,i,n)$ | $\frac{i}{(1+i)^n-1}$ | $A=F(A/F,i,n)$ | |
| $A$ | $P$ | 资金回收因子 | $(A/P,i,n)$ | $\frac{i(1+i)^n}{(1+i)^n-1}$ | $A=P(A/P,i,n)$ | |
| $P$ | $A$ | 年金现值因子 | $(P/A,i,n)$ | $\frac{(1+i)^n-1}{i(1+i)^n}$ | $P=A(P/A,i,n)$ | |

除了前面所介绍的六个基本公式外，根据支付情况的不同及其特点，还有其他一些复利公式。常见的有等差公式和几何数列公式。即如果每年现金流量的增加额或减少额都相等时，便构成了等差数列关系，在前面六个公式的基础上即可建立起等差数列的复利公式。同样，如果现金流量是按照一个固定的百分比逐渐增加或减少，构成几何级数，则也可以建立起等比级数的复利公式。

## 六、复利分析基本公式的应用

**例 2.10** 有一项工程，现在已经设计完毕开始施工，如果现在投资 40 万元，两年以后再投资 50 万元，四年后又投资 100 万元，设利率为 5%，12 年该项工程的总投资是多少？

**解：**根据题意作现金流量见图 2-11。

根据复利终值公式，可得：

$$F = 40\times(1+0.05)^{12} + 50\times(1+0.05)^{10} + (1+0.05)^8$$
$$= 40\times1.7959 + 50\times1.6282 + 100\times1.4775$$
$$= 30\times1.03(\text{万元})$$

也可通过查表计算：

$$F = 40(F/P,5\%,12) + 50(F/P,5\%,10) + 100(F/P,5\%,8)$$
$$= 301.03(\text{万元})$$

即 12 年后该项工程的总投资是 301.03(万元)。

**例 2.11** 若年利率为 6%，现存入银行多少钱可使今后 18 年的每 6 年末均可提取 2000 元？

**解：**根据题意作现金流量见图 2-12：

根据复利现值公式，可得：

$$P = 2000\times\frac{1}{(1+0.06)^6} + 2000\times\frac{1}{(1+0.06)^{12}} + 2000\times\frac{1}{(1+0.06)^{18}}$$
$$= 3105(\text{元})$$

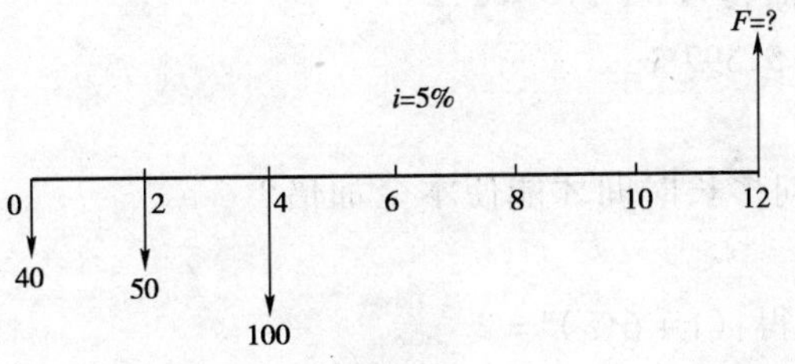


图 2-11

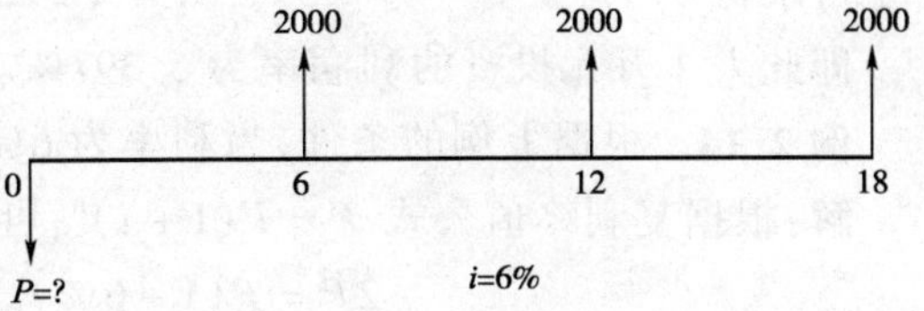


图 2-12

也可通过查表计算：

$$P = 2000(P/F, 6\%, 6) + 2000(P/F, 6\%, 12) + 2000(P/F, 6\%, 18)$$
$$= 2000 \times 0.750 + 2000 \times 0.4970 + 2000 \times 0.3503$$
$$= 3105 \text{ 元}$$

即现在存入银行 3105 元，即可满足要求。

**例 2.12** 某人从银行贷款 15000 元，银行的贷款利率为 8%，他想用 10 年的时间偿还该笔贷款，则他每年需偿还多少？

**解**：根据题意作现金流量见图 2-13：

根据资金回收公式，可得：

$$A = \frac{i(1+i)^n}{(1+i)^n - 1} = 15000 \times \frac{0.08(1+0.08)^{10}}{(1+0.08)^{10} - 1} = 2235(\text{元})$$

也可查表，得：

$$A = 15000(A/P, 8\%, 10) = 15000 \times 0.1490 = 2235(\text{元})$$

即他每年需偿还 2235 元。

如果贷款已还了六次，问还欠多少贷款？因已偿还了六次，还有四次要还，故问题可视为后四年的每年支付款为 2235 元，在第六年末的现值是多少？在第零年的现值是多少？

$$P_6 = 2235(P/A, i, n) = 2235(P/A, 8\%, 4) = 2235 \times 3.3121 = 7403(\text{元})$$

第六年的现值为 7403 元。再换算为第 0 年的现值：

$$P_0 = 7400(P/F, i, n) = 7400(P/F, 8\%, 6) = 7403 \times 0.6302 = 4665(\text{元})$$

这说明前六年虽然共付出了 $6 \times 2235 = 13410$ 元，但是只还清了 $15000 - 4665 = 10335$ 元的本金，其余都是利息，仍然有 4665 元待还。

**例 2.13** 某人 15 年前投资 1 万元，今日收回本利和 22000 元，求此人 1 万元投资的利润率为多少？

**解**：根据题意作现金流量见图 2-14：

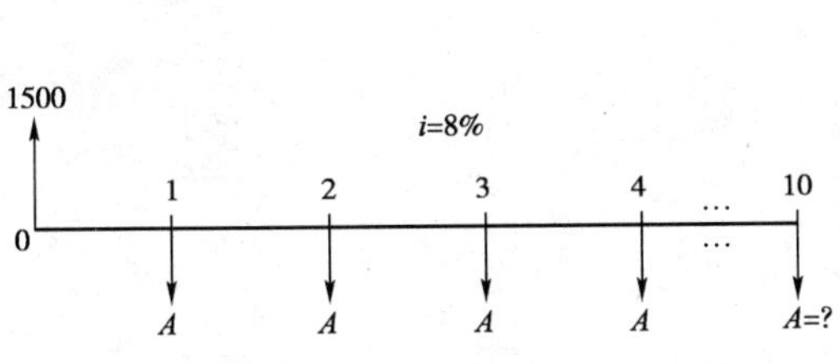


图 2-13

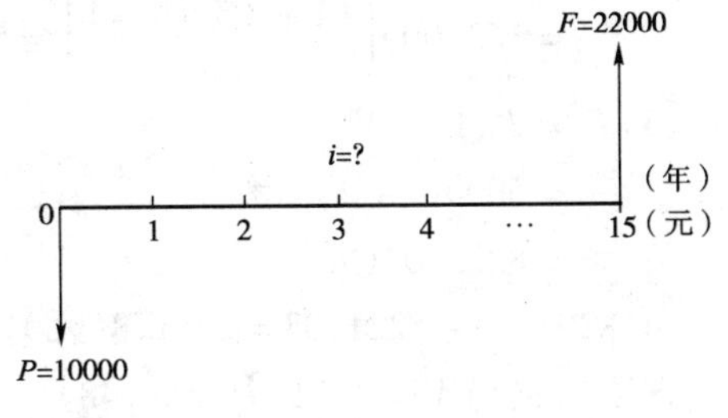


图 2-14

根据复利终值公式 $F = P(1+i)^n$，可得：

$$22000 = 10000(1+i)^{15}，化简得：(1+i)^{15} = 2.2$$

可求得 $$i = \sqrt[15]{2.2} - 1 = 5.397\%$$

即此人1万元投资的利润率为5.397%。

**例2.14** 根据上例的条件，当利率为6%时，问多长时间才能使本金加倍？

**解**：根据复利终值公式 $F = P(1+i)^n$，可得：

$$2P = P(1+6\%)^n，化简得：(1+6\%)^n = 2$$

两边取对数：$n\lg(1+6\%) = \lg2$

$$n = \frac{\lg2}{\lg(1+6\%)} = 11.8957(年)$$

**例2.15** 有两个投资方案可供选择，甲方案每年可获利16%；乙方案每年可获利15%，按每月计复利一次。试比较两个方案的优劣。

**解**：甲方案每年可获利16%，则甲方案的名义利率和实际利率都是16%；

乙方案每年可获利15%，按每月计复利一次，则乙方案的名义利率为15%，而实际利率为：

$$i = \left(1+\frac{r}{m}\right)^m - 1 = \left(1+\frac{15\%}{12}\right)^{12} - 1 = 16.07\%$$

从名义利率上看，甲方案优于乙方案（16% > 15%），但由于乙方案的实际利率高于甲方案，所以两者相比较，乙方案更好。

**例2.16** 某人借了5000元，打算在48个月中以等额月末支付分期付款。在归还了25次之后，他想以一次支付归还余下借款，年利率为24%，每月计息一次，问此人最后一次归还的总金额是多少？

解：本题的思路是：①5000元借款，若每月分期来偿付，各月应偿付多少；

②偿还了25个月，总共偿还了多少；

③5000元在第25个月的价值；

④偿还25个月后，现在还欠多少。

根据题意作现金流量见图2-15：

$\because$ 年利率 = 24%　$\therefore$ 月利率 = 2%

方法一：(1) $A = P(A/P, i, n)$

$= 5000(A/P, 2\%, 48)$

$= 163.009(元)$

(2) $F = A\left[\frac{(1+i)^n - 1}{i}\right]$

$= 163.009\left[\frac{(1+2\%)^{25} - 1}{2\%}\right] = 5221.23(元)$

(3) $F = P(1+i)^n$

$= 5000(1+2\%)^{25}$

$= 8203.03(元)$

(4) $8203.03 - 5221.03 = 2981.8(元)$

方法二：(1) $A = P(A/P, 2\%, 48)$

$= 5000(A/P, i, 48)$

$= 163.009(元)$

$$(2)\ P = A\left[\frac{(1+i)^n-1}{i(1+i)^n}\right]$$
$$= 163.009\times\left[\frac{(1+2\%)^{23}-1}{2\%(1+2\%)^{23}}\right]$$
$$= 2981.8(元)$$

所以,此人最后一次归还的总金额是 2981.8 元。

## 七、变额年金复利公式

前面我们所讲的都是指的是有规律的现金流量,一种情况为一次支付,另一种情况为等额多次支付。而在现实很多工程经济问题中,常会遇到某些现金流量,每年均有一定数量的增加或减少。我们把每期发生的不相等的现金称为变额年金。变额年金的变化方式一般有三种:

1.等差变化

等差变化是指每年现金流量的增加或减少额都相等。如果某个工程项目各年的现金流量为等差数列,设该增加额或减少额为 $G$,该等差数列为 $a_0$、$a_1$、$a_2$、$a_3$、$a_4\cdots a_{n-1}$、$a_n$,则等差变化是指 $a_1-a_0=a_2-a_1=a_3-a_2=\cdots=a_n-a_{n-1}=G$,$G$ 称为公差。对于这种等差变化的变额年金,前面介绍的等额多次支付公式不再适用,但我们可以利用其变化规律建立起一套公式进行计算。

(1)等差数列复利终值公式

等差数列的现金流量图如图 2-16 所示。将其作等值变换有

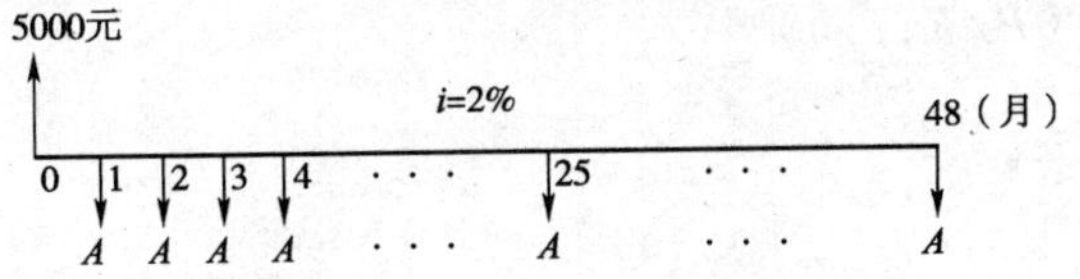


图 2-15

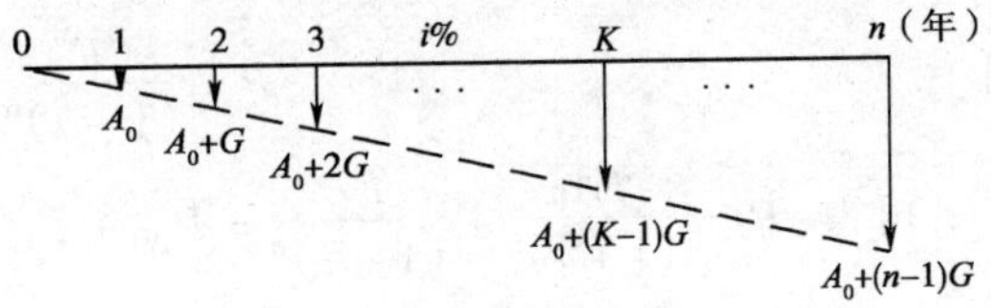


图 2-16

$$F=\sum_{k=1}^{n}[A_0+(k-1)G](1+i)^{n-k}$$

即
$$F=A_0\sum_{k=1}^{n}(1+i)^{n-k}+G\sum_{k=1}^{n}(k-1)(1+i)^{n-k}$$

上式表示图 2-16 的现金流量图可以分解成图 2-17 与图 2-18 所示的现金流量图。

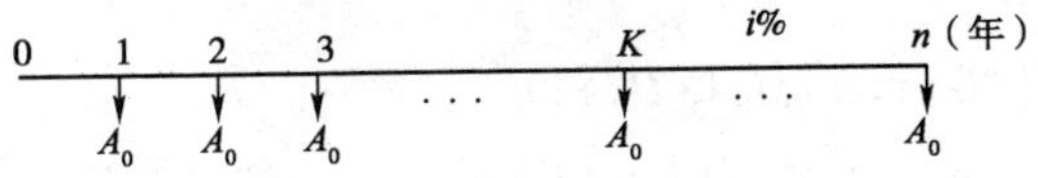


图 2-17

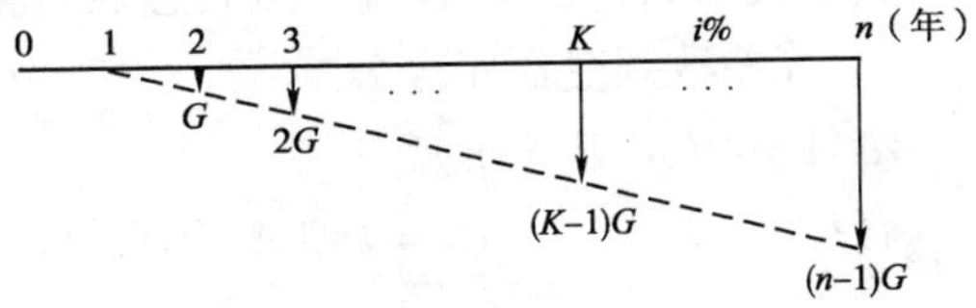


图 2-18

图 2-17 对应于:
$$A_0\sum_{k=1}^{n}(1+i)^{n-k}$$

图 2-18 对应于:
$$G\sum_{k=1}^{n}(k-1)(1+i)^{n-k}$$

令:
$$F_{A0}=A_0\sum_{k=1}^{n}(1+i)^{n-k}=A_0\frac{(1+i)^n-1}{i}$$

$$F_G=G\cdot\sum_{k=1}^{n}(k-1)(1+i)^{n-k}$$

$$= G[(1+i)^{n-2} + 2(1+i)^{n-3} + \cdots\cdots + (n-2)(1+i) + (n-1)]$$

上式两边乘以$(1+i)$得：

$$F_G(1+i) = G[(1+i)^{n-1} + 2(1+i)^{n-2} + \cdots\cdots + (n-2)(1+i)^2 + (n-1)(1+i)]$$

上两式相减得：

$$F_G \cdot i = G[(1+i)^{n-1} + (1+i)^{n-2} + \cdots\cdots + (1+i)^2 + (1+i) - (n-1)]$$

上式两边乘以$(1+i)$得：

$$F_G(1+i)i = G[(1+i)^n + (1+i)^{n-1} + \cdots\cdots + (1+i)^3 + (1+i)^2 + (1+i) - n(1+i)]$$

两式相减得：

$$F_G \cdot i^2 = G[(1+i)^n - n(1+i) + (n-1)] = G[(1+i)^n - 1] - n \cdot i \cdot G$$

故：
$$F_G = \frac{G}{i}\left[\frac{(1+i)^n - 1}{i}\right] - \frac{nG}{i}$$

或：
$$F_G = G\left[\frac{(1+i)^n - 1}{i^2} - \frac{n}{i}\right]$$

故：
$$F = F_{A0} + F_G = A_0(F/A, i, n) + G(F/G, i, n)$$
$$= A_0\left[\frac{(1+i)^n - 1}{i}\right] + G\left[\frac{(1+i)^n - 1}{i^2} - \frac{n}{i}\right]$$

式中$\left[\frac{(1+i)^n - 1}{i^2} - \frac{n}{i}\right]$叫等差终值因子，用它乘以公差 $G$ 即可得终值 $F_G$。

因此，等差变化的终值由两部分复合而得，同样，其现金流量图也可作相应的分解与复合。

(2)等差数列复利现值公式

由
$$P = \frac{F}{(1+i)^n} = F(P/F, i, n)$$

可得：
$$P = \frac{FA_0}{(1+i)^n} + \frac{F_G}{(1+i)^n} = P_{A0} + P_G$$
$$= A_0(P/A, i, n) + G(P/G, i, n)$$
$$= A_0\left[\frac{(1+i)^n - 1}{i(1+i)^n}\right] + G \cdot \frac{1}{i}\left[\frac{(1+i)^n - 1}{i(1+i)^n} - \frac{n}{(1+i)^n}\right]$$

式中$\frac{1}{i}\left[\frac{(1+i)^n - 1}{i(1+i)^n} - \frac{n}{(1+i)^n}\right]$称为“等差现值因子”，用它乘以 $G$ 即得现值 $P_G$。

故：
$$P_G = G(P/G, i, n)$$

其中$(P/G, i, n)$的数值可由利息表查得。

(3)等差数列变额年金公式

由 $A = P(A/P, i, n)$

有：
$$A_G = P_G(A/P, i, n) = G(P/G, i, n) \cdot (A/P, i, n)$$
$$= G \cdot \frac{1}{i}\left[\frac{(1+i)^n - 1}{i(1+i)^n} - \frac{n}{(1+i)^n}\right] \cdot \left[\frac{i(1+i)^n}{(1+i)^n - 1}\right]$$
$$= G\left[\frac{1}{i} - \frac{n}{(1+i)^n - 1}\right]$$

式中 $\left[\frac{1}{i} - \frac{n}{(1+i)^n - 1}\right]$称为“等差年金因子”，其值可以从利息表中查得，因子的表达式为$(A/G, i, n)$。

因此，上式又可写成：

$$A_G = G(A/G, i, n)$$

$$A = A_0 + A_G = A_0 + G(A/G, i, n)$$

**例 2.17** 试计算图 2-19 中等差数列的现值及等额年金，利率 $i = 6\%$。

**解：**图 2-19 可分解为图 2-20 与图 2-21，即图 2-20 与图 2-21 叠加而成，故本题中的现值可按式(2-20)计算，年金由公式(2-21)计算。

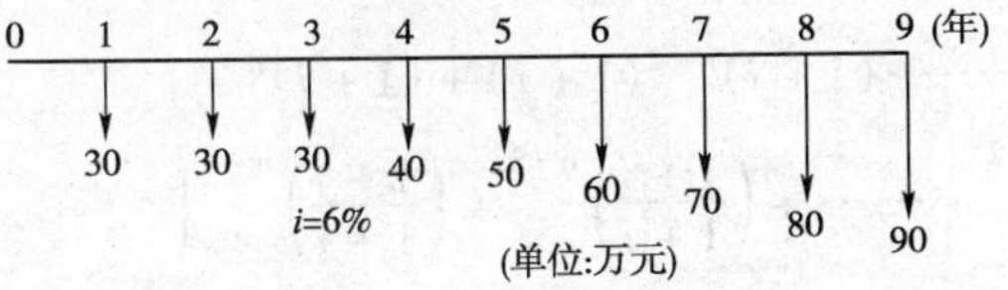


图 2-19

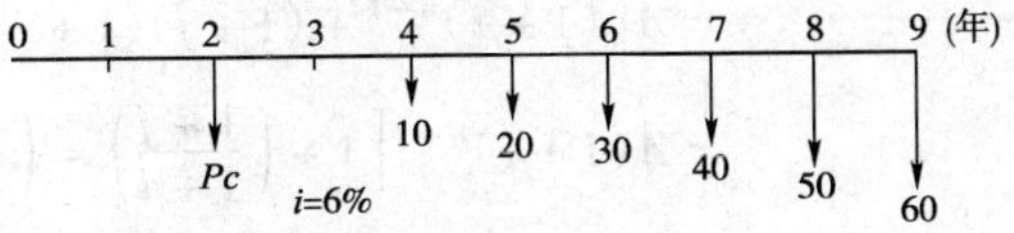


图 2-20

$$
\begin{aligned}
P &= 30(P/A, 6\%, 9) + 10(P/G, 6\%, 7)(P/F, 6\%, 2) \\
&= 30 \times 6.8017 + 10 \times 15.4490 \times 0.8900 \\
&= 341.55 \\
A &= 30 + 10(P/G, 6\%, 7)(P/F, 6\%, 2)(A/P, 6\%, 9) \\
&= 30 + 10 \times 15.4490 \times 0.8900 \times 0.1470 \\
&= 30 + 20.21 \\
&= 50.21
\end{aligned}
$$

本题中应注意 $P_G$ 在图 2-21 中的位置。

**例 2.18** 某设备期初投资为 700 万元，每期末纯收入分别为 300 万元，260 万元，220 万元每期递减 40 万元，设备寿命为 6 年，第 6 年末残值为 70 万元，若计算利率为 12%。试求其净收益的现值和等额年金。

**解：**根据题意作现金流量见图 2-22。

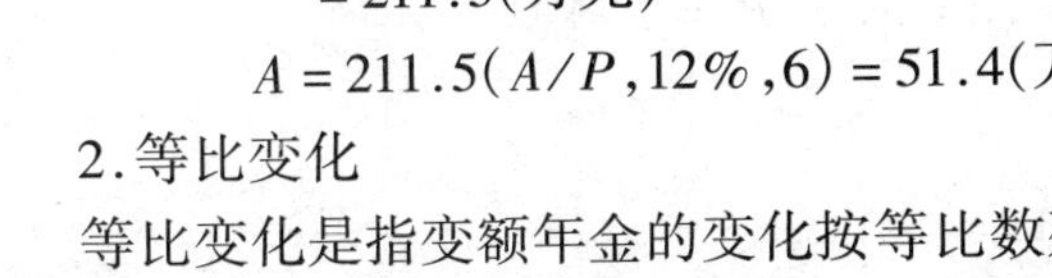


图 2-21

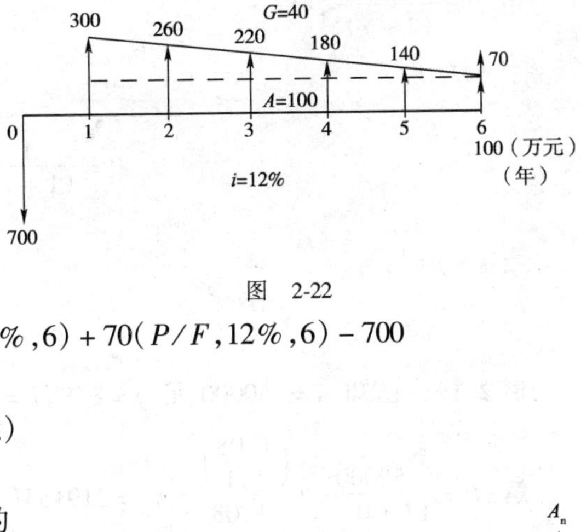


图 2-22

$$
\begin{aligned}
P &= 300(P/A, 12\%, 6) - 40(P/G, 12\%, 6) + 70(P/F, 12\%, 6) - 700 \\
&= 211.5(\text{万元}) \\
A &= 211.5(A/P, 12\%, 6) = 51.4(\text{万元})
\end{aligned}
$$

2.等比变化

等比变化是指变额年金的变化按等比数列的规则变化，形成等比数列现金流量。它总是按固定的百分数逐期提高或降低。如果这一百分数为 $j$，则公比 $q = 1 \pm j$。这种按等比变化的变额年金，同样可以建立一套公式来进行计算。

等比变化形成等比数列，其现金流量如图 2-23所示。

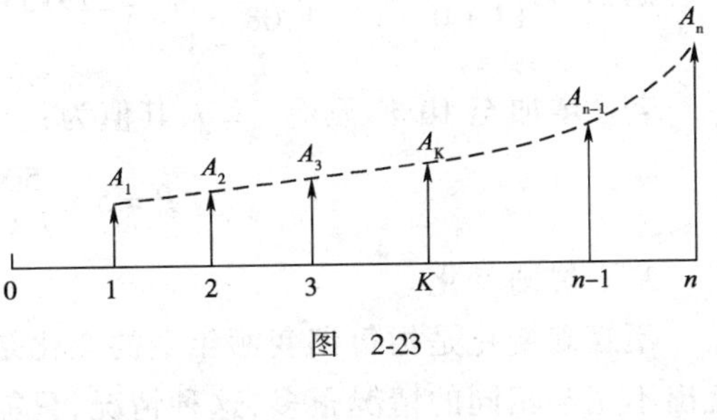


图 2-23

设第一年的现金流量 $A_1=A$,从第二年起,按比例 $j$ 逐年增加,则第 $k$ 年的现金流量:

$$A_k=A_{k-1}(1+j)=A_1(1+j)^{k-1}=A(1+j)^{k-1}$$

(1)等比终值公式

$$\begin{aligned}F&=\sum_{k=1}^{n}A_k(1+i)^{n-k}=A\sum_{k=1}^{n}(1+j)^{k-1}(1+i)^{n-k}\\&=A[(1+i)^{n-1}+(1+j)(1+i)^{n-2}+\cdots\cdots(1+j)^{n-2}(1+i)+(1+j)^{n-1}]\\&=A(1+i)^{n-1}\left[1+\left(\frac{1+j}{1+i}\right)+\left(\frac{1+j}{1+i}\right)^2+\cdots\cdots+\left(\frac{1+j}{1+i}\right)^{n-2}+\left(\frac{1+j}{1+i}\right)^{n-1}\right]\end{aligned}$$

上式两边乘以 $\left(\frac{1+j}{1+i}\right)$ 得:

$$F\left(\frac{1+j}{1+i}\right)=A(1+i)^{n-1}\left[\left(\frac{1+j}{1+i}\right)+\left(\frac{1+j}{1+i}\right)^2+\cdots\cdots+\left(\frac{1+j}{1+i}\right)^{n-1}+\left(\frac{1+j}{1+i}\right)^{n}\right]$$

令:$m=\frac{1+j}{1+i}$,将两式相减则有:

$$F(m-1)=A(1+i)^{n-1}(m^n-1)$$

当 $j\neq i$ 时有:

$$F=A(1+i)^{n-1}\left(\frac{m^n-1}{m-1}\right)=A(1+i)^{n-1}\frac{\left(\frac{1+j}{1+i}\right)^n-1}{\frac{1+j}{1+i}-1}$$

若 $i=j$ 时,可直接得到:

$$F=nA(1+i)^{n-1}$$

(2)等比现值公式

由 $P=\frac{F}{(1+i)^n}$,有

当 $i\neq j$ 时:

$$P=\frac{A}{(1+i)}\frac{\left(\frac{1+j}{1+i}\right)^n-1}{\frac{1+j}{1+i}-1}$$

当 $i=j$ 时:

$$P=n\frac{A}{(1+i)}$$

**例 2.19** 已知 $A=50000$ 元,$j=8\%$,$i=10\%$,$n=5$,求 $P=?$

**解**:$P=\frac{50000}{(1+0.1)}\cdot\frac{\left(\frac{1.08}{1.1}\right)^5-1}{\frac{1.08}{1.1}-1}=219157$(元)

若 $j$ 增加至 10%,则有 $i=j$,其值为:

$$P=5\times\frac{50000}{1+0.1}=227273(\text{元})$$

3.不规则变化

不规则变化是指每期变额年金的变化是无规律的。公路工程项目各期的现金流入与现金流出不完全相同的情况很多,这种情况,只能按一次支付公式逐期计算,无法建立公式。

## 复习思考题

### 一、问答题

1.简述现金流量、净现金流量、现金流量图的概念。

2.什么是资金的时间价值？理解资金时间价值的含义有何意义？

3.什么是利息？什么是利润，二者有何关系？

4.什么是利息率？

5.什么是单利，什么是复利，并说明二者的差别。

6.什么是折现？折现的意义？

7.简述名义利率与实际利率的关系。

8.什么是标准折现率？其作用是什么？

9.简述现值法的分析准则。

10.什么是内部收益率，其经济实质和假设是什么？

11.什么是外部收益率？它与内部收益率的区别是什么？

12.什么是增量分析，它的实质是什么？

13.复利终值公式与复利现值公式的关系是什么？

14.偿债基金公式与年金终值公式的关系是什么？

15.资金回收公式与偿债基金公式的关系是什么？

16.资金回收公式与年金现值公式的关系是什么？

17.举例说明等值的含义。

18.简述名义利率与实际利率的关系。

19.简述现值法的分析准则。

### 二、计算题

1.企业第一、二、三年分别投资1000万元、800万元、500万元；第三、四年分别收益20万元，40万元，经营费用分别为30万元。以后各年平均收益550万元，经营费用均为100万元，寿命期为12年，期末残值200万元，画该项目的现金流量图。

2.某人想借款5000元，面临两种选择：甲银行年利率为18%，按年计息；乙银行年利率为17.5%，按月计息。此人计划2年后一次还清，问应向哪家银行借款？

3.某新建公路工程项目由银行贷款200万元，年利率为8%，5年后一次偿还，其本利和为多少？银行所得利息又是多少？

4.向银行借款100元，借期为5年，试分别用8%单利和8%复利计算借款利息。

5.下列现在存款的终值为多少？

(1)年利率为10%，8000元存款，存期8年。

(2)年利率为10%，每半年计息一次，8000元存款，存期8年。

(3)年利率为12%，每季度计息一次，10000元存款，存期10年。

6.下列等额支付的现值为多少？

(1)年利率为7%，每年年末支付3500元，连续支付8年。

(2)年利率为12%，每季度末支付720元，连续支付10年。

(3)年利率为12%，每季度计息一次，每年年末支付5000元，连续支付6年。

7.年利率为6%，从现在开始，每年年末存入银行500元，到第12年末的累计金额为多少？

8.某人希望在年利率为12%的条件下,在第8年末获得现金15000元,问他从现在起,每年年末应存入银行多少钱?

9.某人借款16000元,得到借款后的第一年年末开始归还,连续8年,分8次等额还清,问他每年应还的金额为多少?年利率8%,每半年计息一次。

10.某施工企业购买了一台机器,估计能使用20年,每4年要大修一次,每次大修费用为1000元。现在应存入银行多少钱才足以支付20年寿命期间的大修费支付。按年利率12%,每半年计息一次计算。

11.某个体经营者希望在5年后由银行取出5万元,在利率为10%的条件下,他现在需存入银行多少钱?

12.某高速公路项目的总投资为2000万元,6年建成,每年末投资350万元,年利率为8%,求6年末的实际累计总投资。

13.某工程一次投资800万元,设利率为6%,分5年每年末等额收回,问每年末应回收的金额是多少?

14.连续4年年初存款200元,求10年末的终值(设 $i$ 为8%)。

15.现在存款X元,问多少年后本利和是原存款的2倍(设 $i$ 为10%)。

16.某公路改建工程由银行贷款10万元,年利率为8%,5年后一次结算偿还,其本利和为多少?银行所得利息又是多少?

17.某人希望在5年后由银行取出10000元,在利率10%的条件下,他现在需存入银行多少钱?

18.某公路工程总投资10亿元,5年建成,每年末投资2亿元,年利率为8%,求5年末的实际累计总投资。

19.某工程一次投资10万元,设利率为10%,分5年每年末等额收回,问每年末应收回的金额是多少?

20.若利率为8%,为在未来的12年内,每年末取回1000元,现在投入的资金应为多少?

21.年实际利率为14%,每年计息2、4、12次,问年名义利率各为多少?

22.某人现在存入1000元,3年后存入3000元,5年后存入15000元,年利率为12%,半年计息一次,问10年后的存款金额是多少?

23.年利率为12%,按季计息,连续40年等额年末存款200元,求40年末的终值。

24.某企业拟向银行贷款1500万元,5年后一次还清。甲银行贷款年利率为17%,按年计息;乙银行贷款年利率16%,按月计息。问企业向哪家银行贷款较为经济?

25.如果某人想从明年开始的10年中,每年年末从银行提取600元,若按10%利率计年复利,此人现在必须存入银行多少钱?

26.某人每年年初存入银行500元,连续8年,若银行按8%利率计年复利,此人第8年年末可从银行提取多少元?

27.已知资金平衡的现金流量图如下:

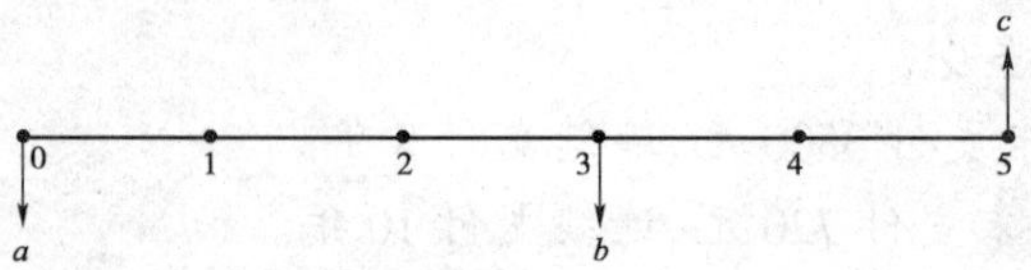

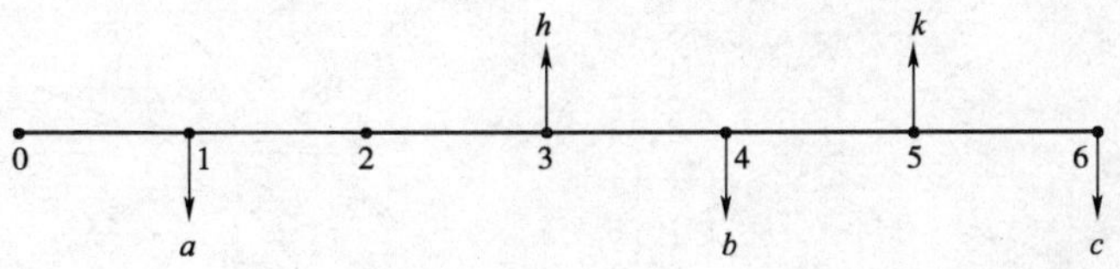


(1)已知 $a$、$b$，求 $c$；

(2)已知 $a$、$c$、$h$、$k$，求 $b$。

(设复利率 $i$ 已知)

28.某企业为开发研制新产品，向银行借款 100 万元，年利率为 10%，借期 5 年，问 5 年后一次归还银行的本利和是多少？

29.如果银行利率为 12%，假定按复利计算，为在 5 年后获得 20000 元款项，现在应存入银行多少？

30.某公司为设立退休基金，每年年末存入银行 2 万元，若存款利率为 10%，按复利计息，第 5 年末基金总额为多少？

31.某厂欲积累一笔福利基金，用于 3 年后建造职工俱乐部。此项投资总额为 400 万元，银行利率为 12%，问每年末至少要存款多少？

32.某学生在大学四年学习期间，每年年初从银行借款 4000 元用以支付学费，若按年利率 6%计复利，第四年末一次归还全部本息需要多少钱？

33.如果某工程 1 年建成并投产，寿命 10 年，每年净收益为 8 万元，按 10%的折现率计算，恰好能够在寿命期内把期初投资全部收回，问该工程期初所投入的资金多少？

34.一套运输设备价值 30000 元，希望在 5 年内等额收回全部投资，若折现率为 8%，问每年至少应回收多少？

35.某企业拟在 3 年后进行一次大修，根据测算，需支付大修费用 40 万元，问该企业从现在起每年年末应储存大修基金(以等额储存)多少？设存款利率为 10%。

36.某企业欲购买某种设备一台，每年可增收益(即每年节约)1 万元。该设备可使用 10 年(经济寿命)，期末残值为 0。若预期年利率为 10%，问：该设备投资最高限额是多少？如果设备售价为 7 万元，是否应当购买？

37.某项目第 1、2 年分别投资 1000 万元和 500 万元。第 2、3 年收益 100 万元，经营费用为 40 万元。其余投资期望在以后的 6 年内回收，问每年需等额回收多少？($i=10\%$)

38.连续 8 年每年年末支付一笔款项，第一年 20000 元，以后各年每年递增 2500 元，问全部支付款项的现值、年值、终值分别为多少($i=10\%$)？

39.某企业获得一笔 8 万元的贷款，偿还期为 5 年，按年利率 8%计复利，有 4 种还款方式：

(1)每年年末偿还 2 万元本金和所欠利息；

(2)每年年末只偿还所欠利息，第 4 年年末一次还清本金；

(3)在 4 年中每年年末作等额偿还；

(4)在第 4 年年末一次还清本息。

试计算各种还款方式所付出的总金额，并画出现金流量图。

# 第三章 公路工程经济分析的基本方法

**学习重点**:1.描述经济分析方法的含义及种类;
2.说明公路工程经济分析方法的应用;
3.说明累计现金流量曲线图的应用;
4.说明现值法的含义、种类,计算现值;
5.说明年值法的含义、种类,计算年值;
6.说明未来值法的含义、种类,计算未来值;
7.说明投资收益率的含义、种类及意义,计算投资收益率;
8.说明投资回收期的含义、应用,计算投资回收期;
9.说明效益费用法的含义、应用,计算效益费用比等指标;
10.说明增量分析法的含义、应用,计算增量指标。

## 第一节 概 述

### 一、公路工程经济分析方法的种类

为了提高投资效益,取得最佳的投资效果,在建设项目投资决策时,就需要从经济角度出发,对多个投资方案进行评价和比选,这就需要运用各种经济分析方法对工程项目进行分析。经济分析方法是从数量上对工程项目的经济效益进行分析、计算和评价的一整套方法。它是工程经济分析的基本内容和核心,为判断一个工程项目经济效益的好坏提供了基本手段和具体的数值指标。

经济分析方法是以上一章所讲到的复利分析的基本公式为基础,在考虑资金时间价值的基础上,从不同的角度建立起不同的分析方法,以全面地反映工程项目的经济特征。对工程项目的经济效益进行分析,可以从不同的两个角度进行,一类是不考虑资金的时间价值,即静态分析法,这种分析方法在我国刚建国时,由于实行的是计划经济,价格等经济杠杆都被政府统一操纵,资金的时间价值无从体现,因此这种方法被广泛应用。但自从20世纪80年代开始,我国实行了改革开放的政策,经济制度也由计划经济转变为市场经济,资金的时间价值重新被提到重要位置,因此,对工程项目经济效益的分析要考虑资金的时间价值,这就是所谓的动态分析法。

常用的动态经济分析方法有:

(1)现值法,又有成本现值法与净现值法之分;

(2)年值法,也有成本年值法与净现值法之分;

(3)未来值法;

(4)投资收益率法;

(5)投资回收期法;

(6)效益费用法;

(7)增量分析法。

## 二、公路工程经济分析方法的应用

在实际工作中,公路工程经济主要解决以下几个问题:一是最终分析与评价,也叫单方案分析,即对一个工程项目的经济效益作出最后的分析与评价结论,为项目的取舍提供依据;二是方案的筛选,也叫过程分析,即在一个工程项目的规划、设计或施工过程中,从多种可以互相替代而又互相排斥的方案中,按照一定的评价标准,筛选出一个最优方案;三是方案的排序和优选,即在资源一定的条件下,对若干个可供选择的方案,采用经济分析方法对其经济效益进行分析,按照经济效益的好坏,对其进行排队,优先安排经济效益好的方案,使有限的资源得到最合理有效的运用。项目排队也叫多项独立方案的分析,因为在一系列的投资方案中,它们之间并不互相排斥,接受其中某项方案并不影响其它方案的采纳。对一个项目来说,最终分析与过程分析是不可分割的,只有经过多方案比较,才能作出最经济合理的技术选择。

常用公路工程经济方法除增量分析法主要用于过程分析外,其他方法都既可以用于最终分析,也可用于过程分析。虽然进行财务评价与国民经济评价所站的立场与角度不同,所形成的现金流量有财务现金流量与经济现金流量之分,分析指标也有财务分析指标与国民经济评价指标的不同,但它们所采用的方法仍然是这些共同的经济分析方法。

在这些方法中,现值法、年值法与未来值法是等价的,投资收益率法与投资回收期法则是前三者的逆方法。效益费用法主要用于国民经济评价,它是先用现值法或年值法或未来值法对项目的效益与费用分别进行计算,然后再将效益与费用进行比较。增量分析法则以前面六种方法为基础,对增量产生的各项经济分析指标进行分析和计算。

## 三、累计现金流量曲线图

一个工程项目在某段时间里的货币支出或收入,分别叫在这段时间里这个项目的现金流出或现金流入,简称现金流出或现金流入。现金流出和现金流入统称为现金流量。通常把现金流入量取正,现金流出量取为负。一个工程项目在某段时间里的现金流量,其现值的总和(代数和)叫这个工程项目在这段时间里的累计现金流量。累计现金流量常用平面直角坐标系中的折线图形——累计现金流量曲线图来反映一个工程项目的现金流通情况。

人们一般列出逐年的现金流量表(现金流入和现金流出表),按规定的折现率逐项计算出表内现金收入和支出的现值,根据现值绘制累计现金流量曲线。图 3-1 表示某工厂建设项目的累计现金流量图,横轴代表时间(年),纵轴代表累计现金流量(币值)。在项目开始前,其现金流量为零($A$)点,花费时现金流量为负值,收入时现金流量为正值。在工程项目的初期要进行开发、设计和其它准备工作,这些都要花费,故累计流量曲线下降到 $B$ 点。接着是主要的建设投资期,要投资建设厂房和生产装置以及其它设备,于是曲线更陡地下降到 $C$ 点。以后要使用流动资金进行试车到交付正式生产,曲线达到了 $D$ 点,$D$ 点表示工程项目的最大累计支出。过了这个时期,由产品出售而获得的收入超过了生产成本及其它业务费用,所以曲线转而上升,当达到 $F$ 点时,全部收入正好与以前花在这一项目上的支出相平衡,因此 $F$ 点叫做收支平衡点。过 $F$ 点后,曲线继续上升,表明现金流量为正值,有净收入。最后到这一工程项目的有效寿命期的末尾,现金流入可能下降,或许由于一些这样的一些原因:生产成本增加,产品售价由于竞争而下降,或由于产品品种落后导致销售量减少等等。如果有流动资金回笼或者固定资产还有残值,则在这个工程项目的寿命末期还会有现金流入。

公路工程项目的累计现金流量曲线图与图3-1是类似的,从整个工程项目来看,初期的现金流量常是负值,后期的现金流量则为正值。

累计现金流量曲线是折现公式(3-1)的图形显示。一个工程项目的累计现金流量(又称净现值)$P$ 是每年各单项现金流量 $F_t$ 的现值之和,即:

$$P=\sum_{t=0}^{n}P_t=\sum_{t=0}^{n}\frac{F_t}{(1+i)^t}$$

$t$ 为时间变量,一般以年计,$n$ 为此项目的有效寿命期,以各年的累计现金流量值作为纵坐标,连成折线图形就是累计现金流量曲线。累计现金流量曲线图的坐标也可以按未来值作图。

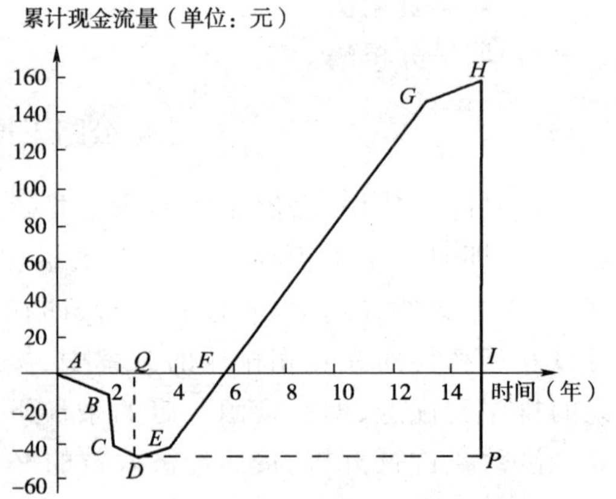

图 3-1 累计现金流量曲线图

*AB*-前期支出;*BC*-基建投资;*CDE*-试车;*EFGH*-获利生产

累计现金流量曲线图是将整个工程项目的全部经济数据以累计现值的图形直观地呈现出来,从图形上可判断该工程项目地有利程度,起到良好地定性和定量作用,故它是经济评价的依据之一。累计现金流量曲线图有如下特点:

(1)图形将整个工程项目的全部经济数据以累计现值曲线图形直观地呈现出来,故可以从此图上直接读出任何时候此项目的累计现值。特别使人们感兴趣的是项目有效寿命期终了时的累计现值(图 3-1 中的 *HI* 线段)。

(2)当 $I=6$ 时的累计现金流量曲线图形与横轴相交点 $F$ 的纵坐标为零,表明此时累计支出与累计收入相平衡,故常把 $F$ 点的横坐标叫做此工程项目的投资回收期或返本期,也就是说,累计现金流量曲线图能清楚地显示出工程项目的投资回收期。

(3)图 3-1 中的 *QD* 线段长度是反映工程项目的累计支出的最大值或累计债务的最大值。

## 第二节 现 值 法

### 一、现值法的含义与种类

1.现值法的含义

现值法是将某一个工程项目整个寿命期内的一切现金收入与支出均折算成现值,再按现值加以分析与比较。一般适宜以寿命开始时间(即坐标中零点时间)作为基准时间来计算现值。现值法是工程经济分析的最基本方法,是其他计算方法的基础。

2.现值法的种类

现值法主要有三种,他们是成本现值法、收益现值法和净现值法。有些方案的收益相同,且收益难以计算,因而只需比较它们的成本,从而就形成了成本现值法;也有时不同方案的成本相同,且成本难以计算,因而只需比较它们的收益,故可称之为收益现值法。但是,在很多的情况下,不同方案所产生的成本和收益均不相同,无法采用成本现值法和收益现值法去比较方案。这时,我们可以采用其净现值的大小来比较方案,这样就形成了净现值法。在这些方法中，净现值法是最常用的方法。

在进行现值计算时，要用到利率即折现率 $i$。现值法中所用到的利率称为标准折现率，有时也称之为基准收益率。它是国家统一制定的决策参数，是国家在宏观经济控制方面，激励或抑制投资活动的有力工具。标准折现率定得过高或过低都会导致决策的失误。因为标准折现率定得过高，那么未来的货币价值就会有较大的折扣量，这样就可能使得许多经济效益好的项目被否定，造成资金积压；标准折现率定得太低，那么未来的货币价值就被折扣得小一些，这样则可能会使可接受的投资方案有许多，造成投资规模过大而致使资金短缺。

实际工作中，在对项目进行财务分析时采用行业基准收益率；在对项目进行国民经济分析时采用社会折现率。社会折现率表示从国家角度对资金机会成本和资金时间价值的估量。这两个经济参数由国家计委、建设部组织测定，非国家投资项目由投资者自己确定。

## 二、净 现 值

净现值(Net Present Value 简称 NPV)是指将各期的现金流量全部折成现值，再加以分析和比较。

净现值的计算公式为：

$$\mathrm{NPV} = \sum_{t=0}^{n}(B_t - C_t)(P/F, i_0, t) \tag{3-1}$$

$$= \sum_{t=0}^{n}(B_t - C_t)(1+i)^{-t} \tag{3-2}$$

$B_t$ 表示第 $t$ 年的收入(或效益)，$C_t$ 表示项目第 $t$ 年的支出(或费用)，$n$ 表示项目的计算年限，$i_0$ 表示能反映资金时间价值的标准折现率，$(P/F, i_0, t)$为折现系数，即$\frac{1}{(1+i_0)^t}$。

对于单方案的分析，NPV 为正说明该方案除能满足预定的利率要求外，还有附加盈利；NPV 为零则说明刚好满足利率要求；NPV 为负表明方案达不到预定利率要求。因此，必须满足 NPV≥0，否则项目应放弃。对于多方案，则应选择 NPV 值最大的方案，并进行增额净现值的分析，下面为净现值计算示例。

**例 3.1** 假设围绕某一城镇有三条绕行比较路线 Ⅰ、Ⅱ、Ⅲ，(如图 3-2 所示)，每条路线的成本和效益已作出估计，路线 Ⅰ 的土地和施工费总计为 430 万元，路线 Ⅱ 为 580 万元，路线 Ⅲ 为 820 万元，这些费用将全部在基年支出。日常养护费将从营运的第一年每年支出，路线 Ⅰ 为 2 千元，路线 Ⅱ 为 2.5 千元，路线 Ⅲ 为 4 千元，且这些费用每年要增加，路线 Ⅰ 每年增加 100 元，路线 Ⅱ 每年增加 125 元，路线 Ⅲ 每年增加 150 元。除了日常养护外，道路每隔 6 年需要大修一次(即在第 6、12、18、24 年进行)，路线 Ⅰ 费用为 30 万元，路线 Ⅱ 为 40 万元，路线 Ⅲ 为 50 万元，这些费用不再增加。在效益方面，营运第一年路线 Ⅰ 节约总数为 40 万元，路线 Ⅱ 为 50 万元，路线 Ⅲ 为 65 万元，第 2 年开始，估计这些效益可期望每年增长 2%。假定绕行道使用期为 30 年，年折现率 $i = 7\%$，残值不考虑。

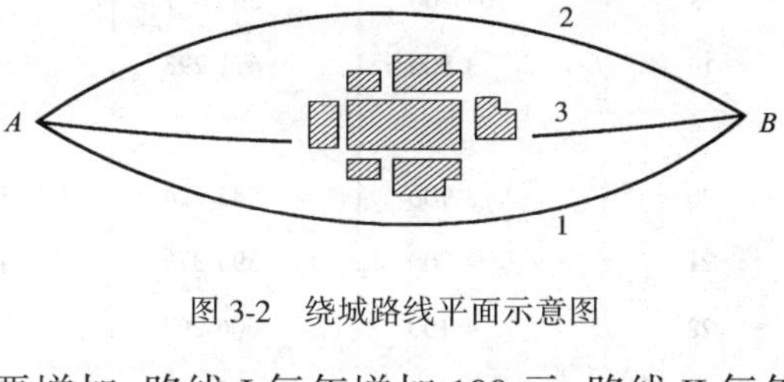

图 3-2 绕城路线平面示意图

**解：**本题的现金流量比较复杂，可以有两种计算方法。第一种是表算法，即列表逐年计算各方案的成本、效益、折现系数和净现值。第二种是利用公式结合现金流量图进行计算。

方法一，表算法。根据已知计算各方案的 NPV。结果见表 3-1、表 3-2 和表 3-3，

第 I 方案效益分析表　　表 3-1

| 年　份 $t$ | 成本 $C_t$ (元) | 收益 $B_t$ (元) | 净收益 $B_t-C_t$ (元) | 现值系数 $(1+i_0)^{-t}$ | 净现值 $NPV_t$ (元) | 累计净现值 NPV (元) |
|---|---|---|---|---|---|---|
| 0 | 4300 000 | 0.00 | -4 300 000 | 1.00 | -4 300 000 | -4 300 000 |
| 1 | 2 000 | 400 000 | 398 000 | 0.93 458 | 371 963 | -3 928 037 |
| 2 | 2 100 | 408 000 | 405 900 | 0.87 344 | 354 529 | -3 573 508 |
| 3 | 2 200 | 416 160 | 413 960 | 0.81 630 | 337 916 | -3 235 592 |
| 4 | 2 300 | 424 483 | 422 183 | 0.76 290 | 322 083 | -2 913 509 |
| 5 | 2 400 | 432 973 | 430 573 | 0.71 299 | 306 994 | -2 606 515 |
| 6 | 302 500 | 441 632 | 139 132 | 0.66 634 | 92 709 | -2 513 806 |
| 7 | 2 600 | 450 465 | 447 865 | 0.62 275 | 278 908 | -2 234 898 |
| 8 | 2 700 | 459 474 | 456 774 | 0.58 201 | 265 847 | -1 969 051 |
| 9 | 2 800 | 468 664 | 465 864 | 0.54 393 | 253 397 | -1 715 654 |
| 10 | 2 900 | 478 037 | 475 137 | 0.50 835 | 241 536 | -1 474 118 |
| 11 | 3 000 | 487 598 | 434 598 | 0.47 509 | 230 228 | -1 243 890 |
| 12 | 303 100 | 497 350 | 194 250 | 0.44 401 | 86 249 | -1 157 641 |
| 13 | 3 200 | 507 297 | 504 097 | 0.41 496 | 209 180 | -948 461 |
| 14 | 3 300 | 517 443 | 514 143 | 0.33 782 | 199 395 | -749 066 |
| 15 | 3 400 | 527 792 | 524 392 | 0.36 245 | 190 066 | -559 000 |
| 16 | 3 500 | 533 347 | 534 347 | 0.33 873 | 181 189 | -377 811 |
| 17 | 3 600 | 549 114 | 545 514 | 0.31 657 | 172 693 | -205 118 |
| 18 | 303 700 | 560 097 | 256 397 | 0.29 586 | 75 858 | -129 260 |
| 19 | 3 800 | 671 298 | 567 498 | 0.27 651 | 156 919 | 27 659 |
| 20 | 3 900 | 582 724 | 578 824 | 0.25 842 | 149 580 | 177 239 |
| 21 | 4 000 | 594 379 | 590 379 | 0.24 151 | 142 582 | 319 823 |
| 22 | 4 100 | 606 267 | 602 167 | 0.22 571 | 135 915 | 455 736 |
| 23 | 4 200 | 618 392 | 614 192 | 0.21 095 | 129 564 | 585 300 |
| 24 | 304 300 | 630 760 | 326 460 | 0.19 715 | 64 362 | 649 662 |
| 25 | 4 400 | 643 375 | 638 975 | 0.18 425 | 117 731 | 767 393 |
| 26 | 4 500 | 656 242 | 651 742 | 0.17 220 | 112 230 | 879 623 |
| 27 | 4 600 | 669 367 | 664 767 | 0.16 093 | 106 981 | 986 604 |
| 28 | 4 700 | 682 755 | 678 055 | 0.15 040 | 101 979 | 1 084 583 |
| 29 | 4 800 | 696 410 | 691 610 | 0.14 056 | 97 213 | 1 185 796 |
| 30 | 4 900 | 710 338 | 705 488 | 0.13 137 | 92 673 | 1 278 469 |

**第 II 方案效益分析表** 表 3-2

| 年份 $t$ | 成本 $C_t$（元） | 收益 $B_t$（元） | 净收益 $B_t-C_t$（元） | 现值系数 $(1+i_0)^{-t}$ | 净现值 $NPV_t$（元） | 累计净现值 NPV（元） |
|---|---|---|---|---|---|---|
| 0 | 5 800 000 | 0.00 | −5 800 000 | 1.00 | −5 800 000 | −5 800 000 |
| 1 | 2 500 | 500 000 | 497 500 | 0.93 458 | 464 954 | −5 335 046 |
| 2 | 2 625 | 510 000 | 507 375 | 0.87 344 | 443 162 | −4 891 884 |
| 3 | 2 750 | 520 200 | 517 450 | 0.81 630 | 422 394 | −4 469 490 |
| 4 | 2 875 | 530 604 | 527 729 | 0.76 290 | 402 604 | −4 066 886 |
| 5 | 3 000 | 541 216 | 538 216 | 0.71 299 | 383 743 | −3 683 143 |
| 6 | 403 125 | 552 040 | 148 915 | 0.66 634 | 99 228 | −3 583 915 |
| 7 | 3 250 | 563 081 | 559 831 | 0.62 275 | 348 635 | −3 235 280 |
| 8 | 3 375 | 574 343 | 570 968 | 0.58 201 | 332 309 | −2 902 971 |
| 9 | 3 500 | 585 830 | 582 330 | 0.54 393 | 316 747 | −2 586 224 |
| 10 | 3 625 | 597 564 | 593 921 | 0.50 835 | 301 920 | −2 284 304 |
| 11 | 3 750 | 609 497 | 605 747 | 0.47 509 | 287 784 | −1 996 520 |
| 12 | 403 875 | 621 687 | 217 312 | 0.44 401 | 96 711 | −1 899 809 |
| 13 | 4 000 | 634 121 | 680 121 | 0.41 496 | 261 475 | −1 535 334 |
| 14 | 4 125 | 646 803 | 642 678 | 0.33 782 | 249 243 | −1 389 091 |
| 15 | 4 250 | 659 739 | 655 489 | 0.36 245 | 237 582 | −1 151 509 |
| 16 | 4 375 | 672 934 | 668 559 | 0.33 873 | 226 461 | −925 048 |
| 17 | 4 500 | 686 393 | 681 893 | 0.31 657 | 215 867 | −709 181 |
| 18 | 404 625 | 700 121 | 295 496 | 0.29 586 | 87 425 | −621 756 |
| 19 | 4 750 | 714 123 | 709 373 | 0.27 651 | 196 149 | −425 607 |
| 20 | 4 875 | 728 406 | 723 531 | 0.25 842 | 186 975 | −238 632 |
| 21 | 5 000 | 742 974 | 737 974 | 0.24 151 | 178 228 | −60 404 |
| 22 | 5 125 | 757 833 | 752 708 | 0.22 571 | 169 894 | 109 490 |
| 23 | 5 250 | 772 990 | 767 740 | 0.21 095 | 161 955 | 271 445 |
| 24 | 405 375 | 788 450 | 383 075 | 0.19 715 | 75 523 | 346 968 |
| 25 | 5 500 | 804 219 | 798 719 | 0.18 425 | 147 164 | 494 132 |
| 26 | 5 625 | 820 303 | 814 678 | 0.17 220 | 140 288 | 634 420 |
| 27 | 5 750 | 836 709 | 830 959 | 0.16 093 | 133 726 | 768 146 |
| 28 | 5 875 | 858 443 | 847 563 | 0.15 040 | 127 474 | 895 620 |
| 29 | 6 000 | 870 512 | 864 512 | 0.14 056 | 121 516 | 1 017 136 |
| 30 | 6 125 | 887 922 | 881 797 | 0.13 137 | 115 842 | 1 132 978 |

**第 III 方案效益分析表** 表 3-3

| 年　份 $t$ | 成本 $C_t$（元） | 收益 $B_t$（元） | 净收益 $B_t-C_t$（元） | 现值系数 $(1+i_0)^{-t}$ | 净现值 $NPV_t$（元） | 累计净现值 NPV（元） |
|---|---|---|---|---|---|---|
| 0 | 8 200 000 | 0.00 | －8 200 000 | 1.00 | －8 200 000 | －8 200 000 |
| 1 | 4 000 | 650 000 | 646 000 | 0.93 458 | 603 789 | －7 596 261 |
| 2 | 4 150 | 666 000 | 658 850 | 0.87 344 | 575 466 | －7 020 795 |
| 3 | 4 300 | 676 260 | 671 960 | 0.81 630 | 548 521 | －6 472 274 |
| 4 | 4 450 | 630 785 | 635 335 | 0.76 290 | 522 842 | －5 949 432 |
| 5 | 4 600 | 706 581 | 698 981 | 0.71 299 | 498 366 | －5 451 066 |
| 6 | 504 750 | 717 653 | 212 903 | 0.66 634 | 141 866 | －5 309 200 |
| 7 | 4 900 | 732 006 | 727 106 | 0.62 275 | 452 805 | －4 856 395 |
| 8 | 5 050 | 746 646 | 741 596 | 0.58 201 | 431 616 | －4 424 7791 |
| 9 | 5 200 | 761 579 | 756 379 | 0.54 393 | 411 417 | －4 013 362 |
| 10 | 5 350 | 776 810 | 771 460 | 0.50 835 | 392 172 | －3 621 190 |
| 11 | 5 500 | 702 346 | 736 846 | 0.47 509 | 373 823 | －3 247 367 |
| 12 | 505 650 | 830 193 | 302 543 | 0.44 401 | 134 332 | －3 113 035 |
| 13 | 5 800 | 821 357 | 818 557 | 0.41 496 | 339 668 | －2 773 367 |
| 14 | 5 950 | 810 844 | 834 894 | 0.33 782 | 323 789 | －2 449 578 |
| 15 | 6 100 | 857 661 | 851 561 | 0.36 245 | 308 648 | －2 149 930 |
| 16 | 6 250 | 871 814 | 863 564 | 0.33 873 | 294 209 | －1 836 721 |
| 17 | 6 400 | 892 311 | 885 911 | 0.31 657 | 280 453 | －1 566 268 |
| 18 | 506 550 | 910 157 | 403 607 | 0.29 586 | 119 411 | －1 446 857 |
| 19 | 6 700 | 928 360 | 921 660 | 0.27 651 | 254 848 | －1 192 009 |
| 20 | 6 850 | 916 927 | 940 077 | 0.25 842 | 242 935 | －949 074 |
| 21 | 7 000 | 965 866 | 958 866 | 0.24 151 | 231 576 | －717 498 |
| 22 | 7 150 | 985 183 | 973 033 | 0.22 571 | 220 752 | －496 746 |
| 23 | 7 300 | 1 004 887 | 997 587 | 0.21 095 | 210 441 | －286 305 |
| 24 | 507 450 | 1 024 985 | 517 535 | 0.19 715 | 102 032 | －184 273 |
| 25 | 7 600 | 1 045 484 | 1 037 884 | 0.18 425 | 191 230 | 6 937 |
| 26 | 7 750 | 1 056 394 | 1 058 644 | 0.17 220 | 182 298 | 189 255 |
| 27 | 7 900 | 1 087 722 | 1 079 822 | 0.16 093 | 173 776 | 363 031 |
| 28 | 8 050 | 1 109 476 | 1 101 426 | 0.15 040 | 165 654 | 528 685 |
| 29 | 8 200 | 1 131 666 | 1 123 466 | 0.14 056 | 157 914 | 686 599 |
| 30 | 8 350 | 1 154 299 | 1 145 949 | 0.13 137 | 150 543 | 837 142 |

由表算得知 $NPV_I = 127.8$ 万元，$NPV_{II} = 113.3$ 万元，$NPV_{III} = 83.7$ 万元，因此路线 I 是最经济的方案。

方法二，公式计算。根据所列资料画出三方案的现金流量示意图，如图 3-3 所示。

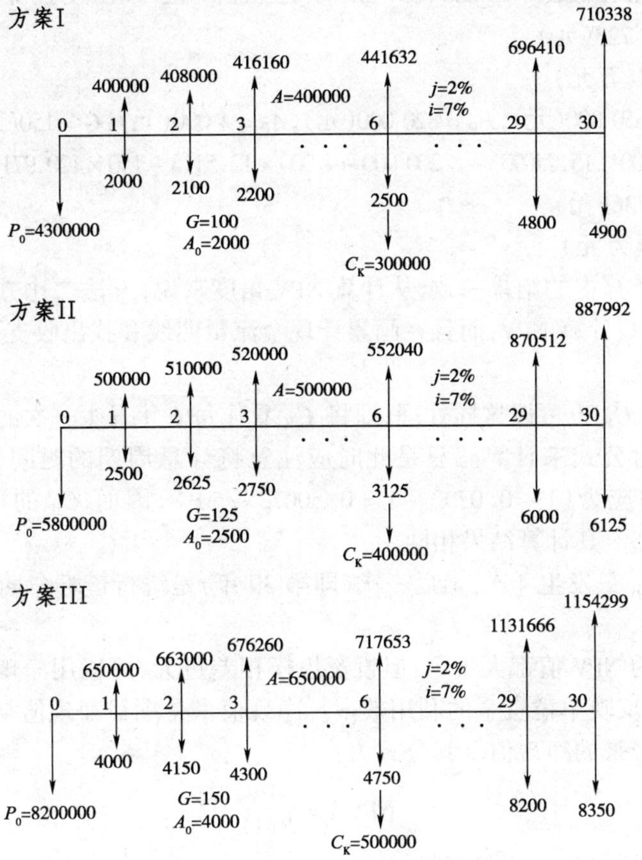


图 3-3　现金流量示意图(单位:元)

从现金流量图上可以看出，$B_i$ 按等比变化。$C_i$ 中有一部分每年发生且按等差递增；另一部分 $C_k$ 每 6 年发生一次。故可写出 NPV 的表达式如下：

$$NPV = \sum_{i=0}^{n} \frac{B_i - C_i}{(1+i)^t} = \frac{A}{1+i} \cdot \frac{\left(\frac{1+j}{1+i}\right)^n - 1}{\frac{1+j}{1+i} - 1} - P_0 - [A_0(P/A, i, n)$$

$$+ G(P/G, i\%, n)] - C_R[(1+i)^{-6} + (1+i)^{-12} + (1+i)^{-18} + (1+i)^{-24}]$$

其中已知，$i = 7\%$，$j = 2\%$，$n = 30$，代入上式计算或查利息表有：

$$NPV = A \times \frac{\left(\frac{1.02}{1.07}\right)^{30} - 1}{\frac{1.02}{1.07} - 1} \times \frac{1}{1.07} - P_0 - \left[A_0 \times \frac{11.2578 + 13.7648}{2} + G \times 120.971\right]$$

$$- C_R \times 1.60336$$

$$= A \times 15.240933 - P_0 - A_0 \times 12.5113 - G \times 120.971 - C_R \times 1.60336$$

对方案 I：$A = 400\ 000$ 元，$P_0 = 4\ 300\ 000$ 元，$A_0 = 2\ 000$ 元，$G = 100$ 元，$C_R = 300\ 000$(元)

故 $NPV_I = 400\ 000 \times 15.240933 - 4\ 300\ 000 - 2000 \times 12.5113 - 100 \times 120.971 - 300\ 000 \times 1.60336$

$=1278\ 245$(元)

$\approx 127.8$(万元)

对方案Ⅱ:$A=500\ 000$(元),$P_0=5\ 800\ 000$(元),$A_0=2\ 500$(元),$G=125$元,$C_R=400\ 000$(元)

故 $NPV_{Ⅱ}=500\times 15.240933,-5\ 800\ 000-2500\times 12.5113-125\times 120.971-4\ 00\ 000\times 1.60336$

$=1\ 132\ 723$(元)

$=113.3$(万元)

对方案Ⅲ:$A=650\ 000$(元),$P_0=820\ 000$(元),$A_0=4\ 000$(元),$G=150$(元),$C_R=500\ 000$(元)

故 $NPV_{Ⅲ}=650\ 000\times 15.240933-8\ 200\ 000-4\ 000\times 12.5113-150\times 120.971-500\ 000\times 1.60336$

$=836\ 736$(元)

$\approx 83.7$(万元)

两种计算方法所算得的结果一致,从计算 NPV 角度来说,方法二比方法一简单,但方法一是多功能的,不仅仅只计算 NPV,而且在画累计现金流量曲线和找出收支平衡点(投资回收期)等方面也有很多应用。

在方法二中,对 $C_R$ 也可以这样处理,即将 $C_R$ 看作每 6 年发生一次的等额多次支付,从而可运用等额多次支付公式来计算。只是此时应注意将计息周期的时间长度改为 6 年而非 1 年,计算利息的利率应为$(1+0.07)^6-1=0.50073\approx 50\%$,因而 $C_R$ 的现值 $P_R=C_R(P/A,50\%,4)=C_R\times 1.605$。其计算结果相同。

另外,应注意 $C_R$ 只发生 4 次,最后一次(即第 30 年)是绕行道寿命期末了,所以不再进行大修。

如果几个方案的 NPV 值都大于零,但投资规模相差过大,可以用净现值率(NPVR)作为净现值的辅助指标,以反映单位资金的利用效率。净现值率是项目净现值与总投资现值之比,表示单位投资现值所带来的净现值。其公式为:

$$NPVR=\frac{NPV}{P(I)} \tag{3-3}$$

式中:$P(I)$——总投资(Investment)现值。

在上述例题中,

$$NPVR(I)=\frac{1278468}{4300000}=0.297$$

$$NPVR(II)=\frac{1132978}{5800000}=0.195$$

$$NPVR(III)=\frac{837142}{8200000}=0.102$$

可见 NPVR 值也说明应选方案 I。在资金限定情况下,NPVR 是进行排队的依据,NPVR 大的项目应优先安排。

**例 3.2** 某投资项目有 4 个备选方案(见表 3-4),寿命期均为 10 年,基准折现率为 10%,计算各方案的经济指标,并进行方案比较。

单位:万元　　　表 3-4

| 方案 | $A_1$ | $A_2$ | $A_3$ | $A_4$ | 方案 | $A_1$ | $A_2$ | $A_3$ | $A_4$ |
|---|---|---|---|---|---|---|---|---|---|
| 初始投资 | 100 | 200 | 300 | 400 | 年净收益 | 30 | 50 | 65 | 86.667 |

**解** 由净现值的表达式,可得:

$$NPV_1 = -100 + 30(P/A,10\%,10) = 84.337(\text{万元})$$

$$NPV_2 = -200 + 50(P/A,10\%,10) = 107.228(\text{万元})$$

$$NPV_3 = -300 + 65(P/A,10\%,10) = 99.397(\text{万元})$$

$$NPV_4 = -400 + 86.667(P/A,10\%,10) = 132.531(\text{万元})$$

同时,可算出各方案的净现值率如下:

$$NPVR_1 = \frac{84.337}{100} \times 100\% = 84.34\%$$

$$NPVR_2 = \frac{107.228}{200} \times 100\% = 53.61\%$$

$$NPVR_3 = \frac{99.397}{300} \times 100\% = 33.13\%$$

$$NPVR_4 = \frac{132.531}{400} \times 100\% = 33.13\%$$

根据净现值的大小排列,方案 $A_4$ 最优,$A_2$ 次之,$A_3$ 位于第 3,$A_1$ 最差。但根据净现值率,方案 $A_1$ 的单位资金利用效益最高,$A_2$ 次之,$A_3$ 与 $A_4$ 名列第 3。

对这种不一致的现象可作以下分析。净现值率是一个相对指标,其经济涵义是该项目方案单位投资现值所能获得的净现值。用净现值率进行方案比较时,以净现值率较大的方案为优。但它不能反映方案所获得的绝对经济效益。当资金有限,同时又要在若干个项目中确定几个予以实施时,应当挑选绝对经济效益好且单位资金利用效益较高的项目方案。单个项目方案比较时,应主要依据净现值指标。本例中,尽管方案 $A_1$ 净现值率最大,但在同样的寿命期的情况下,方案 $A_4$ 获得的经济效益最好。

## 三、净现值与折现率的关系

由式(3-2)可明显看出,当 $n$ 一定时,NPV 值将随 $i$ 的变大而显著地变小,反之亦然。图 3-4 是 NPV 值与 $i$ 值之间的关系图,有些 $i$ 值能使 NPV > 0,而另一些 $i$ 值则使 NPV < 0,所以如何选择最合适的 $i$ 值显然是十分重要的。

由于折现率 $i$ 就是项目期望的收益率,因而 NPV 的大小能反映出项目超出期望盈利的超额净收益现值。换言之,在以净现值为标准选择方案时,最低期望收益率定得越高,能被选中的(或者说能被接受的)方案就越少。采用大的折现率将比采用小的折现率更多地降低未来成本和效益的现值。因此,在具有不同现金流量的 $n$ 个选择项目中作出 NPV 值的对比时,决定性地取决于所采用的折现率 $i$。图 3-4 对这个问题作了清楚的说明。

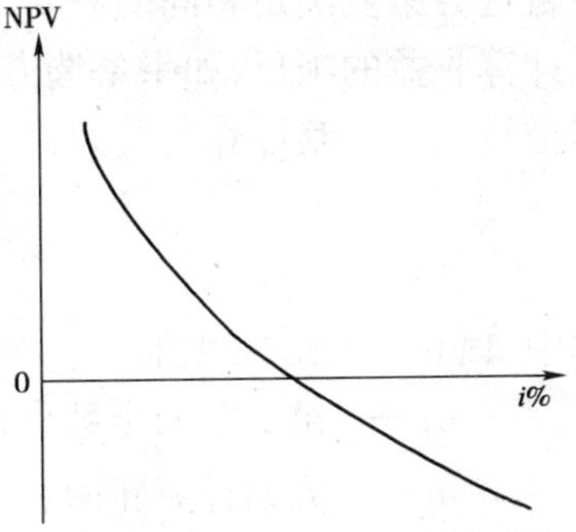

图 3-4 NPV 与 $i$ 值间的关系

在两个被选择的方案 I 和 II 中(表 3-5),所选用的折现率对方案的选择有重大影响。

方案 I 在第 0 年的现金流量是 -10 000 元,第 1 年为 +6 000 元,…,第 4 年为 +1000 元;而方案 II 的现金流量相应地是 -10 000 元,+2 000 元,…,+6 000 元。选取不同的折现率,计算相应的 NPV 值,同时画出方案 Ⅰ 和 Ⅱ 的 NPV—$i$ 图(3-5)。如图中所示,当 $i=0$ 时,$NPV_I$ = 3 000 元,而 $NPV_{II}$ = 4 000 元,当 $i<6.9\%$ 时,$NPV_I < NPV_{II}$,这表明此时应选择方案 II;当 $i>$

6.9%时，$NPV_I > NPV_{II}$，这表明此时应选择方案 *I*；当 $i = 6.9\%$ 时，这表明不能在这两者间作出选择。

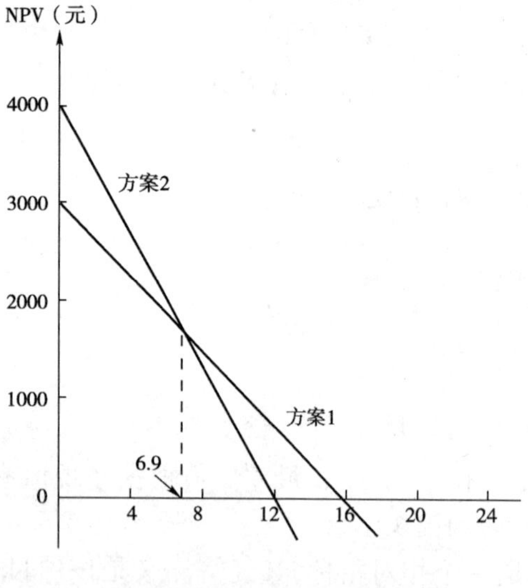


图 3-5　两个方案的 NPV 和 *i* 关系图

**方案 I 和方案 II 的现金流量**

单位：元　　表 3-5

| $t$ | 方案 I | 方案 II |
|---|---|---|
| | $B_t - C_t$ | $B_t - C_t$ |
| 0 | -10000 | -10000 |
| 1 | 6000 | 2000 |
| 2 | 4000 | 2000 |
| 3 | 2000 | 4000 |
| 4 | 1000 | 6000 |

若以 NPV 值作为方案比较的经济评价指标，那么选方案 II 时对应的折现率应小于 6.9%，而选方案 I 时对应的折现率应大于 6.9%，问题的关键是怎样能选取一个恰当的折现率却是一件不容易的事，特别是当利率出现波动时更是如此。假如在选取折现率上存在着不定因素，则就要采用另一种叫内部收益率指标的评价方案进行评价。

## 四、成本现值法

成本现值法就是将各方案的所有成本均折算成现值，然后取成本现值最低的方案。

用净现值分析项目的经济效益，要求用货币单位计算项目的收益，但有些项目的效益难以用货币单位直接计算，如安全保障，环境保护，动态条件改善，地区开发等。对于这类项目，若各备选方案能满足相同的需要，则只需比较它们的投资与经营费用。即使对于可以用货币单位计算收益的项目，如果备选方案逐年收益相等，也可略去对收益的计算，按总成本最小的原则进行比选。其计算公式为：

$$PVC = \sum_{i=0}^{n} C_i (P/F, i, t) \tag{3-4}$$

式中：PVC——成本现值；

$C_i$——第 $t$ 年的全部支出；

$n$——方案计算年限；

$i_0$——标准折现率。

因为各备选方案之间，其寿命存在三种情况，故按三种情况讨论。

1. 等寿命的成本现值比较

**例 3.3**　有 4 种采暖方案，各方案的投资与年经营费用如表 3-6，设使用寿命均为 15 年，标准折现率 $i_0 = 8\%$，试用成本现值法分析方案。

**解**：由前述公式有：

原 始 数 据 　　表 3-6

| 方 案 | 1 | 2 | 3 | 4 |
|---|---|---|---|---|
| 投资(元) | 1800 | 2545 | 3340 | 4360 |
| 年经营费用(元) | 900 | 590 | 450 | 360 |

$$PVC_1 = 1800 + 900(P/A,8\%,15) = 9503(\text{元})$$
$$PVC_2 = 2545 + 590(P/A,8\%,15) = 7595(\text{元})$$
$$PVC_3 = 3340 + 450(P/A,8\%,15) = 7192(\text{元})$$
$$PVC_4 = 4360 + 360(P/A,8\%,15) = 7441(\text{元})$$

方案 3 成本现值最小,为最优方案。

2.不等寿命的成本现值比较

当利用现值法比较寿命不同的方案时,方案间的比较必须遵守时间可比原则,即必须在寿命期相等的条件下进行。一般是使每一方案的寿命都延伸至它们最小公倍数的年数。同时,假设每一方案的一个寿命周期结束时还要投资,以后各周期都具有相同的现金流量(即重复性假设)。如果存在残值,则残值也应计入现金流量中并视为再投资时的收入。这种处理办法虽然简单易行,但它没有考虑实际所需要的服务寿命,也没有考虑由于技术进步而带来的设备更新和价格变化问题。

**例 3.4** 设标准折现率 $i_0 = 15\%$,试用成本现值法选择不同型号的两种设备购置方案。基本数据如表 3-7。

**解:**因为两种设备的寿命不等,所以必须使它们延伸到相等的年数加以分析,本例中为 18 年(取 6 和 9 的最小公倍数)。现金流量图如图 3-6 所示。

原 始 数 据 　　表 3-7

| 设备型号 | A 型 | B 型 |
|---|---|---|
| 一次投资(元) | 11000 | 18000 |
| 年经营费(元) | 3500 | 3100 |
| 残值(元) | 1000 | 2000 |
| 寿命(元) | 6 | 9 |

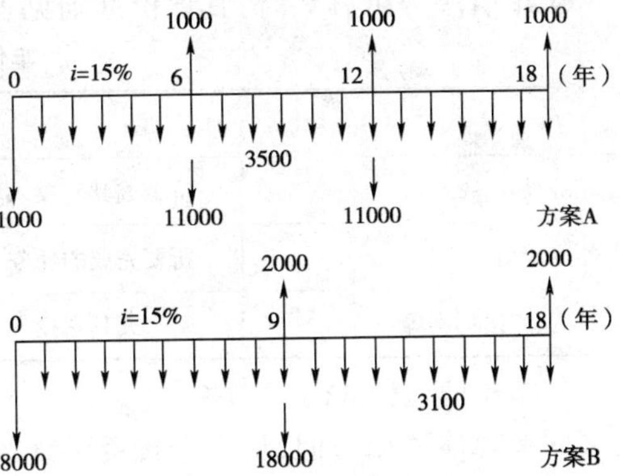


图 3-6 (单位:元)

$$\begin{aligned}PVC_A &= 11000 + 11000(P/F,15\%,6) - 1000(P/F,15\%,6)\\&\quad + 11000(P/F,15\%,12) - 1000(P/F,15\%,12)\\&\quad - 1000(P/F,15\%,18) + 3500(P/A,15\%,18)\\&= 38559(\text{元})\end{aligned}$$

$$\begin{aligned}PVC_B &= 18000 + 18000(P/F,15\%,9) - 2000(P/F,15\%,9)\\&\quad - 2000(P/F,15\%,18) + 3100(P/A,15\%,18)\\&= 41384(\text{元})\end{aligned}$$

$PVC_A < PVC_B$,应选购 $A$ 型设备。

3.无限服务寿命期的成本现值比较

在实践中,经常会遇到具有很长服务期(大于50年)的工程方案,例如桥梁、灌渠、水坝等。一般说来,经济分析对遥远未来的现金流量是不敏感的,因此,对于服务寿命很长的工程方案,可以近似地当作具有无限服务寿命来处理。按无限期计算出来的现值,一般称为“资金成本”或“资本化成本”。

由 $P=A(P/A,i,n)$,有当 $n\to\infty$ 时的 $P$ 应为:

$$P=A\lim_{n\to\infty}\left[\frac{(1+i)^n-1}{i(1+i)^n}\right]=\frac{A}{i}\lim_{n\to\infty}\left[1-\frac{1}{(1+i)^n}\right]=\frac{A}{i}\times[1-0]=A/i$$

# 第三节 年值法与未来值法

## 一、年 值 法

年值法是经济分析方法的一种常见方法,其基本思路是将各方案在其寿命期内的现金流量按某一给定的标准折现率折算成等额年值,再按等额年值进行分析或评价。一个方案,无论其寿命是多少年,其等额年值都是相等的。对于寿命不同的备选方案,使用年值法分析,可以使方案之间具有时间上的可比性,而不用像现值法那样,要先将不同寿命的方案通过最小公倍数转换成相同的寿命,然后才能比较。即用年值法可以对寿命不同的方案直接进行比较,而无须调整寿命。

年值法常用的指标有净年值和成本年值两种。

1.年值法的评价准则

用年值法分析方案时,其评价准则见表3-8。

**年值法分析准则**

表3-8

| 情况 | | 准则 |
|---|---|---|
| 相等投入 | 资金或其它投入资源的数量相等 | 使收益等额年值最大 |
| 相等产出 | 所要完成的任务、收益相等或其它输出相等 | 使成本年值最小 |
| 投入、产出均不等 | 资金或其它投入、收益或其它产出均不相等 | 使净年值最大 |

2.净年值法(NAV)

同净现值法相类似,将一个投资系统的全部现金收入均折算为年值,再将该系统全部现金支出也折算为年值,二者的差额就是该系统每年的净年值。显然净年值大于等于零的方案才可以接受,几个方案进行比选时,净现值大者为佳。

对于特定项目而言,净年值与净现值的评价结果是等价的,适用于净现值的一切分析对净年值都适用。

将净现值折算成等额年金就是净年值,即

$$\begin{aligned}\mathrm{NAV}&=\mathrm{NPV}(A/P,i,n)\\&=\sum_{t=0}^{n}(B_t-C_t)(P/F,i,t)(A/P,i,n)\\&=\sum_{t=0}^{n}\frac{B_t-C_t}{(1+i)^t}\cdot\frac{i(1+i_0)^n}{(1+i_0)^n-1}\end{aligned}\tag{3-5}$$

**例 3.5**　设标准折现率 $i_0 = 10\%$,试对表 3-9 中的两个方案进行分析和比较。

表 3-9

| 方　　案 | 初始投资(元) | 年经营费(元) | 年收入(元) | 寿命(年) | 期末残值(元) |
|---|---|---|---|---|---|
| 1 | 10000 | 2200 | 5000 | 5 | 2000 |
| 2 | 15000 | 4300 | 7000 | 10 | 0 |

**解**:两个方案的现金流量图如图 3-7 所示。

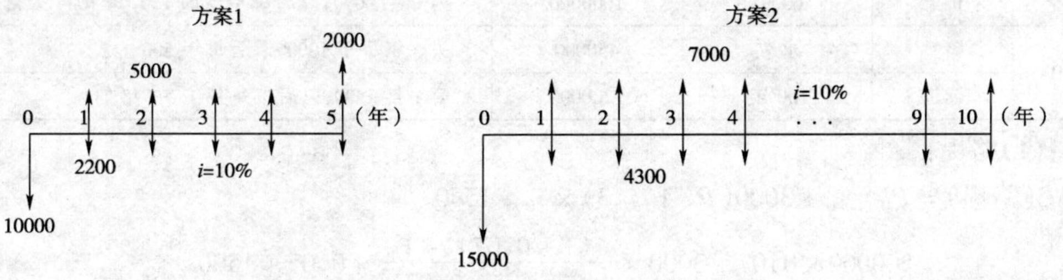


图 3-7

$$\begin{aligned}\mathrm{NAV}_1 &= -10000(A/P,10\%,5)+5000-2200+2000(A/F,10\%,5)\\&= -10000\times0.2638+5000-2200+2000\times0.168\\&=489.6(\text{元})\end{aligned}$$

$$\begin{aligned}\mathrm{NAV}_2 &= -1500(A/P,10\%,10)+7000-4300\\&= -1500\times0.1627+7000-4300\\&=259.5(\text{元})\end{aligned}$$

$\mathrm{NAV}_1 > \mathrm{NAV}_2$,说明方案 1 优于方案 2。

3.成本年值法(EAC)法

成本年值法主要用于对可以满足相同需要或产生的收益相同,但寿命期不等的备选方案进行分析,成本年值法最低的方案为最优方案。

**例 3.6**　两个路面改造方案有关数据见表 3-10,基准折现率为 10%,比较两方案的优劣。

表 3-10

| 方　　案 | 初始投资(万元) | 年营运费用(万元) | 寿命(年) |
|---|---|---|---|
| 1 | 150 | 2 | 20 |
| 2 | 100 | 3 | 8 |

**解**:以上两个方案的现金流量图如 3-8 所示:

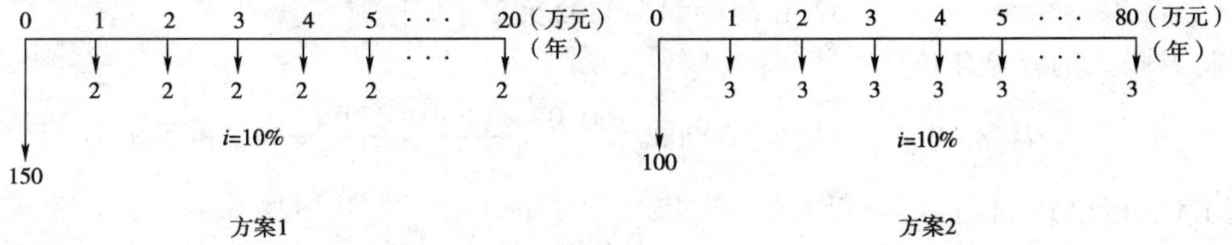


图 3-8

$$\mathrm{EAC}_1 = 2 + 150 \times (A/P,10\%,20) = 19.619(\text{万元})$$

$$\mathrm{EAC}_2 = 3 + 100 \times (A/P,10\%,8) = 21.744(\text{万元})$$

所以方案 1 优于方案 2。

**例 3.7** 某山区公路有两个设计方案,方案一是修建路堤和桥梁,方案二是挖路堑和隧道。经过投资和费用估算,主要数据列于表 3-11,如果取标准折现率 $i_0=7\%$,试用 EAC 法选择设计方案。

**比较方案费用估算表**

表 3-11

| 比较方案 | | 使用年限 | 初期投资(元) | 定期投入(元) |
|---|---|---|---|---|
| 方案 I | 路堤 | 永久 | 500000 | 头 3 年每年 4500,以后每年 1500 |
| | 桥梁 | 60 年 | 1000000 | 第一年 9000,以后每年增加 150,每 10 年大修 45000 |
| 方案 II | 路堑 | 永久 | 450000 | 头 5 年每年 1000,以后每年 500 |
| | 隧道 | 100 年 | 1200000 | 第 1 年 2500,以后按每年 1.5% 增加 |

**解**:(1)路堤:

$$\begin{aligned}\text{EAC(路堤)} &= P_0\times i_0+3000(P/A,i,3)\times i_0+1500\\ &=500000\times0.07+3000\times\frac{(1+0.07)^3-1}{0.07\times(1+0.07)^3}\times0.07+1500\\ &=37051(\text{元})\end{aligned}$$

(2)桥梁:

定期投入中有一项按等差数列增加,有一项一次性投入,每 10 年投入一次,共 5 次(第六次即桥梁寿命终止之时,不必大修)。

①等差数列的等额年值

则

$$A_0=9000,\ G=150,\ A_1=A_0+A_G$$

$$\begin{aligned}A_G&=G(A/G,7\%,60)\\ &=150\left[\frac{1}{0.07}-\frac{60}{(1+0.07)^{60}-1}\right]\\ &=150\times13.232\\ &=1985(\text{元})\end{aligned}$$

故等差数列的等额年值为 1985 + 9000 = 10985(元)

②每 10 年投入一次的等额年值

$A=45000$ 元, $i=(1+i_0)^{10}-1=1.07^{10}-1=0.96715$, $n=5$

故

$$\begin{aligned}A_2&=A(P/A,0.96715,5)(A/P,7\%,60)\\ &=45000\frac{(1+0.96715)^5-1}{0.96715(1+0.96715)^5}\times\frac{0.07\times(1+0.07)^{60}}{(1+0.07)^{60}-1}\\ &=45000\times0.99886\times0.07123\\ &=3201.66(\text{元})\approx3202\text{ 元}\end{aligned}$$

③初始投入的等额年值

$$A_3=P(A/P,7\%,60)=1000000\times\frac{0.07\times(1+0.07)^{60}}{(1+0.07)^{60}-1}=71229(\text{元})$$

$$\begin{aligned}\text{故 EAC(桥梁)}&=A_1+A_2+A_3\\ &=10985+3202+71229=85416(\text{元})\end{aligned}$$

$$\begin{aligned}\text{因此:EAC(I)}&=\text{EAC(路堤)}+\text{EAC(桥梁)}\\ &=37051+85416=122467(\text{元})\end{aligned}$$

(3)路堑

头 5 年每年投入 1000 元,以后每年 500 元,即意味着每年 500 元,头 5 年在此基础上再增加 500 元。

故 $EAC(路堑) = 500 + 450000 \times 0.07 + 500(P/A,7\%,5) \times 0.07$

$$= 500 + 31500 + 500 \times \frac{(1+0.07)^5 - 1}{0.07 \times (1+0.07)^5} \times 0.07$$

$$= 32000 + 143.51 = 32143.5(元)$$

(4)隧道

定期投入呈等比变化增加，按式(2-27)可先求其现值，再换算成等额年值。

$$EAC(隧道) = 1200000(A/P,7\%,100) + \frac{A}{1+i}\frac{\left(\frac{1+j}{1+i}\right)^{100} - 1}{\frac{1+j}{1+i} - 1} \times (A/P,7\%,100)$$

$$= \left[1200000 + \frac{2500}{1.07} \times \frac{\left(\frac{1+0.015}{1+0.07}\right)^{100} - 1}{\frac{1+0.015}{1+0.07} - 1}\right] \times \frac{0.07 \times (1+0.07)^{100}}{(1+0.07)^{100} - 1}$$

$$= (1200000 + 45222.38) \times 0.07008076 = 87266.1(元)$$

因此，$EAC(\text{II}) = EAC(路堑) + EAC(隧道)$

$$= 32143.51 + 87266.14 = 119410(元)$$

可知 $EAC(\text{II}) < EAC(\text{I})$，故应选方案 II。

前面我们已经介绍，现值法与年值法的不同在于，当方案的寿命不同时，现值法无法直接比较，必须根据最小公倍数，将两个或多个方案的寿命转化成相同的寿命，才能直接比较；但年值法即使方案的寿命不同也可以直接比较。

**例 3.8** A、B 两个互斥方案各年的现金流量如表 3-12 所示，基准收益率 $i_0 = 10\%$，试用净现值与净年值两种方法比较选择方案。

表 3-12

| 方 案 | 投资(万元) | 年净现金流(万元) | 残值(万元) | 寿命(年) |
|---|---|---|---|---|
| A | -10 | 3 | 1.5 | 6 |
| B | -15 | 4 | 2 | 9 |

**解**：(1)以最小公倍数将不同寿命的方案调整成相同寿命，并假设项目下一个寿命期的现金流量仍与上一个寿命期的现金流量完全一致。以 A 与 B 的最小公倍数 18 年为计算期，A 方案重复实施三次，B 方案二次。此时，如果以净现值为评价指标，则 18 年的各方案净现值为：

$$NPV_A = -10 \times [1 + (P/F,10\%,6) + (P/F,10\%,12)] + 3 \times (P/A,10\%,18)$$
$$+ 1.5 \times [(P/F,10\%,6) + (P/F,10\%,12) + (P/F,10\%,18)]$$
$$= 7.37(万元)$$

$$NPV_B = -15 \times [1 + (P/F,10\%,9)] + 4 \times (P/A,10\%,18)$$
$$+ 2 \times [(P/F,10\%,9) + (P/F,10\%,18)]$$
$$= 12.65(万元)$$

因为 $NPV_B > NPV_A > 0$，故 B 方案较优。

(2)用净年值法进行比选，即使方案寿命不同，也能直接比较。则各方案的净年值为：

$NAV_A = 3 + 1.5 \times (A/F,10\%,6) - 10 \times (A/P,10\%,6) = 0.90(万元)$

$NAV_B = 4 + 2 \times (A/F,10\%,9) - 10 \times (A/P,10\%,9) = 1.54(万元)$

因为 $NAV_B > NAV_A > 0$,故 B 优于 A。

## 二、未来值法

未来值法的基本思路是将一个工程项目在整个寿命期内的现金流量,利用适当的计算因子(以标准折现率计算的复利终值因子),均折算成寿命期末的未来值,再按未来值进行分析和评价。对于多方案,未来值越大经济效益越好,对于单方案,未来值大于或等于零才能被接受。

未来值法的计算可根据其已知条件的不同,将其分为三个种类,即收益未来值法,成本未来值法、净未来值法。使用未来值法,可以将一个投资系统的现金流量换算成未来值,也可以将一个投资系统的现金流量先换算成现值或年值,然后再换算为未来值,如净未来值可采用以下方法计算:

$$\begin{aligned} NFV &= NPV(F/P,i,n) \\ &= NAV(F/A,i,n) \end{aligned}$$

事实上,现值法、年值法和未来值法都是等效的。如使用正确,三者的分析估计应该是相同的。未来值与现值之比等于常数$(F/P,i,n)$,未来值与年值之比也等于常数$(F/A,i,n)$。未来值法同现值法一样,用它作方案分析时,$n$ 个方案的寿命期必须保持相等。

**例 3.9** 仍以例 3.8 的资料分析,试用未来值法对方案 A、B 做出选择。

**解**:
$$\begin{aligned} NFV_A &= -10(F/P,10\%,18) - 10(F/P,10\%,12) - 10(F/P,10\%,6) \\ &\quad + 3(F/A,10\%,18) + 1.5(F/P,10\%,12) + 1.5(F/P,10\%,6) + 1.5 \\ &= 77.25(\text{万元}) \end{aligned}$$

$$\begin{aligned} NFV_B &= -15(F/P,10\%,18) - 15(F/P,10\%,9) + 4(F/A,10\%,18) \\ &\quad + 2(F/P,10\%,9) + 2 \\ &= 92.79(\text{万元}) \end{aligned}$$

从净未来值的计算上可得:方案 B 优于方案 A。因此与上面净现值与净年值的分析结果相同。

未来值法在下面所讲到的外部收益率中有具体的应用。

# 第四节　投资收益率法

## 一、概　　述

投资收益率是反映一个工程项目经济效益的基本指标。收益率就是指项目在建设和服务年限内,各年现金流量的现值(年值或未来值)累计之和等于零时的利率,也就是总收益等值于总费用时的利率,收益率有内部收益率和外部收益率两种。

收益率实际是现值法、年值法和未来值法的反算法,后者的利率为已知的标准折现率,而收益率法中的利率为有待求解的未知数。用现值法、年值法和未来值法分析投资方案的经济效益需要事先给定一个标准折现率,这个标准折现率反映了投资者所希望达到的单位投资平均收益水平。净现值、净年值或净未来值大于零,表明单位投资的平均收益水平高于标准折现率。但现值法,年值法和未来值法没有给出单位投资的实际年均收益水平,如果希望了解投资方案的实际年均收益水平,则需要用投资收益率法进行方案的经济分析。收益率法中主要是内部收益率法。

在项目的最终评价与分析中，求得的投资收益率应大于或等于标准收益率，项目才可以接受。

标准收益率也是一个重要的经济决策参数，它对投资者来说，是最低的期望收益率，是预先选定的，取决于投资者对某项投资所得效益的期望水平。一般就是现值法、年值法和未来值法中所采用的标准折现率。对国家来说，它是一个重要的宏观经济杠杆。在项目的财务分析中一般采用行业基准收益率（或叫财务基准收益率），在国民经济评价（宏观分析）中，则采用社会折现率。

## 二、内部收益率（Internal Rate of Return，简称 IRR）

1.内部收益率的概念与计算方法

由净现值的计算公式 $NPV=\sum_{t=0}^{n}(B_t-C_t)(P/F,i,t)$ 来看，对于特定的投资方案而言，标准折现率 $i_0$ 取值不同，将直接影响到 NPV 的大小。如果将折现率看作一个变量，NPV 与折现率 $i$ 的关系用函数式可表示为 $NPV=f(i)$，称为 NPV 函数，对于一般的投资方案，NPV 函数是一个单调递减函数（如图 3-9），NPV 函数曲线与横坐标交于 $i^*$，即当 NPV = 0 时，$i=i^*$。$i^*$ 就是投资方案的内部收益率 IRR。IRR 可以通过求解下列方程得到：

$$\sum_{t=0}^{n}(B_t-C_t)(1+IRR)^{-t}=0 \tag{3-6}$$

IRR 反映了投资方案在项目整个寿命期内的平均资金盈利能力。对内部收益率的经济涵义还可以这样理解：在利率为 IRR 的条件下，在项目整个寿命期内，始终存在在着未被收回的投资，而在项目寿命终了时，投资恰好被完全收回。因此也可以将内部收益率定义为一个项目尚未被收回的投资余额所取得的利率。同时，在计算内部收益率时，有一个隐含的假设，就是一个投资系统每年的净收益将重新用于再投资，并取得等于内部收益率的利率（即与原始投资有相同的时间价值）。从这个意义上讲，内部收益率又可以认为是已被恢复资金的再投资利率。

IRR 可以按现值、年值或未来值来进行计算，具体采用哪种方法，可以根据项目现金流量的特点而灵活选用。但无论用哪一种等值方法，都要求解一元高次方程。如式(3-6)还是一分式多项式方程，不易直接求解，通常采用“试算内插法”求解。下面以式(3-6)为例加以说明。

先给定一个折现率 $i_1$，求出相应的 $NPV_1$，若 $NPV_1>0$，说明 $IRR>i_1$，若 $NPV_1<0$，说明 $IRR<i_1$。由此，再试算，将折现率修正为 $i_2$，求出 $NPV_2$，$NPV_2$ 应比 $NPV_1$ 更接近零，反复试算，逐步逼近，最后可得到比较接近的两个折现率 $i_m$ 与 $i_n$，$NPV_m>0$，$NPV_n<0$，再用直线内插法求解 IRR 的近似值（图 3-10）。

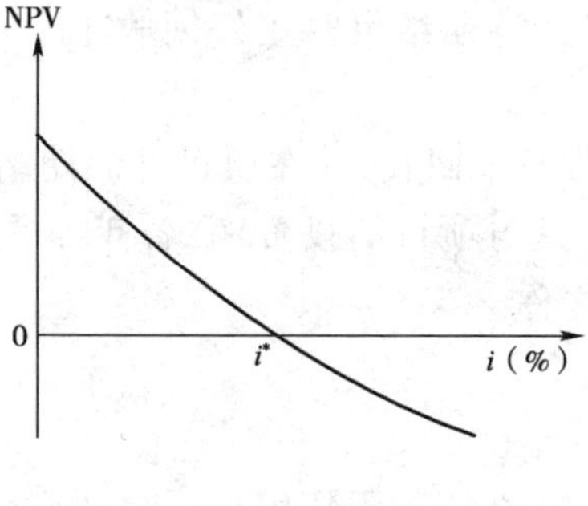


图 3-9　NPV 与 $i$ 值间的关系图

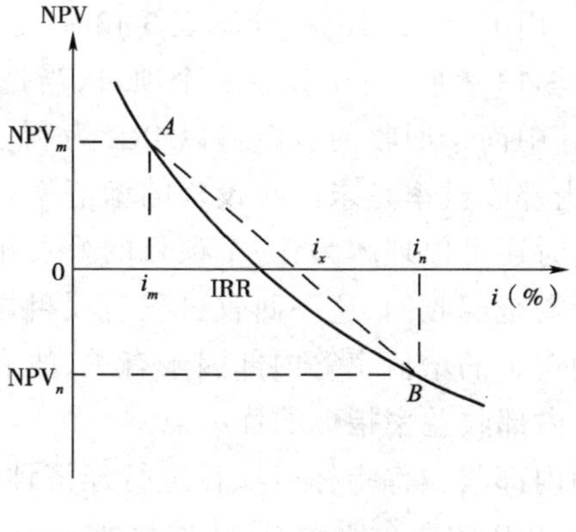


图　3-10

将 NPV 函数曲线的 $AB$ 段近似值看成直线，根据相似三角形原理可求得 IRR。

$$\mathrm{IRR} \approx i_m + (i_n - i_m) \cdot \frac{|\mathrm{NPV}_m|}{|\mathrm{NPV}_m| + |\mathrm{NPV}_n|} \tag{3-7}$$

事实上，按式(3-7)求得的只是 IRR 的近似值 $i^*$。$i^*$能多大程度地近似于 IRR，与$(i_n - i_m)$的关系很大，为了控制误差，$(i_n - i_m)$一般不应大于5%。

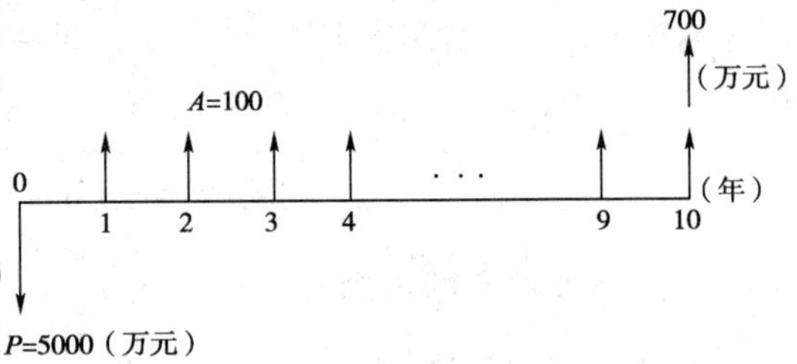


图 3-11

**例 3.10** 假设现在投资 5000 万元，预计 10 年中每年可获得 100 万元，并在第 10 年末另可获利 7000 万元，试求该项投资的收益率。

**解**：作现金流量图如图 3-11 所示：

(1)用现值求解：

$$\mathrm{NPV} = -5000 + 7000(P/F, i, 10) + 100(P/A, i, 10)$$

令 $i = 5\%$，试算得

$$\mathrm{NPV}_1 = -5000 + 7000 \times 0.6139 + 100 \times 7.722 = 69.5 > 0$$

$\mathrm{NPV} > 0$，说明 $\mathrm{IRR} > 5\%$，令 $i = 6\%$试算得

$$\begin{aligned}\mathrm{NPV}_2 &= -5000 + 7000(P/F, 6, 10) + 100(P/A, 6, 10)\\ &= -5000 + 7000 \times 0.5584 + 100 \times 7.360\\ &= -355.2 < 0\end{aligned}$$

故由式(3-7)有

$$\mathrm{IRR} = 5\% + (6\% - 5\%)\frac{69.5}{69.5 + 355.2} = 5.16\%$$

(2)用年值求解

$$\mathrm{NAV} = -5000(A/P, i, 10) + 7000(A/F, i, 10) + 100$$

令 $i = 5\%$得，$\mathrm{NAV}_1 = 9 > 0$

令 $i = 6\%$得，$\mathrm{NAV}_2 = -48.2 < 0$

仍由式(3-7)得，$\mathrm{IRR} = 5.16\%$

两种算法计算结果完全相同，因此，无论采用现值或年值计算收益率，其结果是一致的。

**例 3.11** 由例 3.10 计算的结果，假设其内部收益率为 5.16%，试分析其投资回收的过程。

**解**：用 $\mathrm{IRR} = 5.16\%$，计算表 3-13 中的现金流量，则全部投资回收的过程见表 3-13。

表 3-13 表明，对于任意一个项目，当把资金投入项目以后，将不断通过项目的净收益加以回收，其中尚未回收的资金将以 IRR 为利率增值，到项目计算期结束时正好回收了全部投资。因此，内部收益率是未回收投资的增值率。

同时还可以理解为：一个项目的投资用项目各年净收益来回收，并在项目寿命期结束时正好将投资全部收回，这一回收过程与项目之外因素无关，只与项目的投资额、各年净收益以及被占用资金的增值率等内部因素有关，故有内部收益率之称。

2.内部收益率指标的优缺点

用内部收益率指标对项目进行经济评价的优点是：

(1)IRR 的概念明确，反映项目所占用资金的盈利能力，在实际工作中被广泛使用；

(2)IRR 的计算事先确定其基准收益率，而计算净现值或净年值都需要事先确定基准折现

率。

**全部投资回收的现金流量分析表** 单位:万元 表3-13

| 年 份 | 净现金流量（年末发生）(1) | 年初未回收的投资(2) | 年初未回收的投资到年末的金额 (3)=(2)×(1+IRR) | 年末未回收的投资 (4)=(3)+(1) |
|---|---|---|---|---|
| 0 | -5000 | — | — | — |
| 1 | 100 | -5000 | -5258 | -5158 |
| 2 | 100 | -5158 | -5424 | -5324 |
| 3 | 100 | -5324 | -5599 | -5499 |
| 4 | 100 | -5499 | -5783 | -5683 |
| 5 | 100 | -5683 | -5976 | -5876 |
| 6 | 100 | -5876 | -6179 | -6079 |
| 7 | 100 | -6079 | -6393 | -6293 |
| 8 | 100 | -6293 | -6617 | -6517 |
| 9 | 100 | -6517 | -6853 | -6753 |
| 10 | 7100 | -6753 | -7100 | 0 |

用内部收益率指标对项目进行经济效果评价的缺陷是:

计算比较麻烦,因为求解内部收益率的方程是一个高次方程,而且对于非常规项目(净现金流序列符号变化一次的项目称做常规项目;净现金流序列符号变化多次的项目称做非常规项目)来说,IRR 的解可能不是唯一的。此外,其中隐含的再投资假设也降低了它反映实际的准确程度。但尽管如此,IRR 仍是反映投资收益能力的重要指标之一。

3.关于内部收益率的讨论

对于任何一个投资项目,如果各年的净现值流量为 $A_t(t=0,1,2\cdots n)$,则根据式(3-6),求 IRR 的方程应为$\sum_{t=0}^{n}A_t(1+\mathrm{IRR})^{-t}=0$

即
$$A_0+\frac{A_1}{(1+\mathrm{IRR})}+\frac{A_2}{(1+\mathrm{IRR})^2}+\cdots\frac{A_{n-1}}{(1+\mathrm{IRR})^{n-1}}+\frac{A_n}{(1+\mathrm{IRR})^n}=0$$

令 $x=\frac{1}{\mathrm{IRR}}$则有

$$A_0+A_{1x}+A_2x^2+\cdots+A_{n-1}x^{n-1}+A_nx^n=0 \tag{3-8}$$

这是一个实系数 $n$ 次代数方程。从理论上讲,这个方程应有 $n$ 个根,但对于我们所讨论的问题,只有正实根才有意义,根据笛卡尔符号法则,具有实系数的 $n$ 次多项式,其正实根的个数一定少于或等于其实系数的符号变换次数。当符号没有变化时,无正根;当符号变化一次时,仅有一个正根。因此 IRR 的解也一定等于或少于净现金流量 $A_0,A_1,\cdots\cdots,A_n$ 的符号变换次数。常规工程项目的现金流量,开始一般是负现金流量,以后是正现金流量,通常只变更符号一次,故只有唯一的解,这类投资项目称为典型投资项目。

但在有些情况下,净现金流量的符号变化不止一次(非典型投资项目),可能出现多重的 IRR 解;也有可能不发生符号变化,在这种情况下,IRR 就无解。

(1)内部收益率不存在的情况

内部收益率不存在情况有两类,一类如前所述,净现金流量的正负号没有变化,即项目只有正的净现金流量或负的净现金流量，都将不存在内部收益率，如图 3-12a)和 b)。第二类是虽然净现金流量的正负符号只发生一次变化、但也不存在内部收益率。凡最终收益的币值总和(即不考虑时间价值)小于投资支出的货值总和。就没有 $i$ 的正值。因此 $x=\frac{1}{1+\mathrm{IRR}}$，虽然 $x$ 可能有一正根，但并不保证 IRR 也有一正根，事实上，当 $x>1$ 时，IRR 即为负值。

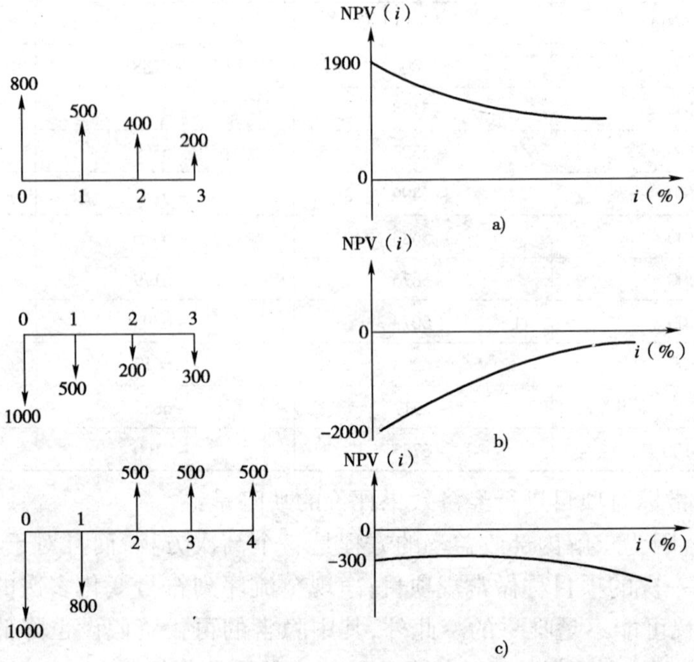


图 3-12　不存在内部收益率的情况(单位:元)

a)只有收益，没有支出；b)只有支出，没有收益；c)收益币值小于支出币值

(2)具有多个内部收益率的情况

对净现金流量的正负符号变化超一次的项目，有可能存在多个 IRR 的正值。在这种情况下，IRR 指标用于分析评价方案的经济效益就失效了，一般应避免使用 IRR 指标来分析，更不能将其中任何一个 IRR 的正值当成唯一的正值来判断方案的好坏。此时应作出 NPV($i$)曲线或采用别的办法处理以求 IRR。表 3-14 给出了三个方案的现金流量，其相应的 NPV($i$)曲线如图 3-13 所示。

方案 A 与方案 B 正负符号变化两次，方案 C 符号变化三次。

从图 3-13a)可知，净现值曲线与横轴的交点有两个，也就是该方案的 IRR 有两个，即 $\mathrm{IRR}_1=10.4\%$，$\mathrm{IRR}_2=47.2\%$，即当标准收益率小于 10.4%或大于 47.2%时，NPV 值才为正，方案才是经济可行的。

**三个方案的净现金流量表**　　表 3-14

| 年末(年) | 方案 A(元) | 方案 B(元) | 方案 C(元) |
|---|---|---|---|
| 0 | 1900 | -2000 | -1000 |
| 1 | 1000 | 0 | 4700 |
| 2 | -5000 | 10000 | -7200 |
| 3 | -5000 | 0 | 3600 |
| 4 | 2000 | 0 | 0 |
| 5 | 6000 | -10000 | 0 |

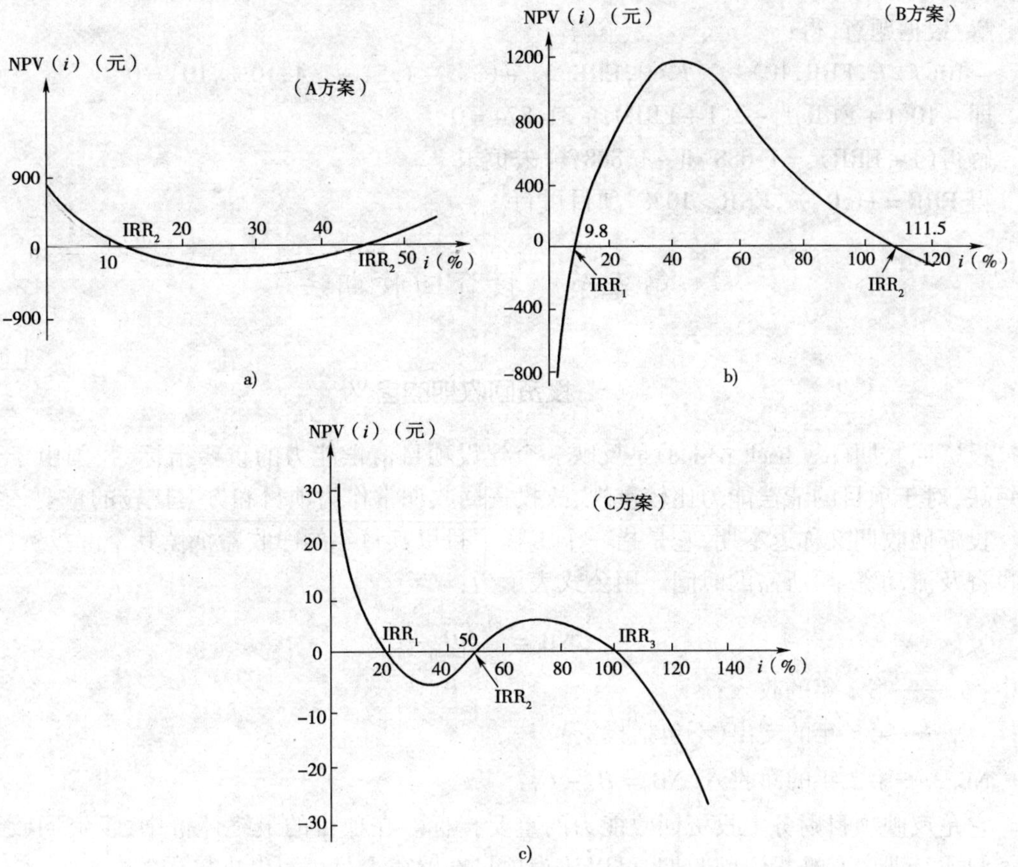


图　3-13

a）A 方案 NPV（$i$）曲线；b）B 方案 NPV（$i$）曲线；c）C 方案 NPV（$i$）曲线

图 3-13b）中，B 方案的 NPV（$i$）曲线由图上可以看出，确实有两个不同的 IRR 使 NPV 为零。只有当标准折现率满足 $9.8\% < i_0 < 115.5\%$ 时，NPV 才为正值，方案可行。

从图 3-13c）可知，C 方案有 3 个内部收益率，并且当 $i < 20\%$ 时，或 $50\% < i < 100\%$ 时，其净现值为正值，方案才可行。

## 三、外部收益率（External Rate of Return，简称 ERR）

内部收益率的计算中，有一个基本假定，即项目寿命期内所获得的净收益全部用于再投资，而且再投资的收益水平等于内部收益率。这个隐含的假定是由于资金等值计算中采用复利计算法带来的。但这一基本假定不一定永远存在，并且有出现多个解的可能性，故又提出另一种投资收益率，即外部收益率。外部收益率的基本假定是：项目每年的净收益（正现金流量）按某一指定的收益率（通常是基准收益率，即资金的机会成本）再投资，直到该项投资的服务寿命结束为止。因此，它同内部收益率的区别就在于，净收益再投资所取的利率不同，外部收益率的计算方法与内部收益率的计算相类似；但 ERR 的计算比 IRR 的计算要简单，也不存在多个解的问题。用 ERR 分析方案，需同基准收益率（标准折现率 $i_0$）比较，必须 $ERR \geqslant i_0$ 方案才可行。

**例 3.12**　某项工程初始投资为 10 万元，第 5 年追加投资 2 万元，工程寿命期 10 年，第 1－

10 年每年收入 3.5 万元，支出 1.5 万元，标准折现率 $i=10\%$，求外部收益率 ERR。

**解**：根据题意，得：

$-10(F/P,\text{ERR},10)-2(F/P,\text{ERR},5)+(3.5-1.5)(F/A,10\%,10)=0$

即 $-10(1+\text{ERR})^{10}-2(1+\text{ERR})^{5}+31.874=0$

解得 $(1+\text{ERR})^{5}=1.688$ 和 $-1.888$，舍去负根

得 $\text{ERR}=11.04\%$，$\text{ERR}>10\%$，项目可行。

## 第五节　投资回收期法

### 一、投资回收期的含义

投资回收期(pay back period)是反映一个建设项目清偿能力的重要指标，我国由于建设资金短缺，对于项目的清偿能力比较重视，故投资回收期常作为项目和方案比较的重要依据。

投资回收期又称返本期，它是指一个工程项目以其每年的净收益抵偿其全部投资(包括基建投资及流动资金)所需的时间。用公式表示为：

$$\sum_{t=1}^{N}NB_t=\sum_{t=0}^{N}(B_t-C_t)$$

式中：$B_t$——第 $t$ 年的收入；

$C_t$——第 $t$ 年的支出(不包括投资)；

$NB_t$——第 $t$ 年的净收入，$NB_t=B_t-C_t$。

它是反映项目财务上投资回收能力的重要指标。在项目的最终评价中，投资回收期不大于部门或行业的基准投资回收期，可以认为项目在财务上是可以考虑接受的。

投资回收期作为经济评价的主要指标，其主要优点在于：

(1)回收期实际是反映资金的周转速度，是以投资回收的快慢作为决策的依据，在我国这是一个很有意义的评价依据；

(2)它能为决策提供一个原始投资未得到补偿以前，必须承担风险的时间；

(3)投资回收期的概念简单，不确定性因素少，很容易为一般人接受。

投资回收期也存在一些缺点：

(1)它不能反映回收期以后的项目经济效果，容易使人们重视近期的经济效益而忽视远期的经济效益，因此，对于寿命长的工程项目来说它是一个不完整的评价结论，不宜作为独立的评价指标使用；

(2)它计算了项目的清偿能力，但反映不出投资的盈利能力。此外，项日在返本期以后，实际上还存在一个"余值"，在计算回收期时，这部分残值并未参与计算。

按是否考虑资金的时间价值，又可分为静态投资回收期与动态投资回收期。

### 二、静态投资回收期

静态投资回收期计算极简单，它侧重于对投资安全性的评价，只能用于对投资建议进行粗略评价。

静态投资回收期是不考虑资金时间价值条件下以净收益抵偿全部投资所需要的时间。

根据定义或者累计现金流量曲线图可知，静态投资回收期的定义式为：

$$\sum_{t=0}^{N}(B_t - C_t) = 0$$

静态投资回收期可用财务现金流量表(全部投资)累计净现金流量计算求得,详细计算公式如下:

$$N = \text{累计净现金流量开始出现正值的年份} - 1 + \frac{\text{上一年累计净现金流量的绝对值}}{\text{当年的净现金流量}}$$

需要明确的是,回收期从何时算起,对投资回收期计算的结果有很大影响,有主张从投资之日算起的,也有主张从投产之日算起的,但不管从何时算起,前后必须统一,并应注明所计算的投资回收期是从何时算起的。

所计算出的投资回收期,应与部门或行业规定的基准投资回收期($N_0$)进行比较:

若 $N \leqslant N_0$,表明可在规定的投资回收期限之前收回投资,项目可行;

若 $N > N_0$,表明项目不能在规定的投资回收期限之前回收投资,项目未满足行业项目投资盈利性和风险性要求,故项目不可行。

**例 3.13** 某投资项目的净现金流量如表 3-15 所示。

**某投资项目的净现金流量表** 单位:万元 表 3-15

| 年 | 0 | 1 | 2 | 3 | 4 | 5 | 6 | 7 |
|---|---|---|---|---|---|---|---|---|
| 净现金流量 | -60 | -85 | 60 | 65 | 65 | 65 | 65 | 90 |

基准投资回收期 $N_0 = 5$ 年,试用投资回收期法评价其经济性是否可行。

**解:**该方案投资回收期为 $N_0$,根据表(3-15)的净现金流量,计算出的累计净现金流量如表(3-16)所示。

**某投资项目累计净现金流量表** 单位:万元 表 3-16

| 年 | 0 | 1 | 2 | 3 | 4 | 5 | 6 | 7 |
|---|---|---|---|---|---|---|---|---|
| 净现金流量(万元) | -60 | -85 | 60 | 65 | 65 | 65 | 65 | 90 |
| 累计净现金流量(万元) | -60 | -145 | -85 | -20 | 45 | 110 | 175 | 265 |

根据上述计算投资回收期的公式:

$$N = 4 - 1 + \frac{20}{65} = 3.4(\text{年})$$

因为 $N(=3.4\text{ 年}) \leqslant N_0(=5\text{ 年})$,故方案可以接受。

## 三、动态投资回收期

动态投资回收期自建设开始年(开始投资时)算起,同时还应写明从项目投资年(效益产生年)算起的投资回收期。以 $N$ 表示投资回收期,$R_t$(即 $B_t - C_t$)表示第 $t$ 年的净收益,$i_0$ 表示标准折现率,$P_t$ 表示第 $t$ 年的投资。则投资回收期由式(3-10)给出:

$$\sum_{t=0}^{N} R_t(1+i_0)^{-t} = \sum_{t=0}^{N} P_t(1+i_0)^{-t} \tag{3-9}$$

即

$$\sum_{t=0}^{N}(B_t - C_t)(1+i_0)^{-t} = 0 \tag{3-10}$$

求解(3-9)或(3-10)所列方程,即可得到投资回收期 N。

动态投资回收期可通过下式计算:

$$N = \text{累计折现值出现正值的年份} - 1 + \frac{\text{上年累计折现值的绝对值}}{\text{当年净现金流的的现值}}$$

式(3-9)和(3-10)均是按现值计算,由此式可以看出,投资回收期实际上就是在给定折现率的条件下，使项目累计净现值为零的年数。当然，根据等值计算原理，$N$ 也可以按年值或未来值求解，采用何种方法取决于项目现金流量的特点。一般情况下，$N$ 很难直接求解，往往要采用试错法来求其近似值。如果现金流量很不规则，有时则采用表算法，如例 3.1 的第一种解法，就可以从表 3-1、3-2、3-3 中得到三个方案的投资回期分别为：

$$N_{\text{I}} = 18 + (19 - 18) \times \frac{129260}{129260 + 27659} = 18.8(\text{年})$$

$$N_{\text{II}} = 21 + (22 - 21) \times \frac{60404}{60404 + 109490} = 21.4(\text{年})$$

$$N_{\text{III}} = 24 + (25 - 24) \times \frac{184273}{184273 + 6957} = 25.0(\text{年})$$

$\text{N}_{\text{I}} < \text{N}_{\text{II}} < \text{N}_{\text{III}}$，故 I 方案较好，同 NPV 法的结论一致。

对于不规则现金流量，除了表算法外，也可以在累计现金流量图中找出。

当项目的现金流量如图 3-14 的形式时，即仅在零年有一个投资 $P_0$，以后各年的净现金流量相当为 $A$，则有

$$-P_0 + A(P/A, i\%, N) = 0$$

即

$$\frac{(1+i_0)^{\text{N}} - 1}{i_0(1+i_0)N} = \frac{P_0}{A}$$

得

$$N = \frac{\ln \dfrac{A}{A - P_0 i_0}}{\ln(1+i_0)} = -\frac{\ln\left(1 - \dfrac{P_0 i_0}{A}\right)}{\ln(1+i_0)} \tag{3-11}$$

即对图 3-14 这种方案，其投资回收期可按式(3-11)直接求出精确解。

实质上，当给定的标准折现率 $i_0$ 刚好等于项目的内部收益率时，投资回收期 N 就等于项目的寿命年限，即当 $i_0 = \text{IRR}$ 时，有 $N = n$。一般情况下，若 $N < n$，必有 $i_0 < \text{ERR}$，因此投资回收期与内部收益率的分析应是等效的。

**例 3.14** 某工程项目的现金流量如图 3-15 所示。

试计算：(1)静态投资回收期；

(2)动态投资回收期($i = 10\%$)。

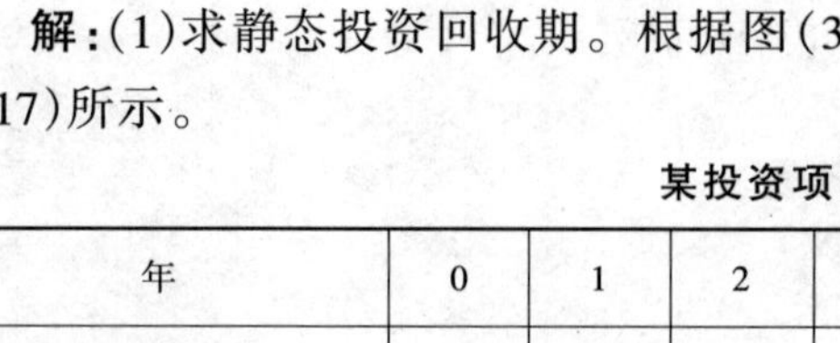


图 3-14

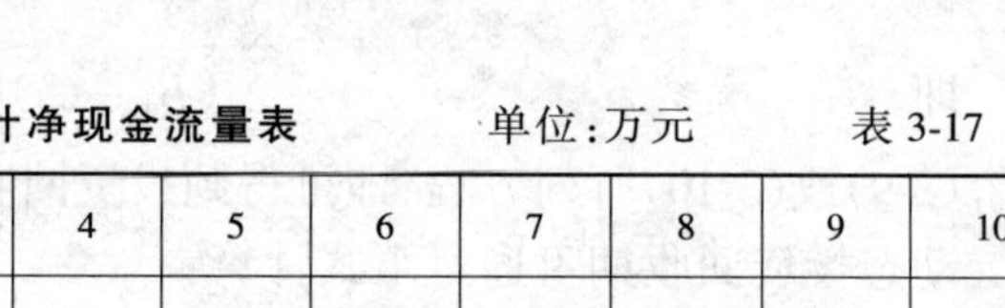


图 3-15

**解**：(1)求静态投资回收期。根据图(3-15)的净现金流量，计算出的累计净现金流量如表(3-17)所示。

**某投资项目累计净现金流量表** 单位：万元 表 3-17

| 年 | 0 | 1 | 2 | 3 | 4 | 5 | 6 | 7 | 8 | 9 | 10 |
|---|---|---|---|---|---|---|---|---|---|---|---|
| 净现金流量(万元) | -100 | -150 | 30 | 80 | 80 | 80 | 80 | 80 | 80 | 80 | 80 |
| 累计净现金流量(万元) | -100 | -250 | -220 | -140 | -60 | 20 | 100 | 180 | 260 | 340 | 420 |

根据上述计算静态投资回收期的公式：

$$N = 5 - 1 + \frac{60}{80} = 4.75(\text{年})$$

(2)求动态投资回收期。

$$F = P(1 + i)^n = 100(1 + 10\%)^2 + 150(1 + 10\%) - 30 = 256$$

根据式(3-11),可得：

$$N_1 = \frac{\ln \frac{80}{80 - 256 \times 0.1}}{\ln(1 + 0.1)} = 4.05(\text{年})$$

$$N = 4.05 + 2 = 6.05(\text{年})$$

**例 3.15** 有两种投资方案,现金流量如图 3-16 所示(单位:万元),假定标准折现率 $i_0 = 6\%$,标准投资回收期 $N_0 = 8$ 年,试求出各方案的投资回收期,并进行分析。

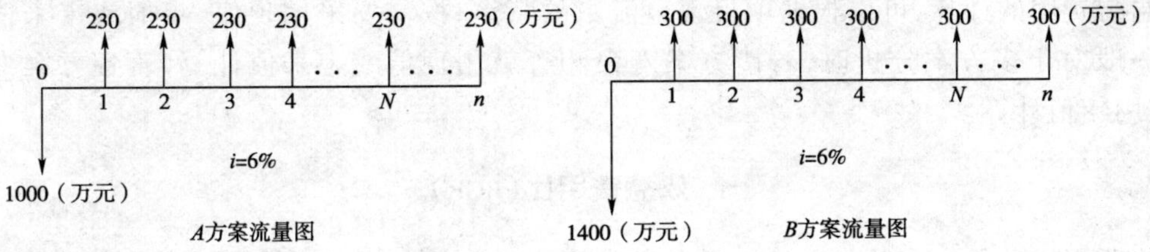


图 3-16

**解**:按现值法计算 $N$

(1)A 方案:

$$-1000 + 230(P/A, 6\%, N) = 0$$

即
$$(P/A, 6\%, N) = 4.3478$$

由利息表查得:

$$(P/A, 6\%, 5) = 4.2124$$

$$(P/A, 6\%, 6) = 4.9173$$

内插求得 $N_A = 5.24$(年),若直接用公式(3-12),则有

$$N_A = \frac{\ln \frac{230}{230 - 1000 \times 0.06}}{\ln(1 + 0.06)} = 5.19(\text{年})$$

$N_A < N_0 = 8$ 年,A 方案可行

(2)B 方案

$$0 = -1400 + 300(P/A, 6\%, N)$$

即
$$(P/A, 6\%, N) = \frac{1400}{300} = 4.67$$

$$N_B = \frac{\ln \frac{300}{300 - 1400 \times 0.06}}{\ln(1 + 0.06)} = 5.6(\text{年})$$

$N_B < N_0 = 8$ 年,故 B 方案可行。

如果要在 A 和 B 中选出最优方案,则按投资回收期难于判断,因为二者的初始投资与每年的净收益都不完全相同,所以不能因为 $N_A < N_B$ 就断定 A 方案优于 B 方案。投资回收期法本身存在缺陷,所以不能在方案分析中作出这种判断,应进一步求出增额投资回收期(参看本

章第七节)，并结合其它指标来分析。

## 第六节 效益费用法

效益费用法也是一种常用的经济分析方法，特别是对项目进行宏观分析和国民经济评价时，它发展成为宏观经济分析的主要方法——效益费用分析。在这一章中，我们将其作为一种经济分析的基本方法，是想说明它不仅可以用于宏观分析，同样也可用于微观分析。

效益费用法所反映的经济关系就是项目或某个投资方案的总收益与其总费用的关系。它有两种分析指标，一种是效益费用比，用 B 表示效益，C 表示费用，BCR 表示效益费用比，则有 $BCR = B/C$；一种是净效益，用 NB 表示则 $NB = B - C$。

显然，效益费用法的评价准则应是 $BCR \geqslant 1$ 和 $NB \geqslant 0$。

效益与费用的计算，可以根据项目现金流量的特点，按需要采用现值、年值或未来值进行计算。一般对于多方案分析时，若诸方案寿命相等就用现值或未来值计算，若各方案寿命不等，便采用年值计算。

### 一、效益费用比(BCR)

效益费用比就是一个项目的总效益与总费用之比。如果将费用 $C$ 拆成投资 $I$ 和营运成本 $C_0$ 的两部分，则 $BCR = \frac{B}{I + C_0} \geqslant 1$，即有

$$\frac{B - C_0}{I} \geqslant 1 \tag{3-12}$$

式(3-12)反映出单位投资所获得的效益。若用 $B_t$ 表示第 $t$ 年的收益，$C_t$ 表示第 $t$ 年的费用，$i_0$ 表示标准折现率，$n$ 表示项目寿命，则按现值表示的 BCR 是：

$$BCR = \frac{\sum_{t=0}^{n} B_t(P/F, i_0, t)}{\sum_{t=0}^{n} C_t(P/F, i_0, t)} = \frac{\sum_{t=0}^{n} B_t(1 + i_0)^{-t}}{\sum_{t=0}^{n} C_t(1 + i_0)^{-t}} \tag{3-13}$$

### 二、净效益

净效益就是一个项目的总效益与其总费用之差。由式(3-14)有：

$$\begin{aligned} NB &= \sum_{t=0}^{n} B_t(1 + i_0)^{-t} - \sum_{t=0}^{n} C_t(1 + i_0)^{-t} \\ &= \sum_{t=0}^{n} (B_t - C_t)(1 + i_0)^{-t} \end{aligned} \tag{3-14}$$

式(3-14)同式(3-2)完全一致，说明用效益费用法与净现值法分析的结论是一致的。

### 三、例题

下面通过两个例题说明效益费用法在最终评价(单方案评价)和多项独立方案分析中的应用。对于多项互斥方案的分析则需用增量效益费用指标分析，请参看本章第七节。

1.单方案

**例 3.16** 假设有一条公路，经多年统计每年由于车祸而造成的财产损失平均为 90 万元。现考虑拓宽加建一条车道，估计改建后车祸可减少一半。加建车道投资约为 180 万元，使用寿

命 30 年，每年保养费为原投资的 3%。试用效益费用法对该工程作出评价。假定 $i_0 = 7\%$。

**解**：该项工程的效益是减少车祸，用年值法计算 BCR 及 NB。

$$C = 180(A/P, 7\%, 30) + 180 \times 3\% = 19.9(\text{万元})$$

$$B = 90 \times \frac{1}{2} = 45(\text{万元})$$

$$\text{BCR} = \frac{B}{C} = \frac{45}{19.9} = 2.26 > 1$$

$$\text{NB} = B - C = 45 - 19.9 = 25.1 > 0$$

因为　BCR > 1，NB > 0。因此，此项投资是值得的。用式(3-13)计算如下：

$$\frac{B - C_0}{I} = \frac{45 - 180 \times 30\%}{180(A/P, 7\%, 30)} = 2.73$$

说明该项投资中每投资 1 元，所得资产效益为 2.73 元。

2. 多项独立方案

独立方案就是彼此相容的方案。在资金充分的条件下，从多项独立方案中，我们可以选取一项以上的方案付诸实施。例如，在一条河流的 $n$ 个支流上，只要资金足够，可以同时建造 $n$ 个防洪水堤，它们相互并不排斥。在这种情况下，只需计算每一独立方案 BCR 就可作出决策，即 BCR 大者为优。同样，这种独立方案的项目排队也是按 BCR 的大小来决定。

**例 3.17**　某河流上拟建造三座水坝，具体经济资料如表 3-18 所示。

表 3-18

| 项目内容 \ 方案 | A 坝 | B 坝 | C 坝 |
|---|---|---|---|
| 建造费用（万元） | 1000 | 1200 | 2000 |
| 年度维修费用（万元） | 1.5 | 2 | 2.3 |
| 每 10 年一次大修费（万元） | 7.5 | 7.5 | 7.5 |
| 建坝后，年度洪水损失由 200 万元减至 | 130 | 120 | 140 |

因为水坝是建造在河流的不同支流上，所以可建造其中的一个或两个，也可以全部都建。洪水造成损失的减少应根据坝的建造个数累加。坝是永久性设施，设年利率为 5%，试用效益费用法来决策应建几个坝。

**解**：(1) A 坝

$$C_A = 1.5 + 1000 \times 5\% + 7.5(A/F, 5\%, 10) = 52.1(\text{万元})$$

$$B_A = 200 - 130 = 70(\text{万元})$$

$$\therefore \quad \text{BCR}_A = \frac{70}{52.1} = 1.34 > 1$$

$$\text{NB}_A = 70 - 52.1 = 17.9 > 0$$

(2) B 坝

$$C_B = 2 + 1200 \times 5\% + 7.5(A/F, 5\%, 10) = 62.6(\text{万元})$$

$$B_B = 200 - 120 = 80(\text{万元})$$

$$\therefore \quad \text{BCR}_B = \frac{80}{62.6} = 1.28 \geqslant 1$$

$$\text{NB}_B = 80 - 62.6 = 17.4 > 0$$

(3) C 坝

$$C_C = 2.3 + 2000 \times 5\% + 7.5(A/F, 5\%, 10) = 102.9(\text{万元})$$

$$B_C = 200 - 140 = 60(\text{万元})$$

$$BCR_C = \frac{60}{102.9} = 0.58 < 1$$

$$NBC_C = 60 - 102.9 = -42.9 < 0$$

(4)建造 A、B 两坝的总效益费用比和总净效益为：

$$BCD_{B+C} = \frac{70 + 80}{52.1 + 62.6} = 1.31 > 1$$

$$NB_{B+C} = (70 + 80) - (52.1 + 62.6) = 35.3 > 0$$

故应修建 A、B 两坝，C 坝则不应建。

## 四、效益费用法的主要用途及困难

效益费用分析主要用于公共工程项目的经济分析，例如公路、桥梁、港口、机场、水库、灌渠、市政和环保等建设项目均属于公共工程。公共工程不同于一般工业项目，它不是以项目的自身盈利为主要目的，它是通过为社会提供服务而使社会增加效益。因此，公共工程项目的经济效益不能单纯以项目自身的盈利来衡量，只能用项目建成后社会所得到的效益与社会为之付出的费用(包括一次投资及日常经营费)作为评价的标准，故这种方法称为效益费用分析。

在效益费用分析中，必须分清什么是费用、效益和负效益。一般言之，费用是由政府机构来负担，凡属于费用的现金项目应全部归入效益费用比的分母；而效益、负效益则是发生于社会的公众，凡属于效益或负效益的现金项目应全部归入效费比的分子中。

尚需说明，计算公共工程项目的费用时，除计算其一次性投资及日常的维护费用外，如果项目本身还有一定的现金收入，例如使用者日常交纳的使用费以及项目最后的残值等，因为这部分钱从性质上说属于政府费用的节约，故一般应从分母的费用中减去而不是加在分子的效益中。

效益费用分析的主要困难，在于如何用货币的形式来衡量一个项目的社会效益，实际上比这个问题更为根本的，是评价公共工程项目时，究竟应当涉及哪些社会效益。一般认为社会效果应该包括以下几个方面：

(1)项目的内部效果，即项目的兴建对于社会的个人或团体所直接产生的效果。它是社会公众和分析人员最关心的部分，是效益费用分析的重点内容。

(2)外部技术(真实)效果，即项目的兴建能使社会生产及消费的实际机会发生变化的结果。例如建设一个水电站，一般除发电、防洪等直接效果(内部效果)外，还必然带动养殖业和水上运动的发展以及旅游业的发展等社会效果(正效果)，此外，农牧业还会因土地淹没遭受一定的损失(负效果)，这些都属于外部确实存在的技术效果，必须包含在经济效益费用分析中。

(3)外部金钱效果，即由于商品或服务等的价格变化而引起的社会收入分配的改变。例如一植棉区建设一灌溉系统，本地区的棉花生产者将会得益，但如果棉花价格因产量增加而下跌，则其他地区棉花生产者以及棉花代用品的生产者将因棉花下跌而减少收入。这便属于外部金钱效果。从社会角度看，棉花生产者减少的收入，恰好是棉花使用者因棉价下跌所得的利益。故外部金钱效果属于收入分配的改变，总的社会效益并无显著变化，因此在效益费用分析中的不应计入。

(4)外部二次(从属)效果，即由于商品或服务的需求及供给发生变化所引起的效果。比如建设一防洪水坝将使某一地区减少洪水损失，但是水患消除的同时将使该地区房屋修理业、保险业等减少收入，此即为二次效果。二次效果也主要引起收入分配的改变，故在效益费用分析中也不应计入。

总之，计算社会效果是一件十分复杂的任务，有不同的观点，分析人员只能按照具体的情况来加以研究。

社会效果大部分是能够用金钱衡量的，某些确实难以用金钱衡量的效果(一般称为无形效果)，如美化环境，增进人民健康，延长人的寿命等，则可用其他的物理来表示或定性的加以说明。例如某城市建设一煤气系统解决居民烧煤问题，除节省煤碳的消耗，节省煤碳及碳渣的运输外，还可节约居民的做饭时间，改善城市卫生环境等，这些都属于无形效果，对于无形效果可通过综合评价用多目标决策的方法来解决。公路工程项目属于公共工程项目，在交通部1998年交计字500号文颁发的《公路建设项目经济评价办法》中，对效益和费用进行了明确的规定。

## 第七节　增量分析法

在工程管理中，经常会遇到多个备选方案的评价和选择问题。备选方案是由各级的操作人员、管理人员以及研究开发人员制定的。在收集、分析和评价方案的同时，分析人员可以提出实现目标的备选方案。各个备选方案应该有较好的经济效益。只有已经建立了一些备选方案的条件下，才能进行经济决策。同时，也只有了解备选方案之间的相互关系，才能掌握正确的评价方法，达到正确决策的目的。

通常，备选方案之间的相互关系可分为如下三种类型：

(1)独立型。是指各个方案的现金流量是独立的，不具有相关性，且任一方案的采用与否都不影响其他方案是否采用的决策。比如个人投资，可以购买国库券，也可以购买股票，还可以购买期货。既可以选择一个方案，也可以选择两个或三个方案，方案间的效果与选择不受影响，互相独立。

独立方案的特点是具有“可加性”。比如，A与B两个方案，只选择A方案时，投资30万元，净收益36万；只选择B方案时，投资40万元，净收益47万元。当A与B一起选择时，共需投资30 + 40 = 70万元，得到净收益共为36 + 47 = 83万元。那么，A与B具有可加性，在这种情况下，认为A与B之间是独立的。

(2)互斥型。是指各方案间具有排他性，在各方案当中只能选择一个。比如，同一地域的土地利用方案是互斥方案，是建居民住房，还是建写字楼，亦或是建厂等等，只能选择其中一个方案，而不能再选择其他方案；建写字楼是建几层也是互斥方案；建设规模问题也是一个互斥方案的选择问题。

(3)混合型。是指独立方案与互斥方案混合的情况。比如在有限的资源制约条件下有几个独立的投资方案，在这些独立方案中又分别包含着若干互斥方案，那么所有方案之间就是混合型的关系。比如某公司有两个投资领域，一是现有工厂的技术改造，另一是新建一企业，这两个投资领域是互相独立的，但是现有工厂技术改造有两个互斥工艺方案，新建一企业也有三个厂址可供选择，因此组合起来的方案就是混合方案。

增量分析法分析的对象就是互斥方案。对多项互斥方案进行分析时，必须在前面所述分析方法的基础上，进行增量分析，也就是对增额投资(投资大的方案与投资小的方案的投资差额)所产生的增额收益进行分析。增量分析是多方案分析(过程分析)的基本方法。

增加投资一般会增加收益，但所增加的收益是否在经济上合算，投资额的不断增加是否会带来收益的不断增长，这些问题是方案分析中必须解决的问题。图 3-17 表明了投资额与投资效果的关系。由图中可以看出，净效益曲线 $B$ 是凸的，它有一个顶点。$B$ 曲线开始时递增，当投资总额 $IT$ 超过临界值 $IT_0$ 时，净效益反而下降。投资效果曲线 $C$ 是递减的，$C=\frac{B}{IT}=\tan\alpha$；边际投资效果曲线 $C''$ 也是递减的，并在 $IT_0$ 处通过横坐标轴，$C'=\frac{\mathrm{d}B}{\mathrm{d}(IT)}$ 表示曲线 $B$ 的斜率。

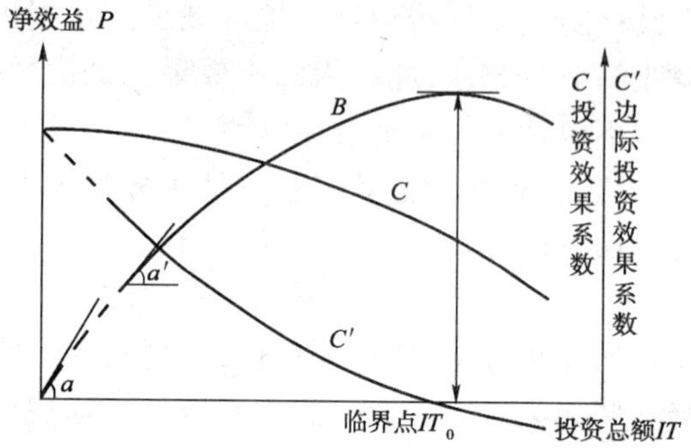

图 3-17　投资效果递减

这几条曲线清楚地表明了投资效果递减的现象，故在经济学中叫“边际效用递减规律”(law of diminising marginal utility)。“边际”是经济学中的关键术语，常常是指“新增”的意思。“效用”表示满足。更准确地说，效用是指消费者如何在不同的物品和服务之间进行排序。边际效用是指新增一单位消费品时所带来的新增的效用。边际效用递减规律指出：当某物品的消费量增加时，该物品的边际效用趋于递减。

前面关于增量讲的经济分析方法都可以作相应的增量分析。因此，增量分析的主要指标有增量净现值(ΔNPV)，增量内部收益率(ΔIRR)，增量投资回收期($\Delta N$)和增量效益费用比(ΔBCR)，其中最主要的是增量内部收益率。

增量分析的一般步骤是：

(1)按照初始投资额，由小到大对方案进行排序。

(2)计算每一方案的相应指标(NPV，IRR，N，或 BCR)，凡所算得的指标值小于标准值(NPV 的标准值为零、BCR 的标准值为 1)，即舍弃，不再参加方案间的比较。

(3)依次计算各对比方案之间(两两相对)的增量指标，当增量指标值小于标准值者，则舍弃投资大的方案而保留投资小的方案，反之则选择投资大的方案为保留方案，最后一个保留方案即为最优方案。

应该注意的是，第一方案应与什么都不作的“零”方案比较，其余的则与它紧前一个保留方案进行比较。

## 一、增量净现值

两个方案现金流量之差的净现值为投资增量净现值，如果由投资增额而引起的收益按标准折现率计算的现值大于所增加的投资的现值，即增量净现值大于零，则投资的增加是合算的，因而投资增加的方案是较好的。

**例 3.18**　试用增量净现值分析表 3-19 中的方案。并从中选出最优方案($i_0=15\%$)。

表 3-19

| 年　末 | $A_0$ | $A_1$ | $A_2$ | $A_3$ |
|---|---|---|---|---|
| 0 | 0 | -5000 | -8000 | -10000 |
| 1~10 | 0 | 1400 | 1900 | 2500 |

**解:**

(1)按投资额大小排序如表3-19,并排入零方案。零方案就是把资金投放到其它机会上而不投放到所考虑的那些互斥方案上。

(2)计算方案的净现值

$NPV(A_0)=0$

$NPV(A_1)=-5000+1400(P/A,15\%,10)=2026>0$

$NPV(A_2)=-8000+1900(P/A,15\%,10)=1535>0$

$NPV(A_3)=-10000+2500(P/A,15\%,10)=2547>0$

因此,三个方案都可行,都应参予比较。

(3)计算 $\Delta NPV$

①$A_1$ 对 $A_0$,$\Delta NPV=2026>0$,保留 $A_1$

②$A_2$ 对 $A_1$,$\Delta NPV=[-8000-(-5000)]+(1900-1400)(P/A,15\%,10)$

$=-3000+500\times5.0188=-490<0$,保留 $A_1$

③$A_3$ 对 $A_1$,$\Delta NPV=[-10000-(-5000)]+(2500-1400)(P/A,15\%,10)$

$=-5000+1100\times5.0188=520>0$

故选 $A_3$,放弃 $A_1$。

最后保留的方案为 $A_3$,故 $A_3$ 为最优方案。

## 二、增量内部收益率

在多方案比较中,若采用收益率法来分析,则不能按内部收益率的大小来判断方案的优劣,而应以增量内部收益率来分析。

增量内部收益率指投资额不等的两个方案之间现金流量之差的内部收益率。对于投资额不等的方案1与方案2,其增量内部收益率的计算公式为:

$$\sum_{t=0}^{n}(NCF_{1t}-NCF_{2t})(1+\Delta IRR)^{-t}=0 \tag{3-15}$$

式中:$NCF_{1t}$——方案1第 $t$ 年的净现金流量;

$NCF_{2t}$——方案2第 $t$ 年的净现金流量;

$\Delta IRR$——方案1与方案2的增量内部收益率。

进行方案比选的原则是 $\Delta IRR$ 大于或等于标准折现率 $i_0$ 时,选取投资额较大的1方案,反之,投资额小的方案优于投资额大的方案。

将式(3-15)改写为:

$$\sum_{t=0}^{n}NCF_{1t}(1+\Delta IRR)^{-t}=\sum_{t=0}^{n}NCF_{2t}(1+\Delta IRR)^{-t}$$

上式的两端分别是以 $\Delta IRR$ 为折现率时方案1与方案2的净现值,也就是说,增量内部收益率是投资额不等的两个方案的净现值相等时的折现率。

增量内部收益反映的是增量投资的经济效益,是适用于比较投资额不等的方案之间的相对优劣。要了解各备选方案的经济效益能否达到绝对检验标准,仍需用内部收益率或净现值等指标进行衡量。

仍以例3.18进行分析。

由前面的计算已知，三个方案的净现值关系为 $NPV_3 > NPV_1 > NPV_2$，$A_3$ 为最优方案。若仍以 $i_0 = 15\%$，计算各自的 IRR，则：

$A_1$：　　$0 = -5000 + 1400(P/A, i, 10)$

算得其内部收益率 $IRR_1 = 25\%$

$A_2$：　　$0 = -8000 + 1900(P/A, i, 10)$

算得其内部收益率 $IRR_2 = 20\%$

$A_3$：　　$0 = -10000 + 2500(P/A, i, 10)$

算得其内部收益率 $IRR_3 = 22\%$

按 IRR 有，$IRR_1 > IRR_3 > IRR_2$

从内部收益率看似乎 $A_1$ 最优，但这与净现值法的结论相矛盾。因此，从这里又一次说明，用内部收益率法进行方案分析时，不能仅用 IRR 的大小来选择方案。

现计算 $A_1$ 与 $A_2$ 的 $\Delta IRR$

$$\Delta IRR_{2-1}: 0 = -(8000 - 5000) + (1900 - 1400)(P/A, i, 10)$$

得：$\Delta IRR = 10.5\% < 15\%$，选择 $A_1$ 方案。

下面计算 $A_1$ 与 $A_3$ 的 $\Delta IRR$

$$\Delta IRR_{3-1}: 0 = -(10000 - 5000) + (2500 - 1400)(P/A, i, 10)$$

得：$\Delta IRR = 17\% > 15\%$

这就是说，方案 $A_3$ 的总投资 10000 元中，有 5000 元的收益率与方案 $A_1$ 相同，都是 25%，另有 5000 元的收益率则较低，只有 17%，但这部分的收益率仍大于标准折现率 15%。因此，我们就可以决定：由于 $A_3$ 的 NPV 最大，其 $IRR = 22\% > 15\%$，$\Delta IRR = 17\% > 15\%$，故最后应选择投资最大的 $A_3$ 方案，放弃内部收益率最高而净现值较小的 $A_1$ 方案。因为标准收益率实际上是一项投资的机会成本，如果采纳 $A_1$ 而不采纳 $A_3$，那么，$A_3$ 的 5000 元增额投资，就只能取得 15%的标准收益率，小于增量内部收益率 17%。

增量投资收益率可以用现值、年值或未来值来计算求解。当两方案寿命不等时，用年值计算比较方便，若用现值、未来值计算，则应保持服务寿命相同。

### 三、增量投资回收期(ΔN)

增量投资回收期指用增额净收益回收增额投资所需的年限。

将求得的增量投资回收期与标准投资回收期比较，若 $\Delta N \leqslant N_0$，则投资额大的方案较优，否则，选用投资额较小的方案。

增量投资回收期侧重于评价增额投资的安全性，由于它不考虑回收期外的收益情况，所以不能全面反映增额投资的经济效益，通常只用于方案的初步比选，并且只作评价的辅助性指标。

在例 3.13 中，计算了 A 和 B 两方案的投资回收期，但无法就其进行方案比较，现进一步求出它们的 ΔN，以便判断哪个方案更优。

在计算时我们仍按照增量分析法的步骤进行。

(1)按照投资额由小到大的顺序排序；

(2)计算各方案的投资回收期，计算过程如例 3.13 所示；

(3)计算增量投资回收期。增量投资回收期是指两个方案现金流量之差的投资回收期为增量投资回收期。

所以:B 方案减去 A 方案的现金流量为规则的现金流量,B 方案对 A 方案的增额投资为 1400 - 1000 = 400(万元),增额收益为每年 300 - 230 = 70(万元),故有

$-400 + 70(P/A,6\%,\Delta N) = 0$ 解得:

$$\Delta N = \frac{\ln \dfrac{70}{70 - 400 \times 0.06}}{\ln(1 + 0.06)} = 7.2(\text{年})$$

因为 $\Delta N < N_0 = 8$ 年,故 B 方案优于 A 方案。

## 四、增量效益费用比(ΔBCR)

增量效益费用比就是对增加的费用所带来的增量效益进行比较。假定有方案 1 与方案 2 两个方案,且方案 2 的费用大于方案 1 的费用,则有:

$$\Delta \text{BCR} = \frac{\Delta B}{\Delta C} = \frac{B_2 - B_1}{C_2 - C_1} \tag{3-16}$$

ΔBCR≥1,则表示投资大的方案比投资小的方案更优。基准方案可以是零方案,也可以是某一个 BCR≥1 的最小投资方案,但不能是 BCR < 1 的方案,因为它本身就不可接受,故不能成为基准方案。

**例 3.19** 某工程有四种建设方案,见表 3-20。试用增量效益费用比法进行分析,并选出最佳方案。设 $i_0 = 10\%$。

**解**:把四项方案按其投资费用多少,由小到大排列在表 3-21 中,首先计算它们各自的 BCR,并舍弃 BCR < 1 的方案。本题中方案 III 虽然 BCR < 1,但为了说明问题,仍让它参与计算对比。本题最后一个可被接受的方案是方案 IV,即方案 IV 为最佳方案。

表 3-20

| 方案 | I | II | III | IV |
|---|---|---|---|---|
| 投资 C(万元) | 20 | 27.5 | 19 | 35 |
| 年效益 B(万元) | 2.2 | 3.5 | 1.8 | 4.4 |
| 寿命 n(年) | 30 | 30 | 30 | 30 |

表 3-21

| 方案 | III | I | II | IV |
|---|---|---|---|---|
| 1.投资 $C$(万元) | 19 | 20 | 27.5 | 35 |
| 2.年效益 $B$(万元) | 1.8 | 2.2 | 3.5 | 4.4 |
| 3.$B \times (P/A,10\%,30)$(万元) | 16.97 | 20.74 | 32.99 | 41.48 |
| 4.各方案的 BCR | 0.89 < 1 | 1.04 > 1 | 1.20 > 1 | 1.18 > 1 |
| 5.对比方案 | III 对 0 | I 对 0 | II 对 I | IV 对 II |
| 6.增量费用 $\Delta C$(万元) | 19 | 20 | 7.5 | 7.5 |
| 7.增量效益 $\Delta B$(万元) | 16.97 | 20.74 | 12.25 | 8.49 |
| 8.ΔBCR | 0.89 < 1 | 1.04 > 1 | 1.63 > 1 | 1.13 > 1 |
| 9.可否接受 | 否 | 可 | 可 | 可 |
| 10.最佳方案 | 0 | I | II | IV |
| 11.净效益 NB(万元) | -2.03 | 0.74 | 5.49 | 6.48 |

虽然选中了方案Ⅳ,但它本身的BCR在四个方案中并非最高,最高的是方案Ⅱ为1.2,方案Ⅳ只有1.18。

如果资金来源有限,我们可采纳方案Ⅱ,因为其投资额小于方案Ⅳ,且BCR最高。

对多项互斥方案进行筛选,除用ΔBCR作为评价指标外,也可以采用净效益指标。可以证明,如果一个投资较大方案的净效益大于投资较小方案的净效益,则投资较大方案的ΔBCR一定大于1;反之,如果投资较大方案的净效益小于投资较小方案的净效益,则ΔBCR一定小于1。因此,当用净效益来分析多项互斥方案时,净效益最高者应当选。

通过这一例题可以看出,一个方案的效益费用比BCR,实际上也就是该方案对零方案的增量效益费用比。

## 复习思考题

### 一、问答题

1.什么是标准折现率,其作用何在?

2.简述现值法的分析准则。

3.现值法有几种?并简述现值分析法的准则。

4.什么是年值法?与现值法相比,年值法有何特点?

5.什么是内部收益率,其经济实质和假设是什么?

6.什么是外部收益率?它与内部收益率的区别是什么?

7.内部收益率计算中的困难是什么?可能出现几种情况?

8.什么是增量分析,它的实质是什么?

9.复利终值公式与复利现值公式的关系是什么?

10.偿债基金公式与年金终值公式的关系是什么?

11.资金回收公式与偿债基金公式的关系是什么?

12.资金回收公式与年金现值公式的关系是什么?

13.什么是现值法?现值法有几个种类?各自的含义是什么?

14.什么是年值法?与现值法相比较,年值法有何特点?

15.什么是投资回收期?投资回收期有哪些优点,又有哪些不足之处?

16.什么是效益费用法?它的用途及主要困难是什么?

17.什么叫增量分析?增量分析的实质是什么?

18.简述增量分析的一般步骤及其种类。

19.常用的经济分析方法有哪些,并阐述相互之间的关系。

20.简述单方案检验与多方案比选的关系。

### 二、计算题

1.某设备期初投资为700万元,每期末纯收入分别为300万元,260万元,220万元……每期递减40万元,设备寿命为6年,6年末残值为70万元,若计算利率为12%。试求其净收益的现值和年金。

2.某采矿队有一台钻井设备,已知此设备由于效率降低,每年耗油量按10%递增(原耗油量为每小时50升)。年工作时数为2000小时,每升的柴油价格为2.5元,公司的资金成本 $i=15\%$,平时加油记帐,油款每年年底一次付清。问此公司在设备大修期间(每4年大修一次),燃油的总费用相当于现值多少元?

3.某企业为开发研制新产品,向银行借款100万元,年利率为10%,借期5年,问5年后一次归还银行的本利和是多少?

4.若年利率 $i=6\%$,第1年初存入银行100元,且10年中每年末均存入100元,试计算:

(1)到第10年末时的本利和?

(2)其现值是多少?

(3)其年金值是多少?

(4)变成延期2年(即从第3年末开始)的8年年金又应是多少?

(5)若从第11年末开始,每年末支取相等的数额,每次取多少元恰好可在5年内将这笔钱花净?

5.某企业为10年后获得一笔资金,每年年初向银行存入一笔资金。第1年初存入2万元,以后每年按1000元递减,年利率为10%,问其10年后可得多少资金?

6.某项目的各年现金流量如表3-22所示,试用净现值指标判断项目的经济性($i_0=10\%$)。

**某项目的现金流量表** 单位:万元 表3-22

| 项目 \ 年份 | 0 | 1 | 2 | 3 | 4~10 |
|---|---|---|---|---|---|
| ①投资支出 | 20 | 500 | 250 | — | — |
| ②除投资以外的其他支出 | — | — | 300 | 550 | — |
| ③收入 | — | — | 450 | 700 | — |
| ④净现金流量(③-②) | -20 | -500 | -100 | 150 | 250 |

7.某拟建项目,初始投资为1000万元,第一年年末投资2000万元,第二年年末再投资1500万元,第三年起连续8年每年年末获利1450万元。当残值忽略不计,最低期望收益率为12%时,计算其净现值,并判断该项目的经济可行性。

8.某项目期初固定资产投资为100万元,投产时需流动资金投资20万元,该项目从第3年初投产并运行,每年共需经营费40万元。若项目每年可获销售收入65万元,项目服务期限为10年,届时残值为20万元,行业基准收益率为10%。要求:

(1)作出现金流量图;

(2)计算该项目的净现值,并判断其经济可行性。

9.某企业拟向银行贷款1500万元,借用5年后一次还清。甲银行贷款年利率为7%,按年计息;乙银行贷款年利率为6.5%,按月计息。企业向哪家银行贷款较为经济?

10.某人每年年初存入银行500元,连续8年,若银行按8%利率计年复利,此人第8年末可从银行提取多少钱?

11. 某企业年初从银行贷款1200万元,并商定从第2年开始每年年末偿还250万元,若银行按8%年利率计复利,那么该企业大约在第几年可还清这笔贷款?

12.某城市修建跨某河的大桥,有南北两处可以选择桥址。南桥方案是通过河面最宽的地方,桥头连接两座小山,且须跨越铁道和公路,所以要建吊桥。其投资为2500万元,建桥购地120万元,年维修费2万元,水泥桥面每10年翻修一次,维修费为4万元;北桥方案跨度较小,建桁架桥即可,但需补修附近道路,预计共需投资1500万元,年维修费1万元,该桥每3年粉刷一次需1.5万元,每10年喷砂整修一次,需5万元,购地用款1000万元,若利率为8%,试比较两方案哪个优越。

13.已知两个方案的现金流量如表3-23,假定标准折现率为10%。计算两个方案的净现值、终值和年值。并计算两方案各值之比,然后比较计算的结果。

表3-23

| 年末 | | 0 | 1 | 2 | 3 | 4 | 5 | 6 |
|---|---|---|---|---|---|---|---|---|
| 方案 | A(万元) | -100 | 50 | 50 | 50 | 50 | 50 | 50 |
| | B(万元) | -100 | 40 | 40 | 40 | 60 | 60 | 60 |

14.分别求出表3-24中各方案的经济内部收益率(单位:元)。

表3-24

| 年末 | | 0 | 1 | 2 | 3 | 4 |
|---|---|---|---|---|---|---|
| 方案 | A(元) | -10000 | 5000 | 5000 | 5000 | 5000 |
| | B(元) | -200 | 100 | 200 | 300 | 400 |
| | C(元) | -500 | 500 | 1000 | 1000 | 1000 |
| | D(元) | -100 | 25 | 25 | 25 | 25 |
| | E(元) | -1000 | 800 | 400 | 700 | 600 |

15.画出表3-25中各方案现金流量的NPV($i$)函数图,并判别经济内部收益率的个数。

表3-25

| 年 末 | | 0 | 1 | 2 | 3 | 4 |
|---|---|---|---|---|---|---|
| 方案 | A(元) | -1000 | 2230 | 2230 | -2240 | 100 |
| | B(元) | -70000 | 50000 | 40000 | -30000 | 80000 |

16.某项目有三个采暖方案A、B、C,均能满足同样的需要。其费用数据如表3-26所示。在基准折现率 $i_0=8\%$ 的情况下,试用成本现值确定最优方案。

三个采暖方案的成本数据表　　单位:万元　　表3-26

| 指标 / 方案 | 总投资(第0年末) | 年运营费用(第0到第10年) |
|---|---|---|
| A | 1800 | 900 |
| B | 2545 | 590 |
| C | 3340 | 450 |

17.某工程项目,第1年投资3000万元,第2年投资5000万元,第3年投资3000万元,第4年试产获得净收益1000万元,第5年获得净收益2000万元,第6年获得净收益2000万元,第7年以后每年平均获得净收益3000万元,计算该项目的投资回收期。(设 $i=8\%$)

18.某工程项目的现金流量如表3-27所示。

表3-27

| 年　份 | 0 | 1 | 2 | 3~10 |
|---|---|---|---|---|
| 净现金流量(万元) | -100 | -150 | 30 | 80 |

试计算:(1)静态投资回收期;(2)动态投资回收期($i=10\%$)。

19.某项目得现金流如表3-28所示,试计算该工程项目得内部收益率及静态和动态投资回收期(基准折现率为18%)。

表3-28

| 年序 | 0 | 1 | 2 | 3 | 4 | 5 | 6 | 7 | 8 | 9 | 10 | 11 | 12 |
|---|---|---|---|---|---|---|---|---|---|---|---|---|---|
| 现金流 | 0 | -500 | -950 | 167 | 295 | 390 | 545 | 545 | 545 | 545 | 545 | 545 | 845 |

20.已知某项目的现金流量如图3-18所示,试求项目的动态投资回收期。(设 $i_0=10\%$)

21.用15000元能够建造一个任何时候均无残值的临时仓库,估计收益为2500元,假如标准折现率为12%,仓库能使用8年,那么,这项投资是否满意?临时仓库使用多少年时,这项投资才是满意的?

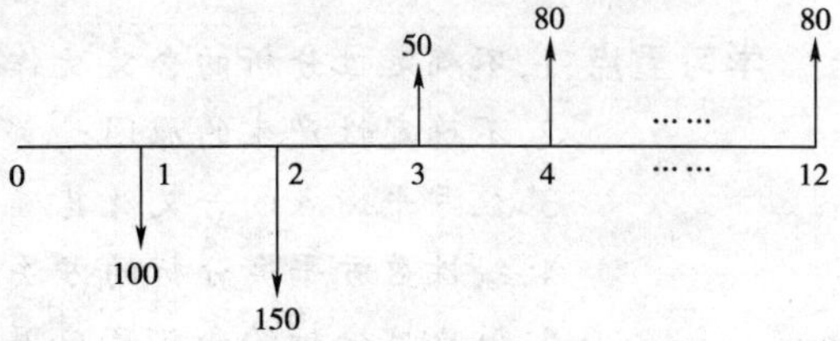


图 3-18

22.某油井开采方案,零年投资500万元,以后每年产油净收入200万元,估计可开采12年。油井在第12年末报废时需要开支500万元,试计算经济内部收益率,并解释其经济涵义。

23.某公路工程有两种可供选择的方案,甲方案初始投资400万元,每年养护费20万元,每年可使地方事业增加效益125万元;乙方案初始投资600万元,每年养护费12万元,每年可使地方事业增加效益160万元,设寿命为20年,利率为8%,试用效益费用法比较两种方案。

24.某公司考虑表3-29所列三个可行而相互排斥的方案,三个方案的寿命期为5年,标准折现率为9%,试分别用增量净现值和差额内部收益率两种方法选择方案。

表3-29

| 方　　案 | $A_1$ | $A_2$ | $A_3$ | 方　　案 | $A_1$ | $A_2$ | $A_3$ |
|---|---|---|---|---|---|---|---|
| 初始投资(万元) | 5000 | 7000 | 8500 | 年收益(万元) | 1400 | 2000 | 2400 |

25.某河流上拟建一大桥,有6个不同桥位可供选择,其建造费及每年效益见表3-30,试用差额效益费用法选出最经济的桥位。桥的试用寿命近似认为等于无穷大,预定利率6%。

表3-30

| 桥　　位 | A | B | C | D | E | F |
|---|---|---|---|---|---|---|
| 建造费(万元) | 6000 | 8000 | 3000 | 10000 | 5000 | 11000 |
| 年效益(万元) | 350 | 500 | 125 | 650 | 300 | 700 |

# 第四章 不确定性分析

**学习重点**:1.不确定性分析的含义及作用;
2.不确定性产生的原因;
3.盈亏平衡点的含义及其确定;
4.线性盈亏平衡分析的方法有哪两种?其基本原理是什么?
5.敏感性分析的含义及应用;
6.单因素敏感性分析的步骤;
7.双因素敏感性分析的基本思路;
8.概率分析的含义、一般计算步骤;
9.决策树法的基本含义及应用;
10.蒙特卡洛模拟的含义、计算步骤及应用。

## 第一节 不确定性分析概述

工程项目的评价和决策人员要对工程项目进行经济评价或投资决策,就必须采用大量的数据,而被采用的数据,大部分来自对工程项目未来情况的估计和预测,例投资额、利率、建设年限、建设项目的经济寿命、产量、价格、成本、收益等,这些数据在很大程度上是不确定的,原因是我们对工程项目估计和预测的结果可能与未来的实际情况有较大的出入,甚至有时难以估计和预测出工程项目中各种变量未来的变化情况,这就产生了对工程项目未来情况的不确定性问题。

产生不确定性问题的因素很多,这些因素发生变化,就会对建设项目方案的未来经济效果产生影响,因此,我们在对工程项目进行经济评价或投资决策时,应对工程项目投资方案中各个不确定因素进行分析,对工程项目的未来情况做到胸中有数,并采取相应的措施。

### 一、不确定性分析的含义

对工程项目投资方案进行不确定性分析,就是对工程项目未来将要发生的情况加以掌握,分析这些不确定性因素在什么范围内变化,以及这些不确定性因素的变化对方案的经济效果的影响程度如何,即计算和分析工程项目不确定性因素的假想变动对方案技术经济效果评价的影响程度。

通过对工程项目不确定因素变化的综合分析,就可以对工程项目的技术经济效果是否可接受做出评价,提出具体的论证结果或修改方案的建议和意见,从而做出比较切合实际的方案评价或投资决策。同时,通过不确定性分析还可以预测工程项目投资方案对某些不可预见的政治与经济风险的抗冲击能力,从而说明建设项目的可靠性和稳定性,尽量弄清和减少不确定性因素对建设项目经济效益的影响,避免投产后不能获得预期利润和收益的情况发生,避免企业出现亏损状态。因此,为了有效地减少不确定性因素对项目经济效果的影响,提高项目的风险防范能力，进而提高项目投资决策的科学性和可靠性，除了对项目进行确定性分析外，还有必要对项目进行不确定分析。

严格来讲，这里我们所说的不确定性分析包含了两个内容：不确定性分析和风险分析。也就是手，从根本上讲不确定性和风险是不同的。美国经济学家奈特认为风险是“可测定的不确定性”，而“不可测定的不确定性”才是真正意义上的不确定性。日本学者武井勋归纳出风险定义本身具有三个基本因素：①风险与不确定性有差异；②风险是客观存在的；③风险可以被测算。在此基础上，武井勋提出了风险的定义“风险是在特定环境中和特定期间内自身存在的导致经济损失的变化。”因此，工程项目风险分析就是分析工程项目在其环境中和寿命期内自然存在的导致经济损失的变化。而工程项目不确定性分析就是对项目风险大小的分析，即分析工程项目投资决策的影响因素及其变化的可能性，进一步分析这些因素的变化导致经济损失之变化的可能性以及变化程度。

虽然我们分析了不确定性分析和风险分析的区别，但是，从工程项目经济评价的实践角度来看，将两者严格区分开来的实际意义并不大，因此，我们一般习惯于将不确定分析和风险分析统称为不确定性分析，并将其概括为分析和研究由于不确定性因素的变化所引起的工程项目经济效益指标的变化和变化程度。

## 二、不确定性产生的原因

一般情况下，产生不确定性的主要原因如下：

(1)项目数据的统计偏差。这是由于原始统计上的误差，统计样本点的不足，公式或模型套用的不合理等造成的。比如说工程项目固定资产投资和流动资产是项目经济评价中重要的基础数据，但在实际中，往往会由于各种原因高估或低估了它的数额，从而影响了项目经济评价的结果。

(2)通货膨胀。由于有通货膨胀的存在，会产生物价的浮动，从而会影响工程项目经济评价中所采用的价格，进而导致诸如年经营收益、年经营成本等数据与实际发生偏差。

(3)技术进步。技术进步引起新老产品和工艺的替代，这样，根据原有技术和生产所估计出的年经营成本、收益等指标就会与实际值有偏差。

(4)市场供求结构的变化。市场供求结构的变化会影响到产品的市场供求状况，进而对某些指标值产生影响。

(5)其他外部影响因素。如政府政策的变化，新的法律、法规的颁布，国际政治经济形势的变化等，均会对项目的经济效果产生一定的甚至是难以预料的影响。

当然，还有其他一些影响因素。在工程项目经济分析中，如果我们想全面分析这些因素的变化对项目经济效果的影响是十分困难的，因此，在实际工作中，我们往往要着重分析和把握那些对工程项目影响较大的关键因素，以期取得较好的结果。

## 三、不确定性分析的作用

不确定性分析是项目经济评价中的一个重要内容，之所以这样说，是因为在前面介绍的对项目进行评价时，都是以一些确定的数据为基础的，如项目总投资、建设期、年销售收入、年经营成本、年利率、设备残值等指标值，认为它们都是已知的，是确定的，即使对某个指标值所做的估计或预测，也认为是可靠、有效的。但在实际工作中，由于前述各种影响因素的存在，这些指标值与实际值之间往往存在着差异，这样就对项目评价的结果产生了影响，如果对此不进行不确定性分析,而仅凭对一些基础数据所做的确定性分析为依据来取决项目,就可能导致投资决策的失误。比如,某项目的标准折现率为8%,根据项目基础数据求出的项目内部收益率为10%,由于内部收益率大于标准折现率,因此根据方案评价准则自然认为项目是可行的,但如果凭此就做出投资决策则是欠考虑的,因为还没有考虑不确定性问题和风险问题,比如只要在项目实施过程中存在通货膨胀且通货膨胀率高于2%,则项目的风险就很大,甚至会变成不可行的。因此为了有效地减少不确定性因素对项目经济效果的影响,提高项目的风险防范能力,进而提高项目投资决策的科学性和可靠性,除对项目进行确定性分析外,还很有必要对项目进行不确定性分析。

### 四、不确定性分析的内容和方法

不确定性分析包括盈亏平衡分析、敏感性分析和概率分析三种方法,其内容各有不同。对项目进行不确定性分析的内容和方法,要在综合考虑项目的类型、特点、决策者的要求,相应的人力、物力,以及项目对国民经济的影响程度等条件来选择。一般来讲,盈亏平衡分析只适用于项目的财务评价,而敏感性分析和概率分析则可同时用于财务评价和国民经济评价。

## 第二节　盈亏平衡分析

工程项目的盈亏平衡分析又称为损益平衡分析,它是根据项目正常生产年份的产品产量(或销售量)、可变成本、固定成本、产品价格和销售税金等数据,确定项目的盈亏平衡点 BEP(Break-evenpoint),即盈利为零时的临界值,通过 BEP(盈亏平衡点)分析项目的成本与收益的平衡关系的一种方法,它也是在工程项目不确定性分析中常用的一种方法。

投资项目的经济效果受到许多因素的影响,当这些因素发生变化时,可能会导致原来盈利的项目变为亏损项目。盈亏平衡分析的目的就是找出这种由盈利到亏损的临界点,据此判断项目风险的大小及对风险的承受能力,为投资决策提供科学依据。

盈亏平衡分析模型,按生产成本、销售收入与产量(或销售量)之间是否成线性关系可分为线性盈亏平衡分析和非线性盈亏平衡分析;按是否考虑时间因素,又可分为静态盈亏平衡分析和动态盈亏平衡分析。

### 一、盈亏平衡点及其确定

在项目盈亏平衡分析中,首先要做的就是盈亏平衡点(BEP)的确定,然后据此来分析和判断项目风险的大小。所谓盈亏平衡点(BEP),是项目盈利与亏损的分界点。它标志这项目不盈不亏的生产经营临界水平,反映了在达到一定的生产经营水平时,该项目的收益与成本的平衡关系。盈亏平衡点通常用产品产量来表示,也可以用生产能力利用率、销售收入或产品单价来表示。

盈亏平衡点的确定,主要是根据其定义来进行的。

根据盈亏平衡点的定义,在盈亏平衡点处,项目处于不盈不亏的状态,也即项目的收益与成本相等,用公式表示如下:

$$TR = TC \tag{4-1}$$

式中:TR——项目的总收益;

TC——项目的总成本。

由于 TR 和 TC 通常都是产品产量的函数，因此由式(5-1)即可求出项目在盈亏平衡点处的产量 $Q^*$，它也可称为盈亏平衡产量或最低经济产量。

**例 4.1** 某新建项目生产一种电子产品，根据市场预测估计每件售价为 500 元，已知该产品单位可变成本为 400 元，固定成本为 150 万元，试求该项目的盈亏平衡产量。

**解**：根据收益、成本与产量的关系可有：

$$TR = 价格 \times 产量 = P \times Q = 500\ Q$$

$$TC = 固定成本 + 可变成本 = 固定成本 + 单位产品可变成本 \times 产量$$

$$= 1500000 + 400\ Q$$

设该项目的盈亏平衡产量为 $Q^*$，则当产量为 $Q^*$ 时有：TR = TC

即：

$$500\ Q^* = 1500000 + 400\ Q^*$$

解得：$Q^* = 15000$ 件

盈亏平衡点反映了项目对市场变化的适应能力和抗风险能力，项目的盈亏平衡点越低，其适应市场变化能力就越大，抗风险能力也越强。以盈亏平衡产量为例，如果一个项目的盈亏平衡产量比较低，那么在项目投产后，只要销售少量产品就可以保本，这样，只要市场不发生很大的变化，其实际销售量就很有可能超过盈亏平衡产量，从而使项目产生盈利。因此也可以说，盈亏平衡点的高低反映了项目风险性的大小。

## 二、线性盈亏平衡分析

在企业中，一般将收益看成是产品的单价与销售量的乘积，尽管产品产量可以在相当大的范围内变动，但收益基本上是呈直线变化的。成本包括可变成本和不变成本，可变成本和产量成正比，不变成本不随产量而变化，因此成本与产量也是线性关系。那么，在对项目做盈亏平衡分析时，如果项目的收益与成本均为产量的线性函数，就称为线性盈亏平衡分析。此时，产品的产量、固定成本、可变成本、销售收入、利润之间有图 4-1 所示的关系。

线性盈亏平衡分析的方法一般是基于以下三个假设条件来进行的：产品的产量与销售量是一致的；单位产品的价格保持不变；成本分为可变成本与固定成本，其中可变成本与产量成正比例关系，固定成本与产量无关，保持不变。

线性盈亏平衡分析的方法一般有两种：图解法和解析法。

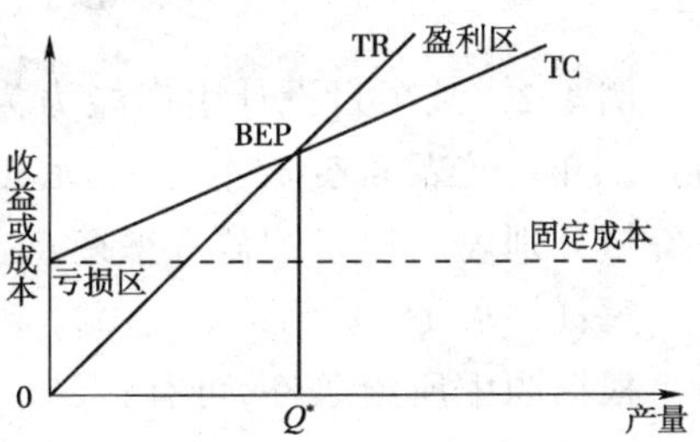

图 4-1 盈亏平衡图

1.图解法

图解法即画出盈亏平衡图(如图 4-1)求出盈亏平衡点。它是线性盈亏平衡分析中常用的一种方法，其基本步骤如下：

(1)画出坐标图，以横轴表示产量，纵轴表示收益与成本。

(2)以原点为起点，按照下面的公式求出 TR 后，在坐标图上画出收益线。

$$TR = (单位产品价格 - 单位产品销售税金及附加) \times 产量$$

(3)画出固定成本线。由于前面我们假定固定成本不随产量的变化而变动，因此固定成本线是一条与横轴平行的水平线。

(4)以固定成本与纵轴的交点为起点，按照下面的公式求出 TC 后，在坐标图上画出成本线。

$$TC = 固定成本 + 可变成本 = 固定成本 + 单位产品可变成本 \times 产量$$

(5)坐标内的三条线即组成了盈亏平衡图,收益线与成本线的交点即为盈亏平衡点。盈亏平衡点对应的产量即为盈亏平衡产量 $Q^*$(见图 4-1)

从盈亏平衡图可以看出,当产量水平低于盈亏平衡产量 $Q^*$ 时,TR 线在 TC 线的下方,项目是亏损的;当产量水平高于盈亏平衡产量 $Q^*$ 时,TR 线在 TC 线的上方,项目是盈利的。盈亏平衡点越低,达到此点的盈亏平衡产量越少,收益与成本也越少,因而项目的盈利机会就会越大,亏损的风险就越小。

2.解析法

解析法是通过数学解析方法计算出盈亏平衡点的一种方法。根据盈亏平衡点的概念,当项目达到盈亏平衡状态时,其收益与成本正好相等。即:

$$TR = TC$$

根据线性盈亏平衡分析的三个假设,$TR = (p - t)Q$

式中:$p$——单位产品价格;

$t$——单位产品销售税金及附加;

$Q$——产品产量(销售量)。

$$TC = F + V \cdot Q$$

式中:$F$——固定成本;

$V$——单位产品可变成本。

设盈亏平衡产量为 $Q^*$,则当 $Q = Q^*$ 时,有 TR = TC,

即 $(p - t)Q^* = F + V \cdot Q^*$,可解得:

$$Q^* = F/(p - t - V)$$

盈亏平衡点(BEP)除经常用产量表示外,还可以用生产能力利用率,单位产品价格等指标来表示,其具体表达式如下:

$$BEP(生产能力利用率) = Q^*/Q_0 \times 100\%$$

式中:$Q_0$——设计生产能力;

$$BEP(单位产品价格) = \frac{F}{Q_0} + V + t$$

**例 4.2** 某项目设计生产能力为年产 50 万件产品,根据资料分析,估计单位产品价格为 100 元,单位产品可变成本为 80 元,固定成本为 300 万元,试用产量、生产能力利用率、单位产品价格分别表示项目的盈亏平衡点。已知该产品销售税金及附加的合并税率为 5%。

**解:**(1)求 $Q^*$。

根据题中所给条件,可有:

$$t = p \times 5\% = 100 \times 5\% = 5(元/件)$$

$$TR = (p - t)Q = (100 - 5)Q = 95Q$$

$$TC = F + V \cdot Q = 3000000 + 80Q$$

$$95Q^* = 3000000 + 80Q^*$$

解得:$Q^* = 200000$(件)

(2)BEP(生产能力利用率) = 200000/500000 × 100% = 40%

(3)$BEP(单位产品价格) = \left(\frac{3000000}{500000} + 80 + 5\right) = 91(元/件)$

从项目盈利及承受风险的角度出发，其 BEP(生产能力利用率)越小，BEP(单位产品价格)越低，则项目的盈利能力就越强，抗风险能力也越强。

## 三、非线性盈亏平衡分析

在实际生产经营过程中，产品的销售收入与销售量之间，成本费用与产量之间，并不一定呈现出线性的关系。比如当项目的产量在市场中占有较大的份额时，其产量的高低可能会明显影响市场的供求关系，从而使得市场价格发生变化；再比如根据报酬递减规律，变动成本随着生产规格的不同而与产量呈非线性的关系，在生产中还有一些辅助性的生产费用随着产量的变动而呈梯形分布。由于这些原因，造成产品的销售收入和总成本与产量之间存在着非线性的关系，在这种情况下进行的盈亏平衡分析称为非线性盈亏平衡分析。

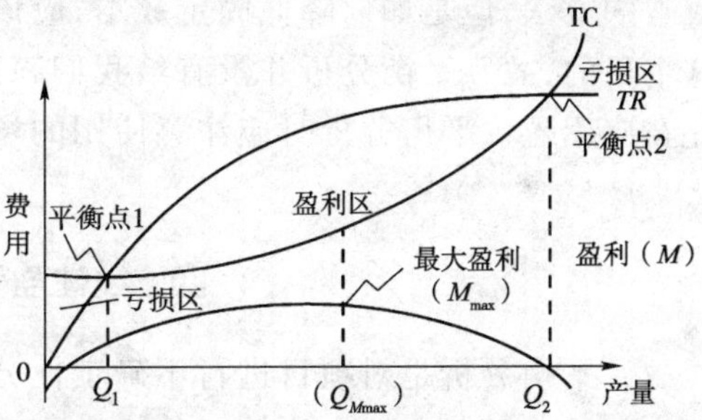

图 4-2 非线性盈亏平衡图

非线性盈亏平衡分析的基本过程如下(见图 4-2)

在图 4.2 中，当产量小于 $Q_1$ 或大于 $Q_2$ 时，项目都处于亏损状态，只有当产品产量处于 $Q_1 \leqslant Q \leqslant Q_2$ 时，项目才处于盈利区域，因此 $Q_1$ 和 $Q_2$ 是项目的两个盈亏平衡点。其解法如下：

假设产品的产量等于其销售量，均为 $Q$，则产品的销售收益和总成本与产量的关系可表示如下：

$$\mathrm{TR}(Q) = a_1 Q^2 + b_1 Q + c_1$$

$$\mathrm{TC}(Q) = a_2 Q^2 + b_2 Q + c_2$$

式中 $a_1$、$b_1$、$c_1$、$a_2$、$b_2$、$c_2$ 均为系数。

根据盈亏平衡点的定义，$\mathrm{TR}(Q) = \mathrm{TC}(Q)$

代入整理后得到：$(a_1 - a_2)Q^2 + (b_1 - b_2)Q + (c_1 - c_2) = 0$

解此一元二次方程，得到两个解即分别为 $Q_1$ 和 $Q_2$，也即求出了项目盈亏平衡点的产量。另外，根据利润的表达式：

$$\text{利润} = \text{收益} - \text{成本} = \mathrm{TR} - \mathrm{TC}$$

通过求上式对产量的一阶导数并令其等于零，即：

$$\mathrm{d}[\mathrm{TR} - \mathrm{TC}]/\mathrm{d}Q = 0$$

还可以求出使得利润为最大的产量水平 $Q_{\max}$，$Q_{\max}$ 又称为最大盈利点。

**例 4.3** 某公司计划生产一种新产品，经过市场调研及历年来的资料分析，预计该产品的年销售收入及成本函数分别为：

$$\mathrm{TR} = 3100Q - 0.6Q^2$$

$$\mathrm{TC} = 3187500 + 600Q - 0.2Q^2$$

试确定该产品的盈亏平衡点以及最大盈利点。

**解**：这是一个非线性盈亏平衡分析的问题。

根据盈亏平衡点的定义，可知在盈亏平衡点处有：TR = TC

即：
$$3100Q - 0.6Q^2 = 3187500 + 600Q - 0.2Q^2$$

$$0.4Q^2 - 2500Q + 3187500 = 0$$

解上述方程可得：$Q_1 = 1785$，$Q_2 = 4466$，即产品的盈利区域为产量介于 1785 到 4466 之间。

根据最大盈利点的含义，当产量水平达到最大盈利点时，应有：

$$d(TR - TC)/dQ = 0$$

即

$$d(0.4Q^2 - 2500Q + 3187500)/dQ = 0$$

解得：$Q_{max} = 3125$，即当产量水平达到 3125 时，该产品将获得最大的利润。盈亏平衡分析虽然能够度量项目风险的大小，但并不能提示产生项目风险的根源，比如说虽然我们知道降低盈亏平衡点就可以降低项目的风险，提高项目的安全性，也知道降低盈亏平衡点可采取降低固定成本的方法，但是如何降低固定成本，应该采取哪些可行的方法或通过哪些有利的途径来达到这个目的，盈亏平衡分析并没有给我们答案，还需采用其他一些方法来帮助达到这个目标，因此在应用盈亏平衡分析时应注意使用的场合及要达到的目的，以便能够正确的运用这种方法。

## 四、线性盈亏平衡分析的应用

盈亏平衡分析是对项目进行不确定性分析时常采用的一种方法。通过盈亏平衡分析，能够预先估计项目对市场变化情况的适应能力，有助于了解项目可承受的风险程度，还可以对决策者确定项目的合理经济规模及对项目工艺技术方案的投资抉择，起到一定的参考与帮助作用，因而其应用是较为广泛的。这里，我们重点讨论盈亏平衡分析在多方案经济性比较中的应用。

工程技术经济所研究的问题常常是多方案的分析、比较和选择。如互斥型方案的收益和成本是一个单变量函数，则采用盈亏平衡分析就可以帮助我们做出正确的决策。在具体应用时，先列出每个方案总成本费用的数学函数式，然后将各方案总成本费用的函数表达式两两组合令其相等，求出它们的交点（即总成本费用相等的点），这样就可以确定几个总成本费用最小的区间，最后根据变量的大小找出它所对应的总成本费用最小的方案作为所选择的最佳方案。

**例 4.4** 某建筑工地需抽除积水以保证施工顺利进行，现有两个方案可供选择：

方案 A：新建一条动力线，需购置一台 2.5kW 电动机并线运行，其投资为 1400 元，第 4 年末残值为 200 元。电动机每小时运行成本为 0.84 元，每年预计维修费为 120 元，因设备完全自动化无需专人管理。

方案 B：购置一台 3.68kW 柴油机，其购置费为 550 元，使用寿命为 4 年，设备无残值。柴油机运行每小时燃料费为 0.42 元，平均每小时维护费为 0.15 元，每小时的人工成本为 0.8 元。

若寿命均为 4 年，基准折现率为 10%。试比较两个方案的优劣。

**解**：两方案的总费用均与年开机时间 $t$ 有关，故两方案的年成本均可表示为 $t$ 的函数。

$$C_A = 1400(A/P,10\%,4) - 200(A/F,10\%,4) + 120 + 0.84t = 518.56 + 0.84t$$

$$C_B = 550(A/P,10\%,4) + (0.42 + 0.15 + 0.8)t = 175.51 + 1.37t$$

令 $C_A = C_B$，即：$518.56 + 0.84t = 175.51 + 1.37t$

可得出：

$$t = 651(h)$$

A、B 两个方案的年成本函数曲线见图 4-3 所示。

从图 4-3 中可以看出，当年开机小时数低于 651h 时，选 B 方案有利；当年开机小时数高于 651h 时，选 A 方案有利。

**例 4.5** 某建设项目需要安装一条自动化生产线，现有三种方案可供选择：

方案 A:从国外引进全套生产线,年固定成本为 1350 万元,单位产品可变成本为 1800 元。

方案 B:仅从国外引进主机,国内组装生产线,年固定成本为 950 万元,单位产品可变称本为 2000 元。

方案 C:采用国内生产线,年固定成本为 680 万元,单位产品可变成本为 2300 元。

假设各方案生产线的生产能力是相同的,试分析各种方案适用的生产规模。

**解**:各方案的总成本(TC)均是产量 $Q$ 的系数,即:

$$TC_A = 1350 + 0.18Q$$

$$TC_B = 950 + 0.2Q$$

$$TC_C = 680 + 0.23Q$$

因此,首先以 $Q$ 为变量,作出三个方案的总成本线(TC 线),如图 4-4 所示。

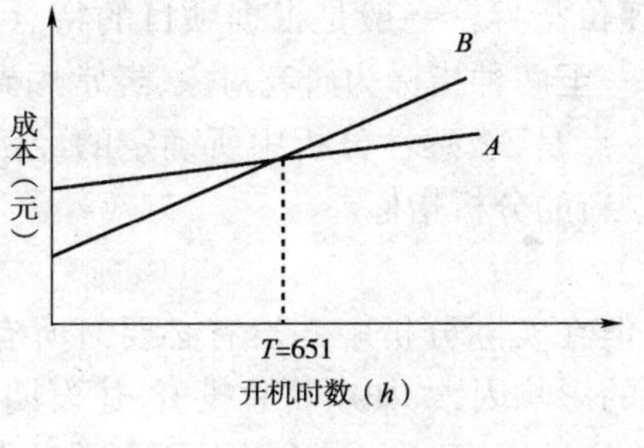


图 4-3　A、B 方案年成本函数曲线

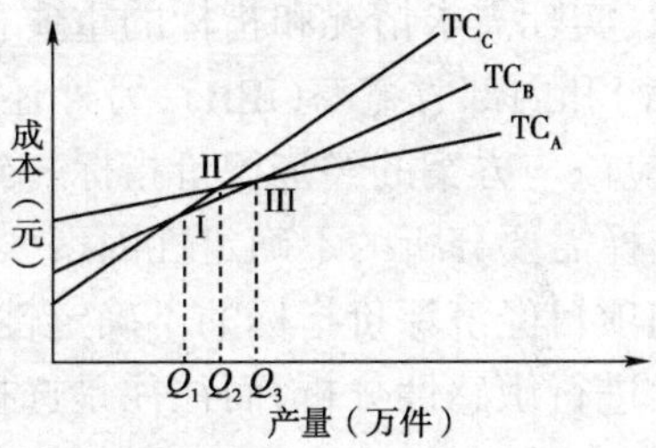


图 4-4　A、B、C 方案总成本曲线

从图 4-3 中可以看出,三条 TC 线分别两两相交于 I、II、III 三点,则这三点就分别是相应的两个方案的盈亏平衡点。其对应的产量就是盈亏平衡产量,例如 $TC_B$ 和 $TC_C$ 相交于 I 点,则 I 点就是方案 B 和方案 C 的盈亏平衡点,$Q_1$ 就是方案 $B$ 和方案 $C$ 的盈亏平衡产量。也就是说,当产量水平为 $Q_1$ 时,从成本分析的角度,方案 $B$ 和方案 $C$ 是完全相同的两个方案。因此,可根据盈亏平衡点的定义分别计算出 $Q_1$、$Q_2$、$Q_3$:

当产量水平为 $Q_1$ 时,$TC_B = TC_C$,即:$950 + 0.2Q_1 = 680 + 0.23Q_1$

可得出:$Q_1 = 0.9$(万件)

当产量水平为 $Q_2$ 时,$TC_A = TC_C$,即:$1350 + 0.18Q_2 = 680 + 0.23Q_2$

可得出:$Q_2 = 1.34$(万件)

当产量水平为 $Q_3$ 时,$TC_A = TC_B$,即:$1350 + 0.18Q_3 = 950 + 0.2Q_3$

可得出:$Q_3 = 2$(万件)

由于各个方案生产线的生产能力是相同的,因此确定各个方案适用的生产规模也就是比较在各种生产规模各个方案的成本情况,由上面的计算结果和图 4-3 可知,当产量水平低于 0.9万件时,以方案 C 为最经济;当产量水平在 0.9~2 万件之间时,以方案 B 为最经济;当产量水平高于 2 万件时,以方案 A 为最经济。

## 第三节　敏感性分析

### 一、敏感性分析的概念

所谓敏感性分析是对影响经济效果的各种参数的变化做出估计和预测,并对经济效果的变化做出相应的分析和计算，从而判断经济参数变化时，经济效果的敏感程度。通过敏感性分析，可以找出对项目经济效果影响最敏感的因素。并采取有效的措施和对策，保证经济效果的准确性。

假设某个特定的因素，其数值的波动，甚至是较大幅度的波动，并不影响方案的经济效果，则认为该方案对此特定因素不敏感。反之，如果这个因素即使发生微小波动，也会严重影响原方案的经济效果，则认为该方案对此因素十分敏感，所以可以用敏感性分析来测定不确定性因素对一个方案经济效果的影响程度。

## 二、单因素敏感性分析的步骤

(一)单因素敏感性分析的基本步骤

1.确定敏感性分析的对象

敏感性分析的对象就是前面所谈的项目经济评价指标。一般是根据项目的特点、不同的研究阶段、实际需求情况和指标的重要程度来选择一至两种指标为研究对象，经常用到的是净现值(NPV)和内部收益率(IRR)，另外还要说明的一点是，敏感性分析中所确定的经济评价指标，往往应该与方案的经济评价指标一致，不宜设立新的分析指标。

2.选择需要分析的不确定性因素

影响项目经济评价指标的不确定性因素很多，但在实际分析中并没有必要对所有的不确定性因素进行敏感性分析，而往往是选择一些主要的影响因素，如项目总投资、建设期、营运成本、营运收入、标准折现率等。选择需要分析的不确定性因素时主要从以下两方面考虑：

(1)预计这些因素在其可能的变化范围内对经济评价指标的影响较大。

(2)这些因素发生变化的可能性较大。

3.计算各不确定性因素对经济评价指标的影响程度

对所选定的需要进行分析的不确定性因素，按照一定的变化幅度(如5%、10%、20%等)改变其数值，然后计算这种变化对经济评价指标(如NPV、IRR等)的影响数值，并将其与该指标的原始值相比较，从而得出该指标的变化率，可用下式表示：

$$变化率(\beta)=\frac{|评价指标变化幅度|}{|变量因素变化幅度|}=\frac{|\Delta Y_j|}{|\Delta X_i|}=\frac{\left|\frac{Y_{j1}-Y_{j0}}{Y_{j0}}\right|}{|\Delta X_i|} \tag{4-2}$$

式中：$\Delta Y_j$——第 $j$ 个指标受变量因素变化影响的差额幅度(变化率)；

$\Delta X_i$——第 $i$ 个变量因素的变化幅度(变化率)；

$Y_{j1}$——第 $j$ 个指标受变量因素变化影响后所达到的指标值；

$Y_{j0}$——第 $j$ 个指标未受变量因素变化影响时的指标值。

式中的 $\beta$ 又称灵敏度，是衡量变量因素灵敏程度的一个指标。

4.根据计算结果，绘出敏感性分析图，并判断经济决策应如何随之变化，既定决策是否仍然可行。

实施敏感性分析，一般都要考虑几个可变参数。但为了简便起见，通常假设各参数之间是相互独立的，每次只研究一项可变参数，其他参数则保持不变。敏感性分析的计算和绘图工作都比较麻烦，借助电子计算机能很方便地处理这类问题。

(二)敏感性分析的作用

在经济评价中，敏感性分析的主要作用在于：

(1)通过经济评价指标对不同的不确定性因素的敏感性的比较,从中发现对经济评价指标影响最大的不确定性因素,即敏感性因素。

(2)通过敏感性分析可大体揭示经济评价指标的变动范围或幅度,一定程度上反映了投资决策的风险和不确定程度。在进行方案比较时,风险和不确定性的大小是取舍方案的重要依据之一。

(三)敏感性分析的种类

根据因素变动的数量,又把敏感性分析分成单因素敏感性分析和多因素敏感性分析。多因素敏感性分析要考虑可能发生的各种因素不同变动幅度的多种组合,计算起来要比单因素分析复杂得多。

## 三、单因素敏感性分析图

敏感性分析图是通过在坐标图上做出各个不确定性因素的敏感性曲线,进而确定各个因素的敏感程度的一种图解方法,其基本做图方法如下:

(1)以纵坐标表示项目的经济评价指标(项目敏感性分析的对象),横坐标表示各个变量因素的变化幅度(以%表示)

(2)根据敏感性分析的计算结果给出各个变量因素的变化曲线,其中与横坐标相交角度较大的变化曲线所对应的因素就是敏感性因素。

(3)在坐标图上做出项目经济评价指标的临界曲线(如 NPV = 0、IRR = $i_c$ 等),求出变量因素的变化曲线与临界曲线的交点,则交点处的横坐标就表示该变量因素允许变化的最大幅度,即项目由盈到亏的极限变化值。

## 四、单因素敏感性分析

单因素敏感性分析是其它因素保持不变的情况下,每次只研究一个不确定因素的变化对经济效果指标影响的敏感程度的方法。单因素敏感性分析适合于分析项目方案的最敏感因素,但是实际中各种因素的变动可能存在着相互关联性,一个因素变动往往其他因素也随之变动,改进的方法就是进行多因素敏感性分析。

**例 4.6** 某投资方案的现金流量如图 4-5 所示。预计该方案的几个基本参数是:总投资 10000 元,年度收入 3000 元,寿命 5 年,预定利率为 12%,参数可能存在估计误差。它们未来的变化大约在 40%之间,试对该投资方案进行敏感性分析。

**解**:在其它参数不变的情况下,当年度收入的估计误差为 x 时,净年值的函数方程为:

$$NAV = -10000(A/P, 12\%, 5) + 3000(1 + x)$$

当 $x$ 在 40%范围变化时,由上式可得到净年值随年度收入变化的敏感性曲线(见图 4-6)。用同样的方法还可求得当投资、寿命及利率变化时得净年值敏感性曲线。

由图 4-6 可看出,净年值对利率变化是不敏感的,只要利率小于 15.2%(增加幅度在 27%以内),该方案就是可取的。而年度收入若减少 7.53%(减少到 2774 元/年),或初始投资增长 8.14%(达到 10814 元)则该方案将发生相反的变化,如果寿命等于或小于 4 年投资也将无利可图。

**例 4.7** 某公路年设计通行能力为 10 万辆,计划总投资为 1200 万元,期初一次性投入,预计营运收入为 35 元/辆,年营运成本为 140 万元,方案寿命期为 10 年,到期时预计残值收入为 80 万元,标准折现率为 10%,试就单位营运收入、营运成本等影响因素对该投资方案做敏感性分析。

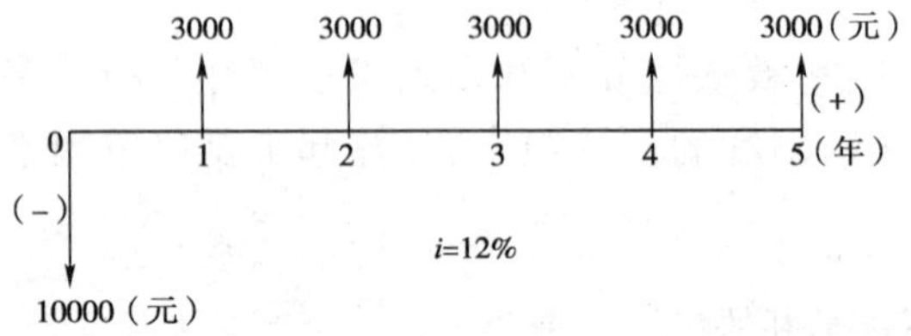


图 4-5

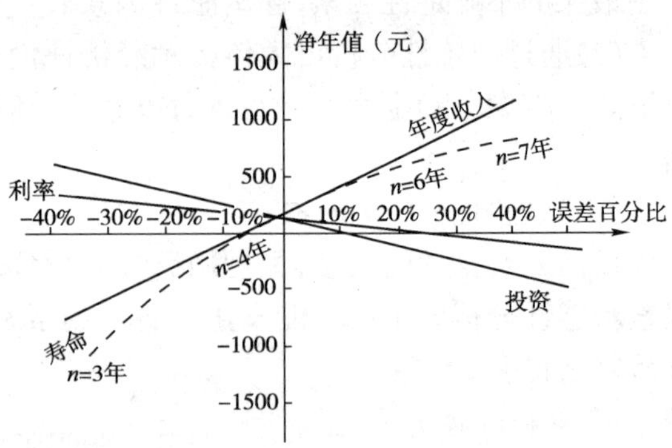


图 4-6 一个参数变化时的敏感性曲线

**解**：选择净现值为敏感性分析的对象，根据净现值的计算公式，可计算出项目在初始条件下的净现值。即：

$$NPV = (-1200) + (35 \times 10 - 140)(P/A, 10\%, 10) + 80(P/F, 10\%, 10) = 121.21(\text{万元})$$

由于 $NPV_0 > 0$，该项目是可行的。

下面取三个因素：投资额、营运收入、营运成本，然后令其逐一在初始值的基础上按±10%、±20%的变化幅度变动，分别计算相对应的净现值的变化情况，来对项目进行敏感性分析。结果如表 4-1 和图 4-7 所示。

**单因素敏感性分析表** 单位：万元 表 4-1

| 变化幅度 / 项目 | −20% | −10% | 0 | +10% | +20% | 平均+1% | 平均−1% |
|---|---|---|---|---|---|---|---|
| 投资额 | 361.21 | 241.21 | 121.21 | 1.21 | −118.79 | −9.90% | 9.90% |
| 单位营运收入 | −308.91 | −93.85 | 121.21 | 336.28 | 551.34 | 17.75% | −17.75% |
| 营运成本 | 293.26 | 207.24 | 121.21 | 35.19 | −50.83 | −7.10% | 7.10% |

由表 4-1 和图 4-7 可以看出，在各个变量因素变化率相同的情况下，首先，营运收入的变动对净现值的影响程度最大，当其他因素均不变化时，营运收入每下降 1%，净现值下降 17.715%，并且还可以看出，当营运收入下降幅度超过 5.64%时，净现值将由正变负，即项目由可行变为不可行；其次，对净现值影响大的因素是投资额，当其他因素均不变化时，投资额每增加 1%，净现值下降 9.90%，当投资额增加幅度超过 10.0%时，净现值将由正变负，项目变为不可行；最后，对净现值影响最小的因素是营运成本，在其他因素均不变化时，营运成本每上升 1%，净现值下降 7.10%，当营运成本上升幅度超过 14.09%时，净现值将由正变负，项目变为不可行。由此可见，按净现值对各个因素的敏感程度来排序，依次为：营运收入、投资额、营运成本，最敏感的因素是

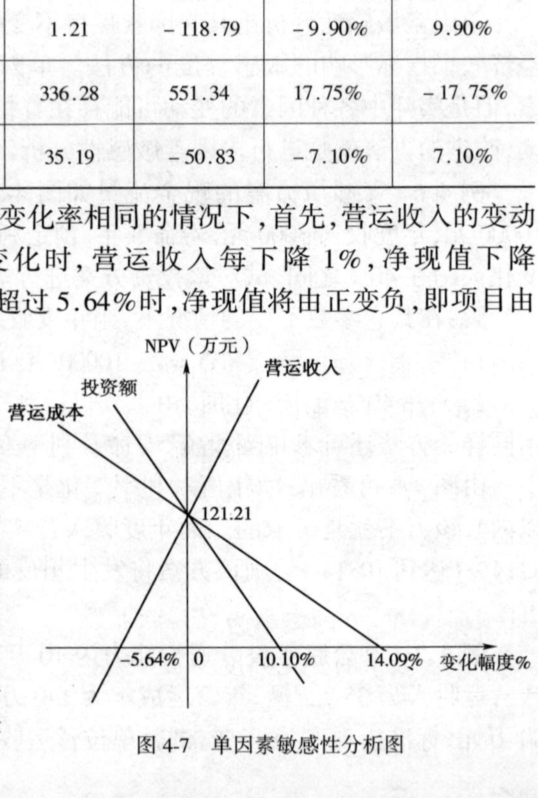


图 4-7 单因素敏感性分析图

营运收入。因此,从方案决策的角度来讲,应该对营运收入进行进一步的、更准确的测算,因为从项目风险角度来讲,如果未来营运收入发生变化的可能性较大,则意味着该投资项目的风险性亦较大。

## 五、双因素敏感性分析

双因素敏感性分析是指保持投资方案现金流量中其他的影响因素不变,每次考虑两个因素同时变化对方案效果的影响,其分析思路是首先通过单因素分析确定出两个关键因素,其次做出两个因素同时变化的分析图,最后对投资效果的影响进行分析。

**例 4.8** 某工程项目,其主要经济参数的估计值为:初始投资 10000 元,寿命 5 年,残值 2000 元,年度收入 5000 元,年度支出 2200 元,预定利率为 8%。经分析其初始投资和年度收入为关键参数,试分析二参数同时发生变化时,其经济评价结果的敏感性。

**解**:设 $x$ 和 $y$ 分别代表初始投资及年度收入变化的百分数,则该项目必须满足下式才可行。

$$NAV = -10000(1+x)(A/P,8\%,5) + 5000(1+y) - 2200 + 2000(A/F,8\%,5) \geqslant 0$$

整理得: $NAV = 636.32 - 2504.6x + 5000y \geqslant 0$

即:$y \geqslant -0.127264 + 0.50092x$

如果初始投资不发生变化,即 $x=0$,则只要 $y \geqslant -12.7264\%$ 都是容许的(即 $NAV \geqslant 0$);同理,如年度收入不发生变化,即 $y=0$,则只要 $x \leqslant 25.41\%$ 都是容许的($NAV \geqslant 0$)。如果 $x=0$,同时 $y=0$,则:

$$NAV = 636.32 - 2504.6 + 5000 \times 0 = 636.32$$

说明在正常情况下该项目是可以接受的。项目评价结果的敏感性可用图 4-8 表示。

图 4-8 中的粗斜线为净年值 AW 随两个参数而变化的"敏感性面"与 $x$—$y$ 平面的交线,该交线称为损益平衡线。在该线的上方为盈利区($NAV>0$),下方为亏损区($NAV<0$),例如初始投资与年度收入的增加值位于 $P$ 点,其坐标为:$x=5\%$,$y=-12\%$,即当投资增加 5%,同时年度收入减少 12%时,则净年值 NAV 将出现负值。当 x 及 y 的变化幅度在 ±10%或 ±20%以内(见图 4-8 中的虚方框线)时,该项目的概率可近似认为等于斜线下方的三角形面积与方框线所围总面积的比值,根据此比值即能判断出项目的净年值 AW 随初始投资及年度收入而变化的敏感性。

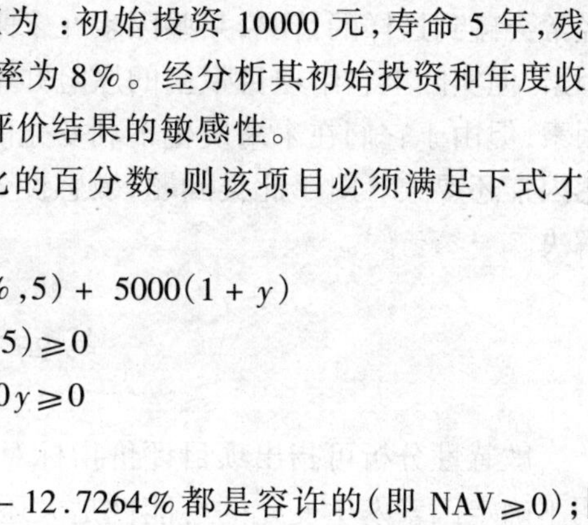

图 4-8 两个参数变化的敏感性曲线

本例中当 $x$ 及 $y$ 的变化幅度在 ±10%范围时

$$P_r(NAV<0) = 0.013$$

即 $NAV<0$ 的概率为 0.013,此时,NAV 对初始投资和年度收入不敏感;

当 $x$ 及 $y$ 的变化幅度为 ±20%范围时,

$$P_r(NAV<0) = 0.186$$

即 $NAV<0$ 的概率为 0.186,此时 NAV 对初始投资和年度收入的变化较为敏感,但该方案

仍然可以接受,因为净年值小于零的风险不到 20%(只有 0.186)。

## 六、敏感性分析的局限性

敏感性分析是项目经济评价时经常用到的一种方法,是投资决策中的一个重要步骤,它在一定程度上对不确定因素的变动对项目投资效果的影响作了定量的描述,得到了维持投资方案在经济上可行所允许的不确定因素发生不利变动的最大幅度,但是敏感性分析在使用中也存在一定的局限性,就是它不能说明不确定因素发生变动的情况的可能性的大小,也就是没有考虑不确定因素在未来发生变动的概率,而这种概率是与项目的风险大小密切相关的。我们经常会碰到这样的情况,某些因素在未来发生不利变动的可能性很小,虽然它可能是一个敏感因素,但实际上它给项目带来的风险并不大,而另外有一些因素,虽然它们不太敏感,不是敏感因素,但由于它们在未来发生不利变化的可能性很大,因而实际上给项目带来的风险可能比敏感因素还要大。对于此类问题,敏感性分析是无法解决的,还要借助于下面介绍的概率分析来解决。

# 第四节　概 率 分 析

敏感性分析可指出项目评价指标对各不确定因素的敏感程度,找出敏感因素,但它不能说明不确定因素发生变化的可能性是大还是小,没有考虑不确定因素在未来发生变化的概率,因而如需进一步指明不确定因素的变化对项目经济评价指标产生影响的可能性大小时,敏感性分析便无能为力,这就需要借助于概率分析。

概率分析又称为风险分析,是利用概率研究和预测不确定因素对项目经济评价指标影响的一种定量分析法。其目的在于确定影响方案投资效果的关键因素及其可能变动的范围,并确定关键因素在此变动范围内的概率,然后计算经济评价指标的期望值及评价指标可行时的累计概率。概率分析法很多,常用的方法是来计算项目净现值的期望值及净现值大于或等于零的累计概率。

以净现值指标的分析为例,设某方案的寿命期为 n 年,在各种不确定性因素综合影响下,该方案的净现金流量序列呈 $k$ 种状态,方案的净现值为:

$$\mathrm{NPV}(i) = \sum_{t=1}^{n} Y_t^{(j)}(1+i_0)^{-t} \tag{4-3}$$

这里
$$Y_t^{(j)} = \{Y_t^{(j)} \mid t = 0,1,2\cdots,n\}\ j = 1,2,\cdots k \tag{4-4}$$

式(4-4)中 $Y_t$ 为第 $t$ 年的净现金流量;$k$ 为自然数,其值为各个输入变量能取值的个数的连乘积。

假定 $j$ 种状态发生概率是已知,或可计算、预测,且有 $\sum_{t=1}^{k} P_j = 1$,于是方案净现值的期望值计算公式为:

$$\mathrm{E(NPV)} = \sum_{t=1}^{k} \mathrm{NPV}^{(j)} \cdot P_j \tag{4-5}$$

式中:$E$(NPV)——NPV 的期望值;

$\mathrm{NPV}^{(j)}$——各种现金流量情况的净现值。

概率分析的一般计算步骤是:

(1)列出各种应考虑的不确定因素,如投资、经营成本、销售价格等;

(2)设想各种不确定因素可能发生的变化情况,即确定其数值发生变化个数;

(3)分别确定各种情况出现的可能性及概率,并保证每个不确定因素可能发生的情况的概率之和等于1;

(4)分别求出各种不确定因素发生变化时,方案净现金流量各状态发生的概率和相应状态下的净现值 NPV,然后求出净现值的期望值;

(5)求出净现值大于或等于零的累计概率;

(6)对概率分析结果作出说明。

## 一、净现值的期望值

期望值是用来描述随机变量的一个主要参数。

所谓随机变量就是这样一类变量,我们能够知道它的所有可能的取值范围,也知道它取各种值的可能性,但却不能肯定最后它的确切的取值。比如说有一个变量 $x$,我们知道它的取值范围是0、1、2,也知道 $x$ 取值0、1、2的可能性分别是0.3、0.5和0.2,但是究竟取什么值却不知道,那么 $x$,就称为随机变量。从随机变量的概念上来理解,可以说在投资项目经济评价中所遇到的大多数变量因素(如投资额、经营成本、产品价格、项目寿命期等)均属于随机变量的范畴,因而主要根据它们计算出来的经济评价指标也都是随机变量,所以项目净现值也是一个随机变量。

从理论上讲,要完整地描述一个随机变量,需要知道它的概率分布的类型和主要参数,但在实际应用中,这样做不仅非常困难,而且也没有太大的必要。因为在许多情况下,我们只需要知道随机变量的某些主要特征就可以了,在这些随机变量的主要特征中,最重要也是最常用的就是期望值。

期望值是反映随机变量取值的平均值,但这个平均值决不是一般意义上的算术平均值,而是以随机变量各种取值的概率为权重的加权平均值,如前面所谈到的随机变量 $x$,它的期望值就不是1,而是:$0\times0.3+1\times0.5+2\times0.2=0.9$。

一般来讲,期望值的计算公式为:

$$E(X)=\sum_{t=1}^{n}x_i p_i \tag{4-6}$$

式中:$E(X)$——随机变量 $x$ 的期望值;

$x_i$——随机变量 $x$ 的各种取值;

$p_i$——$X$ 取值 $x_i$ 时所对应的概率值。

根据期望值的计算公式,可以很容易地推导出项目净现值的期望值的计算公式为:

$$E(\mathrm{NPV})=\sum_{t=1}^{n}\mathrm{NPV}_i P_i \tag{4-7}$$

式中:$E$(NPV)——NPV 的期望值;

$\mathrm{NPV}_i$——各种现金流量情况下的净现值;

$P_i$——对应于各种现金流量情况的概率值。

**例4.9** 已知某投资方案各种因素可能出现的数值及其对应的概率如表4-2所示。假设投资发生在初期,年净现值流量均发生在各年的年末,标准折现率为10%,寿命期为10年。试求其净现值的期望值。

**解**:根据各因素的取值范围,共有9种不同的组合状态,根据净现值的计算公式,可求出各种状态的净现值及其对应的概率如表4-3所示。

**某投资方案变量因素值及其概率** 表 4-2

| 投资额(万元) | | 年净收益(万元) | |
|---|---|---|---|
| 数 值 | 概 率 | 数 值 | 概 率 |
| 120 | 0.30 | 20 | 0.25 |
| 150 | 0.50 | 28 | 0.40 |
| 175 | 0.20 | 33 | 0.35 |

**方案所有组合状态的概率及净现值** 表 4-3

| 投资额(万元) | 120 | | | 150 | | | 175 | | |
|---|---|---|---|---|---|---|---|---|---|
| 年净收益(万元) | 20 | 28 | 33 | 20 | 28 | 33 | 20 | 28 | 33 |
| 组合概率 | 0.075 | 0.12 | 0.105 | 0.125 | 0.2 | 0.175 | 0.05 | 0.08 | 0.07 |
| 净现值(万元) | 2.89 | 52.05 | 82.77 | -27.11 | 22.05 | 52.77 | -52.11 | -2.95 | 27.77 |

根据净现值的期望值的计算公式,可求出:

$$
\begin{aligned}
E(\mathrm{NPV}) &= 2.89\times0.075+52.05\times0.12+82.77\times0.105-27.11\times0.125+22.05\times0.2\\
&\quad+52.77\times0.175-52.11\times0.05-2.95\times0.08+27.77\times0.07\\
&=24.51(\text{万元})
\end{aligned}
$$

投资方案净现值的期望值为 24.51 万元。

**例 4.10** 某项目工程,施工管理人员要决定下个月是否开工。假如开工后遇天气不下雨,则可以按期完工,获得利润 5 万元;如遇天气下雨,则要造成 1 万元的损失。假如不开工,不论下雨还是不下雨,都要付出窝工损失费 1000 元。根据气象预测,下月天气不下雨的概率为 0.2,下雨的概率为 0.8。利用期望值的大小为施工管理人员做出决策。

**解**:算出两种方案的期望值

开工方案的期望值:

$$E_1 = 50000\times0.2+(-10000)\times0.8=2000(\text{元})$$

不开工方案的期望值:

$$E_2 = (-1000)\times0.2+(-1000)\times0.8=-1000(\text{元})$$

两方案相比较,开工方案比较优,可获期望收益 2000 元。因此,应选取开工方案。

净现值的期望值在概率分析中是一个非常重要的指标,根据《建设项目经济评价方法与参数》,在对项目进行概率分析时,一般都要计算项目净现值的期望值及净现值大于或等于零时的累计概率,累计概率越大,表明项目承担的风险越小。

## 二、决策树法

决策树法是就每年现金流量不独立的风险投资项目进行决策的一种方法。它主要是用于对各个投资方案的状态、概率和收益进行比选,为决策者选择最优方案提供依据。决策树法特别适用于多阶段决策分析,决策树一般由决策点、机会点、方案枝、概率枝等组成(如图 4-9 所示),其绘制方法如下:

首先确定决策点,决策点一般用“□”表示;然后从决策点引出若干条直线,代表各个备选方案。这些直线称为方案枝;方案枝后面连接一个“○”,称为机会点;从机会点画出的各细直线称为概率枝,代表将来不同的状态,概率枝后面的数值代表不同方案在不同状态下可获得的收益值。为了便于计算,对决策树中的“□”(决策点)和“○”(机会点)均进行编号。编号的顺序是从左到右,从上到下。

画出决策树后,就可以很容易地计算出各个方案的期望值并进行比选。

**例 4.11** 某项目有两个备选投资方案 A 和 B,两个方案的寿命期均为 10 年,生产的产品也完全相同,但投资额和年净收益不同。A 方案的投资额为 500 万元,其年净收益在产品销路好时为 150 万元,销路差时为 -50 万元;B 方案的投资额为 300 万元,其年净收益在产品销路好时为 100 万元,销路差时为 10 万元。根据市场预测,在项目寿命期内,产品销路好的可能性为 70%,销路差的可能性为 30%。假设标准折现率为 10%,试根据以上资料对方案进行比选。

**解:**首先画出决策树。

本例中有一个决策点,两个备选方案,每个方案又面临两种状态,因此可画出其决策树如图 4-10 所示。

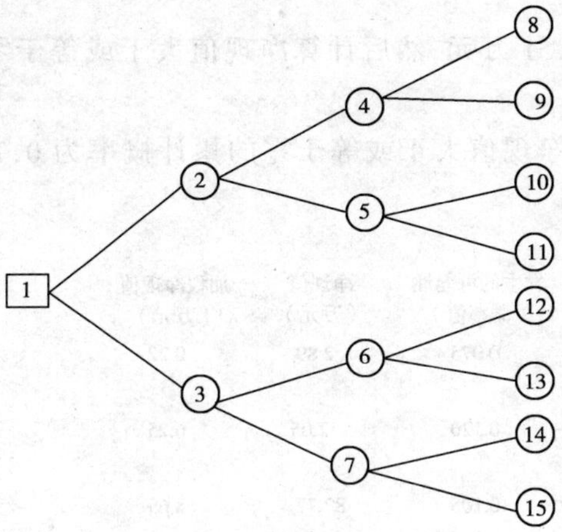


图 4-9 决策树结构图

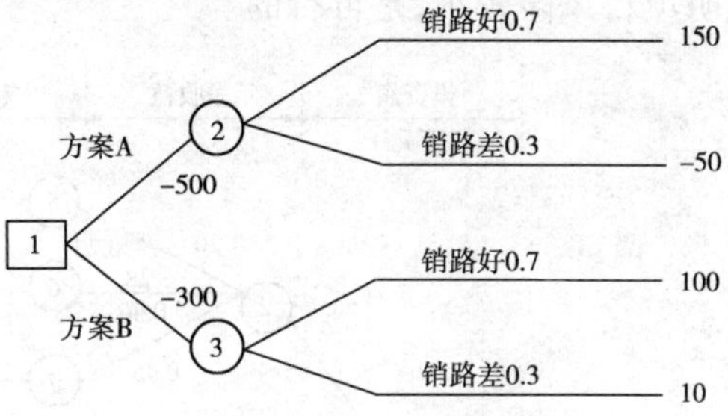


图 4-10 某项目决策树结构图

然后计算各个机会点的期望值:

机会点② = $150(P/A,10\%,10)\times0.7+(-50)(P/A,10\%,10)\times0.3=553$(万元)

机会点③ = $100(P/A,10\%,10)\times0.7+10(P/A,10\%,10)\times0.3=448.50$(万元)

最后计算各个备选方案净现值的期望值。

方案 A 的净现值期望值 $E_A=553-500=53$(万元)

方案 B 的净现值期望值 $E_B=448.50-300=148.50$(万元)

因此应优先选择 B 方案。

决策树法也可用于一般的概率分析,即用于判断项目的可行性及所承担风险的大小。

**例 4.12** 将本章的例 4.10 用决策树法对方案进行比选。

**解:**首先画出决策树如图 4-11 所示。

按照图 4-11,开工方案的期望值等于:

$$50000\times0.2+(-10000)\times0.8=2000\text{(元)}$$

不开工方案的期望值等于:

$$(-1000)\times0.2+(-10000)\times0.8=-1000\text{(元)}$$

把计算所得的期望值写在决策树上(见图 4-9),按期望值的大小进行决策,把不被采用的方案用"‖"除去。从决策树上就可看出所取的方案为开工方案。可见同净现值的期望值所得的结果一致。

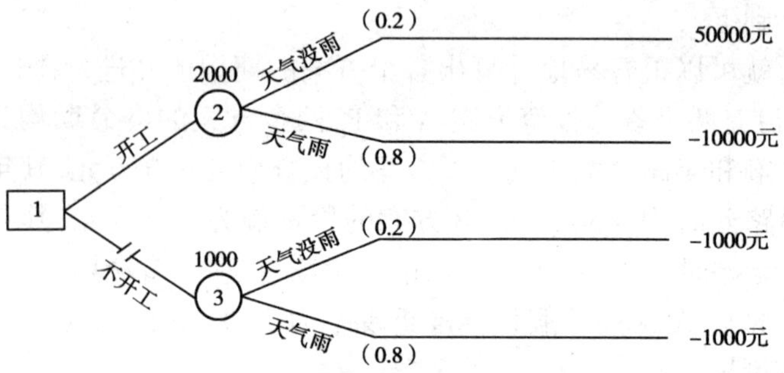


图 4-11　开工和不开工例子的决策树

**例 4.13**　以例 4.9 的资料为基础,用决策树法判断项目的可行性及所承担的风险的大小。

**解:**绘出决策树图,如图 4-12 所示。

从图 4-12 中可求出项目净现值的期望值为 24.51 万元,然后计算净现值大于或等于零的累计概率。可求出为:$P(\mathrm{NPV} \geqslant 0) = 0.745$

由于该项目的净现值的期望值为 24.51 万元,净现值大于或等于零的累计概率为 0.745。说明项目风险较小,是可行的。

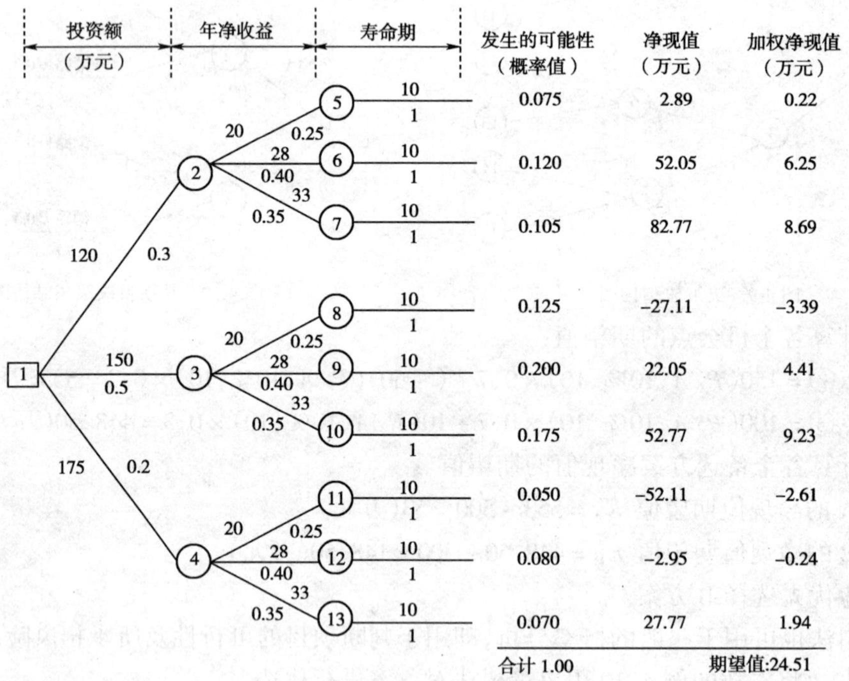


图 4-12　决策树结构图

## 复习思考题

### 一、问答题

1. 什么是不确定性分析? 不确定性分析的作用和意义是什么?

2. 阐述工程经济分析中存在不确定性的根源。

3. 什么叫敏感性分析,如何进行敏感性分析?

4. 试阐述敏感性分析与风险分析的关系。

5.什么是盈亏平衡分析？如何进行盈亏平衡分析？

6.试述决策树的组成及绘制要点。

7.简述蒙特卡洛模拟程序及应用时应注意的问题。

**二、计算题**

1.某航空公司的航空支线将一些小城市同主要的航空港连接起来。一条航空支线每月的最大运载能力是1000名乘客，每位乘客的机票费为1200元，其中75%是毛利。支线每月的固定费用是630000元，则每条航线不盈不亏的出售座位数为多少？

2.某企业年产量4万件，年固定成本为20万元，其单位可变成本为15元/件，产品市场价格为25元/件。该企业当年免征销售税金，则该企业当年盈亏平衡点价格为每件多少？

3.某方案实施后有三种可能性：情况好时，净现值为1200万元，概率为0.4；情况一般时，净现值为400万元，概率为0.3；情况差时，净现值为－800万元。则该项目的期望净现值为多少？

4.某投资方案的现金流量图见表4-4。预计该方案的几个基本参数是：总投资(10000元)，年度收入(3000元)，寿命(5年)以及预定利率(12%)可能存在估计误差。它们未来的变化大约在40%之间，试对该投资方案进行敏感性分析。

**某投资方案的现金流量图** 表4-4

| 年　数 | 0 | 1 | 2 | 3 | 4 | 5 |
|---|---|---|---|---|---|---|
| 现金流量 | －10000 | 3000 | 3000 | 3000 | 3000 | 3000 |

5.某工程项目，其主要经济参数的估计值为：初始投资10000元，寿命是5年，残值2000元，年度收入5000元，年度支出2200元，预定利率为8%。经分析其初始投资和年度收入为关键参数，试分析二参数同时发生变化时，其经济评价结果的敏感性。

6.某工程分两期进行施工，第一期工程完工后，由于某种原因，第二期工程要半年后才能上马，这样工地上的机械设备面临着是否要搬迁的问题。如果搬迁，半年后再搬回来，共需搬迁费用8000元。如果不搬迁，对工地上的设备必须采取保养措施：当遇到天气好(概率0.6)，可采取一般性保养措施费用需3000元；当遇到天气经常下雨(概率为0.4)，仍采用一般性的保养措施，则肯定会造成100000元损失，若采取特殊保养措施(费用10000元)，则有0.8的可能性造成小损失1000元，0.2可能性造成大损失4000元。用决策树方法按期望费用最小确定采用哪种方案。

7.某新项目生产一种电子产品，根据市场预测估计每件售价为500元，已知该产品单位产品可变成本为400元，固定成本为150万元，试求该项目的盈亏平衡产量。

8.某建设项目拟定产品销售单价为6.5元，生产能力为2000000单位，单位生产成本中可变费用为3.5元，总固定费用为3280000元，试用产量、销售收入、生产能力利用率表示盈亏平衡点并求出具体数值。

9.企业生产某种产品，设计年产量6000件，每件出厂价50元，企业生产期间固定成本为66600元/年，产品变动成本为28元/件，求：

(1)企业的最大可能盈利；

(2)企业盈利平衡时的产量；

(3)企业要求年盈余5万元，产量应为多少？

(4)若产品出厂价由50元下降到48元，问还要维持5万元盈余应销售多少？

10.生产某种设备的年总收入 $\mathrm{TR}=3000-0.01Q$ ($Q$ 代表销量)；该厂固定成本 $F=$

180000 元，变动成本 $VC = 1000Q + 0.01Q^2$。试求保本销售量 $Q$ = ？最大利润销售量是多少？企业追求最大销售收入是否合理？企业的停业点产量是多少？

11.假定某厂商的成本函数为 2 次函数，销售收入函数为 1 次函数，分别为：

$$TR(x) = 640x$$

$$TC(x) = x^2 + 240x + 14400$$

试求：

(1)盈亏平衡点的产量；

(2)最大盈利产量。

12. 某工程项目设计生产能力为生产某种零件 4 万件，单位产品售价为 2000 元，生产总成本为 4800 万元，其中固定成本为 2000 万元，变动成本为 2800 万元。试求：

(1)以产量、销售收入、生产能力利用率表示的盈亏平衡点；

(2)若当年实际生产量为 3 万件，判断该企业的盈亏状况；

(3)若企业计划盈利 30 万元，应如何安排产量？

13.某经理打算到海外某家企业工作 8 年。他正在考虑 2 项投资方案，均需投资 2000 元。$A$ 方案每年年末可获 520 元收益，$B$ 方案于第 8 年末可得 5700 元。

每项计划得内部收益率计算如下：

方案 A: $2000 = 520(P/A, r, 8)$, $r = 20\%$

方案 B: $2000 = 5700(P/F, r, 8)$, $r = 14\%$

这位经理决定选择 A，因其收益率较高。他的决定是否正确？为什么？

14.某项目的总投资为 450 万元，年经营成本为 8 万元，年销售收入为 90 万元，项目寿命期为 10 年，基准折现率为 12%。

(1)试找出敏感性因素；

(2)对投资与销售收入同时变动进行敏感性分析。

15.某项目需投资 20 万元，建设期为 1 年。根据预测，项目生产期的每年收入为 5 万元、10 万元和 12.5 万元的概率分别为 0.3、0.5 和 0.2，在每一收入水平下生产期为 2 年、3 年、4 年和 5 年的概率分别为 0.2、0.2、0.5 和 0.1，折现率为 10% 计算，试对该项目进行概率分析。

16.设企业要对一个项目进行投资，已知投资、各年净收益的可能金额及概率如表 4-5。当企业的 $i_0 = 10\%$，项目的寿命期为 5 年时，问此投资项目失误的概率有多大？

表 4-5

| 栏目 | 初始投资(元) | | | 每年净收益(元/年) | | |
|---|---|---|---|---|---|---|
| | -10% | 0 | +10% | -10% | 0 | +10% |
| 金额 | -18000 | -20000 | -22000 | 5850 | 6500 | 7150 |
| 概率 | 0.1 | 0.3 | 0.6 | 0.2 | 0.5 | 0.3 |

# 中　　篇

## 第五章　公路建设项目可行性研究

**学习重点:** 1.说明可行性研究的基本含义;
2.描述公路建设可行性研究的阶段与要求;
3.说明可行性研究的工作步骤;
4.说明可行性研究在项目建设中的作用;
5.叙述可行性研究的主要内容;
6.叙述可行性研究报告的编制要求;
7.描述可行性研究项目评估的含义内容;
8.说明社会经济调查的内容;
9.叙述交通量预测的方法。

### 第一节　可行性研究概述

#### 一、可行性研究的基本概念

可行性研究,亦称可行性分析。它是对拟建工程项目进行全面的、综合技术经济分析的一种理论和方法,是一门新兴的应用学科。

可行性研究是20世纪30年代美国开发田纳西河流域进行项目规划时,就运用可行性研究的方法进行论证分析,使得工程建设稳步发展,取得了明显的经济效益。此后,可行性研究逐渐成为建设项目投资决策前进行技术经济论证的一门新兴学科,被大多数发达国家所接受,并获得了不断的完善和发展。目前已在许多国家广泛应用于研究工程建设项目的技术先进性、经济合理性和建设可能性的分析方法。

20世纪80年代初期,我国开始实行改革开放政策,将工作重点转移到现代化经济建设上来。并在总结历史经验教训的基础上,把可行性研究工作作为工程建设的前期工作法规化。1981年3月3日国务院国发[1981年]30号文件明确规定:所有新建、扩建大中型项目以及利用外资进行基本建设的项目都必须有可行性报告。为了贯彻国务院的这个精神,1982年11月交通部颁发了《公路建设工程可行性研究试行办法(草案)》。在总结多年公路可行性研究工作实践的基础上,中华人民共和国交通部于1988年6月正式颁布了《公路建设项目可行性研究报告编制办法》,又在对1988年《编制办法》修订的基础上,于1998年颁布了《公路建设项目可行性研究报告编制办法》(1998)88号。其中指出:公路建设必须遵守国家规定的基本建设程序;大中型、高等级公路及重点工程建设项目(含国边防公路)均应进行可行性研究,小型项目可适当简化,由各省、自治区、直辖市根据具体情况参照本办法自行规定。

可行性(Feasibility),按英文原意是"做到或实现的可能性、可以行得通的、有成功的可能",并且与"可能性"同义。

可行性研究是对某一建设项目在建设的必要性、技术可行性、经济合理性、实施可能性等方面进行综合研究,推荐最佳方案,为建设项目的决策和设计任务书的编制、审批提供科学的依据。

技术可行性含有两层意思:一是研究某一项目采用现代技术是否可能办到;二是研究完成某一项目需要采用什么技术,这些技术是否先进适用以及可行。也就是说,最合适的技术方案并不一定是最先进的技术方案,而是指该技术方案既先进,又适合项目自身的具体情况。即采用的技术必须是先进的、适用的、成熟的,在经济上必须是合理的。

经济合理性是可行性研究的核心。研究一个项目是否可行,不仅要研究该项目能否坚持,投资多少,而且还要研究其经济效益。建设项目的经济合理性是通过费用—效益分析(即经济评价)得到的指标作为评价的定量标准。经济评价是实现项目决策科学化、民主化,减少和避免投资决策失误,提高经济效益的重要方法。不能定量的效益也应加以研究,以全面衡量某一项目的经济合理性。

项目经济合理性需从不同的角度加以衡量,分为从企业角度的"财务评价"和从国家角度的"国民经济评价"。当两种评价的结果不一致时,应按国民经济评价的结果考虑项目的取舍。

项目实施可能性是对建设项目的主客观条件所作的分析和结论,投资估算和资金来源是最重要的研究内容,当然还有一些其他条件,如设计施工力量,原材料供应,水、电、土地及交通运输条件等,都影响项目实施的可能性。

综上所述,可行性研究就是对建设项目作全面分析研究,以确定某一项目是否需要建设,是否可能建设,是否值得建设。由此可见,可行性研究是建设项目投资决策前进行技术经济论证的一项综合性的工作,是基本建设前期工作的重要组成部分。

## 二、公路建设可行性研究的阶段与要求

公路建设项目可行性研究分为两个阶段,即预可行性研究阶段和工程可行性研究阶段。预可行性研究阶段重点研究项目建设的必要性,对建设规模、投资可能性、技术标准和经济效益等做粗略的分析,最后编制公路项目预可行性研究报告。审批后的预可行性研究报告,作为编制项目建议书的依据。项目建议书是国家选择建设项目和进行工程可行性研究的依据。

预可行性研究可以公路网规划为依据进行,但当编制详细的公路网规划或实施公路网规划时,对其主要线路可进行预可行性研究,使公路规划工作建立在科学论证的基础上,以增强规划的精度。

项目建议书批准后,进入工程可行性研究阶段。工程可行性研究主要工作内容是通过必要的测量和地质勘探,充分调查研究,对可行的方案进行经济技术综合论证,提出最佳方案,作为编制设计任务书的依据。

可行性研究两个阶段的工作要求与区别如表5-1。

**两阶段可行性研究的工作要求与区别**　　表5-1

| 项　目 | | 预可行性研究 | 工程可行性研究 |
|---|---|---|---|
| 总体要求 | | 1.项目建议书的依据；<br>2.偏重研究项目建设的必要性；<br>3.概略研究，初步得出结论；<br>4.工程作业以五万分之一比例尺为基础，辅以踏勘、调查；<br>5.提出方案设想和投资估算 | 1.设计任务书的依据；<br>2.全面研究建设的必要性、技术的可行性、经济的合理性、实施的可能性；<br>3.要求研究结论建立在定性、定量充分论证的基础之上；<br>4.高等级公路工程作业基础为万分之一地形图，根据具体情况选用更大比例尺图，需进行必要的测量和钻探；<br>5.解决路线方案，投资估算与概算误差控制在10%以内 |
| 提供的主要图表要求 | | 在1:50万比例的图上标出路线方案 | 高等级公路要求万分之一地形图上的路线方案示意图 |
| 资料要求 | 社会经济调查 | 资料要求简要、概略，内容及范围参见《编制办法》，未来年份社会经济资料可以既有经济计划和规划为基础 | 资料要求全面、系统，内容及范围参见《编制办法》，未来年份要求进行社会经济发展预测 |
| | 交通情况调查 | 范围：五种运输方式<br>内容：参见《编制办法》，不要求OD调查 | 范围：五种运输方式<br>内容：参见《编制办法》，高等级公路要求OD调查 |
| | 路况运输调查 | 路网及相关公路概况<br>公路部门运输效率指标 | 路网概况，其他交通线路及相关公路路况，全社会公路运输效率指标 |
| 交通量预测 | | 以基年交通量和交通量增长率为基础，采用定基与定标相结合的预测技术 | 高等级公路和特大桥要求进行交通量生成、分布和路网分配的分析与预测，研究收费情况下的交通量预测 |
| 经济评价 | | 1.按经济评价办法提出初步经济评价；<br>2.效益计算中的某些参数不要求动态处理；<br>3.效益费用调整可直接参考《建设项目经济评价方法与参数》；<br>4.不要求敏感性分析；<br>5.收费公路要求粗略财务分析 | 1.按经济评价办法提出完整的经济评价；<br>2.效益计算中的某些参数要求动态处理；<br>3.效益费用调整须根据项目具体研究；<br>4.要求敏感性分析；<br>5.收费公路要求财务分析 |

## 三、可行性研究工作步骤

可行性研究工作步骤主要有：

1.可行性研究组的筹组和委托

一般承建公路建设项目可行性研究工作的单位，必须由获得相应等级公路勘察设计证书的单位承担。对一些特殊复杂项目，也可由专业技术、经济管理、交通规划等方面的专家及有关人员组成临时研究机构来进行。

委托任务必须有上级批准的项目建议书，建设单位与可行性研究工作承担单位要签订合同，明确研究任务、工作深度、完成时间、双方责任及费用支付办法等。

2.研究准备阶段

可行性研究准备阶段的主要工作内容有：

(1)按项目建议书的要求，进一步明确研究目的和范围；

(2)编制研究大纲，确定工作的具体步骤和内容；

(3)编制研究大纲，确定具体实施时间进度；

(4)熟悉研究环境，提出配合要求，作好有关资料准备。

3.勘测与调查

(1)外业勘测主要是通过现场测量、勘探和试验等手段来获取水文地质等研究数据；

(2)工程项目所在地区和影响地区的社会经济现状及远景规划资料，对公路运输及其他运输方式需求状况；

(3)工程项目所在地区和影响地区的综合运输资料和公路交通运输历史及现状统计调查资料；

(4)与项目建设有关的资料条件、技术力量和机具等资料。

调查资料和数据要准确可靠，掌握权重，满足研究深度要求。

4.分析研究阶段

这是可行性研究的中心环节，它要求对调查的资料数据进行整理计算、分析研究和预测，主要有以下几项内容：

(1)项目提出的背景、建设的必要性及将来对社会经济发展的促进作用；

(2)分析研究公路交通运输历史和现状资料，建立交通量预测模型，并进行远景交通量预测和评价；

(3)建设资金筹措及投资效益研究分析，做出明确的经济评价结论；

(4)项目建设规模、技术标准研究，路线和桥隧方案分析比选，并提出推荐方案；

(5)环境保护分析评价，建设资源及设施条件分析，提出初步项目建设计划安排。

5.编制报告文本

可行性研究报告是可行性研究的最终成果。编制可行性研究报告，应严格执行国家的各项政策、法规和交通部颁布的技术标准、规范等。

有关交通量预测和经济评价，应分别按《公路建设项目交通量预测试行办法》和《公路建设项目经济评价办法》进行。

可行性研究报告要按《编制办法》文本格式和内容要求编写。

可行性研究报告编制完成后，建设单位应专门组织有关人员进行预审，认为报告内容齐全，研究成果符合规定要求，才能呈送上级主管单位审批，否则应进行必要的修改补充后再行报审。

## 第二节 可行性研究的内容

### 一、可行性研究的地位与作用

工程项目的兴建，是为了促进社会进步和经济发展。公路工程项目线长面广，所需投资多，影响范围大，在建设和施工过程中，情况复杂，易受众多不确定因素的干扰，只有在上马之前，搞清楚是否可行，才能掌握项目建设的主动权。否则仓促上马，盲目动工兴建，只能使工作陷于被动，造成不必要的损失。可行性研究的目的，就是通过对与拟建项目投资效果有关的所有因素的综合研究分析，提出切实可行的决策和对策方案，以保证项目选择准确，方案科学，工期合理，投资可靠，效益良好。所以，可行性研究在保证项目建设过程中所起的作用主要有以下几个方面：

1.作为项目投资决策的依据

投资者决定是否投资建设一个工程项目，主要依据对工程可行性研究报告的分析。

2.作为编制设计任务书的依据

可行性研究中已对建设必要性、建设规模、技术标准、工期安排、建设投资、经济评价等诸多方面进行了详细的论证，经审查批准后，可以此作为基础编制设计任务书。

3.作为初步设计的依据

在可行性研究中，对项目的建设标准、规模、起讫点、主要控制点、主要构造物设置及选型、总体布置、重大技术措施等进行了方案论证和比选，确定了设计原则，推荐了建设方案，经审查批准下达设计任务书后，初步设计应以此为基础。

4.作为向银行申请贷款的依据

世界银行等国际金融机构都把可行性研究报告作为给建设项目贷款的先决条件。我国的建设银行也对可行性研究报告予以审查，确认建设项目经济效益较好，具有偿还能力，不会承担很大的风险之后，才会给予贷款。

5.作为公路建设项目后评价的参考和依据

目前我国正在逐步推行建设项目后评价，其中的一项主要内容，就是对前期工作的评价，包括对项目建设必要性、技术可行性及经济合理性的再认识等，这些必须以前期的可行性研究为基础。

### 二、主要内容

根据可行性研究的目的和要求，公路建设项目可行性研究中需要论述和研究的主要内容一般应包括如下几个方面：

(1)区域或地区综合运输网交通现状，现有公路在综合运输网中的地位和作用。

(2)现有公路技术状况及存在的问题。

(3)公路建设项目提出的背景、建设的必要性、紧迫性及社会经济意义。

(4)公路项目所在地区的经济特征及其与建设项目的关系，包括历年地区国民经济部门结构、布局、发展趋势和地区的城镇发展规划、交通运输结构、发展趋势；以及地区经济结构和经济指标与公路客货运输量、交通量增长的关系，其他有关因素与公路运输量的关系。

(5)公路运输量、交通量预测。

(6)公路建设规模与技术标准,如公路等级和建设方案,建设里程,技术标准,主要技术指标及其与互通式立交连接道路的改建情况等。

(7)建设条件,如工程项目的地理位置,地质、气候、水文条件,有关科研、试验的结论,沿线筑路材料来源分布及运输条件分析,社会环境分析等。

(8)路线走向、方案比选和主要控制点。

(9)主要工程数量、征地、拆迁数量及水利、电力、通信、铁路等部门的拆迁协调等。

(10)投资估算和资金筹措,包括主体工程的投资和使用计划,附属、配套工程的投资和使用计划,建设总投资,拟利用外资的工程及计划,资金来源及筹措方式等。

(11)建设安排和实施计划,包括工期安排和资金安排两部分。

(12)经济评价,内容包括国民经济评价参数的确定,国民经济评价的计算及评价结果,以及敏感性分析。

(13)收费公路的财务分析,如收费制式、收费标准及收费收入,财务分析,国内外贷款偿还能力分析等。

(14)环境影响评价。

## 第三节　可行性研究报告的编制

### 一、可行性研究报告编制要求

在进行可行性研究工作和编制报告时,除要按《编制办法》规定的文本格式和内容编写外,在整个工作过程中尚应注意以下几点。

1.资料数据要翔实可靠

资料数据的搜集调查是可行性研究的基础工作，其是否符合要求直接关系到可行性研究工作的质量。对搜集调查的资料要加以分析、整理；对勘察观测的数据要满足计算研究需要，特别是有关交通量现状的 OD 调查观测资料；涉及投资估算的方案评价资料等要达到一定的深度，规定工程可行性研究的投资估算与初步设计的概算之差应控制在 ± 10% 之内。

2.研究分析内容要全面

公路工程项目立项主要从社会经济发展的角度考虑,所以不仅要从微观经济的角度研究项目建设是否可行,而且要从宏观经济的角度对项目进行研究和评价;不仅要考虑全国经济发展和路网规划,而且要研究资金来源、社会经济效益、建设条件、环境保护、方案比选等诸多内容。只有这样,才能使项目选择建立在可靠的基础上,避免或减小因盲目建设、仓促上马带来的损失和浪费。

3.研究深度要符合要求

可行性研究的重点应是综合经济评价和关键技术选定,只有研究具有相当的深度,研究结论才能比较明确和肯定,不致导致设计、施工中的重大变更。

对重大的技术方案要进行多方案论证和比较,提出推荐方案;对技术上存在的重大难点提出科研题目;对一些典型路段和代表性的大型构造物应提出准确工程量。所以,在工程可行性研究中,对某些内容作到初步设计深度也是常用的方法。

4.可行性研究应具有科学性

可行性研究作为一种科学的方法,在论证中应注意以下几点:

(1)研究人员必须认真全面调查研究,实地勘察获得第一手资料,按科学规律、经济规律办事,采用现代理论和手段进行方案比选,对一些技术细节也要认真对待。

(2)编制单位要以客观公正的态度进行分析论证,不受外界因素干扰,不能排除不利因素或增加有利因素的比重,把可行性研究作为争项目、争投资的手段。

(3)在进行各方案经济评价时,必须用数字来说明问题,凡是对效益有影响的因素都要进行定量分析。

## 二、可行性研究报告编制程序和有关规定

编制可行性研究报告,应严格执行国家的各项政策和交通部颁布的技术标准、规范等,并应按中华人民共和国交通部颁布《公路建设项目可行性研究报告编制办法》(1998)88号要求的内容和格式进行。有关经济评价和交通量预测应分别按交通部(1998)交计字500号文颁发的《公路建设项目经济评价办法》和交通部颁布《公路建设项目交通量预测试行办法》(1998)88号办理,并采用国家规定的评价指标和参数(见国家计委、建设部颁发的《建设项目经济评价方法与参数》,第三版)。在编制投资估算时应按交通部颁布的交通部发布的最新《公路基本建设工程投资估算编制办法》、《公路工程估算指标》的规定办理,同时参考交通部最新发布的《公路基本建设工程概算、预算编制办法》的规定。

可行性研究工作,必须由具有相应等级的公路工程勘察设计证书的单位承担。对大中型项目、高等级公路及技术复杂的独立大桥、500m以上的隧道工程项目,原则上应由甲级证书的单位承担。

可行性研究报告的审查,一般应先由主审单位组织预审,认为报告内容齐全,研究成果符合国家规定和《公路建设项目可行性研究报告编制办法》的要求时,才可提交正式审查,否则应进行必要的修改补充后再行报审。

凡需要由国家计委或交通部审查的可行性研究报告,必须先由各省、自治区、直辖市及计划单列市自行组织审查,提出审查意见后再行报审。

## 三、可行性研究报告编制的工作步骤

编制公路建设项目可行性研究报告一般工作步骤如下:

(1)组成可行性研究组。研究组包括以下人员:项目负责人、公路经济管理人员、交通工程人员、公路路线工程人员、桥隧工程人员、地质与水文人员、工程概预算人员等。

(2)拟定工作计划和进度表。按项目建议书的要求,进一步明确研究目的和范围;编制研究大纲,确定工作的具体步骤和内容;编制研究计划,确定具体实施时间进度;编写外业调查勘测提纲和外业分工、可行性研究章节目录和执笔分工、报告编写统一格式等。

(3)外业踏勘和调查。包括经济调查、交通量调查、路况调查、地形图或航测照片定线、线路桥隧踏勘、地质调查、建筑材料调查以及必要的线路桥隧测量和地质勘察钻探等工作。

机动车起讫点调查(OD调查)的布点应在准备工作阶段初步拟好,外业调查先与项目所在地区公路管理部门商定,然后布置到各调查点,组织交通、路政等部门协同完成。

调查资料和数据要准确可靠,掌握权重,满足研究深度要求。

(4)调查资料的整理、计算与分析。这是可行性研究的中心环节,它要求对调查的资料数据进行整理计算、分析研究和预测,主要内容包括:分析研究公路交通运输历史和现状资料,建立交通量预测数学模型;建设资金筹措及投资效益研究分析;环境保护分析评价;建设资源及设施条件分析等。

(5)主要问题研究,包括公路运输量、交通量预测和评价、工程规模与技术标准研究,路线和隧道方案、环境保护工作、工程量估算、投资估算与资金研究、经济评价、建设安排。

(6)编写报告文本及绘制附表、附图。可行性研究报告是可行性研究的最终成果。

(7)编制完成,送审。

## 第四节　可行性研究项目评估

可行性研究虽然已使投资决策向科学化、系统化方面前进了一步,但是由于决策主体受自身利益的局限以及其他因素的影响,还必须在公正立场上和更为科学、周密的层次上进行项目评估,对可行性研究报告进一步进行论证和决定取舍。

### 一、可行性研究项目评估概念

项目评估是对拟建项目的审查和估价,通常只在项目可行性研究报告的基础上从建设项目的必要性和技术经济的合理性方面,进行全面审查和评价,为实现科学投资决策提供依据,它是银行进行投资贷款的先决条件。由于项目评估注重从客观角度研究项目,尤其侧重研究投资项目对国民经济和社会发展的作用和意义,所以它是解决投资项目微观效益和宏观效益一致性的科学方法。

项目可行性研究报告,一般都是由部门或地方提出,有些地方和部门为了争项目,往往只说有利的,不说不利的,为项目能够顺利通过审批进行论证,以致有许多问题不能在项目开始建设以前发现和解决,当项目建成问题暴露后,已经带来的损失和浪费就无法挽回。所以,在项目可行性研究的基础上,再由社会有资格、有信誉的咨询机构进行项目评估,一方面可以推动项目前期工作进行充分的调查研究和分析论证,另一方面聘请大批的各方面专家对项目进行审核。这样可以不受地方和部门的影响,做到客观公正的审核评价。

项目评估就是在投资决策(执行)前对建设项目的可行性研究报告进行评价。目的是确定投资项目是否可以立项,并站在项目的起点,应用技术经济分析的方法来分析预测和评价投资项目未来的效益,以确定项目的投资是否值得与可行。它是投资决策的前奏和决策的依据,是建设程序和决策程序必要的组成部分。也就是说,可行性研究和项目评估都是为投资项目决策服务的。

项目评估工作可以在可行性研究的同时就进行调查研究(项目跟踪),在拿到可行性研究报告后,提出评估意见。项目评估工作由专门的、有资信的投资咨询机构独立完成。

在项目运营后还要做项目后评价。项目后评价是针对投资决策前的项目评估而言的,它是站在项目完工的时点上,一方面检查和总结项目实施过程,找出问题,分析原因;另一方面,要以后评价为基点,预测项目未来发展。项目的前评估、后评价在评估的基本原则和方法内容上大致相同,主要区别是后者不过是对前者预期结果的检验:前评估的主要判别标准是投资主体要求获得的收益或收益率,而后评价的判别标准侧重点是前评估的结论,主要采用对比方法。因此项目后评价和项目决策前的评估具有不同的意义,它也是项目周期的重要组成部分。反馈经验教训是后评价的主要特点。其作用是:检验投资效果,改进投资管理。总结经验教训,完善项目评估与决策,为未来同类建设项目提供借鉴,提高投资效益。目的是在今后把失误减少到最低程度。

1.项目评估的特征

由于一个独立的项目评估机构(或投资咨询机构)是从第三者的角度对建设项目进行评价的,这就决定了其评估结论的客观、公正性。又由于有一套比较完整的评估理论和评估方法,因而就决定了其结论的科学性。项目评估工作有下面一些特征:

(1)一个独立的项目评估机构(或投资咨询机构)对委托部门负责或对委托评估的项目负责,这个委托部门可以是政府机构、投资贷款银行,也可以是独立的法人(企业)。由于代表和维护利益的角度不同,独立的项目评估机构(投资咨询机构)更能摆脱部门、地区的行政干预和局限性。

(2)可研报告只提供多方案比较依据,而项目评估报告通常是对多方案择优。因而,项目取舍的依据(决策依据)是项目评估报告。

(3)项目评估从大局出发,因而更能保证宏观与微观、全局和局部利益的统一,这样也就更能避免投资失误。

(4)项目评估是投资决策科学化、程序化和公正性的有力保证。

项目评估有它的既定程序、评价方法和决策原则,还有一套比较完整的评估理论。对项目采取精心筛选、认真评估、加强核算、严密监督的管理方法是保证投资决策科学化、程序化和公正性的前提。这对控制投资规模、调整投资方向、改善投资结构、提高投资效益有着其他部门不能替代的作用。

2.项目评估的内容

在社会生产实践中技术和经济之间从来就是紧密联系在一起的。两者的关系既是相互依赖、互相促进的,又是互相矛盾、互相制约的,因而它们之间的关系是复杂的、多方面的。如何处理好技术与经济的关系,以取得最大的经济效益和社会效益,这是社会经济发展中重要问题,也是项目评价、投资决策所要研究的重要课题。

总之,项目评估的基本原则是:投资方案的选择要尽可能适应技术发展趋势,尽可能采用世界上先进的工艺技术和设备。但是,当技术的先进性和经济性发生矛盾时,最终判别标准是投资方案能否为企业、国家带来经济效益和社会效益,是否有利于企业和社会的可持续发展。评估的重点内容主要有以下七个方面:

(1)建设必要性、现实性、可行性和市场预测的评估

评价一个工业建设项目,首先要了解拟建项目的背景并考虑市场(原材料和产品)需求,这是衡量建设必要性、现实性的一个前提。评估的目的就是根据市场和现有生产能力的状况来判断建设项目产品的目标市场潜量,有无建设的必要,建设该项目有何意义(经济的、政治的、社会的),生产的产品能否满足消费者的需要和有无竞争力。

(2)建设条件的评估

建设条件是项目建成后的物质保证。建设条件主要包括矿产资源、原材料、能源、动力等各种投入的需求平衡,以及生产中三废、各种排弃物的处理,评估中应着重考虑以下几个方面:

①资源的可靠性评估;

②原材料供应的可靠性、稳定性和经济合理性评估;

③动力、水资源、能源供应的可靠性评估;

④原料、产品运输条件的可靠性评估;

⑤根据国家立法的要求,对"三废"治理方案和社会环境影响进行评估;

⑥建厂地点的工程地质和水文地质条件评估;

⑦对于老厂改扩建和技术改造项目还要进行老厂依托条件的评估(土地、资源、公用工程、储运工程等);

⑧相关项目关系的评估。

(3)技术方案的评估

在充分认识技术与经济关系的基础上,如何进行投资决策,最重要的问题是技术选择,即在特定的社会和经济条件下,选择什么样的技术去实现特定的目标。有的技术选择要从宏观的角度研究涉及到整个国民经济的发展和社会进步,其影响的广泛性远远超出一个企业的范围。而有的技术是从微观的角度,限于一个企业范围内的产品、工艺和设备的选择。它是影响企业市场竞争力和经济效益的关键性问题。所以微观上技术选择是企业经营活动重要决策,它涉及到企业的生存和发展,当然,最终也会影响到整个国民经济的发展。

因而,技术方案的评估关键是多方案选优。一是找出最优方案。二是在不存在最优方案时,采用各方案之长,根据实际需要产生一个较优方案。

技术方案评估的原则是要根据国家对某一行业(或产品)的技术政策来确定该项目选用工艺技术和技术装备的先进性、实用性、可靠性和经济性,并进行评价。注意技术政策服从经济政策,技术服从效益。具体要注意以下几个方面:

①由于我国是发展中国家,工艺技术方案选择要适合国情。

②必须考虑多方案比较选优,选用技术上成熟、经济上合理、有利于环保的方案。

③要考虑我国的技术水平。在同等条件下优先选用国内技术。对引进技术,要考虑消化、吸收能力、有效利用资源和资源的综合利用,有利于开拓国内外市场。

④要考虑引进方式。从过去的经验看,要尽量引进技术(尤其是专用技术和专利技术),少成套进口设备,一般是考虑进口一些国内不能制造的关键设备、零部件和稀缺材料。

⑤注意建设规模的经济性、生产技术的先进性、产品方案的合理性(统筹考虑市场需求与产品结构、经济效果)、产品质量的前瞻性(预测发展趋势,留有发展余地)。目的是提高项目的竞争力。

(4)机构设置和管理机制的评估

根据多年来的实践经验,认识到项目的机构设置和管理机制也是影响项目成败的重要因素。今后,企业的机构设置和管理机制必须逐步适应建立现代企业制度的需要。

(5)社会经济效果的评估

一般情况下进行企业(项目)的财务评价。有关国计民生的、投资额巨大的项目还要进行国民经济评价。

财务评价是从企业角度出发,以企业盈利最大为目标对建设项目进行评价。对企业财务收支一般要进行动态分析,要考虑货币的时间价值、机会成本、边际效益和投入产出效果。有竞争力的项目才是可以推荐的项目。

①评价尺度和评价指标

项目评估正确与否取决于合理的评价尺度(价格体系)和正确的评价方法。

以往项目的财务评价是以现行实际价格为尺度(有时有关部门常常不定期公布所谓“评价价格”)和现行财税制度作为计算依据,按静态和动态效益指标相结合的原则进行效益分析。今后在加入 WTO 后采用何种价格尺度有待商榷,估计采用原材料和产品双向接轨价是必然的趋势。应该指出的是项目经济效益评估是否合理,很大程度上取决于原料和产品的价格。

动态指标是用折现法衡量企业(项目)投资盈利率高低的一种评价指标体系,主要是:净现值(NPV)、净现值率(NPVR)、费用现值(PVC)、内部收益率。

静态指标不考虑投资的时间价值,主要是:投资收益(利润、利税或净收益)率、静态投资回收期、贷款偿还期。

另外,对投资风险问题,即投资安全性问题,项目评估中也应给予充分关注。分析的方法一般采用:盈亏平衡分析、敏感性分析、概率分析、相关项目的成败对本项目带来的影响分析。

②国民经济评价

一般对于一些投资额较大的、有关国计民生的重大项目要进行国民经济评价。国民经济评价不从个别企业、部门和短期行为来考察项目的盈利情况,而是从整个国民经济的角度,从长远的影响来考察项目的盈利情况,并以此来判断项目的取舍。

(6)项目实施方案的评估

对于老厂改扩建项目要注意原有固定资产的拆除、迁建和停产对施工方案和经济效益带来得影响。

(7)最后要提出评价结论、存在问题和建议

通过对可研报告的深入论证、评价得出项目可行还是不可行,如果可行哪个方案最好,如果不可行,指出为何不可行的结论。并提出该项目存在那些主要问题及问题的解决办法供决策部门(项目委托部门)参考。

## 二、评估报告书的编制内容和格式

编制项目评估报告书没有固定的内容和格式,编制人员要根据项目的具体情况和要求灵活掌握,但重点是要满足前述六个方面的要求。需要注意的是,项目评估报告内容重在“比选”、“评估”,对于所评估的内容,项目评估人员要谈出评估单位的观点(或专家观点)和有说服力的论据,而要尽量避免采用“审查”、“审批”,“同意”、“不同意”等行政色彩浓厚的用语。因为项目评估报告只提供决策依据,而不能代替决策,项目决策要由项目评估委托人即投资主体来做。

项目评估报告的结构如下:

建设项目评估报告由标题、正文、落款三部分组成。

1.标题

在“评估报告”前面加上项目名称。

2.正文

包括以下内容:

(1)概述。对拟建项目作概括性的,较全面的总体介绍。包括该项目的生产规模、产品性能特点、项目的主要内容、项目投资、项目性质及建设工期等。

(2)对项目必要性的评估。是该项目所可能产生的社会、经济效益和所起的积极作用。

(3)建设条件的评估。包括建设位置的选择、交通运输条件、供水、供电条件、环境保护措施等。

(4)技术评估。包括对拟采用的生产工艺流程、设备规格、技术情况及其先进性、合理性和可行性进行分析、评价、提出评价意见。

(5)项目经济效益评价。由企业经济效益评价和国民经济评价组成。

(6)盈亏平衡分析。

(7)总评估。是将建设项目中各项评估的情况与数据进行分析、总结,并提出全面性意见。

3.落款

包括署名和日期。

也可以将评估结论置前,采用倒叙法,先谈评估结论,然后从建设项目的可行性、现实性、资源和产品市场、建设条件、厂址的选择、生产工艺技术的确定、资金来源和筹措及经济效益评价、投资风险分析等各方面对项目的可行性加以论证。在内容的表达上没有固定的格式。可以根据项目性质的不同有所取舍和侧重。总的要求是坚持客观、科学、公正的原则,力求做到评估观点明确、论据充分、说理清晰。

## 第五节　社会经济调查与分析

交通运输是社会经济的重要组成部分,社会经济的发展要依靠交通运输事业。公路建设项目的确定,必须依据社会经济发展规划的需要。同时,公路建设项目又必然会促进社会经济中各行各业规划目标的实现。因而,公路建设项目的可行与否的研究主要以社会经济调查、分析与预测的数据资料为基础。

社会经济是个复杂的大系统,反映在社会经济的方方面面中,要在公路建设项目可行性研究中,对社会经济进行较深刻的研究和预测是很困难的。一般只要求对社会经济在总体水平和发展趋势上进行把握,并辅以与公路建设项目密切相关的经济资料的分析和预测,做到对建设项目经济合理性、立项必要性的科学论证,即可达到可行性研究的深度。由此可见,社会经济调查、分析与预测是整个可行性研究的前提和基础。

### 一、调查研究的范围

公路是地区间社会经济联系的纽带,项目的建设会使相关地区或区域社会经济基础设施得到改善,促使社会经济的更快发展。所以相关地区或区域可理解为项目影响区。可行性研究中社会经济调查、交通调查等项工作的调查研究范围应是项目影响区。

项目影响区根据受影响的大小而区分为直接影响区和间接影响区,社会经济调查分析的重点是直接影响区。直接影响区和间接影响区的划分因项目特点及功能而异。划分的标准是看能否揭示影响区内各地区间的社会往来关系,能否有效地反映这一区域的物流和车流。直接和间接影响区的划分目前还没有一个统一的标准,直接影响区一般有如下特点:项目实施后,会使该地区或区域的社会经济效益受益显著;交通量的发生和集中点大部分在该地区或区域;交通条件大为改善,路网和综合运输系统交通量形成预想的合理分配布局。另外,从地理位置上看,直接影响区一般距项目很近或者项目就通过这些地区或区域,车辆无其他路线可行或即使可行但很不经济,从地理范围来看类似运输走廊。

从直接影响区所具有的这些特点出发,通常将公路建设项目直接经过的市、县等以行政单位划分作为直接影响区,必要时可划分到区或乡;而把直接影响区范围之外,凡是公路建设项目上行使车辆所波及的范围,作为间接影响区。

为了研究分析项目影响区的社会经济情况,尤其研究车流及客货流的集中发生情况和起讫点情况,进而分析客货流可能的上路点及进行流量分配,项目直接和间接影响区还需划分成若干个 OD 小区。当互通立交设备较近,为分析研究转向交通发生源时,OD 小区还可细划。由此可知,项目的直接影响区宜划粗一些。

项目直接和间接影响区的确定,要与影响区内有关的经济区的分析结合起来。因为有的建设项目就是以这些经济区为主要服务对象,这些经济区的功能、特点和发展趋势对项目的研究结论具有很大的影响。

## 二、调查内容

1.人口及劳动者

根据可行性研究要求,在经济分析评价、交通分析研究,特别是客货周转量和交通量预测等方面都要考虑人口的因素,所以人口资料是一个重要参数。

社会经济分析研究的项目不同,需要的人口指标就不同。根据我国至今公路建设项目可行性研究的实践情况,人口调查的指标主要有以下几种:

(1)总量指标。总人口、职工人数、社会劳动者、劳动力资源总数、农业人口与非农业人口、暂住人口与流动人口等,可结合项目的具体需要有选择地进行调查分析。

(2)相对指标。人口密度、人口自然增长率、人口平均增长速度等。

2.资源

(1)矿物资源。主要指煤炭、石油、盐、铁、铜等矿物资源。主要调查内容:资源储量、资源质量、资源的地域分布及特点、资源的开发及外部协作条件、业已开发的规模及开发计划和前景、资源的服务区域等。

(2)旅游资源。旅游景观往往构成地区特色,旅游经济甚至是某些地区经济的一个重要组成部分,而旅游客流交通可能形成地区交通的重要成分。主要调查内容:地区旅游风景名胜古迹点处;旅游点(区)等级和性质;旅游点(区)地理位置及与公路项目的地理位置关系;旅游开发情况及开发计划;旅游者交通工具选择情况等。

(3)其他资源。能体现地方特点和优势的资源;工农业生产条件相关资源等。

3.经济

交通运输是为经济发展服务的,经济发展是交通量生成的根本源泉。

经济调查的主要内容如下:

(1)经济水平。经济水平反映了地区经济发展的总体规模、发展程度与趋势。目前我国反映经济水平的指标有:国民生产总值、国内生产总值、工业增加值和农业增加值、国民收入等。

(2)经济结构。经济结构是指社会经济各种成分,国民经济各个部分和社会再生产各个方面的构成及其相互关系。按国民经济各部门划分为五大类:农业、工业、建筑业、运输业和商业;以产业为标志把国民经济划分为三大产业:第一产业指农业(包括种植业林业、牧业、渔业等);第二产业指工业和建筑业;第三产业指除第一、第二以外的其他各种产业。反映经济结构最直观的指标是调查分析国民经济各部门、各产业的总产品或总劳务的价值量以及各自在总体中所占的比值。

(3)经济布局。经济布局实际上是指生产因素在地域之间的分布与联系的状态，它从根本上左右交通流的发生与集中源点的分布。调查的主要内容是各重要物质生产部门在地区的分布及各重点区域的行业专门化程度。经济布局调查还可以结合经济水平和经济结构的总体指标和相对指标来进行，以便全面分析地区经济布局。

(4)建设投资。建设投资是社会扩大再生产，建立新兴国民经济部门，调整经济结构和布局，改善人民生活，实现国家现代化的保证。调查的主要指标有：全社会固定资产投资、基本建设投资、更新改造设施投资、其他固定资产投资以及国外贷款与投资。同时还应该调查投资方向和主要投资项目等。

(5)外贸。外贸调查的主要内容有：进出口总量、进出口产品结构、主要贸易伙伴及贸易水平、进出口总水平等。

(6)经济政策。主要调查与项目有关的国家经济制度和立法，地区制定的优惠政策和特殊政策。

(7)经济计划及规划。经济计划及规划是国家和各级人民政府对经济工作所做的预计筹划及安排，是经济工作的尺度和目标。调查的主要内容有：有关产业和经济发展趋势与展望、经济发展目标及水平、经济增长速度、建设投资额、投资重点和重点项目等。

## 三、社会经济分析的内容

社会经济分析是以已调查掌握的社会经济过去和现在的信息数据资料为基础，以科学的理论、方法和先进的计算技术为工具，通过对社会经济活动过程的研究，分析影响社会经济增长或制约的因素，掌握社会经济某一预测对象未来的演变规律和发展趋势，最后做出定性或定量的预见和测算。以下内容主要就公路建设项目可行性研究中社会经济分析的内容及应注意的问题做一简要介绍，具体分析和预测方法不作介绍。

社会经济分析主要是指人口分析、资源分析和经济分析。

1.人口分析

公路建设项目可行性研究中的人口分析，主要是人口增长分析，用人口增长率表示：人口增长率 = 人口自然增长率 + 人口净迁移率 =（出生率 - 死亡率）+（迁入率 - 迁出率）

对于一些经济发达或处于经济大规模开发而形成没有“在册”而又长期居住的暂住流动人口，如果公路影响区内这部分人口量特别大时，也应在可行性研究中加以研究。

2.资源分析

资源是社会经济发展的基础和保证。公路可行性研究的资源分析主要侧重于资源开发、燃料及原材料供需方面。

(1)资源开发

分析资源开发的目的是研究资源开发的趋势及规律。分析的主要内容是储量、开发条件和资金情况。分析中要注意，资源的储量优势是一个基本条件，并不等于经济实力上的优势，资源开发条件是储量优势转变为经济实力的关键，其中包括交通运输、电力、水力等配合条件。

资源开发必须有资金保证，通过对各种形式资金来源的分析，力求和资源开发所需的资金平衡，以展望资源开发水平。

(2)资源以及燃料、原材料供需分析

由于资源在地域上分布的不平衡，各地区经济发展所需的资源以及燃料、原材料在供需上往往出现矛盾，要进行合理的调配。分析的主要内容有：需求资源以及燃料、原材料的数额、品种及规格；当地能生产的数额、品种及规格，需要调进或调出的数额、品种、规格及地域分布等。

3.经济分析

经济发展是交通运输需求的源泉，经济发展水平决定拟建公路项目的标准及规模，所以，经济分析是社会经济分析的重点。

此处经济有三个意思：一是社会生产关系的总体；二是社会物质生产和再生产(包括生产、交换、分配、消费等环节)；三是国民经济或一个部门的经济活动的总称。经济分析就是对上述三个方面所做的分析。经济分析的主要内容有：工业、农业、经济构成、经济增长和人均主要经济指标等。

## 第六节　交通量预测

公路交通量的生成、发展是与社会、经济、科学文化发展紧密相关的，所以项目所在地区的社会和经济因素的增长趋势，反映了对公路交通运输的需求。

交通量预测是以历年观测的交通资料(主要是历年观测的交通量和汽车起讫点调查)和近年(不少于7年)调查搜集的经济特征资料为基础，根据其与交通量相关的数学模型，推算出改建公路或新建公路在建成使用期间内指定年份(一般按项目建成通车后20年)所具有的交通量。这是公路建设项目规划决策，确定项目技术等级、工程设施规模及公路建成后效益评估的主要依据之一。

一般对快慢车混合行驶的二、三、四级公路，汽车交通量和慢车(大、中型拖拉机，小型拖拉机，自行车，人畜力车)交通量应分别进行预测；而对高速公路、一级公路只进行汽车交通量的预测。

交通量预测工作主要有两部分：一是基础资料搜集调查，这是交通量预测的基础；二是分析预测交通量，这是最终要求的结果。

### 一、基础资料的搜集与调查

1.公路交通调查

交通调查内容包括：历年及现时的交通量、车速及车辆组成、起讫点、交通事故调查等。

(1)交通量观测

交通量预测主要采用实地观测的方法。

间隙观测法：定期间断地在高峰小时内观测各类车辆通过数量并按小时间隔记录。

连续观测法：是逐时逐日昼夜观测各类车辆通行数量，分小时记录。

临时观测法：为解决某一特殊问题而临时做的交通量调查观测。

通过连续观测，可以系统地掌握公路交通资料，研究交通构成、存在问题、发展趋势和变化规律，从而确定出相关参数，为交通预测提供科学数据。我国现在一些主要干线路段，各省均设置了一些交通量观测站，为公路规划建设积累可靠数据。

(2)车速调查

车速是衡量公路质量的综合指标，它反映了各种影响因素(路况、标准、混合交通情况、交通管理等)的综合作用结果。

车速调查要事先选好车型和观测路段，并在高于平均交通量的时间内进行。

(3)起讫点调查

又简称OD调查。主要是通过对汽车起点、终点和流量、流向的调查，了解交通量生成原因、客货结构、装载情况等，用以分析和预测拟建路线的交通发展规律。这是在项目可行性研究中必须做的工作，也是作为以往交通资料的核实和补充。

起讫点调查，一般可通过分片区进行，然后再把各个片区连接起来。老路改建宜在改建线路上进行，新建公路要在拟建线路邻近的道路上进行。

(4)交通事故调查

历年交通事故数量、原因、死亡人数及经济损失，在各路段的分布情况等。

2.经济调查

主要搜集公路吸引区范围内历年国民生产总值、国民收入、工农业总产值、人口增长及人民生活水平提高状况(人均收入)等经济指标资料；公路客货运量资料。其中要包括社会车辆的货运量，允许混合交通尚应计入非机动车货运量。社会车辆货运量可通过典型调查确定，如调查资料不足，每辆社会车辆一年所承运的货运量按相当于一辆专业运输车辆货运量的1/3计算。

吸引区范围，一般可以公路沿线经济影响为基础，按行政区或自然区，结合山脉、河流等自然界限确定。

3.综合运输调查

调查影响区域内现有铁路、水运、航空、管道运输能力及客、货运输量，周转量，主要货类、流向等；各种运输方式所占比重、存在的问题、远景发展规划等；公路运输发展新特点，公路运输量新生源等，为确定转移交通量做好资料准备。

4.费用调查

费用调查的目的是为了更确切地进行经济评价。其调查内容有各种不同运输方式的各类货、客运价，装卸保管费，公路现状情况下各类车辆的平均车速、运输成本及养护管理费用等。

为了明确掌握交通量的发展集中情况、分布情况，各种交通工具的分担及经由路线等情况，可绘制拟建道路可能吸引的交通量区域的平面图，并画出区域内现有铁路、公路、水运等的位置。将现有观测到的道路上的交通量的资料标于图上，如发现原有观测点的交通量观测数据不能反映出拟建路线主要路段的交通量，则应加设观测点。

另外，对各观测点所测交通量数据还要进行分析，考虑客、货运量的波动性影响。如农业生产产品的季节性和某些商品流通的季节性；工业生产的某些季节性运量增长(如秋冬季燃料运输)；在一定时期受其他运输方式影响的运量增长(如洪水期间和冬季水运的停运)；节假日客运的集中和流向变化等。

## 二、交通量预测

预测的远景交通量主要由三部分组成：正常增长的交通量、转移交通量和诱增交通量。

正常增长的交通量：按交通量固有的发展规律自然增长的交通量，也就是指正常规划的社会经济发展、人口增长、汽车数量增加等因素所引起交通量的增长为正常增长的交通量。

转移交通量：由于新建道路距离缩短，车速提高，行车条件改善，而将邻近道路或其他运输方式上的部分交通量吸引到新线上为转移交通量。

诱增交通量：是由于修建了新路后，促进了工农业及其他各行业的发展速度，而在正常发展以外诱发、新生的交通量为诱增交通量。

交通量预测按下列步骤进行：

(1)对已收集和调查的各种交通和经济资料进行分析整理;

(2)根据所占有的交通和经济等资料研究其相关关系,选择较合适的预测方法;

(3)选定预测数学模型并慎重确定其计算参数,建立起预测数学模型公式;

(4)按选定的预测方法和数学模型,进行指定年限交通量预测计算;

(5)对各种预测结果进行汇总、对比、分析和判断,综合考虑确定远景交通量。

1.正常增长交通量预测

(1)定基预测法

定基预测法是根据已调查掌握的交通量资料,按其自身的变化规律,采用适宜的预测数学模型直接推算出远景交通量的方法。

一般是以基年交通量为起点开始推算。基年交通量就是可行性研究进行的OD调查,经过定点实测补充核实年份的交通量。新建公路的基年交通量可根据邻近公路能够转移到新路的交通量来确定;改建公路应根据原有公路的交通量确定。

(2)定标预测法

一个地区的交通量生成与发展是和许多经济因素的变化有关,所以,可根据影响交通量的有关经济因素的远景规划资料来预测未来的交通量。

定标预测法就是根据已调查掌握的各种经济指标资料,根据其与交通量之间的相关关系,来间接地进行远景交通量预测的方法。定标预测法考虑的经济指标一般有人口及人口增长率;工农业生产总产值及人均值;调查地区货运量及增长速度;公路货运量与主要工农业产品的比例关系及人均的消费水平增长;汽车保有量的增长率;外贸出口增长率等。

2.转移交通量预测

(1)交通量转移的影响因素

新老公路的交通量转移是一个复杂的问题,影响因素较多,主要因素是使用成本、行程时间和舒适度等。我国高等级(高速)公路都采用收取通行费的方式回收资金,实际调查表明,公路收费以后交通量的转移主要受以下因素的影响:

①收费价格占用户效益的比例;

②并行道路的使用质量;

③收费后行驶距离;

④使用者的心理因素。

(2)交通量转移模型

我国在《编制办法》中推荐了一个转移交通量模型,即:

$$P = B + \left[(1 - B)\frac{1.0}{1.0 + e^{\lambda(7c_1 - 7c_2 + \delta)}}\right] \tag{5-1}$$

$$Q_P = PQ \tag{5-2}$$

式中:$P$——收费路交通量占总交通量的比例;

$B$——收费路交通量的最小比例;

$\lambda$——修正系数;

$\delta$——函数调整值;

$c_1$——收费道路使用成本(包括收费);

$c_2$——并行道路使用成本;

$Q_p$、$Q$——分别为收费道路交通量与区间交通量。

国外有学者提出如下模型：

$$\frac{T_f}{T_p}=\left(\frac{C_p}{C_f}\right)^n \tag{5-3}$$

式中：$T_p$、$C_p$——现有交通量和使用成本；

$T_f$、$C_f$——将来交通量和使用成本；

$n$——系数。

以上模型都反映道路使用成本与转移交通量的函数关系。由于各地区经济水平的影响，车辆组成的不同，道路使用成本对不同车辆的转移影响程度也不同，如对小客车、旅游车、中客车、轻型货车等国有非经营性质车辆影响就小；而对以集体或个体经营性质为主的大客车与大中型货车类，其影响就显著，因而在转移交通量中以第二类车辆为主。

3.诱增交通量

高等级公路特别是高速公路的建设，会诱发新增的交通量。确定诱增交通量，目前还没有一个成熟的模式。通常是通过综合分析诱增新交通量的原因而比照类似实例来推求。

新增交通量包括以下三个方面：

(1)时间和距离的缩短，引起市场范围的变化，譬如原来与甲地做生意，由于新路建成，改变了经济可接近性(Accessibility)，而转向新路沿线的乙地，则会产生新交通量。

(2)由于新路特别是高速公路的建设，使经济结构、产业布局发生变化，产生新产业布局和新项目开发，起到引进产业和新产业区域开发的作用，使得新路沿线可能建起许多新工厂企业，从而诱增新的交通量。

(3)新路改善了交通条件，诱发了原来潜在的交通量，这部分交通量是原来想出行而由于道路条件的限制而未出行的。

一般是以上述分析为依据，确定出一个诱增交通量相对于趋势型交通量的比率来计算诱增交通量。

## 三、定基预测数学模型的应用

1.平均增长曲线模型

根据历年观测统计的交通量资料，确定出每年交通量的平均增长率，并根据此增长率，依基年交通量推算出某一远景年份的交通量。其数学模型为：

$$Y_m=Y_n(1+a)^{m-n} \tag{5-4}$$

$$a=(Y_n/Y_0)^{1/n}-1 \tag{5-5}$$

式中：$Y_m$——求算的第 $m$ 年的交通量；

$Y_n$——已知的第 $n$ 年的交通量(一般为基年)；

$Y_0$——已知的第 0 年的交通量；

$a$——交通量平均增长率。

**例 5.1** 已有交通量统计资料如表 5-2 所示。以 1998 年为基年，至 1998 年各年的增长率亦列于表中。以 1995 年至 1998 年为例计算 $a_i$ 如下：

$$a_i=(Y_n/Y_o)^{1/n}-1=(2050/1580)^{1/3}-1=0.091$$

**交通量统计资料表** 表 5-2

| 年 份 | 1998 | 1997 | 1996 | 1995 | 1994 | 1993 |
|---|---|---|---|---|---|---|
| 交通量(辆/日)<br>增长率 $a_i$ | 2 050 | 1810<br>0.133 | 1695<br>0.099 | 1580<br>0.091 | 1567<br>0.070 | 1410<br>0.078 |

注:增长率各年分别与 1988 年相比计算。

平均增长率 $$a=\frac{0.133+0.099+0.091+0.070+0.078}{5}=0.094$$

平均增长曲线 $$Y_m=2050\times(1+0.094)^{m-n}$$

推算 2010 年交通量 $$m-n=2010-1988=12$$

$$Y_m=2050\times(1+0.094)^{12}=6025(\text{辆/日})$$

推算 2020 年交通量 $$m-n=2020-1988=22$$

$$Y_m=2050\times(1+0.094)^{22}=14795(\text{辆/日})$$

在此要提及的是,平均增长率 $a$ 的确定非常重要,既要依据历年交通量的增长情况,又要结合远景经济发展规划及速度来综合确定。该值确定得合理与否对远景交通量预测的准确性影响较大。根据交通量生成的发展特点和规律,可结合不同时期的经济前景,采用不同的增长率。

2.指数曲线模型

指数曲线模型的特点,是交通量(因变量)$Y_m$ 随预测年份以几何级数递增或递减,其散点图形在算术坐标纸上表现为上凹上升,在对数坐标纸上表现为近似直线:

$$Y_m=ae^{b(t-t_1)} \tag{5-6}$$

式中:$Y_m$——求算年份的交通量;

$a$、$b$——待定系数;

$t$、$t_1$——预测年份(如 2020 年)和基年(如 2000 年)。

为计算方便,用对数方法求解参数:

$$\ln Y_m=\ln a+b(t-t_1)\ln e$$

令 $A=\ln a, B=b, X=t-t_1$

得 $$\ln Y_m=A+BX$$

得到一元直线模型,按一元直线模型求算 $A$、$B$。

为了简化计算,在安排年次时,以数列中间的年次作为原点年,则能使 $\sum X=0$。如为奇数年,以中间那一年为 $X=0$,该年的前一年为 $X=-1$,该年的后一年为 $X=+1$;如为偶数年,则以中间两年之间的半年为原点年,此时,该点前一年为 $X=-1$,前两年则为 $X=-3$(因为距原点年有三个半年),该点后一年为 $X=+1$,后两年为 $X=+3$,余以此类推。

$$A=\frac{\sum\ln Y}{n} \qquad B=\frac{\sum X\cdot\ln Y}{\sum X^2}$$

**例 5.2** 某公路交通量历年观测资料如表 5-3 所示,1997 年经过 OD 调查核实,定为基年。

**指数曲线模型计算表**　　表 5-3

| 年　份 | 年次 $X$ | 交通量 $Y_i$ | $\ln Y$ | $X \cdot \ln Y$ | $X^2$ |
|---|---|---|---|---|---|
| 1992 | -5 | 1080 | 6.9847 | -34.9235 | 25 |
| 1993 | -3 | 1179 | 7.0724 | -21.2172 | 9 |
| 1994 | -1 | 1435 | 7.2689 | -7.2689 | 1 |
| 1995 | +1 | 1870 | 7.5337 | 7.5337 | 1 |
| 1996 | +3 | 2187 | 7.6903 | 23.0709 | 9 |
| 1997 | +5 | 2565 | 7.8497 | 39.2487 | 25 |
| 合计 | — | — | 44.3997 | 6.4435 | 70 |

$$A = \ln a = \frac{44.3997}{6} = 7.3999 \qquad a = 1636$$

$$B = b = \frac{6.4435}{70} = 0.09205 \qquad b = 0.09205$$

指数曲线　$$Y_m = 1636 \times e^{0.0905(t - t_1)}$$

计算基年交通量，$t - t_1 = 1997 - 1992 = 5$

$$Y_m = 1636 \times e^{0.0905 \times 5} = 2590(\text{辆/日})$$

与实测 2565 辆/日极为接近,认为合适。

2010 年交通量:$t - t_1 = 2010 - 1992 = 18$

$$Y_m = 1636 \times e^{0.0905 \times 18} = 8577(\text{辆/日})$$

2020 年交通量:$t - t_1 = 2020 - 1992 = 28$

$$Y_m = 1636 \times e^{0.0905 \times 28} = 21534(\text{辆/日})$$

## 四、定标预测数学模型的应用

这里我们只介绍一元回归曲线模型。

一元回归曲线模型为:

$$Y_m = aE_m^b$$

式中:$Y_m$——$m$ 年的交通量;

$E_m$——$m$ 年的经济指标,远景年份的指标需预测;

$a$、$b$——待定系数。

两边取对数:

$$\ln Y_m = \ln a + b\ln E_m$$

$$Y = \ln Y_m$$

$$A = \ln a$$

$$B = b$$

$$X = \ln E_m$$

则变换为一元直线模型 $Y = A + BX$,按一元直线模型求算 $A$、$B$,即可将 $a$、$b$ 推算出来。

**例 5.3** 某公路调查期内，经济指标人均工业总产值与交通量相关关系符合一元回归曲线模型，试按一元回归曲线模型预测远景交通量。人均工业总产值及交通量资料见表 5-4。

远景年份人均工业总产值预测值为：

2010 年，$E_m = 489$ 元/人；2020 年，$E_m = 923$ 元/人

一元回归曲线计算表 表 5-4

| 序号 | 年份 | 交通量 $Y_i$（辆/日） | $Y = \ln Y_i$ | 人均工业总产值 $E_m$（元/人） | $X = \ln E_m$ | $X^2$ | $X \cdot Y$ |
|---|---|---|---|---|---|---|---|
| 1 | 1991 | 1250 | 7.1309 | 116 | 4.7536 | 22.5967 | 33.8974 |
| 2 | 1992 | 1445 | 7.2759 | 127 | 4.8442 | 23.4663 | 35.2459 |
| 3 | 1993 | 1723 | 7.4518 | 138 | 4.9345 | 24.3493 | 36.7709 |
| 4 | 1994 | 1927 | 7.5868 | 148 | 4.9972 | 24.9720 | 37.9128 |
| 5 | 1995 | 2147 | 7.6718 | 156 | 5.0499 | 25.5015 | 38.7418 |
| 6 | 1996 | 2425 | 7.7936 | 166 | 5.1120 | 26.1325 | 39.8409 |
| 7 | 1997 | 2681 | 7.8939 | 181 | 5.1985 | 27.0244 | 41.0364 |
| 8 | 1998 | 2930 | 7.9828 | 203 | 5.3132 | 28.2301 | 42.4142 |
| 合计 | — | — | 60.7875 | — | 40.2031 | 202.2728 | 305.8603 |

$$A = \frac{\sum X^2 \cdot \sum Y - \sum X \cdot \sum XY}{n \cdot \sum X^2 - (\sum X)^2} = \frac{202.2728 \times 60.7875 - 40.2031 \times 305.8603}{8 \times 202.2728 - (40.2031)^2} = -0.422$$

$$A = \ln a = -0.422 \qquad a = e^{-0.422} = \frac{1}{e^{0.422}} = 0.656$$

$$B = \frac{n \cdot \sum XY - \sum X \cdot \sum Y}{n \cdot \sum X^2 - (\sum X)^2} = \frac{8 \times 305.8603 - 40.2031 \times 60.7875}{8 \times 202.2728 - (40.2031)^2} = 1.47$$

$$B = b = 1.47$$

得一元回归曲线模型为：$Y_m = 0.656 \times E_m^{1.47}$

预测 2010 年，$E_m = 489$，$Y_m = 0.656 \times 489^{1.47} = 5891$（辆/日）

预测 2020 年，$E_m = 923$，$Y_m = 0.656 \times 923^{1.47} = 14688$（辆/日）

## 复习思考题

### 一、问答题

1. 什么是可行性研究？可行性研究的目的是什么？
2. 可行性研究两个阶段的主要工作内容及主要区别是什么？
3. 可行性研究报告编制有哪些要求？
4. 为什么要进行经济调查？经济调查的主要内容有哪些？
5. 什么是交通量预测？交通基础资料调查包括哪些内容？

### 二、计算题

1. 某拟改建道路交通量统计如表 5-5 所示，请采用平均增长曲线模型预测 2018 年的远景交通量（1996 年交通是经实地观测，可定为基年交通量）。

表 5-5

| 年份 | 1999 | 2000 | 2001 | 2002 | 2003 | 2004 | 2005 |
| --- | --- | --- | --- | --- | --- | --- | --- |
| 交通量(辆/日) | 5250 | 5890 | 6230 | 8650 | 9560 | 10230 | 12250 |

2. 某公路交通量统计资料如表 5-6 所示，点出其散点图呈凹形上升曲线，请用指数曲线模型推算出 15 年后(即 2015 年)远景设计交通量。

表 5-6

| 年份 | 1994 | 1995 | 1996 | 1997 | 1998 | 1999 | 2000 |
| --- | --- | --- | --- | --- | --- | --- | --- |
| 交通量(辆/日) | 1200 | 1453 | 2152 | 3642 | 5990 | 7052 | 9875 |

3. 某地区人均工业总产值与交通量的关系如表 5-7 所示，请根据一元回归曲线模型进行远景年份(2020 年)交通量预测。

表 5-7

| 年份 | 1988 | 1989 | 1990 | 1991 | 1992 | 1993 | 1994 |
| --- | --- | --- | --- | --- | --- | --- | --- |
| 交通量(辆/日) | 2140 | 2433 | 2700 | 3100 | 3465 | 3790 | 4236 |
| 人均工业产值(元) | 350 | 380 | 410 | 440 | 480 | 520 | 551 |
| 年份 | 1995 | 1996 | 1997 | 1998 | 1999 | 2000 | 2020 |
| 交通量(辆/日) | 4677 | 5211 | 5694 | 6270 | 6893 | 7500 | |
| 人均工业产值(元) | 590 | 635 | 665 | 710 | 760 | 808 | 1920 |

# 第六章　公路工程项目国民经济评价

**学习重点**:1.叙述公路工程项目国民经济评价的概念、特点和作用;
2.描述国民经济评价的基础理论;
3.说明国民经济评价的方法和指标;
4.描述综合评价的必要性;
5.说明国名经济评价中转移性费用的调整及费用的计算;
6.理解并说明影子价格的概念、作用及其确定方法;
7.叙述公路工程项目经济效益的概念、形式、特点及其鉴别;
8.说明国民经济评价中经济效益的计算原则与计算方法。

## 第一节　概　　述

### 一、国民经济评价的概念、作用及特点

1.国民经济评价的概念

国民经济评价又称经济分析或宏观经济分析,它是将拟建项目置于国民经济大系统之中,按合理配置资源的原则,采用影子价格等国民经济评价参数,从国民和社会的角度考察投资项目所耗费的社会资源和对社会的贡献,评价投资项目的经济合理性。

国民经济评价从国民经济的角度来划分和考察项目的效益和费用。国民经济评价中的效益是指项目对国民经济所作的贡献,即由于项目的兴建为国民经济提供的总经济效益。公路工程项目经济效益系指全社会公路使用者所获得的效益,它包括项目本身得到的直接效益和由项目引起的间接效益。直接效益是指能用货币计算的效益,而间接效益指不便以货币反映的效益,即社会效益。

2.国民经济评价的作用

国民经济评价的根本作用是揭示项目的宏观经济特征,它是项目可行性研究的核心。通过对建设项目的国民经济分析,使我们全面了解项目的各项经济指标,从而从国家利益的高度和立场做出正确选择,确保投资决策的科学性和可靠性,使社会资源得到最佳利用,做出最大的贡献。

建设项目的国民经济评价有利于维护国家和社会利益,调整局部利益和国家利益的关系,确保国民经济的协调和均衡发展,处理好近期利益与长远利益的关系,使国民经济的发展实现动态的综合平衡。

3.公路工程项目国民经济评价的特点

公路工程项目国民经济评价与一般工业项目比较,不同之处在于,它的效益不是用项目实施后的产品销售收入来衡量,而主要是用项目实施后给国民经济和社会带来的成本节省来衡量,用它对整个社会或地区经济发展所作的贡献来衡量,即主要体现为有项目相对无项目时运

输总成本的节省及项目带来的其他净效益。因此在考虑公路建设投资项目效益时,必须将着眼点放在满足社会经济发展的需要上。公路工程项目投资产生的大部分效益不是在运输业内部,而是在外部,主要反映在用户身上,反映在它对社会经济的贡献上。

公路工程项目的国民经济评价具有一般宏观经济分析的特点(如采用影子价格作价值标准,剔除税收、补贴等内部转移性支付项目等)外,还具有如下两方面的特点:

(1)公路项目本身并不形成独立的企业

首先,公路项目建成后,面向全社会开放。公路上行驶的车辆,分属于许多运输企业和非运输企业的机关、企事业单位,还有部分车辆归个人所有。其次,公路建设、管理、运输、养护是分开经营,且分属于不同的公司和企业,无法估算公路本身的盈利问题。这就使得公路工程项目的宏观经济效益的鉴别和计量具有自身的特点,基础数据和基础资料的收集与分析比一般的其他项目更为困难。

(2)公路工程项目以获得间接效益和社会效益为主

公路运输作为直接生产过程在流通领域的继续,在实现产品价值的同时,不仅使公路运输部门获得直接效益,更主要更大量的是全社会获得的综合效益。由于大部分的公路车辆附属于各部门、工矿、企事业,这部分运输创造的产值,为国家创造的税收理所当然地记入相应各部门,而公路部门本身获得的效益甚微。因此,公路项目的效益确切地讲,应该是间接效益和社会效益。在我国交通部制订的《公路建设项目经济评价办法》中所提到的直接效益,是按人们习惯的方法,将便于计算的全社会公路使用者所获得的效益称作直接效益。实际上,这些直接效益严格的说大部分应属间接效益。

因此,基于上面两个方面的特点,对于不收费的公路工程项目,一般仅做国民经济评价而不再做财务评价,这又是公路工程项目与其他一般项目的重要区别之一。对于收费公路,则应进行财务评价,重点做好收费分析。当然,决定项目取舍的仍然是国民经济分析与评价的结论。

## 二、国民经济评价的基础理论

1.支付意愿与消费者剩余理论

支付意愿与消费者剩余是经济学中的两个重要概念,也是在公路工程项目的国民经济评价中计算公路工程项目效益的理论基础。可以通过如下一个实例来理解该理论。A 市的公用事业管理局遇到了一个非常令人头疼的项目决策问题,其情况如下:某地有一渡口,由于交通拥挤,准备修建一座大桥,大桥的建设资金通过收费来回收。经交通需求分析与预测,得出收费价格与交通量的关系如图 6-1 所示:

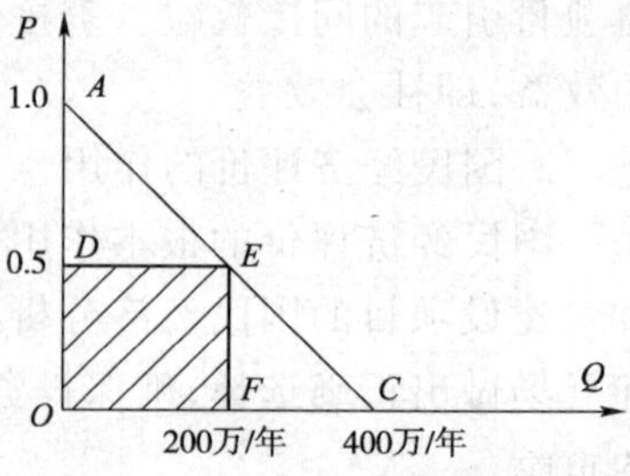

图 6-1 收费价格与交通量关系图

图中,纵坐标 $P$ 表示收费价格,横坐标 $Q$ 表示不同收费价格下的大桥交通量。交通需求分析与预测结果表明,当收费价格为 0 时,大桥上的交通量将达到最大,即 400 万/年;而当收费价格为 1 元时,大桥上的交通量为 0,即全部交通量仍走渡口。很显然,当收费价格为 0.5 元时,业主的收费收入最大,为:$0.5 \times 200 = 100$ 万元/年。

假设该项目的使用寿命无限,折现率为 5%,则使用无限寿命期的现值公式可算出该项目在寿命期内的最大收费收入为 $100 \div 5\% = 2000$ 万元。而该项目所需要的投资为 2500 万元。所以,从项目的财务收入与支出考虑,该项目不值得投资。于是,A 市公用事业管理局做出了不宜投资的结论。

而事实上，收费收入只是大桥创造的经济效益的一个部分，另有一部分效益转移到消费者身上，即图中三角形 *ADE* 的面积，经计算为 1000 万元。这转移到消费者身上的 1000 万元效益，就是经济学中的所谓消费者剩余，因而大桥的全部效益应为收费收入加上消费者剩余，即应为消费者的支付意愿。本项目中，消费者的支付意愿为 2000 + 1000 = 3000 万元，超出投资 500 万元。因此，从建设项目的国民经济效益考虑，我们认为应该进行该项目的投资。

2.影子价格理论

影子价格是经济学中的另一重要概念，它是国民经济评价中价格计算的理论基础。影子价格的概念最初出自于线性规划，是指目标函数处于最优状态下时各种资源的价值。影子价格是一种能充分反映资源价值的价格。由于市场价格经常与价值相背离，因此，国民经济评价主要使用影子价格来计算所消耗的各种资源的价值，而不能直接使用当时市场价格去计算。

从机会成本的概念可知，资源的价值可通过机会成本来计算，但由于许多资源的投资机会多种多样，所牺牲的收益也不明确。因此，单纯以机会成本来计算资源的价值难度很大，甚至不可能，需通过影子价格来计算。

## 三、国民经济评价的参数与指标

国民经济评价有一套完整的参数与指标，这些具体的参数和指标便建立了宏观经济分析的基本观点和基本内容。

1.基本参数

任何一种经济分析，都必须有其特定的经济参数。所谓的经济参数是指按一定的经济分析理论和分析方法要求测定的，用以计算、衡量项目费用和效益的参数。经济参数在经济分析中有两个主要功能：一是作为换算和计算手段，如对不同时期的资金价值、不同种类的货币进行折算，对不同投入物和产出物的价格进行调整，以便定量计算等；二是作为判别标准，对各类指标的优劣进行评价，如社会折现率作为经济内部收益率的判别依据等。没有这些基本的参数，就无法对项目进行经济计量与分析。国民经济评价也不例外，同样必须有特定的参数，并且这些参数还应反映某一时期的社会经济特征，使其具有时效性，即应不断调整。

(1)社会折现率

社会折现率是建设项目经济分析和评价的通用参数。它表示社会对资金时间价值的估量。实际上，社会折现率就是资金的影子价格（即影子利率），它是按机会成本的原则来确定的，其大小等于因为项目占用资金，从而放弃其他资金使用机会给国民经济所带来的损失。

社会折现率是由中央主管部门确定的参数。它应体现国家的经济发展目标的宏观调控意图，综合反映国家当前的投资收益水平、资金供需情况及资金的机会成本。

适当的社会折现率有助于合理分配建设资金，引导资金投向对国民经济贡献大的项目，调解资金供需关系。

在国民经济评价中社会折现率一方面用于对项目经济现金流量的等值计算，如经济净现值等；另一方面用于评价项目的收益水平，即作为经济内部收益率的基准值。

根据《建设项目经济评价方法与参数》（第三版）的规定，目前社会折现率采用 8%；对属于基础设施类的公益性项目，社会折现率可采用 6%。

(2)影子汇率

影子汇率就是外汇的影子价格，它反映外汇对于国家的真实价值，也是由中央主管部门确定的参数。通过影子汇率可以将外汇转化为统一的国内货币单位。

影子汇率应根据国家进出口结构和水平、进出口商品价格变动、通货膨胀的幅度、外汇机会成本、外汇供需状况等因素调整。

在项目国民经济效益分析中，一般用国家外汇牌价（或称官方汇率）乘以影子汇率换算系数得到影子汇率。根据我国现阶段的外汇供求状况、进出口结构和换汇成本，影子汇率换算系数取为1.08。

(3)影子工资

影子工资是指建设项目使用劳动力，国家和社会为此付出的代价。影子工资主要包括劳动力的机会成本，即该劳动力不被拟建公路项目使用时，他在原来岗位上为社会创造的净效益；另外，还包括为劳动力就业而付出的代价，这部分代价职工是没有拿到手的。

$$\text{影子工资} = (\text{工资} + \text{福利基金}) \times \text{换算系数} \tag{6-1}$$

其中工资和福利基金合称为名义工资。

对于一般项目，工资换算系数为1；对于特殊项目，在有充分依据的前提下，可根据当地劳动力的充裕程度以及项目所用劳动力的技术熟练程度，适当调整。

(4)影子价格

影子价格是国民经济评价中项目的投入物和产出物所使用的价格，它反映了对这些货物真实价值的度量。

(5)残值

残值就是项目在计算期结束时还能获得的价值（为时值），这也是经济分析时的一个基本参数。公路工程项目的残值按工程费用的50%计算。

(6)计算期

项目计算期与项目经济寿命期相关联（项目还有物理寿命期）。项目经济寿命期是指项目在经济上合理的使用年限（理论上是按影子价格计算的净现金流量降为零时的年限）。

通常，工业生产项目计算期等于或略小于建设期与生产期之和。生产期可按综合折旧寿命期计算，实际上，各行业项目的生产期，由各行业部门参照已有类似企业确定，一般不超过20年。永久性工程项目（指服务年限很长的项目）计算期，一般都确定得短于其寿命期，为减少计算误差，可在计算期末设固定资产残值。

2.基本指标

基本指标在国民经济评价中具有重要的意义。一方面它们是分析计算的目标，另一方面也是进行评价的依据。常用的国民经济评价指标有：经济净现值、经济内部收益率、经济效益费用比和经济投资回收期等。

(1)经济净现值(ENPV)

经济净现值就是项目在计算期内各年经济净现金流量的现值之和，即项目总的经济收益与总的经济费用之间的差额。经济净现值是一项绝对指标，$ENPV \geqslant 0$时，项目才可行。

(2)经济内部收益率(EIRR)

经济内部收益率就是使经济净现值为零时的折现率。EIRR必须大于社会折现率，项目才可以接受。

(3)经济效益费用比(EBCR)

经济效益费用比就是项目计算年限内经济效益总和与项目经济费用总和的比值。$EBCR \geqslant 1$时，项目才可以接受。

(4)经济投资回收期(EN)

经济投资回收期就是项目净经济效益抵偿项目投资所需的时间。

## 第二节 经济费用的识别及计算

### 一、经济费用与财务成本

经济费用不以货币的支付为转移,也不以现金流量的减少为标准,而只以国民收入减少为唯一的鉴别原则。换言之,只有为实现公路工程项目而使国民经济放弃某种资源,造成国民经济增加费用,才可以列入经济费用。

经济费用是以资源的机会成本为尺度来计算的。机会成本就是为了达到某种目的而使用具有多种用途的稀缺资源所放弃的收入。

经济费用与财务成本有许多一致的地方,但也有明显差异,它们之间的差异表现在以下三个方面。

1.衡量观点不同

经济费用是站在国家立场上(至少是地区立场)看问题,它衡量由于执行某一项目而带来多少国民经济收入减少及各类资源的分配流向,以便做出合理的宏观决策或者调整决策,故经济费用反映的是宏观经济。财务成本反映的是微观经济,它仅仅是站在项目执行者的立场上看问题,它可以是从具体企业(或投资者)的角度来衡量、估算在执行项目过程中所有的货币代价,进而与企业或投资者的期望利润相比较,以便做出微观决策,它不反映资源分配和流向。

如修建一条公路消耗财务成本4000万元,投资决策者更多关心的是项目能给自己带来多少利润、是否值得投资等问题,至于由此给整个地区经济带来的利弊则考虑甚少,以至于不加考虑。从经济费用的立场看,是要透过这4000万元的代价,看到其中究竟含有多少真实资源,尤其是稀缺资源的流向是否体现了合理分配的原则,消耗这些稀缺资源对整个地区国民经济产生多大的影响等等。

2.鉴别成本原则不同

鉴别财务成本是以货币的支付和现金流量的减少为基本原则。不管其过去发生怎样的成本,只要是发生了费用,就一概列入财务成本,如税金、补贴等都需记入在内。鉴别经济费用的原则是仅以国民收入减少为唯一鉴别的原则,即只有因实施某公路工程项目而使国民经济消耗各种资源的,使国民经济增加成本的,才可以列入经济费用。而税金、补贴等是项目与政府间的转移支付,并不减少国民收入,故不能计入经济成本。

我们常要对公路工程项目作经济费用的估算,为此,需要弄清楚经济费用与财务成本间的构成,据此,对财务成本作必要的调整(通过转换系数)就形成相应的经济费用。

3.经济费用与财务成本对稀缺资源的计值方法不同

财务成本是以现行市场价格为尺度对项目投入的资源进行计算,而经济费用是以资源的机会成本为尺度来计量的。在完全竞争的市场中,资源的市场价格和资源的机会成本是一致的。但在实际中,由于垄断和市场分割、税收、补贴、进出口限制以及政府的干预,导致市场价格与机会成本不一致,使项目投入资源的经济费用失去真实性。为纠正被市场价格所歪曲的资源代价,需对财务成本按资源的机会成本进行调整。

## 二、转移性费用的调整

转移性费用就是对没有提出偿还要求的国家资源的偿还,它只反映了一种控制权的转移,即由一个部门或社会成员控制的资源,转移到另一个部门或社会成员的手中。从整个国民收入来说,花费在建设项目上的经济费用既不增加,也不减少,所以应该调整。

在公路工程项目中的转移性费用,主要有四类。

1.各类税收

如原材料、设备、燃料等的进口税、营业税、所得税、调节税、关税和增值税等是政府调节分配和供求关系的手段,属于国民经济内部转移支付。土地税、城市维护建设税和资源税等是政府为补偿社会耗费而代为征收的费用,这些税种包含了许多政策因素,并不能完全代表社会为公路项目所付出的代价。因此,原则上把这些税金都视为公路项目与政府间的转移支付,不计为项目的费用。如公路部门想要规划一个公路建设项目,需购进100万元的进口钢材,并须缴纳30%的进口税,因此,公路部门花费的进口钢材的财务成本为130万元。在衡量钢材的经济费用时,从国民经济角度来看,并没有一项相当30万元经济价值的资源被消耗掉,它只不过是由公路部门转付给财政部门的一笔款项。只有花在进口钢材的100万元,才是国民经济所花费的代价。因此,其经济费用为100万元,应剔除进口税。

2.政府补贴

国家为扶植和发展公路建设事业,往往以补贴的形式进行补助,如贷款利率的补贴等。政府补贴同税金一样,也是一种转移性费用,只是二者的货币流向相反,即税金是货币由项目流向政府,补贴则是货币由政府流向项目。同样,补贴不能算作项目的经济效益。因此,在调整上,它也同税收的处理方法相反,即应将补贴加入项目的经济费用中以抵消项目由于补助而所减少的财务费用,以使国民收入不因补贴而发生变化。

3.国内借款及其偿还

公路建设项目的投资有时来自银行,因此,银行贷款经常容易与投资发生混淆,如果认为投资应列入经济费用,那么贷款及其偿还也应列入经济费用,那就是错误的。因为是否列入经济费用,取决于国民收入是否因此减少。按此原则,投资之所以应列入经济费用,是因为它体现为土地、原材料、燃料以及劳务等各种形式的实际资源的消耗,因而也就相应地减少了国民收入,而贷款及其偿还则不然,它仅仅是这笔资金的转移权从甲方转移到乙方,或由乙方转移到甲方,对于整个国民收人既无增加、也无减少,所以计算经济费用时,应当从财务费用中剔除这部分费用。但是,如果从国外借款及其偿还,造成了国内资源向国外的转移,则应该计入项目的经济费用中。

4.固定资产折旧

各类固定资产折旧是财务费用的重要组成部分,但是,当由财务成本调整为经济费用时,应将其折旧剔除。因为各类固定资产费用作为建设费用已经列入经济费用中,如果再作计算,那就会造成重复,其结果将高估项目的经济费用,低估了项目的经济效益。必须指出,对于固定资产进行修理和更新时所发生的费用应列入经济费用,因为,这类费用意味着实际资源被相应消耗,国民收入也相应减少。

## 三、经济费用的计算

公路工程项目的建设费用是在投资估算的基础上,根据费用计算的基础理论来予以计算的。其基本原则是：

(1)外贸货物按影子价格来确定其费用。

(2)非外贸货物中，能通过原有企业挖潜(不增加投资)增加供应的，按可变成本分解定价；在拟建项目计算期内需通过增加投资扩大生产规模满足项目需要的，按全部成本(包括可变成本和不变成本)分解定价；但难以获得分解成本所需要的资料时，可参照国内市场价格定价。

(3)特殊投入物按机会成本定价。

(4)国民经济评价所采用的通用参数，如社会折现率、影子汇率、影子工资、贸易费用率以及重要投入物的影子价格等，由国家计委组织测定，发布并定期调整。

公路工程项目费用的具体确定方法如下。

1.人工费的计算

由于国际劳务市场是一种非完全竞争市场，劳务输出要受到各种限制。因此，人工费的计算不能根据国际劳务市场价格来计算，而只能根据其机会成本来确定。按机会成本计算出来的劳务价格即所谓影子工资，影子工资的大小与国家的社会经济状况、项目的技术含量以及项目所在的劳动力的充裕程度有关，在计算中可在投资估算的基础上乘以一适当的换算系数。

换算系数通常由国家统一测定发布，对一般的建设项目，工资换算系数定位 1；技术复杂的大桥和隧道，由于需要的技术劳动力和熟练劳动力较多，换算系数可大于 1；而偏远和劳动力富裕地区及需占用大量非技术劳动力和非熟练劳动力的项目，其换算系数可小于 1。

2.材料费的计算

(1)各种类型的钢材。包括 I 级钢筋、II 级钢筋、预应力粗钢筋、钢绞线、高强钢丝、钢材、波形钢板及型钢立柱、加工钢材、钢板标志等，按其影子价格来计算。方法是：

$$到岸价格 \times 影子汇率 + 口岸到用户的运费及贸易费$$

其中影子汇率按国家统一制定的影子汇率来计算。它等于官方汇率乘以换算系数。《建设项目经济评价方法与参数》中影子汇率的换算系数取 1.08；贸易费一般可按到岸价格的 6% 考虑；材料运输中的运费也要计算其影子价格，即在市场价格的基础上乘以一换算系数。

(2)木材。包括原木和锯材，按其影子价格来计算，方法同上。

(3)水泥。若采用国内水泥应按非外贸货物处理。由于国内水泥市场接近完全竞争市场，因此，可直接根据市场价格来定价，即影子价格等于市场价格。若采用进口水泥可按钢材的影子价格的确定方法来计算。

(4)沥青。当需要的沥青为进口沥青时，其费用要按照外贸货物来计算，由于它属于直接进口产品，其影子价格的确定方法是口岸价乘以影子汇率，加上国内贸易费和运费。当需要的沥青为一般国产沥青时，其影子价格的确定方法与水泥的影子价格确定方法相同。

(5)其他材料费。由于所占比例很低，故可参照国内市场价格计算其费用，实际工作中，其投资估算原则上不变。

3.机械使用费的计算

对于可以租赁的机械可根据租赁费来确定机会成本。其他机械可按下述方法确定：

(1)机械使用费中的燃料费应根据燃料的影子价格来计算；

(2)轮胎的费用中应扣除税金，将财务价还原为经济价；

(3)机上人员工资按影子工资来计算；

(4)大修理费、保修费中应扣除税金；

(5)折旧费以回收费代替；

(6)养路费中(水平运输机械有此费用)公路大修、养护及道路建设等费用应剔除(它是一种资金的内部转移,不消耗资源的价值);

(7)应剔除车船使用税(它是一种资金的内部转移,不消耗资源的价值);

(8)其他费用不变。

机械使用费的计算较为复杂,部分费用要调高(如燃料费、折旧费),部分费用要调低。实际工作中,有些计算可作简化处理。

4.其他相关费用的计算

建安费中的税金、利润等应予剔出。

这些费用是一种资金的内部转移(即转移支付),并不反映资源的消耗。

(1)征地费可根据土地的机会成本来确定。

(2)项目建设中使用的电费的计算。

项目建设中使用的电费按影子价格来计算,剔除投资估算中的供电贴费(当电费未按影子价格计算而采用统一预算价格计算时,供电贴费不能轻易剔除)。

(3)建设期的贷款利息、固定资产投资方向调节税是一种资金的内部转移,并不消耗资源的价值,应予剔除。

(4)工程造价增长预留费中应剔除因通货膨胀而引起的增长费,而保留因供求关系变化而引起的增长费。由于影子价格是依据国际市场价格来确定的,这种市场价格相对平稳,因此,实际工作中,工程造价增长预留费基本上可以全部剔除。

(5)其他各项费用。一般可维持原来的投资估算不变。

以上是公路建设费用的具体确定方法。公路建设的营运费用和大修理费用同样可以参考该方法来确定,有些资源的影子价格可直接查阅《建设项目经济评价方法与参数》。

## 第三节　影子价格

加入WTO之后,我国经济被国际社会接纳为市场经济,但我国是发展中国家,仍处于向市场机制转轨过程中,有些物品的价格存在失真情况,主要表现在:

(1)国内市场价格与国际市场价格脱轨,或者因关税保护,使国内市场价格高于国际市场价格,或者本身价格的制定就脱离国际市场价格。有些工业品定价过高,有些工业原材料定价偏低,部分农产品价格比较低。

(2)劳动力投入的机会成本往往低于实际的工资和福利支出。

(3)外汇与人民币没有完全实现自由兑换,因此外汇的真正价值一般高于实际的汇率。为了真实反映项目的效益和费用,有必要在项目经济分析中对某些投入物和产出物的市场价格进行调整,采用一种更为合理的计算价格,即影子价格。

### 一、影子价格的概念

影子价格的概念是20世纪30年代末、40年代初由荷兰数理经济学、计量经济学创始人之一詹思·丁伯恩和前苏联数学家、经济学家、诺贝尔经济学奖获得者康托罗维奇分别提出来的。

影子价格是当社会经济处于最优状态时,能够反映社会劳动的消耗、资源稀缺程度和最终产品需求情况的价格。也就是说,影子价格是人为确定的、更为合理(相对于实际价格)的价格。这里所说的“合理”,从定价原则来看,应该能更好地反映产品的价值,反映市场供求状况,反映资源稀缺程度;从价格产出的效果来看,应该能使资源配置向最优化的方向发展。

影子价格反映在项目的产出上,是一种消费者“支付意愿”。消费者原意支付的价格,只有在供求完全均等时,市场价格才代表愿付价格。影子价格反映在项目的投入上,是资源不投入该项目,而投在其他经济活动中所能带来的效益。也就是项目的投入是以放弃了本来可以得到的效益为代价的,即支付意愿的牺牲。根据“支付意愿”的原则确定经济价格以后,就可以测算出拟建项目要求经济整体支付的代价和为经济整体提供的效益,从而得出拟建项目的投资真正能给社会带来多少国民收入增加额或纯收入增加额。

## 二、影子价格的确定

1.确定影子价格的基本原则

(1)对项目耗用资源(包括物质和劳务)按可否供外贸进行分类。如若是可供外贸的,国际市场就提供了除国内生产消耗以外的选择机会,从而提供了它对国家的实际价值。可供外贸的资源,不管是本国的还是进口的,其经济费用必须如实地反映国际市场价格。

例如某公路工程项目,预计耗用当地石油资源 5 万吨,国内价格为 500 元/吨,则其货币代价为 2500 万元。而石油是可供外贸的物资,因公路工程项目的耗用,将影响出口。假定石油离岸价格为 1000 元/吨,则国民经济所付出的代价将是 5000 万元;这 5000 万元即是该公路项目所耗用的石油资源的经济费用。反之若此公路项目耗用石油的货币代价高于进口石油的 30%,则其经济费用将低于财务成本的 30%。

有关外贸可能性的主要类别:

①可供外贸的货物(劳务)。指在没有贸易堡垒,诸如关税或数量限制的情况下可以进口和出口的货物(劳务)。通常它们的离岸价格大于国内生产成本,或者在政府补贴和干预的情况下就能出口;国内生产成本大于它们的到岸价格时,就能进口。

②非外贸商品(劳务)。指由于生产成本原因或国家贸易政策之故而不能跨越边界进行贸易的商品(劳务),如土地、砂、砖、水、房屋及各种运输方式的基础设施。在一定条件下,它们也可以成为外贸商品(劳务)。

(2)分析公路工程项目各投入资源的耗用对国民经济的影响,并作为确定其影子价格的基础。某种资源的影子价格,也即是它的机会成本,具体体现在由于它的耗用而产生的对国民经济的影响。

(3)有选择地确定公路工程项目投入物的影子价格。公路工程项目耗用大量资源,因项目种类不一,数量不等,且投入资源有稀缺与不稀缺之分,表现在价格与价值上,有背离与没有背离之别。因此,对公路工程项目各投入资源的影子价格全部加以确定,既不可能,更无必要。为此,应有选择地确定影子价格,确定原则如下:

①以政府的投资政策为准则;

②按市场价格计算的资源项目中,凡数额大者予以确定;

③资源项目中,其市场价格被歪曲最严重者,即市场价格与影子价格相差悬殊者,应给以确定。

以上三条原则缺一不可。这样,在确定影子价格时,可舍去那些无关紧要的资源项目。

一般有以下几种资源项目需要确定其影子价格,如土地、劳动力、外汇、利息(即资本机会成本)。

2. 影子价格的确定

(1)外贸货物的影子价格

外贸货物的影子价格的确定以进厂价格为基础。直接进口货物的影子价格为到岸价格加国内运输和贸易费用;间接进口品的影子价格为到岸价格加上口岸到原用户的运费及贸易费用,减去国内供应地到原用户的运费及贸易费用,再加上国内供应地到项目所在地的运费及贸易费用,简化计算可按进口品处理。实际上,如果忽略国内运费及贸易因素,项目投入物的外贸品,可直接以到岸价格计算。

(2)非外贸货物的影子价格

非外贸货物指其生产或使用将不影响国家进出口的货物。包括:天然非外贸货物,如建筑、国内运输、商业及其他基础设施的产品和服务;地理位置所限,国内运费过高不能进行外贸进出口的货物;受国际、国内贸易的限制不能通过外贸进出口的货物。对于非外贸货物,原则上以用户的"支付意愿"来确定。价格合理的,或按国家统一价格定价,或按国内市场价格替代。价格不合理的,用分解成本的法、国内价格调整法将财务成本调整为影子价格。

确定非外贸货物的影子价格主要有两种方法。

①分解成本法

由于各种物品的生产都是联锁交织在一起的,非外贸物品最终都可以分解成外贸物品和劳动消耗。当然,在分解过程中应考虑国内的实际生产水平。如果分解出的可外贸物品元素都采用的是边境价格,那么,得出的非外贸物品的成本也是以边境价格为基础的。以这种成本作为影子价格,就可以与可外贸物品的价格基准相协调。

②国内价格调整法

对于那些国内紧缺物品,且由于多种原因,而又无法扩大生产规模来缓解这种紧缺时,用分解成本来定价就不合适了。因为在这种情况下,紧缺需求物品对社会的效益要大于它们的成本。对这种物品只能综合多种因素,参照成本、国际市场价格和合理的集市贸易价格来确定。

(3)普通货物影子价格和换算系数

在实际计算影子价格时,用换算系数的方法可方便计算。换算系数是经调整所得到的经济价格同国内市场价格的一个估计平均比率。其计算公式为:

$$换算系数 = 调整后的经济价格/国内市场价格$$

$$影子价格 = 国内市场价格 \times 换算系数$$

换算系数一般由国内或上级部门制定并定期修正。

例如,房屋建筑工程系数为1.1,铁路货运影子价格系数为1.84,公路货运影子价格系数为1.26。应用换算系数时,应注意其适用性。影子价格换算系数仅适用于项目建议书阶段项目的投入物和非主要产出物,项目可行性研究阶段项目的非主要投入物和非主要产出物。项目的主要投入物和产出物的影子价格应由项目评价人员自行测定。

(4)特殊投入物的影子价格

项目的特殊投入物是指项目在建设、生产运营中使用的劳动力、土地和自然资源等。项目使用这些特殊投入物所发生的国民经济费用,应分别采用下列方法确定其影子价格。

①土地影子价格的确定

我国人口众多,土地资源十分紧张,加上目前社会主义市场经济机制、经济管理体制、经济贸易政策还不够完善以及历史原因,造成价格扭曲,土地的市场价格偏离实际价值的现象在各地普遍存在。因此,必须用影子价格对扭曲了的土地市场价格进行矫正、调整,将物价中未曾考虑的外部经济因素考虑进去。

土地是一种多用途的稀缺资源，一旦公路占用土地，就意味着国民经济将放弃它的其他的用途。土地的影子价格反映土地用于该拟建项目后，不能再用于其他目的所放弃的国民经济效益，以及国民经济为其增加的资源消耗，用土地的机会成本及新增资源消耗费用来衡量。

$$\text{土地的影子价格} = \text{土地的机会成本} + \text{新增资源消耗费用} \tag{6-2}$$

土地机会成本按照建成或拟建项目占用土地使国民经济为此而放弃的该土地"最好可行替代用途"的净效益测算，一般按下式计算：

$$C = \sum_{t=1}^{n} B_0(1 + r)^t(1 + i)^{-t} \tag{6-3}$$

式中：$C$——土地单位面积的机会成本(元)；

$n$——项目占用土地的时限，一般为项目计算期(年)；

$B_0$——基年土地的"最好替代用途"的单位面积年净效益(元)；

$t$——基年距项目开工年数(年)；

$r$——土地最好替代用途的平均净效益增长率(%)；

$i$——社会折现率(%)。

一般应根据具体情况，由项目评价人员通过实地详细调查、收集资料自行测算，尤其 $B_0$、$r$ 两参数的确定合理与否是影响"土地影子价格"的重要因素。在难于测算的情况下，可考虑《建设项目经济评价方法与参数》中的数据，但机械的采用此数据有着很大的偏差，依此确定的"土地影子价格"是不够准确的，因为这个文件并未充分考虑到各地的不同情况。至于新增资源消耗费用，如拆迁费、养老保险金、剩余农业劳动力安置费、农转非人口粮食差价补贴和征地管理费等，由于政策性较强，不同的社会环境将有较大的区别，一般由项目评价人员根据项目所在地区的政策和实际情况调查和计算确定。

**例 6.1** 某公路建设项目计算期 23 年，占用的土地原用于种植小麦，近几年小麦的平均亩产量为 0.25 吨，国内收购价格为 495.5 元/吨。进口小麦到岸价为 530 元/吨(已含贸易费用)，试计算土地的影子价格。

**解**：第一步，设项目所在地与港口到小麦销售地区的距离相等，则每吨小麦按到岸价格计算的产地影子价格为 530 元/吨(如果距离不等，其产地的影子价格应是：到岸价格加上口岸到小麦销售地区的运费及贸易费用，减去项目所在地到小麦销售地区的运费及贸易费用)。

第二步，计算小麦的生产成本。小麦的生产成本我们初略估计为其收购价的 40%，也可根据国家统计局《统计年鉴》中有关资料确定。

小麦生产成本 = 495.5 × 0.4 = 183.8(元/吨)

第三步，计算每吨小麦的净效益。

$$530 - 183.2 = 346.2(\text{元/吨})$$

第四步，计算每亩土地 23 年的净效益现值，作为土地影子价格。该项目所在地的小麦年产量平均递增率为 2%，并按 12% 的社会折现率计算。

$$P = \sum_{t=1}^{23} 346.2 \times 0.25\left(\frac{1 + 2\%}{1 + 12\%}\right)^t = 764.79(\text{元})$$

②劳动力影子价格

影子工资反映国民经济为项目使用劳动力所付出的真实代价，由劳动力机会成本和劳动力转移而引起的新增资源消耗费两部分构成。劳动力机会成本是指劳动力如果不就业于拟建项目而从事于其他生产经营活动所创造的最大效益。它与劳动力的技术熟练程度和供求状况(过剩与稀缺)有关,技术越熟练,稀缺程度越高,其机会成本越高,反之越低。新增资源耗费是指项目使用劳动力后,由于劳动力就业或者迁移而增加的城市管理费用和城市交通等基础设施投资费用。

影子工资 = 劳动力的边际产出 + 劳动力就业或转移而引起的社会资源消耗
+ 投资用于消费而产生的贬值

影子工资可通过财务分析时所用的工资与福利费之和乘以影子工资换算系数求得。影子工资换算系数由国家统一测定发布。

③自然资源影子价格

各种自然资源是一种特殊的投入物,项目使用的矿产资源、水资源、森林资源等都是对国家资源的占用和消耗。自然资源的价值难以用确切的数值表示,但为统一核算的需要,我国目前暂时规定:矿产等不可再生自然资源的影子价格按资源的机会成本计算,水和森林等可再生自然资源的影子价格按资源再生费用计算。

(5)影子汇率

影子汇率指不同于官方汇率(OER),能反映外汇转换国民经济真实价值的汇率,即外汇的影子价格。影子汇率可通过国家外汇牌价乘以影子汇率换算系数求得。

影子汇率换算是一个重要的通用参数,由国家统一测定发布,目前是取 1.08。

(6)社会贴现率

社会贴现率指社会对资金时间价值的估量,是社会对投资项目占用资金所要求达到的最低盈利标准。各类投资项目的经济分析可采用有关专门机构统一发布的社会折现率作为计算经济净现值的折现率。社会折现率可作为经济内部收益率的判别标准。目前社会折现率取值为 10%。

## 第四节　经济效益的识别及计算

### 一、公路工程项目经济效益的概念与形式

公路工程项目的经济效益指的是通过该项目给国民经济带来的实际成果和利益,包括产品、劳务及影响等。它是指在经济活动效率方面所得到的利益,是经济活动的净成果。

公路工程项目的经济效益,从不同角度看有直接经济效益和间接经济效益,有宏观经济效益和微观经济效益,也有可计算和不易计算的经济效益等,我们介绍的主要是可计算的宏观经济效益。

公路工程项目的经济效益可分为以下四类表现形式:

(1)外部效益。在公路工程项目所在部门以外为国民经济所带来的实际成果和利益,其经济效益的大小按给国民经济中商品与劳务生产所带来的增加额来确定。

(2)内部效益。指因新建或改建某公路项目,使运输效率提高而带来社会开支的节约,其大小按运输费用的降低额来确定。这种效益在公路工程项目方面表现为公路使用者的受益,如汽油、维修、轮胎磨耗、运行时间等的节约及交通事故的减少等。

(3)有形效益。指公路工程项目给社会带来能用经济计量的效益,如因修建公路而增加运量,降低运输费用,减少运输过程中的货物损耗等。

(4)无形效益。指公路工程项目给社会带来的很难用经济计量的效益,如旅客旅途的舒适方便、环境的美化和污染的减少、国防的加强等等,所有这些都难以定量确定。

## 二、公路工程项目经济效益的特点

1.社会效益的宏观性。

因交通运输是连接着生产和生产、生产和交换、生产和消耗、交换和消费等以使整个社会产品得以流通的一个物质生产部门,其经济效益必然与工业、农业、商业、国防、科技、文教、卫生等部门密切关联,因此表现出社会效益的宏观性。

2.部门效益性。

现代化的交通运输是由铁路、公路、水运、航空和管道等多种运输方式组成的综合有机体系,每一种运输方式又是多层次结构,各种运输方式必须密切配合、合理分工、各展其长,才能充分显示最佳效果。就全局来看,各种运输方式的经济费用与效益是互相关联的,这就决定了相互关联的运输项目的经济效益难以分清,表现出部门经济效益性。

3.公路工程项目本身的某些直接经济效益不具有实体性。

运输产品不同于具体的工业产品和农业产品,它是在一定的时间条件下使被运输的实物产品或人员发生空间的变化,产生位置的移动,提高了使用价值。这就是说在运输生产过程中并不改变劳动对象,也不创造新的产品,只是使客、货发生了位移。运输的产品表现为吨公里、人公里,因此公路项目本身的某些直接经济效益往往不具有实体性。

4.公路工程项目的最大效益是以最少的劳动消耗来满足社会对运输的需求。

运输产品不能储存,运力一般不能调剂和转移,它的生产过程同时是发生效用的过程,也是运输的消费过程。故要协调运输供求间的关系,只能采取储存运力,保持运输需求和运输能力的相对平衡。运输项目之最大经济效益着眼于以最少的社会劳动消耗来最大限度地满足整个社会对运输的需求。

5.经济效益的长期性。

公路工程项目一般投资大、周期长、配套多,其经济效益一般要在若干年后才显示出来。如从给国民经济和人民生活带来的影响看,则更是5年、10年甚至更长时间的事,这就表明公路工程项目经济效益的长期性。

6.经济效益衡量的困难性。

有很多公路工程项目的经济效益难以精确计算,其衡量有一定的困难。如舒适性和方便性的效益是难以用货币的形式表示的;又如运输费用的降低,能使很多人长时间受益,但难以做出精确预测;再如,许多效益都是间接的,难以区分计算等。

## 三、经济效益的鉴别

经济效益的鉴别是指从国民经济角度出发,弄清各种经济效益与公路项目间的关系。所有归属项目所得的经济效益都应列为该项目的"效益",反之,应从"效益"中剔除。为了正确鉴别项目的经济效益,应注意以下几点:

1.掌握鉴别方法。

鉴别经济效益的方法一般有两种:一是"前后对比法",即对比某个项目"实现前"和"实现后"的各种效益的差别,划清该项目经济效益的归属部分;另一种是"有无对比法",即对比"有"某个项目和"无"该项目的各种效益的差别,划清该项目经济效益的归属部分。

值得注意的是，衡量某个项目的经济效益时，应顺次同位于第二优选方案作比较，否则经济效益可能会被夸大。

2.正确鉴别外部效益。

有形劳务和效益是大多数公路项目所产生的一种外部效益，这是容易鉴别和计算的。但对那些无形的外部效益，如美化环境、减少污染、巩固国防、促进文化教育等效益是难以计量的。另外还可能有各种间接的或附带的外部效益，如某个公路项目上马后将会促使某些企业利用闲置的物力和劳力，这样在社会上就产生一种无需花费经济代价的外部附带效益，这些附带效益是否要列入项目中，应视实际情况而定。

3.把握内部效益的鉴别。

在某些情况下，政府对运输项目经济效益的考察，主要着眼于营运成本的降低。由于公路项目的兴建而使其所在部门的运输效率提高，营运成本降低，均属该项目的内部效益。如新建或改建公路能使其营运成本比原有公路降低20%，这就是该项目带来的内部效益。

4.谨防将“资金转移”作为项目的经济效益。

在鉴别效益时，应注意只有因某一公路项目的实现而使社会财富和劳务总值有所增加的种种效果，才可计入该项目的经济效益。那些表面上看起来是效益，实质上是一些部门或私人间的“资金转移”，则不能列入项目的经济效益。如新建一条公路，将导致附近铁路的部分运量转移到该公路上来，若公路由此新增运量所得的营业收入正好与铁路转移这部分运量所减少的营业收入相等，则这种带有“资金转移”性质的公路部门效益，就不再是公路项目的经济效益。

5.确定经济效益的价格标准。

同经济费用一样，在评价公路项目的经济效益时，必须正确使用影子价格，其确定原则同前面所讲的一样。

6.明确经济效益所考虑的年限。

公路项目建设时间长，使用时间也长，少则十几年，多则几十年，甚至上百年，这就需要充分考虑其长远效益。一般公路项目经济效益年限的长短应结合折现率的高低来考虑，折现率高，则经济效益年限考虑短些；反之，折现率低，则经济效益年限考虑长些.当然还得视将来的效益是否值得这样考虑。

7.考虑经济效益的时间分布。

计算效益现值总额时，应考虑效益的时间分布。影响效益现值总额的因素有三：

(1)各年实际发生的效益额；

(2)效益额的时间分布；

(3)采用折现率的大小。

采用相同折现率，同额效益的时间分布愈晚，则效益值愈小；同一时间点上的同额效益，折现率愈高，效益的现值愈小；同一时间点和相同折现率，效益额愈大，其现值愈大。

## 四、交通量的构成与效益的关系

公路建成后，所带来的最重要、最直接的可以用货币形式计量的效益，是公路使用者获得的直接效益，而交通量是计算项目效益的基本数据。同时，应当注意，当交通量达到设计的通过能力后，既使实际交通量还在增长，但项目净效益不再增长，原因是超过通行能力后，服务水平会下降。由于项目的经济评价采用了“有一无”对比法，因此，交通量也应划分为有此项目条件下的交通量和无此项目条件下的交通量。如图 6-2 所示。

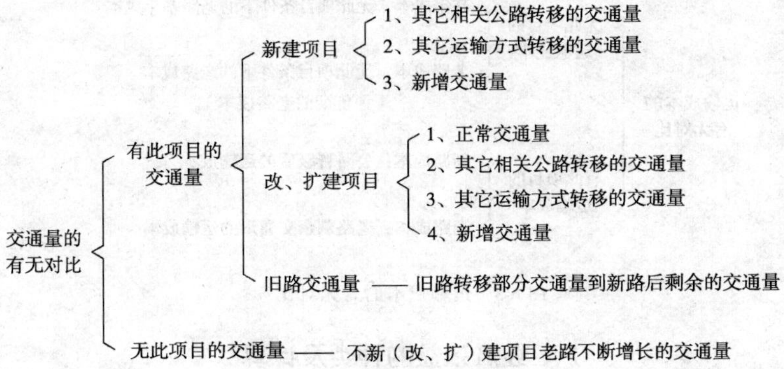


图 6-2　交通量的有无对比

(1)正常交通量。指与新项目无关的原有道路上固有增长的交通量。从效益角度讲,新(改、扩)建项目所获得的效益的一部分是无此项目与有此项目的汽车运输成本差。

(2)转移交通量。转移交通量指从其他运输方式或从其他相关公路上转到新路上来的交通量。所形成的效益包括两个部分:一是由于公路承担了其他运输方式转移下来的运输量,从而缓解了这些部门的运力紧张而获得的效益;二是由于相关公路部分交通量转移后,减少了拥挤而获得的效益。

(3)新增交通量。新增交通量指原来没有,只是由于降低了运输成本而新产生的交通量。通常分两类:一类是本地区原先就有,不建公路时,由于不方便或运输成本太高认为不值得运输,有此项目后,这种运输就开始了;另一类是有了公路工程项目后所带来的新的经济活动开始引起的,比如当地新建工厂、新开采的矿产品等形成的新运输量。

新增交通量所产生的效益在运输成本降低前是不存在的,降低多少成本才能产生这种效益,取决于人们对公路的需求。计算新增交通量的效益,是按正常交通量在"有"、"无"此项目条件下产生的汽车运输成本差额的一半来计算。

## 五、汽车运输成本

在国民经济评价的效益计算中,有相当部分是由汽车运输成本的降低产生的效益,汽车运输成本是公路经济效益计算中十分重要的因素。

汽车运输成本泛指单位汽车运输成本,其含义为:公路运输企业为了完成客、货运输任务所消耗的以货币形式表现的一切费用。汽车运输成本一般分为车辆费用和企业管理费用两大类。

影响汽车运输成本的因素很多,如路况(路面质量、路线线形、纵坡大小等)、公路等级、车速、交通量等。

汽车运输成本有一个十分重要的特点:不同公路等级的条件下,车速不一样,交通量不一样,成本也不一样。即使同样交通量,相同的公路等级,汽车运输成本也不一样(这主要是路况条件不同造成的)。汽车运输成本在全国甚至一个省、市、县也没有统一的数值和指标。

为了便于进行效益计算,在诸多影响汽车运输成本的因素中,应抓住交通量这一重要因素来研究它和汽车运输成本之间的关系。由于经济分析中采用"有—无"比较法,交通量分成有此项目条件下的交通量和无此项目条件下的交通量,汽车运输成本也同样分为有此项目条件下的运输成本和无此项目条件下的运输成本,如图 6-3 所示。

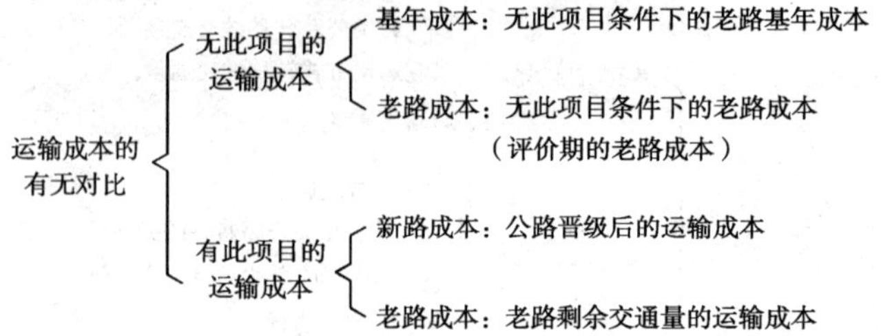


图 6-3　运输成本的有无对比

## 六、经济效益的种类及计算

公路工程项目的经济效益系指全社会公路使用者所获得的效益,以及外部经济特性给当地工农业生产及经济发展带来的效益(目前该效益难以估量)。有些效益可以定量计算,有些效益不能定量计算。能定量计算效益应定量进行计算,进而与公路工程项目的费用进行比较以确定项目的经济可行性。公路工程项目的经济效益中可以定量计算的效益包括以下几种:公路晋级效益;减少拥挤效益;节约旅客、货物在途时间效益;缩短里程效益;减少交通事故和减少货损事故的效益。不能定量计算的效益应进行定性分析和综合评价。

公路工程项目所产生的效益是主要表现为:

(1)促进经济发展;

(2)降低运输成本;

(3)节省运输时间;

(4)减少交通事故和货物的损伤;

(5)提高国家声誉、节约能源消耗、提供就业机会、减少环境污染;

(6)增加舒适和方便等。

在上述效益中,第一种往往归于项目的外部有形效益,第二、三、四及第五种中的节约能源消耗一般属于项目内部的有形效益,而第五种中的提高国家声誉、提供就业机会、减少环境污染,第六种增加舒适和方便等通常属于项目的外部无形效益。

并不是每个项目都会产生这些效益,每种效益的重要性在各个项目中也不相同。

1.促进国民经济和地区经济的发展

交通运输发展不仅同社会生产力的空间结合和地区布局密切相关,而且同社会生产要素的时间结合和时间选择紧密相连,在整个社会生产和再生产中具有保证和基础作用。交通如同人的血管,只有保证畅通,其他部门的机能才能正常发挥。历史已经证明,一个新的经济中心和交换中心的出现,一个工业基地和商业基地的建设,都需要首先发展交通,而交通运输的发展又会促进经济中心和交换中心的转移与变迁。

公路项目的兴建或改建是发展交通运输的基本措施,公路运输业的发展和经济发展密切相关。公路项目的建设会带动一系列生产部门和行业的发展,促进社会商品及货币的流通,有助于资源的开发和资源利用率的提高。虽然这一部分效益无法准确计量或计算,但对每一个运输项目都不应该笼统地下结论,而应该认真调查,仔细分析,准确地加以定性描述。

2.降低运输成本

公路项目建成后,投入营运所带来的最直接、最重要、并易于以货币形式来计量的效益,就是运输费用的降低，如运距缩短等。这类效益又由公路晋级效益、减少拥挤的效益和缩短里程的效益三个部分组成。

(1)公路晋级效益

公路通过新建或改、扩建而改进了运输状况，提高了公路等级，使得旅客、货物的运输成本降低所产生的效益称之为晋级效益。

新建公路项目运输成本降低额，按没有此公路时，旅客、货物通过其他公路或其他运输方式的运输成本，与有此公路后汽车的运输成本之差额来计算。改建公路项目运输成本降低额，按公路未经改建时平均年度交通量状况下的旅客、货物运输成本，与经过改建在同样交通水平下所能达到的旅客、货物运输成本差额来计算。

按式 6-4 计算货运成本降低额，按式 6-5 计算客运成本降低额。

$$B_{hj} = (C_{hw} - C_{hy}) \times Q_{hk} \tag{6-4}$$

$$B_{kj} = (C_{kw} - C_{ky}) \times Q_{kk} \tag{6-5}$$

式中：$B_{hj}$——公路新建或改建导致货物运输成本降低的金额(万元)；

$C_{hw}$——对于新建公路项目，指无此项目时，货物通过其他公路或其他运输方式的单位运输成本(元/千吨·km)；对于改建公路，指公路未经改建时，平均年度交通量状况下的货物单位运输成本(元/千吨·km)；

$C_{hy}$——对于新建公路项目，指有此项目条件下，货物通过此公路运输时的单位运输成本(元/千吨·km)；对于改建公路项目，指货物通过改建后公路运输的单位成本(元/千吨·km)；

$Q_{hk}$——新建公路或改建公路的货物周转量(千万吨·km)；

$B_{kj}$——公路新建或改建导致旅客运输成本降低的金额(万元)；

$C_{kw}$——对于新建公路项目，指无此项目时，旅客通过其他公路或其他运输方式的单位运输成本(元/千人·km)；对于改建公路，指公路未经改建时，平均年度交通量状况下的旅客单位运输成本(元/千人·km)；

$C_{ky}$——对于新建公路项目，指有此项目条件下，旅客通过此公路运输时的单位运输成本(元/千人·km)；对于改建公路项目，指旅客通过改建后公路运输的单位成本(元/千人·km)；

$Q_{kk}$——新建公路或改建公路的旅客周转量(千万人·km)。

当缺乏旅客运输单位成本的资料时，$B_{kj}$可采用换算为吨公里按货物运输单位成本进行间接推算。

$$B_{kj} = 0.1 \times (C_{hw} - C_{hy}) \times Q_{kk} \tag{6-6}$$

式中 $Q_{kk}$仍为旅客周转量，但乘以 0.1 的换算系数后其单位为千万吨公里，而不是千万人公里。

另外，对于由于新建或改建公路而诱发的新的交通量引起的经济效益应按下式计算：

$$B_{hjy} = \frac{1}{2}(C_{hwm} - C_{hy}) \times Q_{hky} \tag{6-7}$$

$$B_{kjy} = \frac{1}{2}(C_{kwm} - C_{ky}) \times Q_{kky} \tag{6-8}$$

式中：$B_{hjy}$、$B_{kjy}$——诱发的交通量的货运、客运经济效益；

$C_{hwm}$、$B_{kwm}$——其他各种运输方式中最小的单位运输成本；

$Q_{hky}$、$Q_{kky}$——诱发的客、货运周转量。

(2)减少拥挤的效益

公路工程项目应考虑原有相关公路减少拥挤的效益。如果无新建公路，原有相关公路的混合交通量不断增加，平均行车技术速度相应降低，单位运输成本亦不断增高。由于有了新建公路项目，使原有相关公路交通量转移后减少拥挤，原应提高的单位运输成本不再提高，此项金额的节约即为减少拥挤的效益。减少拥挤，行车平均速度提高，而使客、货在途时间节约所产生的效益也应考虑。

$$B_{hy} = (C_{hw} - C_{hyy}) \times Q_{hk} \tag{6-9}$$

$$B_{ky} = (C_{kw} - C_{kyy}) \times Q_{kk} \tag{6-10}$$

式中：$B_{hy}$、$B_{ky}$——由于公路新建使原有公路减少拥挤的货、客运输效益(万元)；

$C_{hw}$、$C_{kw}$——无此项目时，原有相关公路货、客单位运输成本(元/千吨·km，元/千人·km)；

$Q_{hk}$、$Q_{kk}$——有此项目后，原有相关公路剩余的货物、旅客周转量(千万吨·km、千万人·km)。

当没有旅客运输单位成本的资料时，也可采用换算为吨公里按货物运输单位成本进行间接计算。

(3)缩短里程而产生的效益

公路因改建而缩短里程的效益，是运输成本降低所致。其运输单位成本以改建当时交通量状况下的货、客运输单位成本计算。

$$B_{hd} = C_{ho} \times Q_{hdk} \tag{6-11}$$

$$B_{kd} = C_{ko} \times Q_{kdk} \tag{6-12}$$

式中：$B_{hd}$、$B_{kd}$——公路因改建缩短里程而降低的货、客运输成本(万元)；

$C_{ho}$、$C_{ko}$——公路改建时交通量状况下的货、客运输成本(元/千吨·km，元/千人·km)；

$Q_{hdk}$、$Q_{kdk}$——公路缩短里程后的货、客周转量(千万吨·km，千万人·km)。

此公式也适用于研究新建项目。

对于诱发的交通量的缩短里程的效益，应在公式中乘以0.5的系数。

缩短里程上的周转量可按下式计算：

$$\text{周转量} = \text{新路交通量} \times \text{被缩短的里程} \times \text{平均吨位} \times \text{实载率} \times 365\text{d} \tag{6-13}$$

3. 节省运输时间的效益

衡量一个公路项目的经济效益的重要内容之一，是看其是否能节省运输时间。在大多数情况下，公路项目的兴建或改建能节省客、货运输以及运输工具周转的时间。

(1)旅客节约在途时间的效益

旅客节约在途时间的价值，是以旅客旅行时间缩短，可以创造价值增加国民收入来考虑的，其金额以每人平均国民收入(净产值)份额来计算。即：

$$B_{ks} = I_c \times Q_{kk} \times T/(8 \times 240)L \tag{6-14}$$

式中：$B_{ks}$——旅客节约在途时间的价值(万元)；

$I_c$——计算年度每一旅客的国民收入份额(元/人)；

$Q_{kk}$——新建或改建公路上的旅客总周转量(万人·km)；

$T$——全程节约小时数(h);

$L$——公路路线全长(km)。

如考虑节约的时间只有一半用于生产目的,则公式中还应乘以0.5的系数。对于诱发的客运交通量,则应在上述计算的基础上,再乘以0.5的系数。

每个旅客所能创造的国民收入,可根据当地的统计资料测算。计算方法为:

$$\text{平均每个旅客所创造的国民收入} = \frac{\text{国民收入总额(万元)}}{\text{总人口数(万人)}} \tag{6-15}$$

应说明几点:

第一,计算旅客节约在途时间的价值必须要符合计算范围对应一致的原则,若时间价值指标以全社会人口数求得,则计算效益时应以旅客总数为乘数;如果旅客按年龄、职业、出行目的分组进行计算,则时间价值指标也要分组测算。

第二,按照国家计委《建设项目经济评价方法》的规定,计算期内各年使用统一价格,国民收人应以分析年度的第一年(项目开工的当年)的价格为基准计算。

第三,在计算旅客国民收入时,按每天8h的工作制并扣除法定节假日(按每年工作240d计)来计算旅客每小时的国民收入。

(2)货物节约在途时间的效益

货物节约在途时间的价值,是以货物运送速度提高引起资金周转期缩短而获得的效益来考虑的,按在途物资所占用资金利息(国民经济评价时采用社会贴现率)的减少量来计算。计算公式为:

$$B_{hs} = P_r \times Q_{hk} \times i \times T/(16 \times 365)L \tag{6-16}$$

式中:$B_{hs}$——货物节约在途时间的价值(万元);

$P_r$——在途货物平均价格(元/t);

$Q_{hk}$——新建或改建公路上的货物总周转量(万吨·km);

$i$——社会贴现率(%);

$T$——全程节约小时数(h);

$L$——公路路线全长(km)。

对于诱发的货运周转量,公式中同样应乘以0.5的系数。

再计算货物时间节约效益时,由于当前公路汽车运输企业都达不到昼夜连续运送货物的水平,故将节约16h在途时间按相当于减少了1d的货物流动资金周转时间考虑。

(3)节约运载工具周转时间的效益

公路项目的新建或改建,将会带来运载工具运行时间的节约,包括运载工具停站时间的节省,这种周转时间的节约虽然也可以用“有一无”对比法来计算,但计算起来仍然是困难的。

4.交通事故和货损减少的效益

公路项目的兴建或改建必然会减少交通事故和货物损失,这两部分效益的计算按式(6-17)和式(6-18)计算。

(1)交通事故减少而节约的费用的效益

$$B_{jsh} = P_{jsh} \times (J_w - J_y) M_k \tag{6-17}$$

式中:$B_{jsh}$——交通事故减少而节约的费用的效益(万元);

$P_{jsh}$——公路交通事故平均损失费(万元/次);

$J_w$——无此项目事故率(次/万车·km);

$J_y$——有此项目事故率(次/万车·km);

$M_k$——车辆行驶量(万车·km)。

计算因事故减少带来的效益应正确估计事故的减少次数及其价值。由于因事故减少带来的效益与其他效益相比常是较小的,因此,当资料缺乏时,这项效益不作定量计算,而代以定性说明。

(2)公路货损事故的减少节约的费用的效益

减少货损节约的费用,按货损率差及评价年度在途货物平均价格计算。即:

$$B_{ssh} = (S_w - S_y) \times Q_{hk} \times P_r / L \tag{6-18}$$

式中:$B_{ssh}$——货损事故减少而节约的费用的效益(万元);

$S_w$——无此项目时的货损率(%);

$S_y$——有此项目时的货损率(%);

$Q_{hk}$——货物总周转量(万吨·km);

$P_r$——在途货物平均价格(元/t);

$L$——平均运距(km)。

对于诱增交通量同样应在公式中乘以 0.5 的系数。

同样,这项效益的计算在资料的获取上有很大困难,当资料缺乏时,也可暂不作定量计算。

5.其他效益

公路项目除以上各项效益外,还有其他多方面的效益,如提高国家声誉、节约能源消耗、提供就业机会、减少环境污染、巩固国防、促进文教卫生发展等难以计量但又不能忽视的效益,因此,在评估项目的效益时,这些效益必须以定性分析来加以阐明。

全社会公路使用者的能够计量的效益为上述各项效益之和。公式为:

$$B = B_{hj} + B_{kj} + B_{hy} + B_{ky} + B_{hd} + B_{kd} + B_{hs} + B_{ks} + B_{jsh} + B_{ssh} \tag{6-19}$$

当然,并不是每一个公路工程项目都有这十项定量效益。

在效益计算时还应注意以下两个问题:

(1)在分项效益计算中,一般是利用货、客换算周转量和货、客综合运输成本进行计算,如果将货、客车分开计算,其运输成本也应分别测算,而且货、客车节约在途时间价值也要分开计算效益。

(2)在效益计算中,交通量在项目开工后的预测年限与分析时的计算期应一致。这期间在未来年交通量达到公路通行能力后,交通量和效益拟不再变化。例如,1997 年建成一条新路,交通预测和效益计算应到 2017 年,假设预测的交通量到 2011 年已达到最大通行能力,则 2012 年至 2017 的交通量与效益等同于 2011 年,不再变化。

## 复习思考题

1.什么是国民经济评价,其特点和作用是什么?

2.经济费用与财务成本有何差异?

3.简述综合评价的必要性及范围。

4.什么是机会成本?什么是影子价格?

5.简述影子价格的实质及其作用?

6.公路工程项目中的转移性费用有哪些,应如何调整?

7.简述公路工程项目经济效益的形式与特点。

8.如何正确鉴别公路工程项目的经济效益?

9.公路交通量有哪几种,各有何特点?

10.简述公路工程项目国民经济效益中能定量计算的效益内容和计算原则。

# 第七章　公路工程项目财务评价

**学习重点**:1.说明公路工程项目财务评价的概念、特点和作用;
2.说明财务评价与国民经济评价的异同点;
3.说明财务评价的方法和指标;
4.说明公路工程项目投资估算,包括项目建议书投资估算和可行性研究投资估算的基本知识;
5.叙述国内外收费公路的发展;
6.熟知公路收费的目的、作用及相关政策;
7.叙述公路收费的相关理论;
8.描述公路收费标准的制定方法;
9.根据交通需求弹性理论阐述收费公路的收费问题;
10.掌握收费公路的财务评价方法。

## 第一节　概　　述

### 一、财务评价的概念、特点和作用

财务评价,又称为财务分析或微观经济分析,它是从投资者在本项目上可能发生的财务收支的分析出发,通过比较该项目需要发生的支出和可能获得的收入来研究投资项目的微观经济效果,并评价项目在财务上的可行性。

公路工程项目的财务评价既是一种投资者的盈利分析,也是一种建设项目的行业经济评价,具有以下特点:

(1)投资项目置于本行业进行研究,在考虑资金的时间价值时,以本行业的投资机会成本来确定其基准折现率;

(2)在分析项目的收入和支出时,以项目本身为研究对象,以投资者在项目上的收益和支出为计算范围,而不考虑给第三者或项目使用者所带来的费用或效益;

(3)重点进行收费分析和贷款偿还分析。

### 二、财务评价与国民经济评价的联系与区别

财务评价与国民经济评价既有区别又有联系。其区别主要如下:

(1)财务评价与国民经济评价的立场与角度不同。财务评价从投资者的立场和角度来考察建设项目的经济效果;而国民经济评价则从全社会公路使用者的角度(即国家和社会的角度)来考察建设项目的经济效果。

(2)投入的计算内容和方法不同。财务评价所考察的投入是投资者的财务支出,而国民经济评价所考察的投入是公路工程项目所消耗的各种资源的经济价值。在计算过程中,项目的

财务建设投资是在投资估算的基础上剔除工程造价增涨预留费后计算出来的，而项目经济建设费用则是按照机会成本来计算建设项目所消耗的各种资源的价值的，在计算中应在投资估算的基础上按照影子价格计算建设项目所消耗的各种资源的价值并剔除估算中的利润、税金、贷款利息、工程造价增涨预留费、供电贴费等费用。

(3)产出的计算内容与方法不同。财务评价中的产出是投资者的财务收益，而国民经济评价所考察的产出是公路工程项目能为公路使用者带来的效益。

(4)采用的价格不同。财务评价采用的价格是市场价格；而国民经济评价采用的是影子价格。

(5)主要参数不同。财务评价所使用的参数有官方汇率、行业折现率、行业基准回收期；而国民经济评价采用的参数为影子汇率、社会折现率及国民经济评价基准回收期。

当然，财务评价与国民经济评价也有很多相同的地方，如财务评价和国民经济评价的指标与方法相同，采用的计算期相同，财务评价和国民经济评价指标中采用的价格都应剔除通货膨胀因素等等。

## 三、财务评价模型

公路工程项目的财务评价模型包括基本模型、简化模型以及贷款偿还模型三种。

1.财务评价基本模型

财务评价基本模型是按照费用与效益的范围对应一致的原则建立起来的。由于公路工程项目的投资主体是一个包括国家、政府以及业主在内的多元投资群体，而财务评价是一种投资者的盈利分析，因此，财务评价基本模型应建立在建设项目的全部财务支出和建设项目能给所有投资主体所带来的全部收入的基础上。

财务评价基本模型的现金流量图与公路工程项目国民经济评价现金流量模型相同，只是各符号的含义不一样。

2.贷款偿还分析模型

贷款偿还分析模型与前面所介绍的财务评价基本模型的不同之处在于：

(1)建设投资中只考虑或分析贷款部分；

(2)年度收入只考虑车辆通行费收入；

(3)分析指标是贷款偿还期(它与投资回收期形式相同，但实质不同)；

(4)贷款偿还期计算中采用的折现率是贷款利率而不是财务评价中的行业基准折现率。

当按复利法进行贷款偿还分析时，其计算模型如下：

$$\sum_{t=1}^{N}[B_t Q_t(1-r)-C_t](1+i)^{-t}-\sum_{t=0}^{M}P_t(1+i)^t=0 \tag{7-1}$$

式中：$N$——贷款偿还期(不含建设期)；

$M$——项目建设期；

$P_t$——建设项目投资中的各年度贷款额；

$B_t$——车辆通行费收费标准；

$Q_t$——交通量；

$r$——营业税率；

$C_t$——第 $t$ 年度营运费支出；

$i$——贷款利率。

当按单利法进行贷款偿还分析时，其计算模型如下：

$$P-\sum_{t=1}^{N}\left[P-\sum_{m=1}^{t}(R_m-F_m)+\frac{1}{2}\cdot(R_t-F_t)\right]\cdot i+\sum_{t=0}^{M}(R_t-F_t)=0 \tag{7-2}$$

式中：$R_t$、$R_m$——收费公路在 $t$、$m$ 年度的收费收入，它由收费标准及收费公路的交通量决定；

$F_t$、$F_m$——收费公路在 $t$、$m$ 年度的营运费支出；

$P$——工程建设期内的贷款额及其贷款利息。由下式确定：

$$P=\sum_{t=1}^{N}P_t[1+(M-t+1/2)\cdot i] \tag{7-3}$$

其他符号的含义同前。

## 四、财务评价的方法与评价指标

公路工程项目财务评价的方法采用经济分析的基本方法，包括现值法、未来值法、年值法、投资收益率法、投资回收期法、增量分析法等。财务评价一般采用动态分析方法，即考虑资金的时间价值，以反映项目整个寿命期的全面情况，而静态分析方法则作为补充。

1.建设项目单方案的财务评价

单方案常用的财务评价指标主要有：

(1)财务净现值(FNPV)

财务净现值是指按行业的基准收益率或设定的折现率，将项目计算期内各年净现金流量折到建设期初的现值之和。它是考察建设项目在计算期内盈利能力的动态评价指标。其表达式为：

$$\mathrm{FNPV}=\sum_{t=1}^{N}(\mathrm{CI}-\mathrm{CO})_t(1+i_0)^{-t} \tag{7-4}$$

式中：CI——现金流入量；

CO——现金流出量；

$(\mathrm{CI}-\mathrm{CO})_t$——第 $t$ 年的净现金流量；

$N$——计算期；

$i_0$——基准收益率。

财务净现值可根据财务现金流量表计算求得。$\mathrm{FNPV}\geqslant 0$ 的项目是可以考虑接受的。

(2)投资回收期($P_T$)

投资回收期是指以项目的净收益抵偿全部投资(固定资产投资、投资方向调节税和流动资金)所需要的时间。它是考察项目在财务上的投资回收能力的主要指标。投资回收期(以年表示)一般从建设开始年算起，如果从投产年算起时，应予注明。其表达式为：

静态投资回收期：

$$\sum_{t=1}^{P_t}(\mathrm{CI}-\mathrm{CO})_t=0 \tag{7-5}$$

动态投资回收期：

$$\sum_{t=1}^{P_t}(\mathrm{CI}-\mathrm{CO})_t\cdot(1+i_0)^{-t}=0 \tag{7-6}$$

投资回收期 $P_T$ 可根据财务现金流量表中累计净现金流量计算求得。详细计算公式为：

$$\text{投资回收期}=\text{累计净现金流量开始出现正值的年份}-1+\left[\frac{\text{上年累计净现金流量的绝对值}}{\text{当年净现金流量}}\right] \tag{7-7}$$

在财务评价中，求出的投资回收期($P_t$)与行业的基准投资回收期($P_c$)比较，当 $P_t\leqslant P_c$

时，表明项目投资能在规定的时间内收回，该项目财务上可行，反之，该项目在财务上不值得投资。

(3)财务内部收益率(FIRR)

财务内部收益率是指项目在整个计算期内各年净现金流量现值累计等于零时的折现率，它反映项目所占用资金的盈利率，是考察项目盈利能力的主要动态评价指标。其表达式为：

$$\sum_{t=1}^{N}(CI-CO)_t(1+FIRR)^{-t}=0 \qquad (7\text{-}8)$$

财务内部收益率可根据财务现金流量表中净现金流量用试算法与内插法计算求得。在财务评价中，将求出的全部投资或自有资金(投资者的实际出资)的财务内部收益率(FIRR)与行业的基准收益率或设定的折现率($i_0$)。比较，当 FIRR $\geqslant i_0$ 时，即认为其盈利能力已满足最低要求，在财务上是可以考虑接受的。

(4)贷款偿还期

对于收费还贷公路工程项目，还要进行贷款偿还期的分析和评价。所谓贷款偿还期，是指用公路工程项目的净收益抵偿基本建设投资中的贷款本金以及贷款利息所需要的时间。通常要求贷款偿还期不能长于银行规定的贷款偿还期限。贷款偿还期的计算公式见本章式(7-1)、(7-2)、(7-3)。

2.建设项目多方案的财务评价

公路工程项目的财务评价除了对单方案进行经济分析和评价外，有时还需拟订多个方案，并进行相互间的财务比较。

多方案比较的方法通常采用增量分析法，即通过比较投资较大方案与投资较小方案，分析其相对增加的投资额是否能带来增额收益，从而进一步判断各个方案的优劣。

## 第二节　公路工程项目的收费分析

### 一、收费公路概述

1.收费公路的发展

(1)国外收费公路的发展

18 世纪末，美国私营公司完成的由费城到兰开斯特公路是世界上第一条具有重要意义的收费公路。19 世纪中叶，美国政府部门通过提供土地特许和补贴支持私营收费公路网络的建设，私人经营的收费公路里程超过了 10000 英里。19 世纪后期，运输结构发生了变化，绝大多数收费公路出现了亏损，地方政府接管了公路管理工作。在 20 世纪 30 年代，一些州政府开始建设公共收费公路。截至 1993 年，公共部门拥有的 55000 英里的洲际公路中有 4000 英里实行收费制度。

意大利是世界上首先为通行汽车而修建收费道路的国家。1924 年修建了 80km 的高等级收费道路。到 1998 年 6 月 30 日止，意大利高速公路通车里程达 6443.8km，其中收费高速公路 5549.8km，占 86.13%。

日本 1956 年颁布了《日本道路公团法》,重新制定《道路建设特别措置法》,建立了一整套制度以后,收费道路才得以迅速发展。截至 1998 年 3 月底,日本收费道路的营业里程已达到 9200km,其中高等级收费道路为 7265km,占 78.97%。

(2)国内收费公路的发展

我国收费公路建设是 80 年代开始起步的。1980 年,广东省实行贷款集资建桥修路,并采用收费办法偿还。1984 年,广东省建成我国第一座收费大桥——广深线中堂大桥以及第一条收费公路——中山市张家边进港公路,开创了我国贷款修建收费公路和桥梁的先河。继广东省之后,收费公路作为各地加快公路建设投资的重要方式被相继采纳。特别是在 1988 年,国家办法《贷款修建的高等级公路和大型公路桥梁、隧道收取车辆通行费的规定》出台后,收费公路走上规范化、法制化的发展轨道,并得到了迅速发展。

截止 2002 年底,我国收费公路里程达 124614km,已占到全国公路通车总里程的 7%;收费站点 4294 个,其中公路收费站 3875 个,桥隧收费站 419 个。按经营性质分,经营性收费公路 26748 公里,收费站点 1 205 个,分别占收费里程的 21.5%、总站点的 28.1%;政府还贷性收费公路 97866 公里,收费站点 3089 个,分别占收费里程的 78.5%、总站点的 71.9%。

2.收费公路的类型

(1)收费还贷公路

收费还贷公路是指县级以上地方人民政府交通主管部门利用贷款或者向企业、个人有偿集资建设的公路收费还贷,公路还清贷款即停止收费。“贷款修路,收费还贷”政策出台以来的 20 年,是我国公路交通事业发展速度最快、规模最大、成就最为突出的一段时期,它对于缓解公路建设资金严重不足的矛盾、改善我国路网结构、提高路网技术水平起到了至关重要的作用。

在我国目前已建成的高等级公路中,所有的高速公路、80%的一级公路、44%的二级公路,都是依靠“贷款修路,收费还贷”政策得以实施的。

(2)收费经营公路

我国经营性公路是指国内外经济组织投资建设,或者依照公路法的规定受让政府还贷公路收费权的公路。收费经营公路由公路经营公司依法收费经营,承担日常养护工作,并照章纳税,经营期一般为 25 ~ 30 年。转让新建公路的产权与经营权,不仅增加公路建设的融资渠道,而且还推动公路建设的全面市场化。

国家在 1996 年把公路收费权的转让作为吸引社会资本投入公路建设的一项政策写入法规,交通部出台了《公路经营权有偿转让管理办法》,这充分说明收费经营公路得到社会及国内外经济实体的认同

(3)收费控制公路

在国外实行通行收费,是为了减缓部分路段的交通堵塞,或为了减少车辆进入交通特别拥挤的区域而采取的一种限制性措施。收费控制公路目前在我国暂时还没有。

3.我国公路收费的法律、法规与政策

为加速公路建设投资事业的发展,保护公路建设投资者的合法利益,规范收费行为,我国相继颁发了《贷款修建高等级公路和大型公路桥梁、隧道收取车辆通行费的规定》、《关于在公路上设置通行费收费站(点)的规定》(以下简称《规定》)、《中华人民共和国公路法》(简称《公路法》)等法律、法规与政策。具体有如下内容:

(1)公路收费范围。《公路法》规定,符合国务院交通主管部门规定的技术等级和规模的下

列公路,可以依法收取车辆通行费:

①由县级以上地方人民政府交通主管部门利用贷款或向企业、个人集资建成的公路;

②由国内外经济组织依法受让前项公路收费权的公路;

③由国内外经济组织依法投资建成的公路。

其中,对贷款修建的公路,《规定》中要求在符合下列条件时方可收费:

a.封闭(包括部分封闭)型的汽车专用公路;平原微丘区超过40km和山岭重丘区超过20km的一般二级公路。

b.长度超过300m的公路桥梁,改渡为桥的,可适当放宽到桥长超过200m;长度超过500m的公路隧道。

(2)收费标准制定。贷款修建的收费公路以收费还贷作为收费标准的制定原则。收费公路收取车辆通行费的收费标准,由公路收费单位提出方案,报省、自治区、直辖市人民政府主管部门会同同级物价行政主管部门审查批准。

(3)收费期限。贷款或集资建成的收费公路,其收费期限按照偿还贷款、集资款的原则,由省、自治区、直辖市人民政府依照国务院交通主管部门的规定确定;有偿转让的收费公路,其收费权转让期限由受让双方约定并报上级主管机关审批,但最长不得超过国务院规定的年限;国内外经济组织投资建设的公路,其收费经营期限按照收回投资并有合理回报的原则,由交通主管部门与投资者约定并按照国家有关规定办理审批手续,但最长不得超过国务院规定的年限。

4.公路收费系统

公路收费系统有两大类型:一类为开放式收费系统,另一类为封闭式收费系统。开放式收费系统建设投资少,成本低,但只能控制某一路段的使用者,该系统每栅栏口建立的成本并不高,但如果一条公路有许多这样的栅栏口,那么营运成本和对车辆的延滞的成本可能会使总成本增加,而超过封闭的收费系统。封闭式收费系统的建设成本高,但对每个道路使用者只有两次停验,致使营运成本和延误成本都较少,它可以较方便地按行驶距离对每个道路使用者收费。

开放式收费系统适合于较短距离的道路、桥梁、收费隧道的收费。该系统一般在收费区间的一头(或是入口,或是出口)设置收费站,并按不同的车型收取不同的费用。作为该系统的特征是只在出入口的某一方设收费站。所以,收费站数量少,因而是一种较单纯的系统。但是,对那些距离长的或是互通立交多的路线来说,因为该系统的收费额不随距离长短和立交多少而异,这就产生了付费不公的问题,它不符合公路收费的基本原则,即保证合理地分配效益(使用者获益越大,交费应越多),因而这种方式不适合长距离的公路收费。

封闭式收费系统适合于连接城市间的长距离路线,以及含有多个互通式立交的路线。一般是在收费站的出口处及入口处两方都设置收费站。出入口处,收费人员把记载了该种车型和入口互通式立交编号的通行券交给缴费人,然后在出口处根据车型和运行距离向缴费人征收通行费。该系统的特征是:通行费不仅按车型,且按运行距离而定,它避免了开放式收费系统那种运行距离不等而收费相等的不合理现象。但该系统的收费门较多,系统也较复杂。

## 二、公路收费的相关理论

1.收费公路的交通需求分析

(1)交通需求弹性

弹性(elasticity)是经济学中的一个很重要的术语。它通常被用在经济学中分析产品需求的价格弹性(price elasticity of demand),衡量需求量对价格变动的反应程度。如果一种物品的需求量对价格变动的反应大,可以说这种物品的需求是富有弹性的。如果一种物品的需求量对价格变动的反应小,可以说这种物品的需求是缺乏弹性的。对于一些生活必需品,缺乏价格弹性,而对于一些非生活必需品,则价格弹性充足。

交通需求弹性是指新建或改建公路在收费以后,由于交通运输成本的变化而对交通量的影响程度。如果公路在收费以后交通量的变化很大,则认为交通需求弹性充足,如果公路在收费以后交通量的变化很小,则认为交通量需求弹性不足或称交通需求缺乏弹性。所以,交通需求弹性是用来衡量价格(运输成本)变动的比率所引起的交通量变动的比率,即衡量交通量变动对价格变动的反应程度的一个重要指标,它可以用交通需求弹性系数来表示,即:

$$\text{交通需求弹性系数} = \frac{\text{交通量变动百分比}}{\text{价格变动百分比}} \tag{7-9}$$

如果以 $E_d$ 代表交通需求弹性系数,$P$ 代表运输成本(价格),$\Delta P$ 代表价格的变动量,$Q$ 代表交通量,$\Delta P$ 代表交通量的变动量,则交通需求弹性系数的计算公式为:

$$E_d = \frac{\Delta Q}{Q} / \frac{\Delta P}{P} = \frac{\Delta Q}{\Delta P} \cdot \frac{P}{Q} \tag{7-10}$$

当 $E_d = 0$ 时,称交通需求完全无弹性;

当 $0 < E_d < 1$ 时,称交通需求缺乏弹性;

当 $1 < E_d < \infty$ 时,称交通需求富有弹性或弹性充足;

当 $E_d \to \infty$ 时,称交通需求完全有弹性。

(2)收费公路的交通需求曲线

收费公路的交通量与收费价格及收费公路的级差效益等因素密切相关。设收费公路给汽车带来的运输成本降低的级差效益为 $B$,新路与老路上的总交通量为 $Q_m$。现假定理性的消费者在公路收费价格大于等于 $B$ 时,会继续使用老路而放弃新路的使用,随着收费价格的下降,行驶在新建收费公路上的交通量将逐步增加,当收费价格为 0 时,所有交通量都将在新建公路上行驶,直至达到其最大通行能力时为止。

对新建公路而言,由于存在并行公路,收费对新建公路的交通量的影响较大,因此,其交通需求曲线通常为一凹曲线。如图 7-1 所示。

(3)交通需求曲线

公路交通量与运输成本的关系曲线成为交通需求曲线,可用图 7-1 表示。

在图 7-1 中,横坐标代表交通量,用 $Q$ 表示,纵坐标代表公路运输成本,用 $P$ 表示。则交通需求弹性系数为 $E_d$、$E_d$ 越大,交通需求弹性越大。

从图 7-1 中可以看出,公路交通量随运输成本的降低而增加,所以,当新建或改建公路竣工通车后,由于交通运输成本的降低会刺激交通量的增加,导致老路交通量向新路转移,并吸引其他运输方式如铁路或水路运输的客货运输量。

(4)收费对交通量的影响

当公路收费以后,交通量会发生变化,见图 7-2 。图中的 $P'$ 与 $Q'$ 是新建或改建公路收费之前的运输成本与交通量，当公路收费以后，由于公路使用者的运输成本上升，由 $P'$ 上升至 $P''$，此时公路交通量将有所减少，由原来的 $Q'$ 下降为 $Q''$，下降的幅度取决于交通需求的弹性。

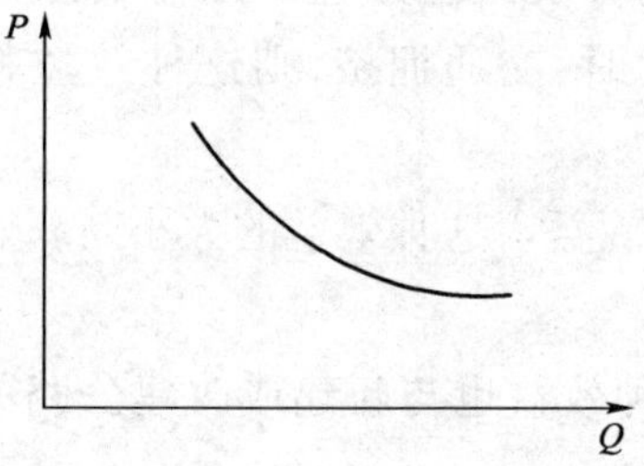

图 7-1　交通需求曲线图

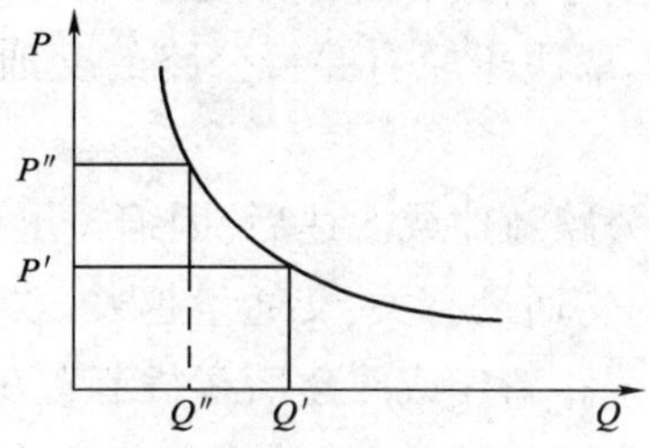

图　7-2

实践证明,当存在其他运输方式可供选择,尤其是有并行公路时,交通量对收费的弹性十分充足。交通量的下降具体表现为如下几种情况：

①当存在并行公路时,交通量将大量向并行公路转移；

②当其他运输方式的运输成本低于收费后的公路运输成本时,交通运输量将向铁路、水路、航空等运输方式转移；

③抑制新生交通量的增长。即新建公路对当地国民经济和交通运输业发展的刺激会因公路收费后运输成本的增加而有所减弱。

2.收费公路的成本分析

公路收费以后,其投资成本和营运成本都会有所增加,其增长的幅度因收费系统的设计不同而有所不同。另外,公路的等级也将影响收费成本占原始成本的比例。

(1)收费公路的投资成本

公路在收费以后其增加的投资成本如下：

①收费站。包括收费口、收费站、收费站路基路面、收费站匝道、收费站发电机组、收费站外接电源架线、收费站水源、收费站围墙等设施的费用。

②收费系统。包括收费系统和传输线路等设施的费用。

(2)收费公路的营运成本

公路在收费以后其增加的营运成本如下：

①收费人员的工资和福利；

②收费站的水电费和收费设施维修费；

③收费工作的管理费。

收费公路在营运的开始阶段,由于交通量较小,因此,收费经营日常成本占收费收入的比例较高,但随着交通量的增加,其比例会逐步减小。

3.收费公路的效益分析

新建或改建公路的经济效益主要表现在如下五个方面：

(1)由于公路新建或改建(提高公路等级)获得的客货运输成本降低的效益。这种效益与新建或改建公路的交通量有关，在交通量未饱和之前，交通量越大，效益越高。

(2)由于公路新建或改建使原有并行公路减少拥挤的客货运输效益。原有公路的客货运输成本取决于原有并行公路的交通拥挤状况，交通量大时，交通拥挤，则这种效益将相应下降。

(3)公路新建或改建后，因缩短里程而降低运输成本的效益。这种效益的大小与新建或改建公路的交通量有关，交通量越大，效益越高。

(4)公路新建或改建后客货节省在途时间的效益。这种效益也与新建或改建公路的交通量有关，交通量越大，效益越高。

(5)公路新建或改建后因交通事故和货损减少产生的效益。

新建或改建公路的经济效益可用图 7-3 表示：

图 7-3 中的 $AB$ 曲线是交通需求曲线，$D_0(Q_0,P_0)$是公路新建或改建前的交通量与运输成本。$D(Q,P)$是公路新建或改建后的交通量与运输成本，$P_0KDP$ 所围成的阴影部分的面积即为新建或改建公路的经济效益，它是以公路使用者的个人支付意愿为基础计算的，其中 $D_0KD$ 部分的面积为消费者剩余。

当新建或改建公路收费以后，由于运输成本提高，一部分交通量将向其他并行道路或其他运输方式转移，一部分新生交通量的发生将受到限制，从而导致经济效益的下降。这种现象见图 7-4 。

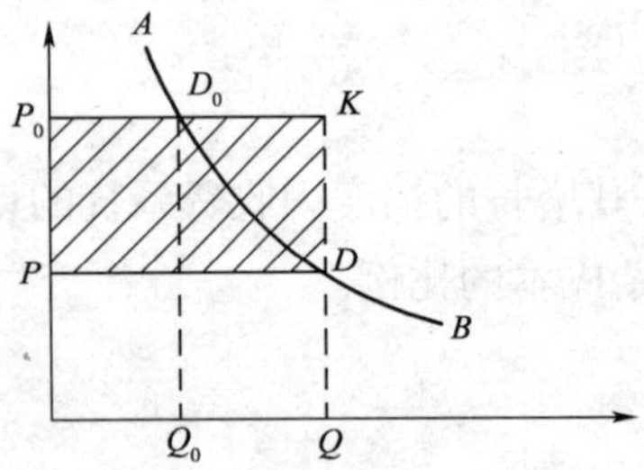


图 7-3

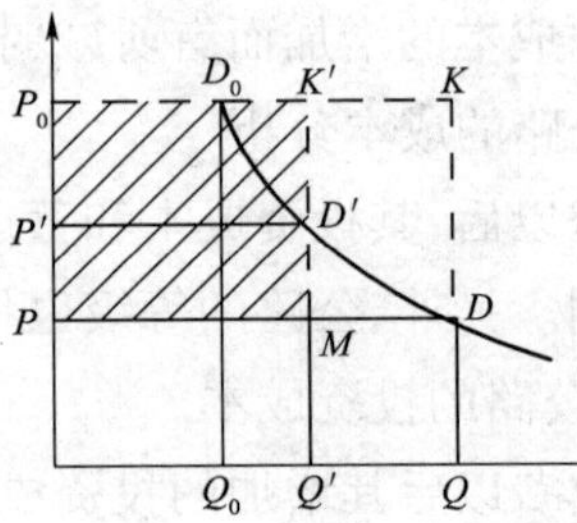


图 7-4

实践证明，当新建或改建的公路收费后，前面五个方面的效益都会有不同程度的下降。

新建或改建公路收费后的效益变化除了因交通量变化而导致前面五个方面的效益下降外，它还表现在如下几个方面：

(1)收费过程中，车辆因交费而增加的额外资源消耗。

(2)并行道路因转移交通量增多，导致拥挤或者混合交通而造成行车事故增多，使成本上升。

实践证明，当存在其他运输方式可供选择，尤其是有并行公路时，交通量受收费价格的影响十分明显。交通量的下降具体表现为如下几种情况：

(1)当存在并行公路时，交通量将大量向并行公路转移；

(2)当存在其他运输方式且其运输成本低于收费后的公路运输成本时,交通量将向铁路、水路、航空等运输方式转移;

(3)抑制新生交通量的增长。即新建公路对当地国民经济和交通运输业发展的刺激会因公路收费后运输成本的增加而有所减弱。

## 三、公路收费标准的制定方法

公路收费标准从不同的利益角度有不同的制定方法。从投资者的利益角度应以收费收入最大化或利润最大化为目标制定收费标准;从公路的社会公益性角度应以国民经济效益最大化为目标制定收费标准;从公平的角度收费标准的制定应兼顾投资者的利益和国民经济效益。以下是各种不同的收费标准制定方法。

1.以收费收入最大化为目标的收费标准制定方法。

对于不存在竞争性运输方式的收费公路,根据本方法所确定的收费价格是垄断性收费价格,经营性的收费企业会将新建公路给消费者带来的受益通过垄断性收费价格全部占有,这对消费者(公路使用者)是不公平的,因此,此种收费标准制定方法对于不存在竞争性运输方式的收费公路是不适应的。

利用收费收入最大化确定的收费标准对提高收费收入,保证收费经营企业的财务收益及指导收费标准的制定,防止盲目提高收费标准影响国民经济效益及收费收入的行为是有积极意义的。

2.以利润最大化为目标的收费标准确定方法。

按该种方法确定的收费价格对于不存在竞争性运输方式的收费公路而言,同样属于一种垄断性的收费价格,会损害公路使用者的合法权益。因此,对于不存在竞争性运输方式的收费公路,此种收费标准确定方法同样是不适应的。

3.以国民经济净效益最大化为目标的收费标准制定方法。

按该种方法制定收费标准,能最大限度地保证收费公路的国民经济效益,但由于投资回收期长,财务收益差而不利于收费经营企业的财务稳定以及刺激他们加强公路基础设施的投资。

4.以回收成本效益最大化为目标的发代收费价格制定方法。

该方法是一种以收费经营企业的收支平衡(收入中应包含正常利润)为条件,采取尽可能使净效益 NB 最大化的收费标准确定方式。

5.以收回全部成本为目标的收费标准制定方法。

6.收回建设项目投资(贷款或集资)为目标的收费标准确定方法。

## 复习思考题

1.什么是财务评价,其特点和作用是什么?

2.财务评价与国民经济评价有何区别?

3.公路工程项目的财务评价模型有哪些?

4.公路工程投资估算有哪两类?

5.公路收费有什么优缺点?

6.公路收费的意义和作用是什么?

7.公路收费后对公路的效益有何影响?

8."公路的收费标准越高,则收费收入越多"。这种说法是否正确?为什么?

9.影响收费公路交通量的因素有哪些?

10.公路收费标准的制定方法有哪些?各有何特点?

# 第八章　公路工程项目后评价

**学习重点**：1.描述项目后评价的概念和作用；

2.说明项目后评价与前评价之间的主要区别；

3.说明项目后评价的一般原则、内容、程序和常用方法；

4.叙述公路建设后评价的定义与对象；

5.说明公路建设后评价的内容、程序和方法；

6.说明公路建设后评价报告的编制方法。

## 第一节　项目后评价概述

### 一、项目后评价的概念

项目后评价是指对已经完成的项目的目的、执行过程、效益、作用和影响所进行的系统的、客观的分析。具体地说，后评价是通过对项目活动实践的检查总结，确定项目预期的目标是否达到，项目或规划是否合理有效，项目的主要效益指标是否实现，通过分析评价找出成败的原因，总结经验教训，并通过及时有效的信息反馈，为未来项目的决策和提高完善投资决策管理水平提出建议，同时也为被评价项目实施运营中出现的问题提出改进建议，从而达到提高投资效益的目的。

根据工程项目的时间进程，工程项目分析一般分为三个阶段，即：前评估、跟踪评价、后评价。三个阶段的工作重点、评价内容和方法有一定的区别，后评价是在分析完工报告的基础上，通过实地考察和调查研究，评价项目的结果和执行情况，如图 8-1 所示。

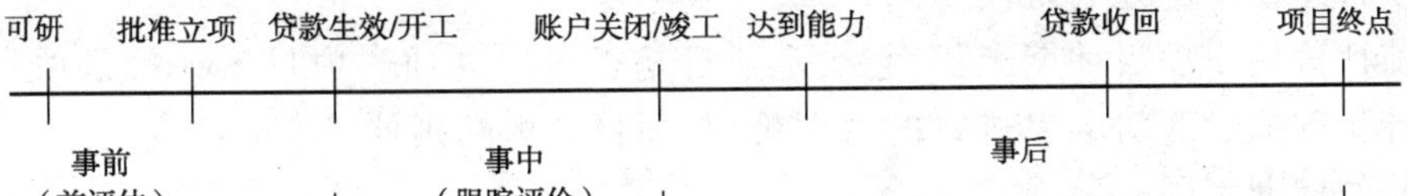


图 8-1　项目后评价的时间范围

从 20 世纪 30 年代美国政府第一次有目的地开始对项目进行后评价以来已有 70 多年的历史，然而自到 20 世纪 70 年代中期，后评价才引起许多国家以及世界银行、亚洲开发银行等双边和多边援助组织的重视，在评价其世界范围内的资助活动中得到广泛使用。

中国的投资项目后评价始于 20 世纪 80 年代中后期，1988 年国家计委正式委托中国国际工程咨询公司进行第一批国家重点建设项目的后评价，标志着后评价在我国的正式开始。10 多年来，中国的后评价事业有了较快的发展，在公路、铁路、水利、火电站等项目中得到运用。

## 二、项目后评价的作用

项目后评价对提高建设项目决策科学化水平,改进项目管理和提高投资效益等方面发挥着极其重要的作用。具体地说,项目后评价的作用主要表现在以下几个方面:

1.总结项目管理的经验教训,提高项目管理的水平。

通过对项目后评价,对已经建成项目的实际情况进行分析研究,有利于指导未来项目的管理活动,从而提高项目管理的水平。

2.提高项目决策科学化的水平。

项目前评价是项目投资决策的依据,但前评价中所做的预测是否准确,需要后评价来检验。通过建立完善的项目后评价制度和科学的方法体系,一方面可以增强前评价人员的责任感,提高项目预测的准确性,另一方面可以通过项目后评价的反馈信息,及时纠正项目决策中存在的问题,从而提高未来项目决策的科学化水平。

3.为国家投资计划、政策的制定提供依据。

项目后评价能够发现宏观投资管理中的不足,从而国家可以及时地修正某些不适合经济发展的技术经济政策,修订某些已经过时的指标参数。同时还可根据反馈的信息,合理确定投资规模和投资流向。此外,国家还可以充分地运用法律的、经济的、行政的手段,建立必要的法令、法规、各项制度和机构,促进投资管理的良性循环。

4.可以对企业经营管理进行"诊断",促使项目运营状况的正常化。

项目后评价是在项目运营阶段进行,因而可以分析和研究项目投产初期和达产时期的实际情况,比较实际情况与预测情况的偏离程度,探索产生偏差的原因,提出切实可行的措施,从而促使项目运营状况正常化,提高项目的经济效益和社会效益。

## 三、项目后评价与项目前评价的主要区别

项目后评价与项目前期准备阶段的评估,在评价原则和方法上没有太大的区别,均是采用定量与定性相结合的方法。但是,由于两者的评价时点不同,目的也不完全相同,因此也就存在一些区别,主要表现在:

1.在项目建设中所处的阶段不同。

项目前评价属于项目前期工作,它决定项目是否可以立项。项目后评价是项目竣工投产并达到设计生产能力后对项目进行的再评价,是项目管理的延伸。

2.比较的标准不同。

项目前评价是依据国家、部门颁布的定额标准和国家参数来衡量建设项目的必要性、合理性和可行性的。项目后评价虽然也参照有关定额标准和国家参数,但它主要是直接与项目前评价的预测情况或国内外其他同类项目的有关情况进行比较,检测项目的实际情况与预测情况的差距,并分析其产生的原因,提出改进措施。

3.在投资决策中的作用不同。

项目前评价直接作用于项目决策,前评价的结论是项目取舍的依据。项目后评价则间接作用于项目投资决策,是投资决策的信息反馈。通过后评价反映出项目建设过程和投产阶段(乃至正常生产时期)出现的一系列问题,将各类信息反馈到投资决策部门,从而提高未来项目决策科学化的水平。

4.评价的内容不同。

项目前评价所分析研究的主要内容是项目建设条件、工程设计方案、项目的实施计划以及项目的经济社会效果。项目后评价的主要内容是针对除项目前评价上述内容进行再评价外，还包括对项目决策、项目实施效率等进行评价以及对项目实际运营状况进行较深入的分析。

5.组织实施上不同。

项目前评价主要由投资主体(企业、部门或银行)或投资计划部门组织实施。项目后评价则由投资运行的监督管理机构或单独设立的后评价机构进行，以确保项目后评价的公正性和客观性。

## 四、项目后评价的一般原则

项目后评价的一般原则是：独立性、科学性、实用性、透明性和反馈性。

1.独立性

是指评价不受项目决策者、管理者、执行者和前评估人员的干扰。它是评价的公正性和客观性的重要保障。为保证评价的独立性，必须从机构设置、人员组成、履行职责等方面综合考虑，使评价机构既保持相对的独立性又便于运作，独立性应自始至终贯穿于评价的全过程。只有这样，才能使评价的分析结论不带任何偏见，才能提高评价的可信度，才能发挥评价在项目管理工作中不可替代的作用。

2.科学性，即可信性

要求项目后评价采用科学的评价方法，而且要求收集的信息资料可靠。这就要求评价者具有广泛的阅历和丰富的经验。

3.反馈性

后评价的最终目标是将评价结果反馈到决策部门，作为新项目立项和评价的基础，作为调整投资规划和政策的依据。因此，评价的反馈机制、手段和方法便成了评价成败的关键环节之一。

4.透明性

要求评价的透明度越大越好。因为评价的透明度越大，了解和关注后评价的人也就越多。从评价成果的扩散和反馈的效果来看，也是透明度越大越好，这样便于更多的单位和个人能在自身的工作中借鉴过去的经验教训。

5.实用性

要求报告的文字具有可读性，报告所总结的经验教训有可借鉴性。为了使评价成果对决策能产生作用，让尽可能多的单位和个人从项目评价信息中受到启发，后评价报告必须具有实用性。

## 五、项目后评价的内容

项目后评价的内容视项目的类型、规模、复杂程度以及后评价目的的不同，对每个项目进行后评价的内容也并不完全一致。

1.从与项目前评价内容相对称的角度，项目后评价的内容可分为以下几个方面：

(1)项目建设必要性的后评价。根据国民经济发展规划和国家制定的产业政策以及区域经济优势，结合项目的实际情况，检验项目建议书、可行性研究报告和项目评估报告的编制是否坚持了实事求是的原则，如果项目实施结果偏离预测目标较远，要分析产生偏差的原因，并提出相应的补救措施。

(2)项目生产建设条件的后评价。着重分析项目实施过程的建设条件、建成投产后的生产条件,并与前评价的预测情况相比较,若两者存在较大的偏差,应分析其原因并提出对策建议。

(3)项目技术方案的后评价。主要对工程设计方案、项目实施方案的再评价,以确认技术方案的先进性和实用性。

(4)项目经济后评价。包括项目财务后评价和项目国民经济后评价两个组成部分。

(5)项目影响后评价。主要分析项目对其周围地区在经济、环境和社会所产生影响的实际结果。

2.从项目运行过程的角度划分,项目后评价的内容主要包括以下几个方面:

(1)项目前期工作的后评价。主要包括项目立项条件再评价;项目决策程序和方法的再评价;项目勘测设计的再评价;项目前期工作管理的再评价等。

(2)项目实施的后评价。主要包括项目实施管理的再评价;项目施工准备工作的再评价;项目施工方式和施工项目管理的再评价;项目竣工验收和试生产的再评价;项目生产准备的再评价等。

(3)项目运营的后评价。主要包括生产经营管理的再评价;项目生产条件的再评价;项目生产情况的再评价;项目产出的再评价;项目经济后评价;项目社会环境影响后评价等。

## 六、项目后评价的程序

项目后评价的程序一般包括:提出问题、筹划准备、收集资料、分析研究、编写报告等5个阶段。

1.提出问题

明确项目后评价的具体对象、评价目的及具体要求。

2.筹划准备

组建评价小组,制订计划,选定评价方法等。

3.收集资料

包括收集项目建设资料,国家经济政策资料,项目运营状况的有关资料,本行业有关资料,反映项目实施和运营实际影响的有关资料,如环境监测报告、对周围地区和行业的影响等资料。

4.分析研究

围绕项目后评价内容,采用定量分析和定性分析方法,发现问题,提出改进措施。

5.编制项目后评价报告

后评价报告是项目后评价工作的最后成果,后评价报告既要全面、系统、又要反映后评价目标。

## 七、项目后评价的常用方法

1.“前后对比”和“有无对比”法

一般情况下,“前后对比”是指将项目实施之前与完成之后的情况加以对比,以确定项目的作用与效益的一种对比方法。在项目后评价中,则是指将项目前期的可行性研究和评估的预测结论以及技术设计时的技术经济指标,与项目的实际运行结果及在评价时所做的新的预测相比较,用以发现变化和分析原因。这种对比用于揭示计划、决策和实施的质量,是项目评价应遵循的原则。

"有无对比"是指将项目实际发生的情况与若无项目可能发生的情况进行对比,以度量项目的真实效益、影响和作用。对比的重点是要分清项目作用和影响,与项目以外因素的作用和影响。这种对比用于项目的效益评价和影响评价,也是后评价方法的一个重要原则。这里说的"有"和"无"指的是评价的对象,即项目。评价是通过项目的实施所付出的资源代价与项目实施后产生的效果进行对比,以得出项目业绩是好还是坏的结论。比较的关键是要求投入的代价与产出的效果口径一致。也就是说,所度量的效果要真正归因于所评价的项目。但是,很多项目,特别是大型社会经济项目,实施后的效果不仅仅是项目的效果和作用,还有项目以外多种因素的影响,因此,简单的前后对比不能得出项目真正的效果。

2.逻辑框架法

逻辑框架法(简称 LFA)是由美国国际发展署(USAID)于 1970 年开发并使用的一种设计、计划和评价的工具。目前已有三分之二的国际组织把逻辑框架法作为援助项目的计划、管理和评价的主要方法。

## 第二节 公路建设项目后评价

中国开展公路建设项目后评价是从 1990 年初开始的。当时,交通部根据国家计委要求确定沪嘉、广佛、西三、沈大四条高速公路为国家首批公路建设后评价项目。交通部于 1990 年 3 月下发了《公路建设项目后评价报告编制办法(试行)》,对后评价工作的内容进行了规范化阐述。1990 年 4 月交通部计划司在上海召开了有上海、广东、陕西、辽宁等四省市有关人员参加的"四省市高速公路后评价工作研讨会",制定了后评价工作大纲并对具体工作内容进行了研讨。到 1994 年,上海、广东、陕西、辽宁等四省市先后完成了沪嘉、广佛、西三、沈大四条高速公路后评价报告的编制工作,取得了初步的经验和一系列富有开拓性的成果。在总结这些经验成果的基础上,交通部于 1996 年以交计发[1996]1130 号文件印发了《公路建设项目后评价管理办法》和《公路建设项目后评价报告编制办法》,详细规定了公路项目后评价工作的重点、必备条件和组织管理方式,同时也进一步明确了后评价报告的文本格式及内容要求,标志着我国公路建设项目的后评价工作已经开始进入程序化、规范化的轨道。

### 一、公路建设项目后评价的定义与对象

公路建设项目后评价,是指在公路通车运营 2~3 年后,用系统工程的思想方法,对建设项目的立项决策、方案设计、工程施工和运营管理全过程各阶段工作及其变化的原因,进行全面的跟踪、调查、分析和评价。后评价的目的,在于通过全面的总结,不断提高公路建设项目决策、设计、施工、管理水平、为合理利用资金,提高投资效益,改进管理,制定相关的政策等提供科学依据。

公路建设项目后评价工作的重点是国家重点公路建设项目或符合下列条件之一的公路建设项目:

(1)40km 以上的国道主干线项目或 100km 以上的国道及省道高等级公路项目;

(2)利用外资的公路项目;

(3)特大型独立公路桥隧项目;

(4)上级主管部门指定的项目。

进行项目后评价的必备条件为:

(1)根据预定目标已全部建成并通过竣工验收；

(2)至少经过 2~3 年的通车运营实践。

## 二、公路建设项目后评价的内容

由于建设项目的类型、规模、复杂程度以及项目后评价的目的等不同，每个项目后评价的内容、程序和方法可不完全一致。但国内外的实践经验表明，要成功地推广项目后评价，发挥项目后评价的作用，必须有相对稳定的项目后评价内容、程序和方法。目前尚不存在由联合国、世界银行或其他国际经济组织向世界各国推荐的比较成熟的方法体系。世界各国、各种经济组织在项目后评价的内容、程序、方法等方面都各有侧重面，自成体系，其中以世界银行的体系比较完善，项目后评价工作也开展得比较成功。我国目前以交通部 1996 年正式颁发的《公路建设项目后评价报告编制办法》为依据，进行公路项目后评价。

按照我国《公路建设项目后评价报告编制办法》的规定，公路建设项目后评价报告的主要内容包括：

(1)建设项目的过程评价。依据国家现行的有关法令、制度和规定，分析和评价项目前期工作、建设实施、运营管理等执行过程，从中找出变化原因，总结经验教训。

(2)建设项目的效益评价。根据实际发生的数据和后评价时国家颁布的参数进行国民经济评价和财务评价，并与前期工作阶段按预测数据进行的评价相比较，分析其差别和成因。

(3)建设项目的影响评价。分析、评价对影响区域的经济、社会、文化以及自然环境等方面所产生的影响。评价一般可分为社会经济影响评价和环境影响评价。

(4)建设项目目标持续性评价。根据对建设项目的公路网状况、配套设施建设、管理体制、方针政策等外部条件和运行机制、内部管理、运营状况、公路收费、服务情况等的内部条件分析，评价项目目标(服务交通量、社会经济效益、财务效益、环境保护等)的持续性，并提出相应的解决措施和建议。

## 三、公路建设项目后评价的程序

项目后评价是一项涉及面较广的技术经济分析工作，不仅需要科学的方法，而且需要严密的程序。尽管由于建设项目规模大小、复杂程度的不同，每个项目后评价的具体工作程序会有一定的差异，但从总体来看，项目的后评价都遵守一个客观的、循序渐进的基本程序，这个程序一般包括提出问题、筹划准备、收集资料、分析研究、编写报告、成果送审等六个既有区别又有联系的阶段、其具体步骤如下：

1.提出问题，明确项目后评价的具体对象、组织机构和具体要求。

项目后评价已经纳入了基建管理程序，原则上对所有竣工通车的公路建设项目都应进行后评价。但由于公路建设项目的投资规模和作用影响往往相差很大且为数众多，所以本着要有代表性、有效性的原则，后评价工作常常只在一定范围内进行。按照部颁《公路建设项目后评价工作管理办法》的有关规定，我国公路项目后评价工作的重点是国家重点公路建设项目、40km 以上的国道主干线项目或 100km 以上的国道及省道高等级公路项目、利用外资的公路项目、特大型独立公路桥隧项目以及上级主管部门指定的项目。

项目后评价的组织单位可以是国家计划部门、交通行政主管部门，也可是项目法人或建设单位。无论哪种形式，在组织机构上都应满足客观性、公正性的要求，同时应具有反馈检查功能，这样才能保证项目后评价的客观、公正，并把后评价的有关信息迅速地反馈到计划决策部门。从这个意义上讲，项目原可行性研究单位或实施过程中的项目管理机构都不宜作为项目后评价的组织单位。

2.筹划准备。

筹划准备阶段的主要任务是组建一个人员结构合理的工作班子，并按委托单位的要求制定一个周详的项目后评价计划。后评价计划的内容包括项目评价人员的配备、建立组织机构的设想、时间进度的安排、内容范围与深度的确定、预算安排、评价方法的选定等。

3.深入调查，收集资料。

建设项目后评价必须以项目各阶段的正式文件和项目建成通车一定时期内进行的各种调查及重要运行参数的测试数据为依据。本阶段的主要任务是制定详细的调查提纲，确定调查对象和调查办法并开展实际调查工作，收集后评价所需要的各种资料和数据。这些资料和数据主要包括：

(1)项目建设资料，如项目建议书，可行性研究报告，初步设计、施工图设计及其审查意见和批复文件，工程概算、预算、决算报告，项目竣工验收报告及有关合同文件等。

(2)国家经济政策资料，如与项目有关的国家宏观经济政策、产业政策、国家金融、价格、投资、税收政策及其他有关政策法规等。

(3)项目运营状况的有关资料，如通车后历年的交道量、收费情况，设备利用情况，工程质量情况，维修养护管理费用情况，车速、交通事故变化情况，偿还投资贷款本息情况等。这些都在一系列有关报表上反映出来。必要时，还需做一些相应的实际补充调查。

(4)反映因项目实施和运营而造成实际影响的有关资料，如环境监测报告，对周围地区和行业的影响等有关资料。

(5)本行业有关资料，如国内外同类行业、同类项目的有关资料。

(6)与后评价有关的技术资料及其他资料。

4.分析研究。

围绕项目后评价内容，采用定量分析和定性分析方法，发现问题，提出改进措施。项目后评价所采用的定量分析方法较多，如指标计算法、指标对比法、因素分析法、回归分析法等。

5.编制项目后评价报告。

将分析研究的成果汇总，编制出项目后评价报告。并提交给委托单位和被评价单价。项目后评价报告是项目后评价工作的最终成果，应该按照有关文件规定的文本格式和内容要求认真编写，既要全面系统，又要突出重点，简明扼要。后评价报告编制必须客观、公正、科学，不应受项目各阶段文件结论的束缚。

6.成果送审。

公路建设项目后评价报告编制完成后，就应按管理办法的规定上报有关部门组织审查，并及时反馈后评价成果及审查意见。建设项目的各有关部门和单位要认真对待后评价成果，从中吸取经验教训，并采取相应的对策、措施，进一步完善已建项目，改进在建项目，指导待建项目。

## 四、公路建设项目后评价的方法

《公路建设项目后评价报告编制办法》规定公路建设项目后评价的方法应采用综合比较法，即根据项目各阶段所预定的目标，从项目作用与影响、效果与效益、实施与管理、运营与服务等方面追踪对比，分析评价。前期工作的评价技术原则上可用于项目的后评价。

由于后评价是对项目前期工作、项目管理及运运营状况的再评价，所以在综合比较时，尤其要注重定性分析与定量分析相结合，定性分析应该有定量分析作补充，定量分析必须由定性分析来说明。常用的定量分析研究方法有。

1.指标计算法

即通过反映项目准备、项目决策、项目实施和项目运营各阶段实际效果的指标计算，来衡量和分析项目建设所取得的实际效果。反映项目实际绩效的指标较多，如项目实际投资的效益成本比、实际内部收益率等。

2.指标对比法

即通过实际数据或根据实际情况重新预测的数据计算得到的各种项目后评价指标与预测指标或国内外同类项目的相关指标进行对比，来衡量项目实际效果同预测效果或其他同类项目效果间的偏差，进而分析产生的原因，寻求解决问题的方案。如通过计算项目实际投资效益成本比的变化率就可以在一定程度上反映出项目实际投资效益与预测投资效益间的偏差程度，为进行进一步的分析打下基础。

3.因素分析法

项目投资效果的各指标，往往都是由多种因素决定的，只有把综合性指标分解成原始因素，才能确定指标完成好坏具体原因的症结所在。这种把综合指标分解成各个因素的方法，称为因素分析法。因素分析的一般步骤是事先确定某项指标是由哪些因素组成的；其次，确定各个因素与指标的关系；再次，确定各个因素所占份额。如建设成本超支，就要核算清楚由于实际工程量突破预计工程量而造成的超支占多少份额，结算价格上升造成的超支占多少份额等。

4.统计分析法

它是一种纯数学分析方法，其基本思路是在项目实施前就某个分析目标分别选择两组考察对象，一个是实验组，一个是对照组，并记录下有关数据。

5.回归分析法

回归分析法通常分两步进行，第一步是对项目实验组收入水平进行回归分析；第二步是对项目对照组进行回归分析。项目对居民收入影响的分析，实际就是比较两次回归虚拟变量PART的系数，如PART系数存在统计差异，则项目对居民收入有影响，否则，项目实施前后居民收入水平的差异就可以认为是由于居民家庭特征的不同所造成的。

## 第三节　公路建设项目后评价报告的编制

编制公路建设项目后评价报告必须以项目各阶段的正式文件和项目建成通车2～3年内进行的各种调查及重要运行参数的测试数据为依据。项目通车后需要进行的调查主要有：交通量调查、车辆运行特征调查、车辆运输费用调查、工程质量调查、项目财务状况调查、社会经济效果调查、环境调查等。项目各阶段的正式文件主要包括：项目建议书、可行性研究报告、初步设计、施工图设计及其审查意见、批复文件；施工阶段重大问题的请示及批复；工程竣工报告；工程验收报告和审计后的工程竣工决算及主要图纸等。公路建设项目后评价报告的编制必须客观、公正、科学，不应受项目各阶段文件结论的束缚。

### 一、公路建设项目后评价报告的组成

公路建设项目后评价报告由主报告及附件两部分组成。

1.公路建设项目后评价主报告

主报告的内容包括：

(1)第一章：概述；

(2)第二章：建设项目过程评价；

(3)第三章：建设项目效益评价；

(4)第四章：建设项目影响评价；

(5)第五章：建设项目目标持续性评价；

(6)第六章：结论。

主报告应按《公路建设项目后评价报告编制办法》的附件一"公路建设项目后评价报告文本格式及内容要求"进行编制。

2.公路建设项目后评价附件

附件的内容包括：

(1)公路建设项目管理卡；

(2)有关委托、招标、评审、批复等主要文件的复印件；

(3)专题报告(包括交通量分析与预测、经济评价等)。

建设项目管理卡由5个表格组成，分别是：公路建设项目综合管理卡、公路建设项目投资管理卡1、公路建设项目投资管理卡2、公路建设项目交通量比较卡、公路建设项目效益比较卡。公路建设项目管理卡应从项目立项开始时就进行填写。综合管理卡和投资管理卡应该在工程竣工通车时编制、填写完毕；交通量比较卡和效益卡应该在后评价完成时编制、填写完毕。

公路建设项目管理卡也适用于独立大桥及隧道建设项目，其标题相应改为桥梁建设项目管理卡或隧道建设项目管理卡。

建设项目管理卡应该按《公路建设项目后评价报告编制办法》的附件二"公路建设项目管理卡内容要求及填表说明"进行编制。

## 二、建设项目过程评价的编制

建设项目的过程评价，是对项目立项决策、建设实施及运营管理全过程的系统总结与回顾，其任务是全面评价项目前期工作及实施过程中各主要环节的工作实绩，总结预测决策和建设管理中的经验教训，分析实际情况变化的原因，鉴别实际结果偏离预期结果的合理程度，以便为今后加强前期工作和进一步改进项目管理工作积累经验。同时，还要通过对项目建成通车后的有关实际数据的观测调查，对比项目的实际运营情况与预测情况的差别大小，并分析其产生的原因，从而为改善运营状况提出切实可行的对策与措施。

过程评价应涵盖项目建设的各个阶段，并能反映各阶段主要环节的特征。一般说来，过程评价的基本内容应包括以下几个方面。

1.前期工作情况和评价

前期工作后评价要全面反映前期工作的基本情况，重新论述项目建设的必要性。同时还要结合各阶段审批文件的主要内容，分析前期工作各阶段主要指标的变化情况。

2.项目实施情况和评价

项目实施阶段是项目财力、物力集中投放和耗用过程，也是固定资产逐步形成时期，它对项目能否发挥投资效益有着十分重要的意义。实施阶段的后评价，要系统总结项目施工图设计和实施过程的全部情况，包括施工图设计单位及施工单位的选择、建设环境及施工条件、施工监理和施工质量检验、施工计划与实际进度比较分析等；还要根据项目开工、竣工、验收等文件内容，分析工程验收的主要结论以及实施阶段主要指标的变化情况，包括变更设计原因、施工难易、投资增减、工程质量、工期进度的影响等。

3.投资执行情况和评价

投资执行情况后评价主要分析资金来源是否正当、可靠，资金总额是否符合项目开工建设的要求。是否存在“钓鱼”工程倾向，资金供应是否适时、适度，资金使用情况是否合理等。具体地讲，有以下几点，如建设资金到位情况及投资完成情况（内资、外资数额及当年利率或汇率）；工程竣工决算与初步设计概算、立项决策估算的比较分析（按单项工程分内资和外资分类计算）；以及工程投资节余或超支的原因分析。

4.运营情况和评价

项目运营阶段是指建设项目通车并交付使用后，直至报废为止的整个过程。运营阶段后评价的任务，包括运营情况的调查，如运营交通量（含路段及各互通立交出入交通量）、车速等运行参数的调查，以及运营状况的评价，如评价建设项目是否达到预期的效果，分析实际交通量与预测交通量的差别及其原因，并对项目达到预期目标的情况进行分析等。项目达标情况的分析重在交通量达标年限的分析，即从项目通车营运起到实际交通量达到设计标准时所经历的全部时间，一般以年来表示。项目达标年限短，意味着项目投资建设及时，效益良好；相反，如果达标年限长，则势必拖长投资回收期，降低项目的投资效益。

5.管理、配套及服务设施情况和评价

管理情况和评价，主要分析项目前期至实施全过程的各分阶段各项制度、规定和程序的管理情况，各种管理机构的设置及其功能、组织形式和作用，并对管理效果进行评价；配套及服务设施情况和评价，则包括建设项目配套及服务设施（包括通信、收费、管理所、服务区、停车场、安全防护设施、标志标线、监控系统等）的设计、方案比选及实施情况，并对设置的必要性和适宜性进行分析评价。

## 三、建设项目效益评价的编制

后评价中的效益评价，是以项目建成通车后的实际数据为基础而进行的经济再评价，其任务是计算项目的实际经济效益指标，比较实际指标与预测指标的偏差情况并分析原因，以便吸取经验教训，为改进投资决策服务。

项目后评价是在项目通车后进行的，其数据资料大部分都是项目准备、建设、通车运营等过程中的实际数据，但这些数据对于项目后评价还是不够的。为了与项目前评价进行对比分析，后评价需要根据实际情况对项目运营期间全过程进行重新预测。例如，要与项目前评价的内部收益率指标进行对比，分析产生偏差的原因，就需要重新预测项目后评价以后至项目使用期末各年份的交通量和效益等。原则上，前期工作的预测方法和评价技术均要用于项目后评价，当然也可作一些适当的补充和完善。

1.国民经济效益后评价

建设项目的国民经济效益后评价，要求参照《公路建设项目经济评价方法》，根据通车运营后的实际交通量、车速、经济成本等各项数据，计算项目的实际经济费用和效益，得出项目实际状况的经济评价结论，并与决策阶段预测的结论比较，分析其差别及原因。

(1)国民经济效益后评价的指标。根据可比性的原则，建设项目经济后评价的指标应尽可能与前评价所采用的指标保持一致。道路项目常用的国民经济评价指标有经济内部收益率

(EIRR)、经济净现值(ENPV)、经济效益成本比(EBCR)及经济投资回收期(EN)等四个,其含意和计算方法如第六章所述,后评价时仍可使用。只是后评价中所利用的数据都是实际的或根据实际情况重新预测的,所以为了与前评价的指标加以区别,对后评价的指标均冠以"实际"二字(符号R),分别记为REIRR、RENPV、REBCR和REN。根据后评价的实际经济指标及前评价的预计经济指标,就可进一步算得上述各项指标的变化率,从而明确实际经济效益与预计经济效益的差距大小及性质。

(2)国民经济效益后评价的影子价格和通用参数。进行国民经济效益后评价时,项目投入物的影子价格仍然是在将投入物划分为外贸货物(贸易货物)、非外贸货物(非贸易货物)和特殊投入物三类的基础上,分别按不同的方法确定。但要注意可能存在这样一种情况,某种项目的投入物在前评价时属非外贸货物或外贸货物,但由于国家外贸政策或国际贸易形势的变化,原来判断属于非外贸货物的,后评价时发现属于外贸货物;原来判断属于外贸货物的,后评价时发现属于非外贸货物。在正确划分外贸货物、非外贸货物、特殊投入物的基础上,可直接采用国家新近统一颁布的影子价格,或在对世界市场的变化趋势做出有根据预测的基础上,采用预测影子价格。但采用预测影子价格时要具体说明预测的依据。当预测影子价格与国家颁布的影子价格偏差较大时,还要分析偏差产生的原因及其对项目实际国民经济效益评价的影响程度。

国民经济评价的通用参数主要有社会折现率、影子汇率、影子工资和贸易费用率。后评价时,一般选用国家有关部门最新颁布的通用参数值。

(3)国民经济效益后评价的基本程序。总结上述内容,可将公路建设项目国民经济效益后评价的基本步骤叙述如下:

①根据项目实际投入物的品种、数量以及国家最新颁布的影子价格和通用参数,计算项目的实际经济费用;

②根据项目运营后实际发生的或根据实际情况重新预测的交通量、车速及运输成本等,计算项目的实际经济效益;

③计算项目国民经济效益后评价的指标。

④计算项目国民经济效益后评价指标与国民经济的评价指标的偏离程度,即四项经济指标的变化率;

⑤分析产生偏差的原因;

⑥得出项目国民经济效益后评价的结论,总结经验教训,提出提高项目国民经济效益的对策与建议。

2.财务效益后评价

建设项目的财务效益后评价,主要是对于收费公路(包括独立大桥、隧道)根据实际财务成本和实际收费收入,进行项目的财务效益分析,并与决策阶段预测的结论比较,分析其差别和原因。同时,要进一步做出收费分析,明确贷款偿还能力,并分析物价上涨、汇率变化及收费标准变化对财务效益产生的影响。

财务效益后评价同样应采用与前评价相一致的指标,分财务分析和清偿能力分析两类。由于它们是用实际发生的或根据实际重新预测的财务成本和收费收入计算的,所以也给它们冠以"实际"二字(符号R),以示与前评价指标的区别。财务分析的后评价指标一般有四项,分别为实际财务内部收益率(RFIRR)、实际财务净现值(RFNPV)、实际财务效益成本比(RFBCR)和实际财务投资回收期(RFN)。清偿能力分析的后评价指标则有实际资产负债率及实际借款偿还期等。财务效益后评价的具体方法与骤如第七章所述,同时还可根据后评价的实际财务效益指标及前评价的预计财务效益指标,进一步计算其变化率,分析两者的差别大小和原因。

在财务效益分析和贷款偿还能力分析的基础上,还应根据建设资金来源、投资执行情况及财务效益后评价结论,进一步对项目现有的资金筹措方式进行全面的总结与评价,分析利率变化及汇率风险的影响,总结筹资经验教训,寻求最优资金结构。

## 四、建设项目影响评价的编制

建设项目对区域社会经济及环境的直接与间接作用,统称为项目的“外部影响”或“外部效果”。后评价中“外部影响”的衡量和计算尤为重要,因为前评价时对“外部影响”估算的描述比较粗略,间接效益和间接费用的许多内容可能被忽略。而且,与建设项目前评价相比,后评价对“外部影响”的衡量也比较方便,因为这些“外部影响”都已实际发生,因而具备客观的计算或估算依据。评价时,通常分社会经济影响和环境影响两个方面进行。

1.社会经济影响评价

建设项目的社会经济影响评价,重在分析项目对所在地区社会经济发展所发生的影响,包括土地利用、就业、地方社区发展、生产力布局、扶贫、技术进步等方面的影响和评价。

(1)公路项目的社会经济影响作用。公路建设,尤其是高等级公路建设对区域社会经济的影响作用是十分巨大的,例如高速公路通车运营后,极大地改善了沿线城市交通运输环境,使地区之间、城市之间经济、技术、市场信息传递及时,交流加快,很快形成一批新兴产业,并使产业经济结构、工厂布局趋于合理,经济发展速度远远超过其他地区,这就是高速公路沿线产业带。

(2)社会经济影响评价指标。公路建设项目社会经济的影响作用很多,概括起来可以归纳为促进社会进步、促进经济发展、促进政治稳定和提高公路部门素质等四个方面。

(3)社会经济影响的评价方法。由于社会经济影响指标大多难于直接定量计算,有的甚至不可能,所以使得社会经济影响评价常限于定性的描述与总结。目前主要采用专家打分的方法来加以解决。

专家打分主要有两种方式,一种是专家会议法,即邀请一定数量的专家,面对面进行分析讨论,集思广益,相互启发,相互补充,从而对某一问题做出评价。另一种是德尔菲法,此法的实质是以匿名方式通过几轮咨询征集专家的意见。这种方法可以避免专家受权威人士的影响,有利于各抒己见,不受外界影响,容易发挥自己的创造性想象能力,因而在一些统计预测和决策方案的比较方面广为应用。

2.环境影响评价

环境影响评价,旨在对照项目前评估时批准的《环境影响报告书》,重点从项目建设所引起的区域生态平衡、环境质量变化及自然资源的利用和文物保护等方面评估项目环境影响的实际效果。具体内容和方法可参阅交通部发布的《公路建设项目环境影响评价规范》(JTG B03—2006)。

## 复习思考题

1.什么是项目后评价,其特点和作用是什么?

2.项目后评价的作用主要表现在哪些方面?

3.简述项目后评价与项目前评价的主要区别。

4.项目后评价的一般原则是什么?
5.简述项目后评价的内容?
6.公路建设项目后评价工作的对象与必备条件是什么?
7.公路建设项目后评价的主要内容有哪些?
8.公路建设项目后评价的程序与方法是什么?
9.简述公路建设项目后评价报告的组成部分与主要内容。

# 下　　篇

# 第九章　公路工程概预算与竣工决算

**学习重点**：1.了解概预算与竣工决算的编制依据；

2.描述定额的分类、作用和特点；

3.说明人工、机械台班、材料消耗数量的确定（定额应用）；

4.说明竣工决算报告的组成；

5.说明概预算与竣工决算的编制程序；

6.掌握人工、材料、机械台班单价的组成和计算；

7.详细说明概预算与竣工决算的编制内容与方法；

8.阐述建筑安装工程费用的组成和计算。

## 第一节　工程定额

### 一、定额的概念

定额，即规定的额度，是人们根据不同的需要，对某一事物规定的数量标准。在现代社会经济生活中，定额几乎无处不在，且名目繁多、性质繁杂。

建设工程定额，即额定的消耗量标准，是指按照国家关于产品的各种规定、标准、规范等在工程建设过程中完成规定计量单位产品所消耗的人工、材料、机械消耗量的标准。这种规定的额度反映在一定社会生产力发展的条件下，完成工程建设中某项产品与各种生产消费之间的特定的数量关系。它属于生产消费定额的性质。

公路工程定额，即公路工程概算定额、预算定额、施工定额等的总称，属于建设工程定额中的一类。

### 二、定额的分类

定额是一个综合概念，是各类定额的总称，它包括许多种类的定额。为了对定额有一个全面的了解，可以按照不同的原则和方法对其进行科学分类。

1.按反映的物质消耗内容分类

也称按生产要素分类，可分为劳动消耗定额、材料消耗定额、机械消耗定额三种。这是最基本的分类方法，直接反映出生产某种单位合格产品所必须具备的生产要素或必须消耗的物质内容。

(1)劳动消耗定额

简称劳动定额,是指完成一定合格产品所消耗的劳动的数量标准。

(2)材料消耗定额

简称材料定额,是指完成一定合格产品所消耗的材料的数量标准。

(3)机械消耗定额

简称机械定额,是指完成一定合格产品所消耗的机械的数量标准。

2.按编制程序和用途分类

按编制程序和用途可分为:施工定额、预算定额、概算定额、估算指标四种。

(1)施工定额

施工定额是企业内部使用的一种定额,它是以同一性质的施工过程为标定对象而规定的生产单位的合格产品所必须消耗的工、料、机。它是编制预算定额的重要依据。

(2)预算定额

预算定额是编制施工图预算时,计算工程中劳动、机械台班、材料需要量时使用的一种定额。它是概算定额和估算指标的编制依据。在招投标中是计算标底和确定报价的主要依据。

(3)概算定额

概算定额是编制初步设计概算时,计算工程中劳动、机械台班、材料需要量时使用的定额。它是以预算定额为基础编制的,是预算定额的进一步综合和扩大。它是控制项目投资的重要依据。

(4)估算指标

投资估算指标是项目建议书和可行性研究报告各阶段编制投资估算、计算投资需要量时使用的一种定额。它为项目决策和投资控制提供依据。

3.按投资的费用性质分类

按投资的费用性质可分为:建筑工程定额、设备安装工程定额、其他直接费定额、现场经费定额、间接费定额、工器具定额、其他费用定额等。

4.按适用范围分类

按照定额的适用范围可分为:国家定额、行业定额、地区定额、企业定额。

(1)全国统一定额

由国家建设行政主管部门,综合全国工程建设中技术和施工组织管理的情况编制,并在全国范围内执行的定额。目前我国的国家定额有土建工程基础定额、安装工程预算定额等。

(2)主管部门定额

考虑到各行业部门专业工程技术特点,以及施工生产和管理水平编制的,本行业和相同专业性质的范围内使用的专业定额。目前我国的各行业几乎都有自己的行业主管定额。

(3)地方定额

考虑地区性特点和国家定额水平后作适当调整补充编制,在本地区范围内使用的定额。目前我国的地区定额一般都是在国家定额的基础上编制的地区单位计价表。

(4)企业定额

参照国家、部门或地区定额水平,根据本企业的具体情况制定,在企业内部使用的定额。企业定额水平应高于国家、行业或地区定额,才能满足生产技术发展、企业管理和市场竞争的需要。

## 三、定额的作用

在建设过程中,定额有如下作用:

(1)定额是确定工程造价的依据。

(2)定额是企业经营核算、考核成本的依据。

(3)定额是工资核算,实行经济承包责任制的依据。

## 四、定额的特点

我国公路工程定额具有科学性、系统性、统一性、权威性、稳定性、时效性、强制性等特点。

1.科学性

定额的科学性包括两方面的含义:一是指公路工程建设定额必须和生产力发展水平相适应,反映出公路建设中生产消费的客观规律;另一方面含义是指公路工程建设定额的确定和管理在理论、方法和手段上必须科学化,以适应现代科学技术和信息社会发展的需要。

2.法令性

定额是工程建设规划、组织、调节、控制的尺度,具有严肃性。凡经国家建设管理部门或授权机关颁发的定额,都是具有法令性的一种指标,不能私自修改和滥用。

3.群众性

群众性是指它的制定和执行都具有广泛的群众基础。即广大群众是测定、编制定额的参加者;定额水平高低的取舍主要取决于群众的生产能力和创造水平;定额中的劳动消耗数量标准,是按照平均先进水平,即一般劳动量制定的,是广大群众经过努力能够实现的指标。

4.相对稳定性

定额水平是与社会生产力发展水平相适应的,当定额执行一段时间以后,随着新设备、新工艺、新材料的不断涌现,原有定额就会逐渐不适应生产力发展水平,而成为落后、陈旧的定额,这时就应重新编制、修订定额。但重新修订定额的时间不宜过长,但也不宜过于频繁,否则会因定额的执行时间太短而失去定额的稳定性。

## 五、定额的应用

定额的应用就是通常所说的"查定额",主要是人工、机械台班、材料消耗数量的确定。现行公路工程常用的定额有《公路工程估算指标》、《公路工程概算定额》、《公路工程预算定额》、《公路工程施工定额》、《公路工程机械台班费用定额》。为了正确使用定额,必须全面了解定额,深刻理解定额,熟练掌握定额,通常通过练习的方法来掌握。

1.人工定额消耗量指标

(1)基本用工

预算定额的基本用工按综合取定的工程量套用劳动定额累加计算。

(2)超运距用工

$$超运距距离 = 预算定额规定的运距 - 施工定额规定的运距$$

$$超运距用工 = \sum 超运距材料数量 \times 时间定额$$

(3)辅助用工

计算方法与基本用工量的计算方法相同,套用相应的劳动定额。

(4)人工幅度差

$$人工幅度差 = (基本用工 + 超运距用工) \times (人工幅度差系数 - 1)$$

$$预算定额用工数 = (基本用工 + 超运距用工) \times 人工幅度差系数$$

2.材料消耗量指标

(1)各种合理损耗是指场内运输损耗。而场外运输损耗和工地仓库保管损耗纳入材料的预算价格之中。

(2)对于周转性材料,《公路工程预算定额》采用多次使用、平均摊销的方法计算,即不考虑替换,也不考虑回收。

3.施工机械台班消耗指标

预算定额中的机械台班消耗量指标是根据其施工定额各分项工程的机械台班耗用量,再考虑机械的幅度差来确定。

公路工程预算定额的机械台班消耗量指标,按下述方法确定:

(1)按施工定额的机械台班消耗量乘幅度差系数(其幅度差系数一律取1.05);

(2)按劳动组织配件计算机械台班数量。

## 第二节　公路工程概、预算编制

### 一、概　述

1.概、预算文件的组成

概、预算文件是设计文件的组成部分,它是由封面目录、编制说明及全部概、预算表格组成。

(1)封面及目录

概、预算文件的封面及扉页应按《公路工程基本建设项目设计文件编制办法》中的规定制作,扉页的次页应有建设项目的项目名称,编制单位,编制、复核人员姓名并加盖资格印章,编制日期及第几册共几册等内容。目录应按概、预算表的表号顺序编排。

(2)概、预算编制说明

概、预算编制说明的内容一般有:

①建设项目设计资料的依据及有关文号,如建设项目可行性研究报告批准文号,初步设计和概算批准文号,以及根据何时的测设资料及比选方案进行编制的等等。

②采用的定额,费用标准,人工、材料、机械台班单价的依据或来源,补充定额及编制依据的详细说明。

③与概、预算有关的委托书、协议书、会议纪要的主要内容(或将抄件附后)。

④总概、预算金额,人工、钢材、水泥、木料、沥青的总需要量情况,各设计方案的经济比较,以及编制中存在的问题。

⑤其他与概、预算有关但可能在表格中反映的事项

(3)概、预算表格

公路工程概、预算应按统一的概、预算表格计算,其中概、预算的表式相同,只是表头不同,印制表格时分别印制即可。

(4)甲组文件与乙组文件

概、预算文件按不同的需要分为两组,甲组文件为各项费用计算表,乙组文件为建筑安装工程费各项基础数据计算表,只供审批使用。其内容组成如图9-1所示。

2.概、预算项目

概、预算项目应按项目表的序列及内容编制,如实际出现的工程和费用项目与项目表的内容不完全相符时一、二、三部分和项的序号应保留不变,“目”、“节”可随需要增减,并按项目表

甲组文件：
- 编制说明
- 总概（预）算汇总表
- 总概（预）算人工、主要材料、机械台班数量汇总表
- 总概（预）算表
- 人工、主要材料、机械台班数量汇总表
- 建筑安装工程费计算表
- 其他直接费、现场经费及间接费综合费率计算表
- 设备、工具、器具购置费计算表
- 工程建设其他费用及回收金额计算表
- 人工 、材料 、机械台班单价汇总表

乙组文件：
- 分项工程概（预）算表
- 材料预算单价计算表
- 自采材料料场价格计算表
- 机械台班单价计算表
- 辅助生产工、料、机械台班单位数量表

图 9-1 甲、乙组文件内容

的顺序以实际出现的“目”、“节”依次排列，不保留缺少的“目”、“节”的序号。

(1)路线工程概、预算项目

路线工程概、预算项目主要包括以下内容：

第一部分 建筑安装工程

第一项 路基工程

第二项 路面工程

第三项 桥梁涵洞工程

第四项 交叉工程

第五项 隧道工程

第六项 其他工程及沿线设施

第七项 临时工程

第八项 管理、养护及服务房屋

第九项 施工技术装备费

第十项 计划利润

第十一项 税金

第二部分 设备及工具、器具购置费

第三部分 工程建设其他费用

(2)独立桥梁工程概、预算项目

独立桥梁工程概、预算项目主要包括以下内容：

第一部分 建筑安装工程费

第一项 桥头引道

第二项 基础

第三项 下部结构

第四项 上部结构

第五项 沿线设施

第六项 调治及其他工程

第七项 临时工程

第八项　施工技术装备费

第九项　计划利润

第十项　税金

第二部分　设备及工具、器具购置费

第三部分　工程建设其他费

## 二、建筑安装工程费用的组成和计算

建筑安装工程费由直接工程费、间接费、施工技术装备费、计划利润、税金组成，下面分别介绍各项费用的计算。

(一)直接工程费的计算

直接工程费由直接费、其他直接费、现场经费组成。

1.直接费

直接费是指施工过程中耗费的构成工程实体和有助于工程形成的各项费用，包括人工费、材料费、施工机械使用费。

(1)人工费

人工费是指列入概、预算定额的直接从事建筑安装工程施工的生产工人开支的各项费用。计算公式为：

$$人工费 = \sum(人工工日数 \times 人工费单价)$$

其中人工费由基本工资、工资性补贴、生产工人辅助工资、职工福利费等组成。

①基本工资。是指发放生产工人的基本工资流动施工津贴和生产工人劳动保护费。基本工资(元/月)见表9-1：

生产工人基本工资(元/月)　　表9-1

| 工资区类别 | 六 | 七 | 八 | 九 | 十 | 十一 |
|---|---|---|---|---|---|---|
| 基本工资 | 230 | 235 | 246 | 251 | 262 | 268 |

生产工人劳动保护费是指按国家有关部门规定标准发放的劳动保护用品的购置费及修理费，徒工服装补贴，防暑降温费，在有碍身体健康环境中施工的保健费用等。

②工资性补贴。指按规定标准发放的物价补贴，煤、燃气补贴，交通补贴，住房补贴，地区津贴等。表现为地区生活补贴及工资性补贴，一般由各省、自治区、直辖市公路(交通)工程定额(造价管理)站根据当地人民政府的有关规定核定后公布执行，并抄送部公路工程定额站备案。

③生产工人辅助工资。是指生产工人除有效施工天数以外非作业天数的工资，包括开会和执行必要的社会义务时间的工资，职工学习培训期间的工资，调动工作、探亲、休假期间的工资，因气候影响停工期的工资，女工哺乳时间的工资，病假在六个月以内的工资及产、婚、丧假期的工资。

④职工福利费。是指按国家规定标准计提的职工福利费。

公路工程生产工人每工日人工费按如下公式计算：

$$人工费(元/日) = [基本工资(元/月) + 地区生活补贴(元/月) + 工资性津贴(元/月)] \times (1 + 14\%) \times 12月 \div 225(工日)$$

人工费单价仅作为编制概、预算的依据，不作为施工企业实发工资的依据。

(2)材料费

材料费指施工过程中耗用的构成工程实体的原材料、辅助材料、构(配)件、零件、半成品、成品的用量和周转材料的摊销量，按工程所在地的材料预算价格计算的费用。即：

材料费 = ∑{实物工程量 × (定额材料用量 × 材料预算价格 + 其他材料费 + 设备摊消费)}

材料预算价格 = (材料原价 + 运杂费) × (1 + 场外运输损耗费) × (1 + 采购及保管费率) − 包装品回收价值

①材料原价

各种材料原价按以下规定计算。

外购材料：国家或地方的工业产品，按国营工业产品出厂价格计算，并根据情况加计供销部门手续费和包装费，如供应情况、交货条件不明确时，可采用当地规定的价格计算。

地方性材料：地方性材料包括外购的砂、石材料等，按实际调查价格或当地主要部门规定的预算价格计算。

自采材料：自采的砂、石、粘土等自采材料，按定额中开采单价加辅助生产现场经费计算。

材料原价应按实计取。各省、自治区、直辖市公路(交通)工程定额(造价管理)站应通过调查，编制本地区的材料价格信息，供编制概、预算使用。

②运杂费

运杂费是指材料自供应地点至工地仓库(施工地点存放材料的地方)的运杂费用，包括装卸费、运费，有时还得计囤存费及其他杂费(如过磅、标签、支撑加固等费用)。

通过铁路、水路和公路运输部门运输的材料，按铁路、航运和当地交通部门规定的运价计算运费。

施工单位自办的运输，30km以上的长途汽车运输按当地交通部门的统一运价计算运费；30km及以内的运输，当工程所在地交通不便、社会运输力量缺乏时，如边远地区和某些山岭区，允许单程在10km至30km的汽车运输按当地交通部门规定的统一运价加50%计算运费；10km及以内的汽车运输以及人力场外运输，按预算定额计算运费，其中人力装卸和运输另按工费加计辅助生产现场经费。

一种材料如有两个以上的供应点时，都应根据不同的运距、运量、运价采用加权平均的方法计算运费。

由于预算定额中汽车运输台班已考虑工地便道特点，以及定额中已计入了"工地小搬运"项目，因此平均运距中汽车运输便道里程不得乘调整系数，也不得在工地仓库或堆料场之外再加场内运距或二次倒运的运距。

③场外运输损耗

场外运输损耗是指有些材料在正常的运输过程中发生的损耗，这部分损耗应摊入材料单价内。

④采购及保管费

材料采购及保管费是指材料供应部门(包括工地仓库以及各级材料管理部门)在组织采购、供应和保管材料过程中，所需的各项费用及工地仓库的材料储存损耗。

材料采购及保管费，以材料的原价加运杂费及场外运输损耗的合计数为基数，乘以采购保管费率计算。材料的采购及保管费费率为2.5%。

外购的构件、成品及半成品的预算价格，其计算方法与材料相同，但设备、构件(如外购的钢桁架、钢筋混凝土构件及加工钢材等半成品)的采购保管费率为1%。

(3)施工机械使用费

施工机械使用费是指列入概、预算定额的施工机械台班数量，按相应的机械台班费用定额计算的施工机械使用费和小型机械使用费。即：

机械使用费 = ∑[实物工程量 ×(定额机械台班数量 × 机械台班预算价格 + 小型机械使用费)]

施工机械台班预算价格应按交通部公布的《公路工程机械台班费用定额》计算，台班单价由不变费用和可变费用组成。

①不变费用

不变费用包括：折旧费、大修理费、经常修理费、安装拆卸及辅助设施费。这类费用主要是取决于机械年工作制度的费用，不因施工地点和条件的不同而有较大的变化。

②可变费用

可变费用包括机上人员工资、动力燃料费、养路费及车船使用税。这类费用常因施工地点和条件不同而发生较大的变化。其中：人工工日数及动力燃料消耗量，应以机械台班费用定额中的数值为准。台班人工费工日单价同生产工人人工费单价。动力燃料费用则按材料费用的计算规定计算。

当工程用电为自行发电时，电动机械 kW·h(度)电的单价可由下述近似公式计算：

$$A = 0.34\frac{K}{N}$$

式中：$A$——每 kW·h 电单价(元)；

$K$——发电机组的台班单价(元)；

$N$——发电机组的总功率(kW)。

2.其他直接费

其他直接费是指直接费以外施工过程中发生的直接用于工程的费用。内容包括冬季施工增加费、雨季施工增加费、夜间施工增加费、高原地区施工增加费、沿海地区工程施工增加费、行车干扰工程施工增加费、施工辅助费等七项。公路工程中的水，电费及因场地狭小等特殊情况而发生的材料二次搬运等其他直接费已包括在概、预算定额中，不在另计。

以上七项费用均以各类工程定额直接费之和为基数乘以相应的费率计算。即：

$$\text{某类工程其他直接费} = \text{某类工程定额直接费} \times \sum_{1}^{7}(\text{相应的费率})$$

3.现场经费

现场经费是指为施工准备，组织施工生产和管理的所需的费用，包括临时设施费和现场管理费两项，其中现场管理又是由基本管理费和四项单项费用(主副食运费补贴、职工探亲路费、职工取暖补贴、工地转移费)构成。

以上费用均以各类工程的定额直接费之和为基数乘以相应的费率计算。即：

$$\text{某类工程现场经费} = \text{某类工程定额直接费} \times \sum(\text{相应费率})$$

4.辅助生产现场经费

辅助生产现场经费是指由施工单位自行开采加工的砂、石等自采材料及施工单位自办的人工装卸和运输的现场经费。

辅助生产现场经费按人工费的 15% 计，该项费用并入材料预算单价内构成材料费，不直接出现在概、预算中。

高原地区施工单位的辅助生产，可按照其他直接费中高原地区施工增加费率，以定额直接费为基数计算高原地区施工增加费(其中：人工采集、加工材料、人工装卸、运输材料按人工土方费率计算；机械采集、加工材料按机械石方费率计算；机械装运输材料按机械土方费率计算)。辅助生产高原地区施工增加费不作为辅助生产现场经费的计算基数。

(二)间接费

间接费由企业管理费、财务费用两项组成,基计算为:

$$某类工程间接费 = 某类工程的定额直接工程费 \times \sum(相应费率)$$

1.企业管理费

企业管理费是指施工企业为组织施工生产经营活动所发生的管理费用,内容包括:

(1)管理人员的基本工资、工资性津贴及按规定标准计提的职工福利费。

(2)差旅交通费,是指企业职工因工出差、工作调动的差旅费,住勤补助费,市内交通及误餐补助费,职工探亲路费,劳动力招募费,离退休职工一次性路费及交通工具油料、燃料、牌照、养路费等。

(3)办公费,是指企业办公用文具、纸张、账表、印刷、邮电、书报、会议、水、电、燃煤(气)等费用。

(4)固定资产折旧、修理费,是指企业属于固定资产的房屋、设备、仪器等折旧及维修等费用。

(5)工具用具使用费,是指企业管理使用不属于固定资产的工具、用具、家具、交通工具、检验、试验、消防等的摊销及维修费用。

(6)工会经费,是指企业按职工工资总额2%计提的工会经费。

(7)职工教育经费,是指企业为职工学习先进技术和提高文化水平按职工工资总额的1.5%计提的费用。

(8)劳动保险费,是指企业支付离退休职工的退休金(包括提取的离退休职工劳动统筹基金),价格补贴、医药费、易地安家补助费、职工退职金,六个月以上的病假人员工资、职工死亡丧葬补助费、抚恤费,按规定支付给离休干部的各项经费。

(9)职工养老保险及待业保险费,是指职工退休养老金的积累及按规定标准计提的职工待业保险费。

(10)保险费,是指企业财产保险、管理用车辆等保险费用。

(11)税金,是指企业按规定交纳的房产税、车船使用税、土地使用税、印花税及土地使用费等。

(12)其他费用,是指上述项目以外的其他必要的费用支出,包括技术转让费、技术开发费、业务招待费、排污费、绿化费、广告费、投标费、公证费、定额测定费、法律顾问费、审计费、咨询费、上级管理费等。

2.财务费用

财务费用是指企业为筹集资金而发生的各项费用,包括企业经营期间发生的短期贷款利息净支出、汇兑净损失、调剂外汇手续费、金融机构手续费,以及企业筹集资金发生的其他财务费用。

(三)施工技术装备费

施工技术装备费是指为施工企业逐步扩大施工技术装备的费用。该项费用以定额直接工程费与间接费之和的3%计算。即:

$$施工技术装备费 = (定额直接工程费 + 间接费) \times 3\%$$

施工技术装备费直接列入企业资本公积金。

(四)计划利润

计划利润是指按照国家有关规定的施工企业应取得的计划利润,计划利润按定额直接工程费与间接费之和的4%计算。即：

$$计划利润=(定额直接工程费+间接费)\times 4\%$$

(五)税金

税金是指按国家税法规定应计入建筑安装工程造价内的营业税，城市维护建设税及教育费附加。

计算公式如下：

$$综合税金额=(直接工程费+间接费+计划利润)\times 综合税率$$

$$综合税率=\left[\frac{1}{1-营业税税率(1+城市维护建设税税率+教育费附加税率)}\right]-1$$

概算综合税率按3.41%计。

预算综合税率分别为：

纳税人在市区的，综合税率为3.41%；

纳税人在县城、乡镇的，综合税率为3.35%；

纳税人不在市区、县城、乡镇的，综合税率为3.22%。

## 三、概、预算编制依据

(1)初步设计或施工图设计图纸及说明；

(2)地质勘探资料；

(3)施工现场条件；

(4)施工方案或施工组织设计；

(5)与工程内容相一致的各种定额；

(6)工程量计算规则；

(7)国家有关政策规定、合同、协议。

## 四、概、预算编制的程序

概、预算编制一般按照如下程序进行：

(1)熟悉设计图纸、整理外业调查资料；

(2)提出合理的施工组织方案，或分析施工组织设计；

(3)正确计取工程量；

(4)编制人工、材料、机械台班预算价格；

(5)确定各种费率的取费标准，进行其他直接费、现场经费、间接费综合费率计算；

(6)进行工、料、机分析；

(7)计算设备、工具、器具购置费；

(8)计算工程建设其他费用及回收金额；

(9)编制总概、预算；

(10)编写编制说明书；

(11)进行复核、审核和装订。

## 五、概、预算编制的内容与方法

公路工程概、预算的编制主要是以《公路工程概算定额》、《公路工程预算定额》为依据，按照《公路基本建设工程概算、预算编制办法》的规定，计算工、料、机等各项费用。概预算的材料、机械台班单价及各项费用的计算都应通过规定的表格反映。公路工程概、预算的内容主要由第一部分建筑安装工程费、第二部分设备及工具、器具购置费、第三部分工程建设其他费用和预留费等组成。其编制方法如下：

(一)建筑安装工程费的编制方法

1.工、料、机价格的计算

根据外业调查资料，按编制概、预算中的计算原则和方法，计算出人工、材料、机械台班的预算价格。按要求编制以下几种计算表格：

(1)材料预算单价计算表；

(2)机械台班单价计算表；

(3)自采材料料场单价计算表；

(4)人工、材料、机械台班单价汇总表；

(5)辅助生产工、料、机械台班单位数量表。

2.确定其他直接费、现场经费、间接费的各项费率标准。

根据建设项目的实际情况批准的概算文件，以及国家有关规定合理取定其他直接费，现场经费、间接费的各项费率标准，并编制"其他直接费、现场经费、间接费综合费率计算表"。

3.套用概、预算定额

根据摘取或计取的工程量，结合施工要求，正确套用定额，编制"分项工程概(预)算表"和"建筑安装工程费计算表"。

关于路基、路面、构造物等的编制方法摘要说明如下：

(1)路基工程

按照预算项目表所规定的序列即土方、石方等顺序编制，并计算出数量和金额的合计，以便转入安装工程费计算表和总预算表进行汇总。属于路基土石方工程的其他零星工程，如人工挖土质台阶，耕地填前夯(压)实及填前挖松，整修路拱和边坡，零填及挖方路基碾压以及路基盲沟、挖除淤泥等多项工程，概算定额是将其综合扩大为路基零星工程的一项，而预算则是要逐项进行计算。一般情况下，可将人工挖土质台阶，耕地填前夯(压)实及填前挖松，零填及挖方路基碾压的费用综合在路基填方压实内，整修路拱边坡的费用分别计入路基土石方；或者这是工程项目综合为路基其他一项，而以公里为计算单位，亦是可行的。至于路基盲沟，实际上是一种构造物工程，应单独列项反映，可以"m"或换算成"$m^3$"，列入施工图预算。还有挖除淤泥工作，一般是除挖出后应将淤泥远运处理外，还要取土回填压实，或者采用砂石料进行回填至原地面标高。所以，也应单独列项，不宜将其综合在路基土石方内。

编制路基土石方预算时，要根据摘取的工程量，结合综合施工组织设计所安排的进度计划、施工方法、机械的选型配套资料进行分析，确定有关计算数据，如人工、机械施工的数量及各种不同的增运运距等，分别套用定额进行计算。

(2)路面工程

一般要求按挖路槽，路肩宽，不同结构的垫层、基层、面层等作为划分项目的依据，顺序进行计算。其中挖路槽要考虑废方远运处理费用，既可单列项目，也可将其综合在垫层内但应注意某些公路建设项目招标文件技术规范中的计量支付规定，路基挖方项目的工程量包括挖路槽。为了便于施工图预算同标底对比，施工图预算也可将挖路槽(主要山重区工程)的工程量，列入路基挖方数量内。由于路基挖方和挖路槽采用的定额不同，可将挖路槽的预算价计算后综合在路基挖方单价内，同时在预算编制说明内加以叙述。至于路面混合料的运输费用和拌合设备的安拆费用，则应综合在相应的路面结构内，都不单独反映这些费用项目。另外混合料拌和场地的平整工作，由于预算项目表在第六项"其他工程及沿线设施"单列有"平整场地"一项，就不能将其综合在路面工程有关项目内，要归并在第六项内计算。

(3)构造物工程

无论是桥梁、涵洞、排水还是防护等工程，所包含的分项工程的内容都比较多，计算工作也相当繁琐。招标工程参照国际承包工程惯例所使用的工程量清单，其项目划分都比较细，与现行预算项目表所规定的序列内容存在着很大的差异。如预算项目表规定的桥梁工程是以大、中、小桥与不同桥型结构来进行项目划分的，并以"桥长 m"作为计量单位，而桥梁工程的基础一般变化比较多，若以"桥长 m"单价进行工程款的结算，显然会在工程实施中增加工程造价管理的难度，如当产生大量的工程设计变更时会增加计价工作，至于独立的大、中桥工程的预算项目又是以基础、上部、下部等工程作为划分项目的。故同是桥梁工程在编制施工图预算时，其项目的划分有上述两种不同的标准。施工图预算是编制招标标底的基本依据，在预算项目表所规定的序列前提下，应尽可能为招标工程创造便利条件，提高预算与标底的可比性，从而可减少一些分析比较工作，这对加强工程造价管理是十分必要的。故施工图预算项目的划分，尤其是构造物工程，应充分考虑这一客观因素。

根据我国多年来承包工程的实际经验和实行工程量清单的实际情况，并为实现与国际承包工程惯例相衔接的原则，构造物工程主要应以分部与不同圬工结构进行项目划分，即作为编制招标标底基本依据的施工图预算中的分部工程预算的工程内容和范围，应是以有利于加强建设项目实施阶段的工程造价管理为目的，并尽可能为建设各方提供经济核算可比依据，这是编制施工图预算的客观必然要求。

①基础工程。编制基础工程的预算费用时，应按砌石、混凝土等不同结构来划分项目，挖基、防水、排水以及基坑废方的远运处理等辅助工程所需的费用都可综合在内，不单独列项反映。

②下部工程。应按墩、台和不同圬工结构分别计算。至于墩台帽、盖梁、耳背墙等，都不单列项目计算，应将其费用综合在桥台的圬工项目内。

③上部工程。桥梁的上部结构形式比较多，应结合实际情况确定项目，如预制混凝土结构，其预制与安装一般可分项进行计算，当然也可合并为一个项目。至于桥面铺装、人行道和栏杆等工程，均应分别列项计算。例如 16m 以下标准跨径的预应力空心板的预制工作，应将浇筑混凝土，钢筋、钢绞线张拉，台座，预制场门架，构件出坑等工程内容综合为一项。至于预制场地的平整工作，也同路面混合料拌和场地一样，归并在第六项"其他工程及沿线设施"中的"平整场地"内计算，不综合在预制构件的费用内。还有运输预制构件的临时轨道，因为预算项目表第七项"临时工程"列有临时轨道铺设项目，故凡预制场及构件安装需铺设的临时轨道，都要合并计入第七项临时工程的轨道铺设项目，不计入预制或安装构件的费用内。预制构件的安装工作应包括的工程内容是，安装、构件运输、支座、泄水管、安装设备的安拆，至于接缝混凝土的浇注，则应合并在桥面铺装的混凝土内计算。

④编制构造物工程的施工图预算时，当设计中的砂浆、混凝土的标号与预算定额的不相同或安装设备的实际使用期超过四个月时，则可调整其相应标号的材料消耗量和设备的摊销费用定额，而编制概预算时是不允许调整的。

(4)定额表号

分项工程概算表定额表号，采用六位编码，从左第1位数为章次号，第2~3位为项目号，第4~6位数为子目号。

分项工程预算表内的定额表号，采用七位编码，从左至右，第1位为章次号，第2~4位为项目号，第5~7位为子目号。

4.其他计算

在完成了工料机分析之后，即可根据计算确定的人工、材料、机械台班预算价格和其他直接费、现场经费、间接费综合费率，分别计算出各项费用，然后按概预算项目表序列内容要求，节录转入建筑安装工程费计算表内。并接着进行施工技术装备费、计划利润和税金的计算，逐项汇总并求出金额，这样建筑安装工程费的编制就告完成。

(二)设备、工具、器具购置费的编制方法

编制第二部分设备、工具、器具购置费时即完成，对于预算部分原则上以批准的概算文件为准，但因编制期的不同，其设备的供应价格难免不发生变化，故除设备等价格可按当时的实际情况进行调整外，其规格品种和数量是不能随意修改的。

(三)工程建设其他费用的编制方法

工程建设其他费用即完成，表中各项费用的性质各不相同，应按下列原则和方法分别进行编制。

1.土地青苗等补偿费和安置补助费

按国家规定对被征用的土地及附着物将给物主以经济补偿。而在施工图设计阶段所提出的这些资料，已是实际支付赔偿的原始凭证，所以，要求根据施工图设计中的用地图计算的用地数量，并结合整理的外业调查资料，如实进行计算。若有差错或与实际不符，就会造成建设单位具体执行上的困难，从而影响工程建设。同时，应做好与原批准的概算文件资料的分析比较工作，以掌握其变化情况，也有利于经验总结，提高今后工程造价编制水平。

2.勘察设计费

应在原批准的各设计阶段勘察设计费的基础上，将按国家规定计算的施工图勘察设计阶段的费用加在一起，列入预算内。

3.研究试验费

应以批准的概算文件资料为准，原则上不得进行调整。

4.建设期贷款利息

除国家对利率作了调整外，也是不应修改的，应以批准的概算数列入预算。

5.其他费用

建设单位管理费、施工机构迁移费、供电贴费、大型专用机械设备购置费、固定资产投资方向调节税等应结合建设工程的实际情况，按有关规定进行计算。

(四)预留费、回收金额的编制方法

这是构成概(预)算的第一、二、三部分费用之外的费用，应按下列要求进行计算。

1.预留费

应结合建设工程的实际情况，按有关规定计算。

2.回收金额

为满足施工需要，凡达不到规定的周转次数而增加定额外的材料消耗量的定额项目，如拱盔、支架等，以及按一次材料使用量计入的临时电力、电讯线路等，均应按规定对旧料计算回收金额，并单独列项反映。

（五）编制总概、预算表

当上述各项费用编制完成后，便可编制总概、预算表，即按概、预算项目表的序列依次将各项工程或费用单位、数量、金额节录转入，除按项和第一、二、三部分求出合计、总计外，还应计算技术经济指标和各项费用比例（%）。若分标段编制概、预算的，应再次将各标段进行汇总，计算出整个建设项目的技术经济指标和各项费用比例（%）。同时，将建设项目和分标段所需的人工、主要材料、机械台班数量进行统计，据以编制汇总表。

（六）写出编制说明

在概、预算编制完成之后，除应按规定要求的内容编写编制说明外，应进行工作总结，对预算与概算文件作必要的“两算”对比分析，若预算超出批准的概算限额，要找出原因，提出解决的办法和意见，为建设工程的主管部门或建设单位进行决策提供依据。当有多个设计单位共同承担施工图设计任务时，主管部门应指定某一单位负责编总概、预算。

（七）概（预）算各项费用的计算程序及计算方式

公路工程概（预）算各项费用的计算程序及计算方式见表9-2

**各项费用的计算程序和方式** 表9-2

| 代号 | 项　目 | 说明及计算式 |
|---|---|---|
| 一 | 定额直接费（即定额基价） | 指概、预算定额的基价 |
| 二 | 直接费（即工、料、机费） | 按编制年工程所在地的预算价格计算 |
| 三 | 其他直接费 | （一）×其他直接费综合费率 |
| 四 | 现场经费 | （一）×现场经费综合费率 |
| 五 | 定额直接工程费 | （一）+（三）+（四） |
| 六 | 直接工程费 | （二）+（三）+（四） |
| 七 | 间接费 | （五）×间接费综合费率 |
| 八 | 施工技术装备费 | [（五）+（七）]×施工技术装备费率 |
| 九 | 计划利润 | [（五）+（七）]×计划利润率 |
| 十 | 税金 | [（六）+（七）+（九）]×综合税率 |
| 十一 | 定额建筑安装工程费 | （五）+（七）+（八）+（九）+（十） |
| 十二 | 建筑安装工程费 | （六）+（七）+（八）+（九）+（十） |
| 十三 | 设备、工具、器具购置费（包括备品备件） | ∑（设备、工具、器具购置数量×单价+运杂费）×（1+采购保管费率） |
| 十四 | 办公和生活用家具购置费 | 按有关定额计算 |
| | 工程建设其他费用 | 按有关规定计算 |
| | 工地补偿费和安置补助费 | （十一）×费率 |
| | 建设单位管理费 | （十一）×费率 |
| | 工程质量监督费 | （十一）×费率 |
| | 工程监理费 | （十一）×费率 |
| | 定额编制管理费 | （十一）×费率 |
| | 设计文件审查费 | 按批准的计划编制 |
| | 研究试验费 | 按有关规定计算 |
| | 勘察设计费 | 按实计算 |
| | 施工机构迁移费 | 按有关规定计算 |
| | 供电贴费 | 按需购置的清单编制 |
| | 大型专用机械设备购置费 | 按有关规定计算 |
| | 固定资产投资方向调节税 | 按实际贷款数及利率计算 |
| | 建设期贷款利息 | 包括工程造价增涨预留费和预备费两项 |
| | 预留费用 | 按规定的公式计算 |
| | 工程造价增涨预留费 | [（十二）+（十三）+（十四）-大型专用机 |
| | 预备费 | 械设备购置费-固定资产投资方向调节税-建 |
| | 预备费中施工图预算包干 | 设期贷款利息]×费率 |
| | 系数 | [（六）+（七）]×费率 |
| | 建设项目总费用 | （十二）+（十三）+（十四）+（十五） |

## 第三节　竣工决算编制

竣工决算报告是考核交通基本建设项目投资效益,反映建设项目实际造价的文件,是工程项目竣工验收系列文件的重要组成部分。所以工程项目在通过竣工检验,办理验收手续之前,必须对所有财产和物资进行清理,编制竣工决算报告。

### 一、竣工决算报告的编制依据

编制竣工决算报告所依据的文件、资料有:

(1)经批准的初步设计,修正概算、变更设计文件以及批准的开工报告文件;

(2)历年年度的基本建设投资计划;

(3)经复核的历年年底的基本建设财务决算;

(4)批准或确认的招标文件及合同文本;

(5)与施工单位(承包人)签订的施工合同、投资包干合同或其他重要经济合同(或协议)等有关文件;

(6)有关工程变更的文件资料;

(7)历年有关物资、统计、财务会计核算、劳动工资、环境保护等有关资料;

(8)工程质量鉴定、检验等有关资料、工程监理有关资料;

(9)施工单位(承包人)的交工报告,竣工图表等有关技术经济资料;中期结算(支付),交工结算(支付)以及最后终结算(支付)等有关结算的资料;

(10)有关资金的筹集、借贷、使用等方面的资料;

(11)上级主管部门对工程的指示,文件及其他有关的重要文件(如国家现行的法律、法规等)。

### 二、竣工决算报告的组成

竣工决算报告由以下几部分组成:

1.竣工决算报告的封面目录

2.竣工工程平面示意图

3.竣工决算报告说明书

4.竣工决算表格

按照《竣工决算报告编制办法》的规定,竣工决算表格分为两部分,第一部分为工程概况表等专用表格,第二部分为通用表式。

(1)工程概况表

公路工程项目的工程概况表由两种表格组成:

①小型建设项目工程概况表

②公路建设项目工程概况表

③公路桥梁建设项目工程概况表

(2)通用表式

通用表格的格式共有以下8种:

①财务决算总表;

②财务决算明细表;

③资金来源情况表;

④应报销投资及转出投资明细表;

⑤建设成本和概算执行情况表;

⑥外资使用情况表;

⑦交付使用财产总表;

⑧交付使用财产明细表。

## 三、竣工决算编制程序

竣工决算报告编制的程序如下:

(1)认真熟悉竣工图表资料,凡涉及工程费用支付(结算)的工程量,应进行必要的核对,应使竣工图纸、工程现场、有关表格(含计量支付表格)"三对口";要审核工程量计量是否符合合同文件规定,竣工图表资料是否符合国家《基本建设项目档案资料管理暂行规定》的要求。

(2)审查施工过程中各项工程变更、索赔、价格调整、暂定金额等支付项目是否符合合同文件规定,签证手续是否完备;审查各中期支付和最终支付是否与竣工图表资料,合同文件相符。

(3)统计汇总设计和实际完成的主要工程量以及钢材、木材、水泥、沥青等主要材料消耗量。

(4)摘取各种实物量、财务数据等资料,填入各种相应的竣工决算表格内,编制竣工平面图和竣工决算说明书。

## 四、竣工决算的编制内容与方法

竣工决算报告的主要内容是,竣工工程平面示意图;竣工决算报告说明书中的内容;竣工决算表格中的各项内容。其编制方法主要是对建设工程的各种原始资料进行全面的审查与统计汇总,然后按照竣工决算表格的要求,将各种数据资料摘录填入。

1.公路建设项目工程概况表

(1)初步设计文件、概算数、概算投资包干合同签订单位等栏按照批准文件及合同填写;

(2)建设时间,开工和竣工日期栏按照实际开工和办理动用验收日期填列;若实际开工日期与批准的开工日期不符时,应给予说明;

(3)"工程实际投资"栏,是指工程实际累计拨(借)款额减工程竣工后的基建结余资金数的值;

(4)"占地面积"栏计量单位按照初步设计中的占地面积计量单位(如 $m^2$、亩、公顷等)填列;

(5)"新增生产能力"栏,按照初步设计和概算的主要内容以及项目竣工时的实际可能达到的能力填列;

(6)"完成的主要工程量"栏,按照初步设计和概算的主要内容,以及工程建设过程中实际完成的工程量填列;

(7)"工程质量"栏,填列竣工验收委员会检测评定及工程综合评定结果;

(8)"收尾工程"栏填写工程内容,预计投资额及主要工程量,如果收尾工程内容较多,可增设"收尾工程项目明细表"。

2.财务决算表及附表

财务决算表及附表反映竣工工程从开始建设起至竣工时止资金来源、支出、节余等全部资金的运用情况,作为考核和分析基本建设拨款和投资效果的依据。

3.工程造价和概算执行情况表

本表反映工程实际建设成本和总造价,以及概算投资节余和概算投资包干节余情况,本表按照概算项目或单位工程(费用项目)填列。

4.外资使用情况表

该表反映建设项目外资使用情况,按照使用外资支出费用项目填列,应说明批准初步设计时的汇率;记账费率、竣工时的汇率以及外资贷款的转贷金额和转贷单位等情况。各有关表格中,外币折合人民币时,应以项目竣工时的汇率为准。

5.交付使用财产总表和明细表

交付使用财产总表反映建设项目建成后新增固定资产和流动资产价值,按照固定资产和流动资产分别填列,并按规定的财产分类目录详细填报。"移交给其他单位"栏是指列入工程项目总概算,但建成后不由项目管理单位管理,经批准移交其他单位的(单项工程)资产。

交付使用资产明细表是作为今后建设单位(业主)管理项目资产用的表格,要按新增资产逐一填列。

**例 9.1** 已知某地区生产工人的基本工资为 262 元/月,物价补贴 60 元/月,住房补贴 80 元/月,交通补贴 12 元/月,试确定工资单价。

**解**:工资单价(元/工日)=[262+60+80+12]×(1+14%)×12÷225=25.17 元/工日

**例 9.2** 已知定额直接费为 5000 万元,其他直接费的综合费率为 6%,现场经费的综合费率为 8%,间接费的综合费率为 4%,施工技术装备费的费率为 3%,计划利润率 4%,纳税人在市区。试计算本工程建筑安装工程费。

**解**:直接工程费=直接费+其他直接费+现场经费

=5000×(1+6%+8%)=5700(万元)

间接费=直接工程费×间接费费率

=5700×4%=228(万元)

施工技术装备费=(直接工程费+间接费)×装备费费率

=(5700+228)×3%=177.84(万元)

计划利润=(直接工程费+间接费)×计划利润率

=(5700+228)×4%=237.12(万元)

因纳税人在市区,故税率为 3.41%

税金=(直接工程费+间接费+计划利润)×综合税率

=(5700+228+237.12)×3.41%=210.23(万元)

建筑安装工程费=直接工程费+间接费+施工技术装备费+计划利润+税金

=5700+228+177.84+237.12+210.23=6553.19(万元)

## 复习思考题

1.什么是建设工程定额?

2.人工、机械台班、材料消耗数量是如何确定的?

3.说明竣工决算报告的组成。

4.概预算与竣工决算的编制程序如何；

5.说明人工、材料、机械台班单价是由什么组成的？如何计算？

6.概预算与竣工决算的编制内容有哪些？如何编制？

7.建筑安装工程费用是由什么组成的？如何计算？

# 第十章　施工招投标与合同管理

**学习重点**：1.描述工程招投标的含义、范围；

2.说明标价的构成；

3.阐述各分项工程单价的分析与计算方法；

4.论述标书的审查和复核；

5.说明评标的原则、评标的计算；

6.说明标书定价的方式；

7.说明施工合同的含义、施工合同类型与条件的选择；

8.说明施工合同的主要条款、施工合同的订立、履行和违约责任；

9.阐述工程变更的内容与管理；

10.阐述工程索赔的依据和工作程序、工程索赔的分析与计算；

11.阐述费用索赔的分析与计算。

## 第一节　概　　述

### 一、工程招投标概念

招投标是市场经济中的一种竞争方式，是建设市场的一种交易行为。这是由唯一的买主设定包括拟建项目标段的规模、公路等级、工程范围、主要工程数量等内容的“标的”，招请若干个卖主通过秘密报价进行竞争，从中选择优胜者与之签订合同的过程。

所谓招标，是指招标人，又称发包人(业主、建设单位)，就拟实施的工程项目，提出必要的文件资料和技术经济条件，按照法定的招标程序，通过审查、评比，最后择优选定承包人的过程。

所谓投标，是指准备承包项目的企业(投标人)经发包人审查获得投标资格，根据招标文件所提出的各项要求和条件，结合自己的能力和经济目标，在满足招标文件中关于工期、质量、机械设备和技术水平等要求的前提下，在规定期限内，提出投标书和报价，并争取“中标”获取项目承包权的活动。

工程建设实行招投标制是目前国际上广泛采用的分派建设任务的主要方式。我国正在进行建筑行业和基本建设管理制度的改革，引进“FIDIC”条款，实行招投标制度，与国际建筑市场接轨，是我国工程建设管理制度方面的一项重大改革，是从计划经济过渡到社会主义市场经济的必然产物。

招投标制既不同于那种单纯地使用行政手段分配建设任务的方法，也不同于建设单位自行寻找企业，把经国家(或上级主管部门)批准的工程任务自行委托给某施工企业的“自行联系”方法。招投标行为本质上是一种法律行为。招投标的原则是鼓励竞争，防止垄断。在招投标工作中应坚持依法办事、平等互利、协商一致、诚实信用的原则，鼓励投标单位以技术水平、管理水平、社会信誉和合理报价等优势开展竞争,不受地区、部门限制。

工程建设招投标的目的是为了适应社会主义市场经济体制的需要,使建设单位(业主)和承包商进入工程市场,进行公平交易、平等竞争,从而达到确保工程质量、控制工期、降低成本、提高投资效益的目的。

### 二、招投标的范围

我国《招标投标法》指出,凡在中华人民共和国境内进行下列工程建设项目,包括项目勘察、设计、施工、监理以及工程建设有关的重要设备,材料的采购,必须进行招标。

1.工程建设项目招标范围

(1)大型基础设施、公用事业等关系社会公共利益、公众安全的项目;

(2)全部或者部分使用国有资金或者国家融资的项目;

(3)使用国际组织或者外国政府贷款、援助资金项目。

《工程建设施工招标投标管理办法》指出,凡政府和公有制企、事业单位投资的新建、改建、扩建和技术改造工程项目的施工,除某些不适宜招标的特殊工程外,均应实行招标投标。凡具备条件的建设单位和相应资质的施工企业均可参加施工招标投标。施工招标可采用项目的全部工程招标、单位工程招标、特殊专业工程招标,但不得对单位工程的分部、分项工程进行招标。

对于涉及国家安全、国家机密、抢险救灾或者属于利用扶贫资金实行以工代赈、需要使用农民工等特殊情况,不适宜进行招标的项目,按照国家有关规定可以不进行招标。

2.工程建设项目招标规模标准

《工程建设项目招标范围和规模标准规定》规定的上述各类工程建设项目,包括项目的勘察、设计、施工、监理以及与工程建设有关的重要设备、材料等的采购,达到下列标准之一的,必须进行招标:

(1)施工单项合同估价在200万元人民币以上的;

(2)重要设备、材料等货物的采购,单项合同估价在100万元人民币以上的;

(3)勘察、设计、监理等服务的采购,单项合同估算价在50万元人民币以上的;

(4)单项合同估算价低于第(1)、(2)、(3)项规定的标准,但项目总投资额在3000万元人民币以上的。

## 第二节　公路施工招标

公路工程施工是工程项目形成的实体阶段,是各种工程材料和资源投入量最大最集中,最终达到预期建设目标的阶段。公路工程施工招标,就是对申请实施工程施工的承包人通过审查、评比和选用的过程,来确定一个能保证工程质量、施工技术先进、建设周期最短、合同报价较低的施工承包商来完成施工任务。所以说,工程施工招标是工程项目建设的一个非常关键的工作。

### 一、工程建设招投标的程序

工程招投标程序是对有关法律、法律所规定的建设工程项目施工招标程序进行的具体细化。

1.招标程序的三个阶段

(1)对投标者的资格预审;

(2)发售招标文件和接收投标书;

(3)开标、评标和签定标书。

2.招标程序

(1)成立招标组织,由招标人自行招标或委托招标;

(2)编制招标文件和标底(如果有);

(3)发布招标公告或发出投标邀请书;

(4)对潜在投标人进行资质审查,并将审查结果通知各潜在投标人;

(5)发售招标文件;

(6)组织投标人踏勘现场,并对投标文件答疑;

(7)确定投标人编制投标文件所需要的合理时间;

(8)接受投标书;

(9)开标;

(10)评标;

(11)定标、签发中标通知书;

(12)签定合同。

## 二、确定招标方式

根据国家《招标投标法》及交通部《公路施工招标投标管理办法》规定,招标可采取下列两种方式。

1.公开招标

公开招标是指招标人以发布招标公告的方式,吸引并邀请不特定的承包人或其他组织参加投标的方式。可以看出,公开招标完全符合招标原则,可使具备条件的承包商自由参加竞争,招标人有较大的择优选择范围。文件规定,为保证重点建设项目的管理,保证质量和按期完工,必须采用公开招标方式。

2.邀请招标

邀请招标是指招标人以发出招标邀请书的方式,邀请有承包能力的特定承包人或其他组织参加投标的方式。

不宜公开招标的重点建设项目,必须经国家或地方有关部门批准方可进行邀请招标。显然,邀请招标参加竞争的承包商有限,相对中标机会增大,还可节省招标费用,对招标和投标双方都有利。但由于邀请招标投标人数有限,不是公开竞争,容易产生违规操作和内幕交易,要严格进行监督。

我国有关法规规定,邀请招标应邀参加投标的单位不得少于3个。

招标单位选用何种招标方式,应视工程具体情况而定,并报请上级主管部门批准。现阶段,除有特殊要求外,一般采用邀请招标方式比较合适。因为在目前,对于土木建筑可全面施工企业极少,有些专业施工企业缺乏承担大型公路工程专业施工设备及综合管理方面的经验,这无疑会影响工程进度和质量,同时也增加了对投标单位进行资格审查的工作量。

另外,按招标范围还可以划分为国内招标和国际招标。

## 三、编制招标文件

1.招标文件的组成

招标文件的规范化对搞好招标投标工作是非常重要的,为满足规范化的要求,编写招标文件时,应遵循合法性、公平性和可操作性的编写原则。在此基础上,根据交通部组织专家编写的《公路工程国际招标文件范本》或《公路工程国内招标文件范本》(简称《范本》),结合项目的具体情况和法律法规的要求予以补充。

2.投标邀请书格式

投标邀请书是招标单位向经过资格预审合格的承包商正式发出参加本工程项目投标的邀请。投标邀请书也是承包商具有参加投标资格的证明。没有得到投标邀请书的承包商,无权参加本项目的投标。

投标邀请书很简单,一般只要说明招标人的名称、招标工程项目的名称和地点、招标文件发售的时间和费用、投标保证金金额和投标截止时间、开标时间等,具体格式见《范本》。

3.投标人须知

投标人须知是为了让投标单位了解招标项目招标的基本情况和要求而标准化的一份文件,是投标人的投标工作指南,是投标人决策投标和编制标书的基础文件。因此,投标人须知中涉及内容很宽,内容具体明确,是招标文件的重要组成部分。其主要项目除了包括投标人须知资料表和投标人须知修改表外,还包括总则、招标文件、投标文件、投标文件的修改、开标与评标、授予合同等6个方面的内容。

4.合同条款

合同条款主要规定了合同履行过程中当事人基本的权利与义务,以及合同履行中的工作程序、监理工程师的职责与权力也应在合同条款中进行说明,目的是让承包商充分了解施工过程中将面临的监理环境。合同条款包括通用条款和专用条款。

5.技术规范

技术规范是招标文件合同文件中一个非常重要的组成部分。技术规范详细规定了承包商施工中的质量要求、验收标准、材料的技术品质和规格及其检测试验的项目、方法、频率和标准等等,是施工过程中承包人控制质量的主要依据,也是监理工程师检查验收施工质量的主要依据。同时,也是投标人在投标时必不可少的资料,因为依据这些资料,投标人才能进行工程估价和确定投标价。因此,在拟定技术规范时,既要符合国家颁布的规范要求,保证工程质量,又不能认为技术要求越高越好,因为太高的技术要求必然导致投标人提高投标价格。

由于不同性质的工程其技术特点和质量要求及标准等均不相同,所以,技术规范应根据不同的工程性质及特点分章、分节、分部、分项来编写。

6.投标书和投标担保格式

《范本》规定:投标人在送投标文件时,应同时按资料表规定的数额或比例提交投标担保,可选择的担保形式有:

(1)银行保函;

(2)银行汇票或现金支票;

(3)招标人规定的其他形式。

若采用联合体投标,联合体的担保,可以由联合体主办人出具或由各成员分别出具,但担保金总额总和应符合投标须知资料表的规定。

投标担保在投标文件有效期满后30d内保持有效,招标人如果按规定延长了投标文件有效期,则投标担保的有效期也相应延长。

投标文件中必须装有投标保函(或现金支票、银行汇票)的复印件,未按规定提交投标担保的投标文件,招标人将予以拒绝。

招标人与中标人签订合同协议书后5d内,应当向中标人和未中标退还投标担保,最迟应不超过投标文件有效期满后30d。

7.投标书附表格式

投标书附表有组织机构图、主要人员简历表、主要施工机械表、拟投入本合同工程的主要施工机械表、主要的材料试验、测量、质检仪器设备表、合同用款估算表、临时用地计划表、分包人表、特殊分包人表、调价公式的近似权重系数表及材料基期价格指数表等10种附表,《范本》第8篇对投标书10种附表的格式做出了明确的规定,具体见《范本》。

8.合同协议书格式

合同协议书编排格式在招标文件中,供投标人参考,投标时不需填写。具体格式见《范本》。

9.履约担保格式

中标人在收到中标通知书后28d内,并在签订合同协议书之前,应按合同条款规定的履约担保形式和额度,向业主(招标人)提交一份履约担保,如果采用最低价评标法评标,还应执行该方法有关银行汇票的规定。出具履约保函的银行必须具有相应的担保能力,所需费用由投标人自行承担。联合体的履约担保由联合体主办人出具或联合体成员共同出具,金额等于招标文件的规定。

在承包人按照合同要求实施和完成本合同工程之前,履约担保一直有效。业主给承包人签发交工证书后,就不应对担保再提出任何索赔要求。担保中的银行保函应在交工证书发出后14d内退还给承包人,其中的银行汇票应在工程完成50%后分期返还承包人。

履约银行保函格式和开工预付款银行保函格式见《范本》。

## 四、资格预审

资格预审就是通过对有兴趣参加项目投标的投标人(无论是独家公司或联合体)的法律地位、技术水平、财务状况、是否有类似本工程的施工经验以及社会信誉等方面事先进行一次审查,以确保参加投标的单位均有承包能力,而且有一定的社会信誉。

资格预审一般分为三个步骤进行,即:邀请承包商参加资格预审;发售资格预审文件和由有兴趣的潜在的投标人提交资格预审申请书;接受申请书,进行资格预审,并确定合格的投标人名单。

1.资格预审文件

资格预审文件一般由招标人在发出资格预审通知前编制的,主要分为两大部分:二是资格预审须知,包括附录及附件;二是资格预审申请表格。对拟投标的工程项目有兴趣的投标人,在购买资格预审文件后,应按文件规定的资格预审申请表格进行填写,资格预审申请书的内容须经公证机关或申请者的上级主管部门证明,并提高相应的佐证材料,然后在申请截止时间之前递交到接受资格预审的单位(招标人)处。

2.资格预审的评审

评审前,应根据审查的内容分别制定出评审的标准。评审的主要标准应是:申请人过去的施工经验是否与本工程的规模相适应;申请人的财力目前能否承担本工程;施工设备、工程技术和管理人员的数量和水平能否满足要求等。然后按申请人递交的有效资格预审文件(凡在规定截止日期前收到的均有效)的先后次序登记所有资料,并按以下内容和步骤进行审理。资

格预审按四个阶段进行:

(1)符合性检查

主要检查文件的填写是否清楚;文件的数量是否足够;内容是否齐全;有无合作人、分包人的协议;是否有银行担保,金额是否按规定填写;申请人有无营业执照和相应的施工资质;申请人的授权人和其他代理人是否有效;拟投标的合同段是否标明;同一合同段,申请人是否有重复申请等等。

(2)强制性履约标准核查

审查强制性履约标准表时,不能仅仅看申请人填写的"满足或超过业绩要求项目详述"这一栏,应和申请人报送的其他表格相对应予以核查。

(3)资格评分

主要对申请人的商业信誉和社会信誉进行审查。

审查申请人商业信誉,主要指申请人过去执行合同的情况,完成工程的质量评价,以及在以往执行合同中有无违约、毁约、索赔和诉讼等历史记载。

(4)澄清与核实

在资格预审中,如对所提交的申请不清楚的或需进一步查实的问题,应个别提出,由申请人在所规定的时间内予以答复或澄清。对资格预审申请书有疑问,如对申请人已完成工程项目的规模、质量要落实,可以直接与原建设单位或监理单位联系,予以证实。

资格预审的内容包括:投标申请人的施工业绩,技术能力,财务状况,履约信誉,拟投入到本工程的关键人员、主要设备、专项资金等。

资格预审是按所报资料和审查情况,如实填写资格综合评审表,根据所定标准,分合格与不合格两种。合格的申请人,他们的资料要汇集起来,按每一个申请人分别附在资格预审报告中。不合格的只提出在哪些方面不符合标准。所有资料归档备查,评审工作组成员手中的资料全部收回后按保密文件处理。

评审结束后,应写出资格预审报告,概述评审的经过、结果以及合格者名单等,然后按需要份数报送业主、主管部门和有关部门审定。

在初步确定投标人名单后,应及时向名单中所列的承包商发出通知,以便让他们确认是否有参加投标的意向。如经确认,有个别承包商不愿参加投标,则应将候补的较优者补上,并重新补发通知,征询其意向。

得出经有关部门及主管部门、业主等认可的投标人名单后,资格预审即告结束。

## 五、开标、评标和合同签订

1.开标

招标人按招标文件"投标邀请书"和资料表中规定的时间(如延期,按所规定的延期时间)和地点,对所有收到的投标文件进行开标。开标由招标人主持,邀请上级主管部门和有关单位及监督部门或公证机关派员参加。开标时,投标人应委派授权代表准时出席,在开标时检查投标文件,确认开标结果,并在开标记录上签字。投标人因故不能派代表出席开标活动,事先应书面(信函、传真)通知招标人,这也算是对开标结果的默认。

有效的投标文件应是按规定的截止时间前送交到指定的地点,正本和副本分别包装,包装使用内外两层封套,内外层封套上都要加贴封条,上有"正本"、"副本"标记。外层封套上应写明收件人(招标人)的全称和详细地址、某某项目第几合同段投标文件、在某年某月某日某时

(即开标时间)前不得开封等,但不得有任何投标人的识别标志。内层封套上应写明投标人的全称和详细地址。

开标时,由投标人授权代理人检查投标文件密封情况,经确定无误后,由招标人当众拆封,对投标文件的签署及投标担保的提交情况等进行核查。无效的投标文件不予开标。开标后,招标人发现投标人未按照招标文件的要求提交投标担保,或者投标书未按招标文件规定签署并加盖公章,或者未在投标书上填写投标总价,招标人将当场宣布为废标。

只对有效的投标文件开标,并由招标人宣读合同段名称、投标人名称、投标价、技术性选择方案的投标价(如果有)、业主标底(如果有)以及招标人认为必要的其他内容。未经宣读的调价函(如果有),一律不在评标中考虑。招标人应做好开标的会议记录,存档备查。

若招标人宣读的结果与投标文件不符时,投标人有权在开标现场提出异议,经监督机关或公证机关当场核查确认后,可重新宣读其投标文件。若投标人现场未提出异议,则认为投标人已确认招标人宣读的结果。

2.初步评审

招标人依法组织的评标委员会首先对投标文件进行初步评审,只有通过初步评审的投标文件才能进入详细评审。

通过初步评审的主要条件有:

(1)投标文件按照招标文件规定的格式、内容填写,字迹清晰可辨;

(2)投标文件上法定代表人或其授权代理人的签字齐全,符合招标文件规定;

(3)法人发生合法变更或重组,与申请资格预审时比较,其资格没有发生实质性下降;

(4)投标人按照招标文件规定的格式、时效和内容提供了投标担保;

(5)按照招标文件的规定提供了授权代理人授权书;

(6)投标人以联合体形式投标时,提交了联合体协议书副本,且与通过资格预审时的联合体协议书正本完全一致;

(7)投标人如有分包计划应提交分包协议,分包工程量不应超过投标价的30%;

(8)一份投标文件应只有一个投标报价,招标文件没有规定,不得提交选择性报价;

(9)投标人提交的调价函符合招标文件要求(如有);

(10)投标文件载明的招标项目完成期限不得超过招标文件规定的时限;

(11)投标人不应附有招标人不能接受的条件。

投标文件不符合以上条件之一的,应认为其存有重大偏差,并对该投标文件作废标处理。

3.算术性修正

评标委员会对通过初步评审的各投标文件的报价进行校核,并对有算术上的和累加运算上的差错给予修正。其修正原则如下:

(1)当以数字表示的金额与文字表示的金额有差异时,以文字表示的金额为准;

(2)当单价与数量相乘不等于合价时,以单价计算为准,如果单价有明显的小数点位置差错,应以标出的合价为准,同时对单价予以修正;

(3)当各细目的合价累计不等于总价时,应以各细目合价累计数为准,修正总价。

按以上原则对算术性差错的修正,应取得投标人的同意,并确认修正后的最终投标价。如果投标人拒绝确认,则其投标文件将不予评审,并没收其投标担保金。修正后的最终投标价与原报价相比偏差在1%以上者,属于重大偏差,按废标处理。

4.详细评审

评标委员会还应对通过初步评审,完成算术性修正之后的投标文件从合同条件、技术能力以及投标人以往施工履约信誉等方面进行详细评审。

(1)对合同条件进行详细评审的主要内容包括:

①投标人应接受招标文件规定的风险划分原则,不得提出新的风险划分方法;

②投标人不得增加业主的责任范围,或减少投标人义务;

③投标人不得提出不同的工程验收、计量、支付方法;

④投标人对合同纠纷、事故处理办法不得提出异议;

⑤投标人在投标活动中不得含有欺诈行为;

⑥投标人不得对合同条款有重要保留。

投标文件如有不符合以上条件之一者,属于重大偏差,按废标处理。

(2)对投标人技术能力和以往履约信誉进行详细评审的主要内容包括:

①对投标人提供的财力资源情况(财务报表及相关资金证明材料)的真实性、完整性进行财务能力评价;

②对投标人承诺的拟投入本工程的技术人员素质、设备配置情况的可靠性、有效性进行技术能力的评价;

③对投标人编制的施工组织设计、关键工程技术方案的可行性,以及质量标准、进度与质标价量、安全要求的符合性进行管理水平的评价;

④对投标人近5年完成的类似公路工程项目的质量、工期,以及履约表现进行业绩与信誉的评价。

在对投标人技术能力和履约信誉详细评审过程中,发现投标人的投标文件有下列问题之一,则属于重大偏差,按废标处理:

①承诺的质量检验标准低于招标文件或国家强制性标准要求;

②关键工程技术方案不可行;

③施工业绩及履约信誉证明材料虚假。

5.细微偏差

投标文件中的下列偏差为细微偏差:

①在算术性复核中发现的算术性差错;

②在招标人给定的工程量清单中漏报了某个工程细目的单价和合价;

③在招标人给定的工程量清单中多报了某个工程细目的单价和合价或所报单价增加或减少了报价范围;

④在招标人给定的工程量清单中修改了某些支付号的工程数量;

⑤除强制性标准规定之外,拟投入本合同段的施工、检测设备、人员不足;

⑥施工组织设计(含关键工程技术方案)不够完善。

评标委员会对投标文件中的细微偏差按如下规定处理:

①按算术性修正办法对算术性差错予以修正;

②对于漏报的工程细目单价和合价或单价和合价中减少的报价内容视为已含入其他工程细目的单价和合价之中;

③对多报的工程细目报价或工程细目报价中增加的部分报价从评标价中给予扣除;

④对于修改了工程数量的工程细目报价按招标人给定的工程数量乘以投标人所报单价的合价予以修正,评标价作为相应调整;

⑤在施工、检测设备或人员单项评分中酌情扣分,最多扣分不得超过该单项评分的40%。

⑥在施工组织设计(含关键工程技术方案)评分中酌情扣分,最多扣分不得超过该单项评分的40%。

6.评标价

投标人通过初步评审和详细评审,经细微偏差澄清或补正后,并经投标人确认的投标报价减去招标人给定的暂定金额(含不可预见费总额、或专项暂定金额、或某个给定单价的支付号的合价、或某个给定的总额价等)之后为投标人的评标价。招标人对投标人投标报价的评审应以评标价为基准。

7.投标文件的澄清

招标人将以书面方式要求投标人对投标文件中的细微偏差内容作必要的澄清或补正。对此,投标人不得拒绝。澄清或补正应以书面方式进行并不得超出投标文件的范围或改变投标文件的实质性内容。投标人的澄清或补正内容将作为投标文件的组成部分。

投标人拒不按照要求对投标文件进行澄清或补正的,招标人将否决其投标,并没收其投标担保。招标人不接受投标人主动提出的澄清。

8.评标方法

在详细评审之后,评标委员会将事先选定并在投标人须知资料表中载明的评标方法进行评标,现行的评标方法有:

(1)综合评估法

对投标文件进行详细评审后,综合评分的主要内容和分值(由招标人填写)范围如下:

评标价________分(招标人可根据项目的具体情况确定不同的评审因素及权重,评标价所占权重一般为70%;对于特大桥梁、长大隧道或技术复杂、施工难度较高的工程,评标价所占权重可适当降低,但不应低于50%);财务能力:________分;技术能力:________分;管理水平:________分;业绩与信誉:________分。

①当招标人设有标底时,招标人对投标人的评标价按下述规定进行评分:

a.复合标底计算

$$C = \frac{A + B}{2} \tag{10-1}$$

式中:$A$——招标人的标底扣除暂定金额后的值(标底开标时应公布);

$B$——投标人的评标价在 $A$ 值的105%(含105%)至A值的85%(含85%)范围内的平均值。若所有投标人评标值均未进入复合标底范围,则 $C = A$;

$C$——复合标底值。

b.复合标底降低5%后为评标基准价 $D$。

c.当投标人的评标价等于 $D$ 时得满分,每高于 $D$ 一个百分点扣2分,每低于 $D$ 一个百分点扣1分,中间值按比例内插。

用公式表示如下:

$$F_1 = F - \frac{|D_1 - D|}{D} \times 100 \times E \tag{10-2}$$

式中:$F_1$——投标人评标价得分;

$F$——评标价所占的百分比权重分值;

$D_1$——投标人的评标价;

$D$——评标基准价(复合标底×95%)。

若 $D_1 \geqslant D$,则 $E=2$;若 $D_1 < D$,则 $E=1$。

②当招标人未设标底时,所有投标人评标价的平均值降低5%之后为评标基准价 D,招标人对投标人评标价的评分方法与上述相同。

(2)最低评标价法(招标人应设有标底)

当采用最低评标价法时,往往会使投标人尽量地降低报价,以谋求中标。当对通过初步评审和详细评审的投标人的评标价进行比较,发现投标人的最低评标价低于招标人标底(不含暂定金额)15%以下(含15%),使得其投标报价可能低于其个别成本的,将要求该投标人做出书面说明,并提供相关证明材料,以证明该报价可以按照规定的工期和质量要求完成本工程。投标人不能提供相关证明材料说明该投标报价的合理性,招标人将认定该投标人以低于成本报价竞标,其投标应作废标处理。如果投标人能说明其投标报价是合理的,招标人将向评标价最低的中标候选人发出中标通知书,要求中标候选人按以下方式提交履约担保:

①$(A-D_1)/A \leqslant 15\%$,则履约担保为10%合同价的银行保函。

②$15\% < (A-D_1)/A \leqslant 20\%$,则履约担保为10%合同价的银行保函加5%合同价的银行汇票。

③$20\% < (A-D_1)/A \leqslant 25\%$,则履约担保为10‰合同价的银行保函加10%合同价的银 行汇票。

④$25\% < (A-D_1)/A$,则履约担保为10%合同价的银行保函加15%合同价的银行汇票。

其中:$D_1$ 为中标候选人的评标价;$A$ 为招标人的标底扣除暂定金额后的值。

(3)双信封评标法

对于独立特大型桥梁、长大隧道等技术难度较大的公路工程,招标人可选择双信封评标法进行评标,要求投标人将投标报价和工程量清单单独密封在报价信封中,其他商务和技术文件密封在另外一个信封中,在开标前同时提交给招标人。

双信封法的招标评标程序如下:

①招标人首先打开商务和技术文件信封,但报价信封交监督机关或公正机关密封保存。

②评标委员会对商务和技术文件进行初步评审和详细评审并打分,取前三名。

③招标人向技术得分为前三名的投标人发出通知,通知中写明第二次开标的时间和地点。其他投标人的报价将不予开封,原封退还给投标人。

④投标人的报价经算术性修正后,按综合评估法计算投标人的评标价、复合标底和评标价得分。

⑤将投标人的评标价得分和技术得分相加得到投标人的最终得分,得分最高者中标。

若所有投标文件均未通过初步评审和详细评审,或投标缺乏竞争性,招标人可重新招标。

9.合同的授予

招标人把合同授予投标文件通过初步评审和详细评审,并且经综合评估得分最高的或评标价最低但不低于成本价的投标人。

## 第三节　公路施工投标

### 一、施工投标的程序

1.投标程序的三步骤

(1)组织投标机构;

(2)编制投标文件;

(3)投标文件的送达。

2.投标详细程序

(1)熟悉招标文件;

(2)调查研究;

(3)参加标前会议;

(4)核算工程量;

(5)制定施工方案和进度计划;

(6)人工、材料、机械台班价格计算;

(7)分包工程询价;

(8)分摊费用计算和子目(分部分项工程)单价计算;

(9)按工程量清单计算标价并汇总标价;

(10)标价计算和投标报价决策;

(11)编制正式工程报价单。

## 二、《公路工程国内招标文件范本》(2003 年版)中投标人须知

1.投标人须知的内容

(1)总则;

(2)招标文件;

(3)招标文件;

(4)投标文件的修改;

(5)开标和评标;

(6)授予合同。

2.应重点注意的条款

凡是涉及到有关费用、招投标、标书偏差及有关处理规定、评标方法的具体规定等都应该仔细看。有时间最好将投标人须知通读。

## 三、施工投标的工作内容

由于各个工程项目的工程规模、环境条件等诸多因素各不相同,而且招标人对投标人的要求也不尽相同,从而使不同工程项目的投标程序与投标工作内容也不尽一致。因此,投标人在进行投标时,应根据招标文件的具体要求,广泛收集有关各方面的信息、资料,并结合以往承揽工程任务及投标经验,有条不紊地展开投标工作。根据多年来投标工作实践可知,投标工作内容一般包括以下几个方面的内容。

(一)投标前期工作

参加工程项目的投标竞争需要做一系列的准备工作。准备工作充分与否,往往对能否中标和中标后能否获得较大盈利起着重要的作用。

(二)参加资格预审

只有通过资格预审的投标申请人,方可取得投标资格。投标申请人必须是实际承担工程施工的具有法人资格、持有营业执照、资质证书、通过资信登记的主(兼)营公路施工企业。

(三)编标报价

通过资格预审后,就应按招标人规定的日期和地点购买招标文件。从购买招标文件到完成标书这一期间,投标人为投标而做的工作可统称为编标报价。其主要工作为:

1.标价的构成

投标报价的费用构成主要有直接费、间接费、计划利润、税金以及不可预见费用等。直接费是指在工程施工中直接用于工程实体上的人工、材料、设备和施工机械使用费等费用的总和;间接费是指组织和管理工程施工所需的各项费用,主要由施工管理费和其他间接费组成;利润和税金是指按照国家有关部门的规定,工程施工企业在承担施工任务时应计取的利润,以及按规定应计入工程造价内的营业税、城市建设维护税等税金,不可预见费是工程项目的风险费。

为了便于计算工程量清单中各个分项的价格,进而汇总整个工程标价,通常将工程费用分为直接费和待摊费用。如图10-6所示。待摊费用的概念是工程项目实施所必需的,但在工程量清单中没有单列项的项目费用,需要将其作为待摊费用分摊到工程量清单的各个报价分项中去。

2.标价计算

标价的计算可以按照定额或市场的单价,逐项计算每个项目的单价与合价,分别填入招标人提供的工程量清单中,应包括人工费、材料费、施工机械使用费、其他直接费、间接费、利润、税金及材料差价和风险费用等全部费用。

(1)人工、材料、机械单价

投标时采用的人工、材料、机械单价应根据本企业自身的情况以及建设市场情况和劳动力、施工机械租赁市场状况综合确定。

(2)其他直接费、间接费、利润、税金的计算

在计算出直接费的基础上,依据企业自身情况确定各项费率及法定税率,依次计算出其他直接费、间接费、利润和税金。

(3)风险费的计算

风险费指工程承包过程中由于各种不可预见的风险因素发生而增加的费用。通常由投标人经过对具体工程项目的风险因素分析之后,确定一个比较合理的工程总价的百分数作为风险费。

计算标价时,定额选用的正确与否是影响到报价高低、投标成败的关键因素之一。因此,应根据工程条件和竞争情况加以分析,对定额予以适当调整。根据经验,在国外承包工程时一般选用较高定额(可按国内现行定额提高效率10%~30%使用),因为人员素质高,机械化程度高,机械性能先进,效率高,条件供应也及时,同时施工目标单一,干扰较少。

3.标价分析

初步计算出标价之后,应对标价进行多方面的分析和评估,其目的是探讨标价的经济合理性,从而做出最终报价决策。标价分析包括单价分析和总价分析。单价分析就是对工程量清单中所列分项单价进行分析和计算,确定出每一分项的单价和合价,分析标价计算中使用的劳务、材料、施工机械的基础单价以及选用的工程定额是否合理,是否符合拟投标工程的实际情况。同时,应根据以往本企业的投标报价资料进行对比分析,合理确定投标单价和总报价。此方面内容在此不作详细阐述,请参阅其他书籍。

(四)报价决策

报价决策是投标人招集标价计算人员和本公司有关领导或高级咨询人员共同研究，就初步计算标价结果、标价宏观审核、动态分析及盈亏分析进行讨论，做出有关投标报价的最后决定。

（五）编制和递交投标文件

工程报价最后确定后，就可按照招标文件中各项要求完成整套投标文件，然后打印、复制、装订。

全部投标文件编好之后，经校核无误，由负责人签署、盖章（公司公章）按投标人须知的规定分装，然后密封，派专人在投标截止期之前送到招标人指定地点，并取得收据。如必须邮寄，则应充分考虑邮件在途时间，避免迟到作废。如投标人在递交标书后希望更改标书，则投标人同样应将更改要求以书面形式密封后并在投标截止日期前递交。

（六）授标与签约

投标文件递交后，投标人应按规定日期参加开标会。按我国现行招标投标法，开标时间应为投标文件截止时间的同一时间。

开标后，经过评标确定中标人，业主将向中标人发出中标通知书。收到中标通知书的投标人即获得工程承建权。此时，中标人应按规定办好各种手续，按时与业主签订承包合同。投标过程至此全部完成。

## 第四节　施工合同管理

### 一、施工合同概述

（一）施工合同的概念

施工合同即建筑安装工程承包合同，是发包人和承包人为完成商定的建筑安装工程，明确相互权利、义务关系的协议。依照施工合同，承包人应完成一定的建筑、安装工程任务，发包人应提供必要的施工条件并支付工程价款。施工合同是建设工程合同的一种，它与其他建设工程合同一样是一种双务合同，在订立时也应遵守自愿、公平、诚实信用等原则。

（二）施工合同文件的组成及解释顺序

组成建设工程施工合同的文件包括：

（1）施工合同协议书；

（2）中标通知书；

（3）投标书及其附件；

（4）施工合同专用条款；

（5）施工合同通用条款；

（6）标准、规范及有关技术文件；

（7）图纸；

（8）工程量清单；

（9）工程报价单或预算书。

双方有关工程的洽商、变更等书面协议或文件视为协议书的组成部分。

上述合同文件应能够互相解释、互相说明。当合同文件中出现不一致时，上面的顺序就是合同的优先解释顺序。当合同文件出现含糊不清或当事人有不同理解时，按照合同争议的解决方式处理。

## 二、施工合同类型

1.按工程承发包的范围和数量,可以划分为建设工程总承包合同、建设工程承包合同、分包合同。

2.按计价方式可以划分为总价合同、单价合同和成本加酬金合同三大类型。

(1)总价合同。总价合同是指在合同中确定一个完成项目的总价,承包人据此完成项目全部内容的合同。这种合同类型能够使建设单位在评标时易于确定报价最低的承包人,易于进行支付计算。但这类合同适用于工程量不太大且能精确计算、工期较短、技术不太复杂、风险不大的项目,因而采用这种合同类型要求建设单位必须准备详细而全面的设计图纸(一般要求施工详图)和各项说明,使承包人能准确计算工程量。

(2)单价合同。单价合同是承包人在投标时,按招标文件就分部分项工程所列出的工程量表确定各分部分项工程费用的合同类型。

这类合同适用范围比较宽,其风险可以得到合理的分摊,并且能鼓励承包人通过提高工效等手段从成本节约中提高利润。这类合同能够成立的关键在于双方对单价和工程量计算方法的确认。在合同履行中需要注意的问题则是双方对实际工程量计量的确认。

(3)成本加酬金合同。成本加酬金合同,是由业主向承包人支付工程项目的实际成本,并按事先约定的某一种方式支付酬金的合同类型。在这类合同中,业主需要承担项目实际发生的一切费用,因此也就承担了项目的全部风险。而承包人由于无风险,其报酬往往也较低。

这类合同的缺点是业主对工程总造价不易控制,承包人也往往不注意降低项目成本。这类合同主要适用于以下项目:

①需要立即开展工作的项目,如震后的救灾工作;

②新型的工程项目,或对项目工程内容及技术经济指标未确定的项目;

③风险很大的项目。

按照酬金的计算方式不同,成本加酬金合同又划分为:成本加固定百分比酬金合同、成本加固定酬金合同、成本加浮动酬金合同和目标成本加奖罚合同四种类型。

## 三、施工合同主要条款

1.双方的一般权利和义务

(1)发包人的工作

根据专用条款约定的内容和时间,发包人应分阶段或一次完成下列工作:

①办理土地征用、拆迁补偿、平整施工场地等工作,使施工场地具备施工条件,并在开工后继续负责解决以上事项的遗留问题。

②将施工所需水、电、电讯线路从施工场地外部接至专用条款约定地点,保证施工期间需要。

③开通施工场地与城乡公共道路的通道,以及专用条款约定的施工场地内的主要道路,满足施工运输的需要,保证施工期间的畅通。

④向承包人提供施工场地的工程地质和地下管线资料,对资料的真实准确性负责。

⑤办理施工许可证及其他施工所需的证件、批件和临时用地、停水、停电、中断道路交通、爆破作业以及可能损坏道路、管线、电力、通讯等公共设施法律、法规规定的申请批准手续(证明承包人自身资质的证件除外)。

⑥确定水准点与坐标控制点，以书面形式交给承包人，进行现场交验。

⑦组织承包人和设计单位进行图纸会审和设计交底。

⑧协调处理施工现场周围地下管线和邻近建筑物、构筑物(包括文物保护建筑)、古树名木的保护工作，承担有关费用。

⑨发包人应做的其他工作，双方在专用条款内约定。

发包人可以将上述部分工作委托承包人办理，具体内容由双方在专用条款内约定，其费用由发包人承担。

发包人不按合同约定履行以上义务，导致工期延误或给承包人造成损失的，应赔偿承包人的有关损失，延误的工期相应顺延。

(2)承包人的工作

承包人按专用条款约定的内容和时间完成下列工作：

①根据发包人的委托，在其设计资质等级和业务允许的范围内，完成施工图设计或与工程配套的设计，经工程师确认后使用，发生的费用由发包人承担。

②向工程师提供年、季、月工程进度计划及相应进度统计报表。

③根据工程需要，提供和维修非夜间施工使用的照明、围栏设施，并负责安全保卫。

④按专用条款约定的数量和要求，向发包人提供在施工现场办公和生活的房屋及设施，发生的费用由发包人承担。

⑤遵守有关部门对施工场地交通、施工噪音以及环境保护和安全生产等的管理规定，按管理规定办理有关手续，并以书面形式通知发包人。发包人承担由此发生的费用，因承包人责任造成的罚款除外。

⑥已竣工工程未交付发包人之前，承包人按专用条款约定负责已完工程的保护工作，保护期间发生损坏，承包人自费予以修复。要求承包人采取特殊措施保护的工程部位和相应追加合同价款，在专用条款内约定。

⑦按专用条款的约定做好施工现场地下管线和邻近建筑物、构筑物(包括文物保护建筑)、古树名木的保护工作。

⑧保证施工现场清洁符合环境卫生管理的有关规定。交工前清理现场达到专用条款约定的要求，承担因自身原因违反有关规定造成的损失和罚款。

⑨承包人应做的其他工作，双方在专用条款内约定。

承包人不履行上述各项义务，造成发包人损失的，应对发包人的损失给予赔偿。

(3)工程师的职权

工程师在施工合同的履行过程中，应当承担以下职责：

①工程师可委派工程师代表。在施工过程中，不可能所有的监督和管理工作都由工程师自己完成。工程师可委派工程师代表等具体管理人员，行使自己的部分权利和职责，并可在认为必要时撤回委派，委派和撤回均应提前7d以书面形式通知承包人，负责监理的工程师还应将委派和撤回通知发包人。委派书和撤回通知作为合同附件。工程师代表在工程师授权范围内向承包人发出的任何书面形式的函件，与工程师发出的函件效力相同。

②工程发出指令、通知。工程师的指令、通知由其本人签字后，以书面形式交给项目经理，项目经理在回执上签署姓名和收到时间后生效。确有必要时，工程师可发出口头指令，并在48h内给予书面确认，承包人对工程师的指令应予执行。工程师不能及时给予书面确认，承包人应于工程师发出口头指令后的7d内提出书面确认要求。工程师在承包人提出确认要求后

48h内不予答复,应视为口头指令已被确认。承包人认为工程师指令不合理,应在收到指令后24h内提出书面申告,工程师在收到承包人申告后24h内做出修改指令或继续执行原指令的决定,并以书面形式通知承包人。紧急情况下,工程师要求承包人立即执行的指令或承包人虽有异议,但工程师决定仍继续执行的指令,承包人应予执行。因指令错误发生的费用和给承包人造成的损失由发包人承担,延误的工期相应顺延。对于工程师代表在工程师授权范围内发出的指令和通知,视为工程师发出的指令和通知。但工程师代表发出指令失误时,工程师可以纠正。除工程师或工程师代表外,发包人派驻工地的其他人员无权向承包人发出任何指令。

③工程师应及时完成自己的职责。工程师应按合同约定,及时向承包人提供所需的指令、批准并履行其他约定的义务,否则发包人应承担延误造成的追加合同价款,并赔偿承包人有关损失,顺延延误的工期。

④工程师做出的处理决定。在合同履行中,发生影响承发包双方权利或义务的事件时,负责监理的工程师应依据合同在其职权范围内客观公正地进行处理。为保证施工正常进行,承发包双方应尊重工程师的决定。承包人对工程师的处理有异议时,按照合同约定的争议处理办法解决。

(4)项目经理的产生和职责。项目经理是由承包人单位法定代表人授权的,派驻施工现场的承包人的总负责人。他代表承包人负责工程施工的组织、实施。

项目经理的职责。项目经理在施工合同的履行过程中应当完成以下职责:

①项目经理向发包人提出要求和通知。项目经理有权代表承包人向发包人提出要求和通知。承包人的要求和通知,以书面形式由项目经理签字后送交工程师,工程师在回执上签署姓名和收到时间后生效。

②组织施工。项目经理按工程师认可的施工组织设计(或施工方案)和依据合同发出的指令、要求组织施工。在情况紧急且无法与工程师联系时,应当采取保证人员生命和工程财产安全的紧急措施,并在采取措施后48h内向工程师送交报告。责任在发包人和第三方时,由发包人承担由此发生的追加合同价款,相应顺延工期;责任在承包人的,由承包人承担费用,不顺延工期。

2.施工组织设计和工期

(1)进度计划

承包人应当在专用条款约定的日期,将施工组织设计和工程进度计划提交工程师。群体工程中采取分阶段进行施工的单项工程,承包人则应按照发包人提供图纸及有关资料的时间,按单项工程编制进度计划,分别向工程师提交。工程师接到承包人提交的进度计划后,应当予以确认或提出修改意见。如果工程师逾期不确认也不提出书面意见的,则视为已经同意。但是,工程师对进度计划予以确认或提出修改意见,并不免除承包人施工组织设计和工程进度计划本身的缺陷所应承担的责任。

(2)开工及延期开工

承包人应当按协议书约定的开工日期开始施工。承包人不能按时开工,应在不迟于协议书约定的开工日期前7d,以书面形式向工程师提出延期开工的理由和要求。工程师在接到延期开工申请后的48h内以书面形式答复承包人。工程师在接到延期开工申请后的48h内不答复,视为同意承包人的要求,工期相应顺延。因发包人的原因不能按照协议书约定的开工日期开工,工程师以书面形式通知承包人后,可推迟开工日期。承包人对延期开工的通知没有否决权,但发包人应当赔偿承包人因此造成的损失,相应顺延工期。

(3)工期延误

承包人应当按照合同约定完成工程施工,如果由于其自身的原因造成工期延误,应当承担违约责任。但是,在有些情况下工期延误后,竣工日期可以相应顺延。

承包人在工期可以顺延的情况发生后14d内,就延误的工期向工程师提出书面报告。工程师在收到报告后14d内予以确认,逾期不予确认也不提出修改意见,视为同意顺延工期。

3.质量和检验

工程施工中的质量控制是合同履行中的重要环节。施工合同的质量控制涉及许多方面的因素,任何一个方面的缺陷和疏漏,都会使工程质量无法达到预期的标准。

4.合同价款与支付

(1)施工合同价款及调整

施工合同价款是按有关规定和协议条款约定的各种取费标准计算,用以支付承包人按照合同要求完成工程内容的价款总额。这是合同双方关心的核心问题之一,招投标等工作主要是围绕合同价款展开的。合同价款应依据中标通知书中的中标价格和非招标工程的工程预算书确定。合同价款在协议书内约定后,任何一方不得擅自改变。合同价款可以按照固定价格合同、可调价格合同、成本加酬金合同三种方式约定。

承包人应当在价款可以调整的情况发生后14d内,将调整原因、金额以书面形式通知工程师,工程师确认后作为追加合同价款,与工程款同期支付。工程师收到承包人通知之后14d内不予答复也不提出修改意见,视为该项调整已经同意。

(2)工程预付款

工程预付款主要是用于建筑材料。预付额度,建筑工程一般不得超过当年建筑(包括水、电、暖、卫等)工程工作量的30%,大量采用预制构件以及工期在6个月内的工程,可以适当增加;安装工程一般不得超过当年安装工程量的10%,安装材料用量较大的工程,可以适当增加。双方应在专用条款内约定发包人向承包人预付工程款的时间和数额,开工后按约定的时间和比例逐次扣回。预付时间应不迟于约定的开工日期前7d。发包人不按约定预付,承包人在约定预付时间7d后向发包人发出要求预付的通知,发包人收到通知后仍不能按要求预付,承包人可在发出通知后7d停止施工,发包人应从约定应付之日起向承包人支付应付款的贷款利息,并承担违约责任。

(3)工程量的确认

对承包人已完成工程量的核实确认,是发包人支付工程款的前提,其具体的确认程序为:首先,承包人向工程师提交已完工程量的报告。然后,工程师进行计量。工程师接到报告后7d内按设计图纸核实工程量(以下称计量),并在计量前24h通知承包人,承包人为计量提供便利条件并派人参加。承包人不参加计量,发包人自行进行,计量结果有效,作为工程价款支付的依据。工程师接到承包人报告后7d内未进行计量,从第8d起,承包人报告中开列的工程量即视为被确认,作为工程价款支付的依据。工程师不按约定时间通知承包人,使承包人不能参加计量,计量结果无效。对承包人超出设计图纸范围和因承包人原因造成返工的工程量,工程师不予计量。

(4)工程款(进度款)支付

发包人应在双方计量确认后14d内,向承包人支付工程款。同期用于工程上的发包人供应材料设备的价款,以及按约定时间发包人应按比例扣回的预付款,与工程款同期结算。合同价款调整、设计变更调整的合同价款以及追加的合同价款,应与工程款同期调整支付。

5.竣工验收及结算

(1)竣工验收中承发包双方的具体工作程序和责任

工程具备竣工验收条件,承包人按国家工程竣工验收有关规定,向发包人提供完整的竣工资料及竣工验收报告。双方约定由承包人提供竣工图,应在专用条款内约定提供的日期和份数。

发包人收到竣工验收报告后28d内组织有关部门验收,并在验收后14d内给予认可或提出修改意见。承包人按要求修改。由于承包人原因,工程质量达不到约定的质量标准,承包人承担违约责任。因特殊原因,发包人要求部分单位工程或工程部位需甩项竣工时,双方另行签订甩项竣工协议,明确各方责任和工程价款的支付办法。建设工程未经验收或验收不合格,不得交付使用。发包人强行使用的,由此发生的质量问题及其他问题,由发包人承担责任。

(2)竣工结算

工程竣工验收报告经发包人认可后28d,承包人向发包人递交竣工结算报告及完整的结算资料。工程竣工验收报告经发包人认可后28d内,承包人未能向发包人递交竣工结算报告及完整的结算资料,造成工程竣工结算不能正常进行或工程竣工结算价款不能及时支付,发包人要求交付工程的,承包人应当交付;发包人不要求交付工程的,承包人承担保管责任。

发包人自收到竣工结算报告及结算资料后28d内进行核实,确认后支付工程竣工结算价款,承包人收到竣工结算价款后14d内将竣工工程交付发包人。

发包人自收到竣工结算报告及结算资料后28d内无正当理由不支付工程竣工结算价款,从第29d起按承包人同期向银行贷款利率支付拖欠工程价款的利息,并承担违约责任。

(3)质量保修

建设工程办理交工验收手续后,在规定的期限内,因勘察、设计、施工、材料等原因造成的质量缺陷,应由承包人负责维修。所谓质量缺陷是指工程不符合国家或行业现行的有关技术标准、设计文件以及合同中对质量的要求。

为了保证保修任务的完成,承包人应向发包人支付保修金,也可由发包人从应付承包人的工程款内预留。质量保修金的比例及金额由双方按有关部门规定的比例约定。工程的质量保证期满后,发包人应及时结算和返还(如有剩余)质量保修金。发包人应在质量保证期满后14天内,将剩余保修金和按约定利率计算的利息返还承包人。

上述保修期,亦称缺陷责任期,一般为一年,是根据交工证书中载明的竣工日期算起。

6.索赔和争议

(1)索赔

合同当事人一方向另一方提出索赔时,要有正当的索赔理由,且有索赔事件发生时的有效证据。发包人未能按合同约定履行自己的各项义务或发生错误以及发包人承担责任的其他原因,造成工期延误或向承包人延期支付合同价款及承包人的其他经济损失,承包人可以以书面形式向发包人提出索赔。有关索赔内容将在本章第五节中详细阐述。

(2)争议的解决

合同当事人在履行施工合同时发生争议,可以和解或要求合同管理及其他有关主管部门调解。

## 第五节　工程变更与索赔

### 一、工程变更

(一)工程变更的概念与类型

1.工程变更的概念

工程变更是合同变更的一种特殊形式。它通常指合同文件中“设计图纸”或“技术规范”的改变。包括设计变更、进度计划变更、施工条件变更以及原招标文件和工程量清单中未包括的“新增工程”。

2.工程变更的基本类型

根据FIDIC条款及《公路工程国内招标文件范本》的有关规定，工程变更有如下几种类型：

(1)增加或减少合同所包括的任何工作的数量；

(2)省略任何这类工作(但被省略的工作由雇主或其他承包商实施者除外)；

(3)改变这类工作的性质、质量或类型；

(4)改变工程任何部分的标高、基线、位置和尺寸；

(5)实施工程竣工所必需的任何种类的附加工作；

(6)改变工程任何部分的任何规定的施工顺序和时间安排。

(二)工程变更的受理、审批程序

1.提出变更申请

工程变更一般由承包人提出。业主、监理工程师以及项目相邻第三方也可以提出工程变更的要求。

2.审查变更理由是否成立

一般由监理工程师逐级审查工程变更是否成立。

3.编制变更文件

由监理工程师与提出人共同编制变更文件，包括变更设计图纸、计算书、所采用的技术规范和标准、变更工程量清单等。

4.审批工程变更

监理工程师应根据委托授权，或自己审批报业主备案，或自己审核签注意见后报业主审批。

5.签发变更指令、实施变更

(三)工程变更价款的计算方法

工程变更价款的确定应在双方协商的时间内，由承包商提出变更价格，报工程师批准后方可调整合同价或顺延工期。工程师对承包方(乙方)所提出的变更价款，应按照有关规定进行审核、处理，主要有：

(1)承包方在工程变更确定后14d内，提出变更工程价款的报告，经工程师确认后调整合同价款。变更合同价款按下列方法进行：

①合同中已有适用于变更工程的价格，按合同已有的价格计算变更合同价款；

②合同中只有类似于变更工程的价格，可以参照类似价格变更合同价款；

③合同中没有适用或类似于变更工程的价格，由承包方提出适当的变更价格，经工程师确认后执行。

(2)承包方在双方确定变更后14d内不向工程师提出变更工程价款报告时，视为该项变更不涉及合同价款的变更。

(3)工程师应在收到变更工程价款报告之日起14d内予以确认。工程师无正当理由不确定时，自变更价款报告送达之日起14d后视为变更工程价款报告已被确认。

(4)工程师不同意承包方提出的变更价款，可以和解或者要求合同管理及其他有关主管部门(如工程造价管理站)调解。和解或调解不成的,双方可以采用仲裁或向人民法院起诉的方式解决。

(5)工程师确认增加的工程变更价款作为追加合同价款,与工程款同期支付。

(6)因承包方自身原因导致的工程变更,承包方无权要求追加合同价款。

(四)FIDIC合同条件下工程变更的控制与估价

FIDIC合同条件授予工程师很大的工程变更权力。工程师如认为有必要,便可对工程或其中某些部分做出变更指令。同时规定没有工程师的指示,承包商不得作任何变更,除非是工程量表上的简单增加或减少。

1. 工程变更的控制程序和要求

FIDIC合同条件下,工程变更的一般程序是:

(1)提出变更要求。工程变更可能由承包商提出,也可能由业主或工程师提出。承包商提出的变更多数是从方便承包商施工条件出发,提出变更要求的同时应提供变更后的设计图纸和费用计算;业主提出设计变更大多是由于当地政府的要求,或者工程性质改变;工程师提出的工程变更大多是发现设计错误或不足。工程师提出变更的设计图纸可以由工程师承担,也可以指令承包商完成。

(2)工程师审查变更。无论是哪一方提出的工程变更,均需由工程师审查批准。工程师审批工程变更时应与业主和承包商进行适当的协商,尤其是一些费用增加较多的工程变更项目,更要与业主进行充分的协商,征得业主同意后才能批准。

(3)编制工程变更文件。工程变更文件包括:

①工程变更令。主要说明变更的理由和工程变更的概况,工程变更估价及对合同价的估价;

②工程量清单。工程变更的工程量清单与合同中的工程量清单相同,并需附工程量的计算记录及有关确定单价的资料;

③设计图纸(包括技术规范);

④其他有关文件等。

(4)发出变更指示。工程师的变更指示应以书面形式发出。如果工程师认为有必要以口头形式发出指示,指示发出后应尽快加以书面确认。

2.工程变更价款的估价步骤与方法

(1)工程变更估价的步骤

工程变更一般要影响费用的增减,所以工程师应把全部情况告知雇主。对变更费用的批准,一般遵循以下步骤:

①工程师准备一份授权申请提出对规范和合同工程量所要进行的变更以及费用估算和变更的依据和理由。

②在雇主批准了授权的申请后,工程师要同承包商协商,确定变更的价格。如果价格等于或少于雇主批准的总额,则工程师有权向承包商发布必要的变更指示;如果价格超过批准的总额,工程师应请求雇主进一步给予授权。

③尽管已有上述程序,但为了避免耽误工作,工程师在和承包商就变更价格达成一致意见之前,有必要发布变更指示。此时,应发布一个包括两部分的变更指示,第一部分是在没有规定价格和费率时,指示承包商继续工作;在通过进一步的协商之后,发布第二部分,确定适用的费率和价格。

此程序中所述任何步骤均不应影响工程师决定任何费率或价格的权力（在工程师和承包商之间对费率和价格不能达成一致意见时）。

④在紧急情况下，不应限制工程师向承包商发布他认为必要的此类指示。如果在上述紧急情况下采取行动，他应就此情况尽快通知雇主。

(2)工程变更估价方法

①如工程师认为适当，应以合同中规定的费率及价格进行估价。如合同中未包括适用于该变更工作的费率和价格，则应在合理的范围内使用合同中的费率和价格作为估价的基础。若合同清单中，既没有与变更项目相同，也没有相似项目时，在工程师与业主和承包商适当协商后，由工程师和承包商商定一个合适的费率或价格作为结算的依据；当双方意见不一致时，工程师有权单方面确定其认为合适的费率或价格。费率或价格确定的合适与否是导致承包商费用索赔的关键。

为了支付的方便，在费率和价格未取得一致意见前，工程师应确定暂行费率或价格，以便有可能作为暂付款包含在期中付款证书中。

②如果工程师在颁发整个工程的移交证书时，发现由于工程变更和工程量表上实际工程量的增加或减少（不包括暂定金额、计日工和价格调整），使合同价格的增加或减少合计超过有效合同价（指不包括暂定金额和计日工补贴的合同价格）的15%，在工程师与业主和承包商协商后，应在合同价格中.加上或减去承包商和工程师议定的一笔款额；若双方未能取得一致意见，则由工程师在考虑了承包商的现场费用和上级公司管理费后确定此款额。该款额仅以超过或等手“有效合同价”15%的那一部分为基础。

③也可按计日工方法估价。工程师如认为必要和可取，可以签发指示，规定按计日工方法进行工程估价变更。对这类工程变更，应按合同中包括的按计日工表中所定的项目和承包商在投标书中对此所确定的费率或价格向承包商付款。

## 二、工程索赔

(一)索赔的概念

索赔是指在合同履行过程中，对于并非自己的过错，而是应由对方承担责任的情况造成的实际损失向对方提出经济补偿和（或）时间补偿的要求。索赔是工程承包中经常发生的正常现象。由于施工现场条件、气候条件的变化，施工进度、物价的变化，以及合同条款、规范、标准文件和施工图纸的变更、差异、延误等因素的影响，使得工程承包中不可避免地出现索赔。《中华人民共和国民法通则》第一百一十一条规定，当事人一方不履行合同义务或履行合同义务不符合约定条件的，另一方有权要求履行或者采取补救措施，并有权要求赔偿损失。这即是索赔的法律依据。

(二)工程索赔的原因

(1)发包人违约，包括发包人和工程师没有履行合同责任，没有正确地行使合同赋予的权利，工程管理失误，不按合同支付工程款等。

(2)合同错误，如合同条文不全、错误、矛盾、有二义性，设计图纸、技术规范错误等。

(3)合同变更，如双方签订新的变更协议、备忘录、修正案，发包人下达工程变更指令等。

(4)工程环境变化，包括法律、市场物价、货币兑换率、自然条件的变化等。

(5)不可抗力因素，如恶劣的气候条件、地震、洪水、战争状态、禁运等。

(三)索赔的分类

索赔可以从不同的角度、以不同的标准进行分类。

1.按索赔发生的原因分类

由于施工准备、进度控制、质量控制、费用控制及管理等原因引起的索赔,这种分类能明确指出每一项索赔的根源所在,使业主和工程师便于审核分析。

2.按索赔的目的分类

可分为工期索赔和费用索赔。

(1)工期索赔就是要求业主延长施工时间,使原规定的工程竣工日期顺延,从而避免了违约罚金的发生。

(2)费用索赔就是要求业主补偿费用损失,进而调整合同价款。

3.按索赔的依据分类

可分为合同规定的索赔、非合同规定的索赔以及道义索赔(额外支付)。

(1)合同规定的索赔是指索赔涉及的内容在合同文件中能够找到依据,业主或承包商可以据此提出索赔要求。这种在合同文件中有明文规定的条款,常称为“明示条款”。一般凡是工程项目合同文件中有明示条款的,这类索赔不大容易发生争议。

(2)非合同规定的索赔是指索赔涉及的内容在合同文件中没有专门的文字叙述,但可以根据该合同条件某些条款的含义,推论出有一定索赔权。

(3)道义索赔是指通情达理的业主看到承包商为完成某项困难的施工,承受了额外费用损失,甚至承受重大亏损;出于善良意愿给承包商以适当的经济补偿,因在合同条款中没有此项索赔的规定,所以也称为“额外支付”,这往往是合同双方友好信任的表现,但较为罕见。

4.按索赔的有关当事人分类

(1)承包商同业主之间的索赔;

(2)总承包商同分包商之间的索赔;

(3)承包商同供货商之间的索赔;

(4)承包商向保险公司、运输公司索赔等。

5.按索赔的对象分类

可分为索赔和反索赔。

(1)索赔是指承包商向业主提出的索赔;

(2)反索赔主要是指业主向承包商提出的索赔。

6.按索赔的业务性质分类

可分为工程索赔和商务索赔:

(1)工程索赔是指涉及工程项目建设中施工条件或施工技术、施工范围等变化引起的索赔,一般发生频率高,索赔费用大,这是本节论述的重点。

(2)商务索赔是指施工程项目过程中的物资采购、运输、保管等方面活动引起的索赔事项。由于供货商、运输公司等在物资数量上短缺、质量上不符合要求,运输损坏或不能按期交货等原因,给承包商造成经济损失时,承包商向供货商、运输商等提出索赔要求;反之,当承包商不按合同规定付款时,则供货商或运输公司向承包商提出索赔等。

7.按索赔的处理方式分类

可分为单项索赔和总索赔。

(1)单项索赔就是采取一事一索赔的方式,即在每一件索赔事项发生后,报送索赔通知书,编报索赔报告,要求单项解决支付,不与其他的索赔事项混在一起。这是工程索赔通常采用的方式,它避免了多项索赔的相互影响和制约,解决起来较容易。

(2)总索赔,又称综合索赔或一揽子索赔,即对整个工程(或某项工程)中所发生的数起索赔事项,综合在一起进行索赔。采取这种方式进行索赔,是在特定的情况下被迫采用的一种索赔方法。有时候,在施工过程中受到非常严重的干扰,以致承包商的全部施工活动与原来的计划大不相同,原合同规定的工作与变更后的工作相互混淆,承包商无法为索赔保持准确而详细的成本记录资料,无法分辨哪些费用是原定的,哪些费用是新增的。在这种条件下,无法采用单项索赔的方式。但注意总索赔方式应尽量避免采用,因为它涉及的因素十分复杂,且纵横交错,不太容易索赔成功。

(四)工程索赔的依据

1.合同文件

合同文件是索赔的最主要依据,包括:

(1)本合同协议书;

(2)中标通知书;

(3)投标书及其附件;

(4)本合同专用条款;

(5)本合同通用条款;

(6)标准、规范及有关技术文件;

(7)图纸;

(8)工程量清单;

(9)工程报价单或预算书;

合同履行中,发包人与承包人有关工程的洽商、变更等书面协议或文件视为本合同的组成部分。

2.订立合同所依据的法律和法规

(1)适用法律和法规

建设工程合同文件适用国家的法律和行政法规。需要明示的法律、行政法规,由双方在专用条款中约定。

(2)适用标准、规范

双方在专用条款内约定适用国家标准、规范的名称。

3.相关证据

工程索赔中常见的证据有:

(1)招标文件、合同文本及附件,其他的各种签约(备忘录、修正案等),发包人认可的工程实施计划,各种工程图纸,技术规范等;

(2)来往信件,如发包人的变更指令,各种认可信、通知、对承包人问题的答复信等;

(3)各种会议纪要;

(4)施工进度计划和实施施工进度记录;

(5)施工现场的工程文件;

(6)工程照片;

(7)气候报告;

(8)工程中的各种检查验收报告和各种技术鉴定报告;

(9)工地的交接记录(应注明交接日期,场地平整情况,水、电、路等),图纸和各种资源交接记录；

(10)建筑材料和设备的采购、订货、运输、进场，使用方面的记录、凭证和报表等；

(11)市场行情资料，包括市场价格、官方的物价指数、工资指数、中央银行的外汇比率等公布材料；

(12)各种会计核算资料；

(13)国家法律、法令、政策文件。

(五)工程索赔的审批程序

根据《公路工程国内招标文件范本》(2003 年版)合同通用条款第 53 条的规定，费用索赔审批程序为：

(1)索赔事件发生；

(2)承包人向监理工程师提交索赔意想报告；

(3)承包人提交索赔事件的同期记录；

(4)索赔事件结束后提交正式索赔报告；

(5)索赔评估小组调查索赔事实和原因、查证合同依据、计算索赔费用；

(6)驻地监理工程师提出评审意见；

(7)总监理工程师代表处审批；

(8)业主签字、备案。

当出现索赔事项时，承包人以书面的索赔通知书形式，在索赔事项发生后的 21d 内向工程师正式提出索赔意想通知。在索赔通知书发出后的 21d 内，向工程师提出延长工期和(或)补偿经济损失的索赔报告及有关资料。

当索赔事件持续进行时，承包人应当阶段性向工程师发出索赔意想，在索赔事件终了后 21d 内，向工程师送交索赔的有关资料和最终索赔报告。

工程项目的索赔管理人员应能熟练应用合同条款来论证自己的索赔权。在具体的施工索赔中，每一个索赔事项往往涉及到几个合同条款，究竟引用哪一条更有利、更具有说服力，这需要统筹考虑决定。这就要求项目索赔管理人员仔细研究工程项目合同文件，尤其要注意研究 FIDIC 合同条件中承包商可引用的索赔条款这些条款以及标出的索赔内容、补偿事项是相当明确和具体的，无疑也是比较权威的，值得仔细研究和借鉴。

(六)索赔费用的组成与计算

索赔费用的主要组成部分，同建设工程施工承包合同价的组成部分相似。由于我国关于施工承包合同价的构成规定与国际惯例不尽一致，所以在索赔费用的组成内容上也有所差异。按照我国现行规定，工程合同价一般包括直接工程费、间接费、计划利润和税金。而国际上的惯例是将工程合同价分为直接费、间接费、利润三部分。

从原则上说，凡是承包商有索赔权的工程成本的增加，都可以列入索赔的费用。但是，对于不同原因引起的索赔，可索赔费用的具体内容则有所不同。哪些内容可索赔，哪些内容不可索赔，则需要具体地分析与判断。根据国际惯例，索赔费用中主要包括的项目如下：

1.人工费

人工费是工程成本直接费中主要项目之一。它包括生产工人基本工资、工资性质的津贴、加班费、奖金等。对于索赔费用中的人工费部分来说，主要是指完成合同之外的额外工作所花费的人工费用；由于非承包商责任的工效降低所增加的人工费用；超过法定工作时间的加班费用；法定的人工费增长以及非承包商责任造成的工程延误导致的人员窝工费等。

人工费的计算，若合同中规定了计算方法的原则上按合同中规定的计算方法计算；若合同中未规定计算方法的，可以参考计日工单价、人工费预算单价、当前的人工工资水平。在此基础上确定停工及窝工费的工日单价并根据实际的停工及窝工时间进行计算。其中停工、窝工时间中应根据工程的不同性质扣除雨水天气所占用的时间。

2.材料费

材料费的索赔包括：

(1)由于索赔事项材料实际用量超过计划用量而增加的材料费；

(2)由于客观原因材料价格大幅度上涨；

(3)由于非承包商责任工程延误导致的材料价格上涨；

(4)由于非承包商原因致使材料运杂费、材料采购与储存费用的上涨等。

3.施工机械使用费

施工机械使用费的索赔包括：

(1)由于完成额外工作增加的机械使用费；

(2)非承包商责任致使的工效降低而增加的机械使用费；

(3)由于业主或监理工程师原因造成的机械停工的窝工费。机械台班窝工费的计算，如系租赁设备，一般按实际台班租金加上每台班分摊的机械调进调出费计算；如系承包商自有设备，一般按台班折旧费计算，而不能按全部台班费计算，因台班费中包含了设备使用费。

4.工地管理费

索赔款中的工地管理费是指承包商完成额外工程、索赔事项工作以及工期延长、延误期间的工地管理费，包括管理人员工资、办公费、通讯费、交通费等。在确定分析索赔款时，有时把工地管理费具体又分为可变部分和固定部分(见表10-14)。所谓可变部分是指在延期过程中可以调到其他工程部位(或其他工程项目)上去的那部分人员和设施；所谓固定部分是指施工期间不易调动的那部分人员或设施。

5.利息

在索赔款额的计算中，经常包括利息。利息的索赔通常发生于下列情况：

(1)业主拖延支付工程进度款或索赔款，给承包商造成较严重的经济损失，承包商因而提出拖延付款的利息索赔；

(2)由于工程变更和工期延误增加投资的利息；

(3)施工过程中业主错误扣款的利息。

至于这些利息的具体利率应是多少，可采用不同标准，主要有以下三类情况：

(1)按当时银行贷款利率；

(2)按当时的银行透支利率；

(3)按合同双方协议的利率。

6.总部管理费

索赔款中的总部管理费主要指的是工程延误期间所增加的管理费，一般包括总部管理费人员工资、办公费用、财务管理费用、通讯费用等。这项索赔款的计算，目前没有统一的方法。在国际工程施工索赔中，常用的总部管理费的计算方法有以下几种：

(1)按照投标书中总部管理费的比例(3%~8%)计算；

总部管理费=合同中总部管理费比率(%)×(直接费索赔款额+工地管理费索赔款额等)

(2)按照公司总部统一规定的管理费比率计算：

总部管理费 = 公司管理费比率(%)×(直接费索赔款额 + 工地管理费索赔款额等)

(3)以工程延期的总天数为基础,计算总部管理费的索赔款,计算步骤如下:

①对某一工程提取的管理费 = 同期内公司的总管理费 × $\frac{\text{该工程的合同额}}{\text{同期内公司的总合同额}}$

②该工程的每日管理费 = $\frac{\text{该工程向总部上缴的管理费}}{\text{合同实施天数}}$

③索赔的总部管理费 = 该工程的每日管理费 × 工程延期的天数

7.分包费用

索赔款中的分包费用是指分包商的索赔款项,一般也包括人工费、材料费、施工机械使用费等。分包商的索赔款额应如数列入总承包商的索赔款总额以内。

8.利润

对于不同性质的索赔,取得利润索赔的成功率是不同的。一般来说,由于工程范围的变更和施工条件变化引起的索赔,承包商是可以列入利润的;由于业主的原因终止或放弃合同,承包商也有权获得已完成工程款外,还应得到原定比例的利润。而对于工程延误的索赔,由于利润通常是包括在每项实施的工程内容的价格之内的,而延误工期并未影响、削减某些项目的实施,而导致利润减少,所以,一般监理工程师很难同意在延误费用索赔中加进利润损失。

索赔利润款额的计算通常是与原报价单中的利润百分率保持一致。即在索赔款直接费的基础上,乘以原报价单中的利润率,即为该项索赔款中的利润额。

9.其他费用

根据实际情况由业主、承包商及监理工程师协商确定。

另外,还需注意的是,施工索赔中以下几项费用是不允许索赔的:

(1)承包商对索赔事项的发生原因负有责任的有关费用;

(2)承包商对索赔事项未采取减轻措施,因而扩大的损失费用;

(3)承包商进行索赔处理期间的利息;

(4)索赔款在索赔处理期间的利息;

(5)工程有关的保险费用。

(七)索赔费用的计算方法

1.分项法

分项法是按每个索赔事件所引起的损失费用项目分别分析计算索赔值的一种方法。这一方法是在明确责任的前提下,将需索赔的费用分项列出,并提供相应的工程记录、收据、发票等证据资料,这样可以在较短时间内给以分析、核实,确定索赔费用顺利解决索赔事宜。在实际中,绝大多数工程的索赔都采用分项法计算。

分项法计算通常分为三步:

(1)分析每个或每类索赔事件所影响的费用项目,不得有遗漏。这些费用项目通常应与合同报价中的费用项目一致。

(2)计算每个费用项目受索赔事件影响后的数值,通过与合同价中的费用值进行比较即可得到该项费用的索赔额。

(3)将各费用项目的索赔值汇总,得到总费用索赔值。分项法中索赔费用主要包括该项工程施工过程中所发生的额外人工费、材料费、施工机械使用费、相应的管理费以及应得的间接费、利润等。由于分项法所依据的是实际发生的成本记录或单据,所以施工过程中,对第一手资料的收集整理就显得非常重要。

2.总费用法

总费用法又称总成本法，就是当发生多次索赔事件后，重新计算出该工程的实际总费用，再从这个实际总费用中减去投标报价时的估算总费用，计算出索赔余额，具体公式为：

索赔金额＝实际总费用－投标报价时估算总费用

采用总费用法进行索赔时应注意以下几点：

(1)采用这个方法往往是由于施工过程中受到严重干扰，造成多个索赔事件混杂在一起，导致难以准确地进行分项记录和收集资料、证据，也不容易分项计算出具体的损失费用，只得采用总费用法进行索赔。

(2)承包商报价必须合理，不能是采取低价中标策略后过低的标价。

(3)该方法要求必须出具足够的证据，证明其全部费用的合理性，否则其索赔款额将不容易被接受。

(4)由于实际发生的总费用中可能包括了因承包商的原因(如施工组织不善、浪费材料等)而增加的费用，同时承包商投标报价估算的总费用由于急于中标而过低，因此，总费用法只有在难以按分项法计算索赔费用时才能使用。

3.修正总费用法

修正总费用法是对总费用法的改进，即在总费用计算的原则上，去掉一些不合理的因素，使其更合理。修正的内容如下：

(1)将计算索赔款的时段局限于受到外界影响的时间，而不是整个施工期。

(2)只计算受影响时段内的某项工作所受影响的损失，而不是计算该时段内所有施工工作所受的损失。

(3)与该工作无关的费用不列入总费用中。

(4)对投标报价费用重新进行核算。按受影响时段内该项工作的实际单价进行核算，乘以实际完成的该项工作的工作量，得出调整后的报价费用。

按修正后的总费用计算索赔金额的计算公式为：

索赔金额＝某项工作调整后的实际总费用－该项工作的报价费用

修正的总费用法与总费用法相比，有了实质性的改进，已相当准确地反映出实际增加的费用。

## 复习思考题

1.什么是招投标？

2.实行招投标有何意义？

3.公路工程施工招投标有哪几种形式？

4.简述公路工程施工招投标的程序。

5.简述施工招标的基本程序。

6.实行施工招标的工程项目，应具备哪些条件？

7.公路工程施工的招标方式有哪些？如何选用？

8.施工承包合同有哪几种形式？各有什么优缺点？

9.公路工程施工招标的文件由哪些篇章组成？

10.投标人须知主要起什么作用？其主要内容有哪些？

11.公路工程施工招标文件的合同条款分成哪两部分？各部分如何确定？

12.公路工程施工招标文件的技术规范有何作用？包括哪些内容？

13.投标担保有哪几种形式？担保金额如何确定？

14.投标书必备哪几种附表？

15.资格预审的程序如何？它与资格后审有后区别？

16.标底与概(预)算有何联系？有何区别？

17.什么叫算术性修正、细微偏差？在评标中各处于什么阶段？

18.有哪几种评标方法？评标基准价如何计算？

19.施工投标的工作内容包括哪些？

20.施工组织建设书中一般需完成哪几种图表？

21.投标常用的策略有哪些？如何运用？

21.简述施工合同文件的组成及解释顺序。

23.何为工程变更？工程变更有哪些类型？

24.简述工程变更的处理程序。

25.如何确定工程变更价款？

26.何为索赔？索赔有哪些类型？

27.索赔成立的基本条件是什么？

28.简述索赔的处理原则和基本程序。

29.简述施工索赔的内容与特点。

30.简述业主反索赔的内容与特点。

31.索赔费用包括哪些？如何计算？

32.工期索赔如何处理及如何计算？

33.案例

背景：某工程项目招标人于2004年10月11日向具备承担该项目能力的A、B、C、D、E五家投标单位发出投标邀请书，其中说明10月17～18日9时～16时在该招标人总工程师室领取招标文件，11月8日14时为投标截止时间。该5家投标单位均接受邀请，并按规定时间提交了投标文件。但投标单位A在送出投标文件后发现报价估算有较严重的失误，遂赶在投标截止时间前10分钟递交了一份书面声明，撤回已提交的投标文件。

开标时，由招标人委托的市公证处人员检查投标文件的密封情况，确认无误后，由工作人员当众拆封。由于投标单位A已撤回投标文件，故招标人宣布有B、C、D、E四家投标单位投标，并宣读该4家投标单位的投标价格、工期和其他主要内容。

评标委员会委员由招标人直接确定，共由7人组成，其中招标人代表2人，本系统技术专家2人、经济专家1人，外系统技术专家1人、经济专家1人。

在评标过程中，评标委员会要求B、D两投标人分别对其施工方案作详细说明，并对若干技术要点和难点提出问题，要求其提出具体、可靠的实施措施。作为评标委员的招标人代表希望投标单位B再适当考虑一下降低报价的可能性。

按照招标文件中确定的综合评标标准，4个投标人综合得分从高到低的依次顺序为B、D、C、E，故评标委员会确定投标单位B为中标人。由于投标单位B为外地企业，招标人于11月10日将中标通知书以挂号方式寄出，投标单位B于11月14日收到中标通知书。

由于从报价情况来看，4个投标人的报价从低到高的依次顺序为D、C、B、E，因此，从11月16日至12月11日招标人又与投标单位B就合同价格进行了多次谈判，结果投标单位B将价格降到低于投标单位C的报价水平，最终双方于12月12日签订了书面合同。

问题：从所介绍的背景资料来看，在该项目的招标投标程序中在哪些方面不符合《招标投标法》的有关规定？请逐一说明。

34.案例

背景：某大型工程，由于技术难度大，对施工单位的施工设备和同类工程施工经验要求高，而且对工期的要求也比较紧迫。建设单位在对有关单位和在建工程考察的基础上，仅邀请了3家国有一级施工企业参加投标，并预先与咨询单位和该3家施工单位共同研究确定了施工方案。业主要求投标单位将技术标和商务标分别装订报送。经招标领导小组研究确定的评标规定如下：

(1)技术标共30分，其中施工方案10分(因已确定施工方案，各投标单位均得10分)、施工总工期10分、工程质量10分。满足业主总工期要求(36个月)者得4分，每提前1个月加1分，不满足者不得分；自报工程质量合格者得4分，自报工程质量优良者得6分(若实际工程质量未达到优良将扣罚合同价格)，近三年内获鲁班工程奖每项加2分，获省优工程奖每项加1分。

(2)商务标共70分。报价不超过标底(35500万元)的±5%者为有效标，超过者为废标。报价为标底的98%者得满分(70分)，在此基础上，报价比标底每下降1%，扣1分，每上升1%，扣2分(计分按四舍五入取整)。

各投标单位的有关情况列于表10-1。

**各投标单位标书主要数据表**　　表10-1

| 投标单位 | 报价(万元) | 总工期(月) | 自报工程质量 | 鲁班工程奖 | 省优工程奖 |
|---|---|---|---|---|---|
| A | 35642 | 33 | 优良 | 1 | 1 |
| B | 34364 | 31 | 优良 | 0 | 2 |
| C | 33867 | 32 | 合格 | 0 | 1 |

问题：(1)该工程采用邀请招标方式且仅邀请3家施工单位投标，是否违反有关规定？为什么？

(2)请按综合得分最高者中标的原则确定中标单位。

(3)若改变该工程评标的有关规定，将技术标增加到40分，其中施工方案20分(各投标单位均得20分)，商务标减少为60分，是否会影响评标结果？为什么？若影响，应由哪家施工单位中标？

35.案例

背景：某土方工程中，承包商在合同标明有松软石的地方没有遇到松软石，因此工期提前1个月。但在合同中另一未标明有坚硬岩石的地方遇到更多的坚硬岩石，开挖工作变得更加困难，工期因此拖延了5个月。由于工期拖延，使得施工不得不在雨季进行，按一般公认标准推算，影响工期2个月。由于实际遇到的地质条件比原预计的复杂，造成了实际生产率比原计划低得多，推算影响工期3个月。为此承包商准备提出索赔。

问题：(1)该项施工索赔能否成立？为什么？

(2)在该索赔事件中，应提出的索赔内容包括哪两方面？

(3)在工程施工中，通常可以提供的索赔证据有哪些？

(4)承包商应提供的索赔文件有哪些？请协助承包商拟定一份索赔通知。

36.案例

背景：某工程项目，按设计要求建设范围内的耕植土应清除，基础必须埋在老土层下2.00m处。为此，业主在“三通一平”阶段就委托土方施工公司清除了耕植土并用好土回填压实至一定设计标高，故在施工招标文件中指出，施工单位无须再考虑清除耕植土问题。然而，开工后，施工单位在开挖基坑(槽)时发现，相当一部分基础开挖深度虽已达到设计标高，但仍未见老土，且在基础和场地范围内仍有一部分深层的耕植土和池塘淤泥等必须清除。

问题：(1)在工程中遇到地基条件与原设计所依据的地质资料不符时，承包商应该怎么办?

(2)根据修改的设计图纸，基础开挖要加深加大。为此，承包商提出了变更工程价格和展延工期的要求。请问承包商的要求是否合理？为什么？

(3)对于工程施工中出现变更工程价款和工期的事件之后，甲、乙双方需要注意哪些时效性问题？

(4)对合同中未规定的承包商义务，合同实施过程又必须进行的工作，你认为应如何处理？

# 第十一章 工程费用计量与支付

**学习重点**:1.熟悉技术规范对各种计量项目所规定的范围和内容;

2.熟记工程量清单的构成和内容;

3.掌握工程计量的依据、程序和方法;

4.掌握工程支付的依据、程序;

5.掌握工程支付的项目和方法。

## 第一节 工程量清单

### 一、工程量清单的概念

1.工程量清单

工程量清单就是招标单位按照一定的原则将招标的工程进行合理分解,以明确工程的内容和范围,并将这些内容数量化的一套工程项目表。工程量清单一般由招标单位提供,但国际上的某些工程项目招标,并无工程量清单,我国的公路工程招标都由招标单位提供工程量清单。工程量清单是招标文件的组成部分,如中标签订合同也是合同文件的组成部分。

工程量清单的作用有三个方面:一、便于招标单位编制标底;二、为投标人投标报价提供一个基础数据;三、为工程量计量与支付提供重要依据。

2.清单工程量

清单工程是指工程量清单中所列的工程数量,它是在实际施工生产前根据设计图纸和说明及工程量计算规则所得到的一种准确性较高的预计数量,而不是承包人应予以完成的实际和准确的工程量。实际完成的工程量,是指承包人按照断面尺寸或其他的计量方法进行计量,并最终经监理工程师确认的数量。

为了使清单工程量计算尽可能准确,与实际工程量的差距做到最小,要求计算清单工程量时,其计算规则与技术规范的计算规则完全一致。

### 二、工程量清单的构成

工程量清单主要是由以下五个内容构成:

(1)说明;

(2)工程细目;

(3)专项暂定金额汇总表;

(4)计日工明细表;

(5)工程量清单汇总表。

### 三、工程量清单的内容

编制工程量清单时,主要按照以下原则:

(1)与技术规范保持一致；

(2)便于计量支付；

(3)便于合同管理及处理工程量变更；

(4)保持合同的公平性。

工程量清单的内容有以下几个方面：

(一)说明

它主要是对工程项目的工作范围和内容,计量方法和方式,费用计算的依据,在工程实施期间如何对工程进行计量和支付进行说明。当工程发生变更时或费用索赔时,监理工程师将根据它来确定单价。

(二)工程细目

工程细目又叫分项清单表,是招标工程中按章的顺序排列的多个项目表。表中有项目编号、项目名称、工程数量、单位、单价及金额栏目。其中单价或金额栏的数字一般由承包商投标时填写,而其他部分一般由业主或者招标单位在编制工程量清单时确定。

(三)计日工明细表

投标人应在本节计日工单价表中填列计日工细目的基本单价或租价,该基本单价或租价适用于监理工程师指令的任何数量的计日工的结算与支付。计日工的劳务、材料和施工机械由招标人(或业主)列出正常的估计数量,投标人报出单价,计算出计日工总额后列入工程量清单汇总表中并进入计标价。计日工不得调节且未经监理工程师书面指令,任何工程不得按计日工施工;接到监理工程师按计日工施工的书面指令,承包人也不得拒绝。

1.计日工劳务

(1)在计算应付给承包人的计日工工资时,工时应从工人到达施工现场,并开始从事指定的工作算起,到返回原出发地点为止,扣去用餐和休息的时间。只有直接从事指定的工作,且能胜任该工作的工人才能计工,随同工人一起做工的班长应计算在内,但不包括领工(工长)和其他质检管理人员。

(2)承包人可以得到用于计日工劳务的全部工时的支付,此支付按承包人填报的“计日工劳务单价表”所列单价计算,该单价应包括基本单价的管理费、税费、利润等所有附加费,说明如下：

①劳务基本单价包括:承包人劳务的全部直接费用,如:工资、加班费、津贴、福利费及劳动保护费等。

②承包人的利润、管理、质检、保险、税费、易耗品的使用、水电及照明费、工作台、脚手架、临时设施费、手动机具与工具的使用及维修,以及上述各项伴随而来的费用。

计日工劳务单价见表11-1：

合同段： 表11-1

| 细目号 | 名称 | 估计数量(小时) | 单价(元/小时) | 合价(元) |
|---|---|---|---|---|
| 101 | 班长 | | | |
| 102 | 普通工 | | | |
| 103 | 焊工 | | | |
| 104 | 电工 | | | |
| 105 | 混凝土工 | | | |

续上表

| 细 目 号 | 名 称 | 估计数量(小时) | 单价(元/小时) | 合价(元) |
|---|---|---|---|---|
| 106 | 木工 | | | |
| 107 | 钢筋工 | | | |
| | … | | | |
| 计日工劳务(结转计日工汇总表) | | | | |

注:根据具体工程情况,也可用天数作为计日工劳务单位。

2.计日工材料

承包人可以得到计日工使用的材料费用(上述第(2)中②条已计入劳务费内的材料费用除外)的支付,此费用按承包人"计日工材料单价表"中所填报的单价计算,该单价应包括基本单价及承包人的管理费、税费、利润等所有附加费,说明如下:

(1)材料基本单价按供货价加运杂费(到达承包人现场仓库)、保险费、仓库管理费以及运输损耗等计算。

(2)承包人的利润、管理、质检、保险、税费及其他附加费;

(3)从现场运至使用地点的人工费和施工机械使用费不包括在上述基本单价内。

计日工材料单价见表 11-2:

合同段: 表 11-2

| 细 目 号 | 名 称 | 单 位 | 估 计 数 量 | 单价(元) | 合价(元) |
|---|---|---|---|---|---|
| 201 | 水泥 | t | | | |
| 202 | 钢筋 | t | | | |
| 203 | 钢绞线 | t | | | |
| 204 | 沥青 | t | | | |
| 205 | 木材 | $m^3$ | | | |
| 206 | 砂 | $m^3$ | | | |
| 207 | 碎石 | $m^3$ | | | |
| 208 | 片石 | $m^3$ | | | |
| | … | | | | |
| 计日工材料小计(结转计日工汇总表) | | | | | |

3.计日工施工机械

(1)承包人可以得到用于计日工作业的施工机械费用的支付,该费用按承包人填报的"计日工施工机械单价表"中的租价计算。该租价应包括施工机械的折旧、利息、维修、保养、零配件、油燃料、保险和其他消耗品的费用以及全部有关使用这些机械的管理费、税费、利润和司机与助手的劳务费等费用。

(2)在计日工作业中,承包人计算所用的施工机械费用时,应按实际工作小时支付。除非经监理工程师的同意,计算的工作小时才能将施工机械从现场某处运到监理工程师指令的计日工作业的另一现场往返运送时间包括在内。

计日工施工机械单价见表 11-3:

合同段： 表 11-3

| 细 目 号 | 名 称 | 估计数量(h) | 租价(元/h) | 合价(元) |
|---|---|---|---|---|
| 301 | 装载机 | | | |
| 301-1 | 1.5$m^3$ 以下 | | | |
| 301-2 | 1.5～2.5$m^3$ | | | |
| 301-3 | 2.5$m^3$ 以上 | | | |
| 302 | 推土机 | | | |
| 302-1 | 90kW 以下 | | | |
| 302-2 | 90～180kW | | | |
| 302-3 | 180kW 以上 | | | |
| | … | | | |
| | … | | | |
| 计日工施工机械小计(结转计日工汇总表) | | | | |

4.计日工汇总

通过以上内容，劳务、材料、施工机械计算出价格，最后汇总到计日工汇总表中见表 11-4：

合同段： 表 11-4

| 名 称 | 金 额(元) |
|---|---|
| 计日工： | |
| 1.劳务 | |
| 2.材料 | |
| 3.施工机械 | |
| 计日工合计(结转工程量清单汇总表) | |

## 四、工程量清单汇总表

工程量清单汇总表是将各章的工程细目表及计日工明细表进行汇总，再加上一定比例或数量(按招标文件规定)的暂定金额而得出该项目的总报价，该报价与投标书中填写的投标总价是一致的(见表 11-5)。

合同段： 表 11-5

| 序 号 | 章 次 | 科 目 名 称 | 金额(元) |
|---|---|---|---|
| 1 | 100 | 总则 | |
| 2 | 200 | 路基 | |
| 3 | 300 | 路面 | |
| 4 | 400 | 桥梁、涵洞 | |
| 5 | 500 | 隧道 | |
| 6 | 600 | 安全设施及预埋管线 | |

续上表

| 序　号 | 章　次 | 科目名称 | 金额(元) |
|---|---|---|---|
| 7 | 700 | 绿化及环境保护 | |
| 8 | 第100章至700章清单合计 | | |
| 9 | 已包含在清单合计中的专项暂定金额小计 | | |
| 10 | 清单合计减去专项暂定金额(即8－9)＝10 | | |
| 11 | 计日工合计 | | |
| 12 | 不可预见费(暂定金额) | | 总额 |
| 13 | 投标价(8＋11＋12)＝13 | | |

## 第二节　工程计量

### 一、工程计量的含义及依据

1.工程计量的含义

所谓计量,就是按照合同条款对已完成的工程量进行测量与计算并予以确认的过程,它是工程付款前的一个重要阶段。监理工程师的计量权其实就是对工程量计量结果的确认权。

2.工程计量的依据

(1)工程量清单及说明;

(2)合同设计图纸;

(3)合同条件;

(4)技术规范;

(5)工程变更令及修订的工程量清单;

(6)有关计量的补充协议;

(7)有关索赔时间及其金额审批表。

### 二、工程计量的程序

《公路工程施工监理规范》(以下简称"监理规范")规定,工程计量一般按照如下程序进行:

1.计量通知或申请

工程需要计量,监理工程师应审查承包人提出的计量申请或向承包人发出计量通知。

2.审查有关文件资料

监理工程师必须检查承包人为计量准备的有关资料,发现问题或资料不全,应退还承包人,暂不进行计量,或计量后暂不予支付。

3.填写中间计量表

中间计量表必须清楚真实的填写计量结果,对承包人在合同规定的时间内提出的异议,监理工程师应进一步检查计量记录,将复议后的结果通知承包人。

同时《公路工程国内招标文件范本》也规定:承包人应派代表参加计量工作,并应提供计量所需的一切详细资料和必要的人员、设备及有关永久工程的记录与图纸。如果承包人未派人参加上述计量,则由监理工程师所作的计量应认为是对工程的正确计量。如果承包人对监理工程师计量核实结果不予同意,应在7天之内向监理工程师提出申辩,监理工程师收到此申辩后,应会同承包人复查对记录和图纸的计量审核,或予确认,或予修改。如果承包人不参加此复查,则应认为监理工程师复查核实结果是正确的。

## 三、工程计量的方法

监理工程师一般只对以下三方面的工程项目进行计量:

(1)工程量清单的全部项目;

(2)合同文件规定的各项费用支付;

(3)修订的工程量清单内容。

监理工程师应遵循以下原则:

(1)不符合合同文件要求的工程,不得计量。

(2)按合同文件所规定的方法、范围、内容、单位计量。

(3)按监理工程师同意的计量方法计量。

根据有关规定,计量的方法一般有以下几种。

1.均摊法

对清单中某些项目的合同价款,按合同工期平均计量。如临时工程用地、设施维修等。这些项目有一特点,即每月均有发生,所以可以采用均摊法进行计量支付。

2.凭据法

根据合同中要求承包商提供的票据进行计量支付。如建筑工程一切险保险费、第三方责任险保险费、履约保证金等项目,一般按凭据法进行计量支付。

3.估价法

就是按合同文件的规定,根据工程师估算的已完成的工程价值支付。当承包商对于某一项清单项目中规定购置的设备、设施不能一次购置时,则需采用估价法进行计量支付。一般可采用以下两种方法:

(1)可按照市场的物价情况,对清单中规定购置的设备、设施分别进行估价。

(2)可按估价公式进行计量支付,计算公式为:

$$F = A \cdot \frac{B}{D}$$

式中:$F$——计算支付的金额;

$A$——清单所列该项的合同金额;

$B$——该项实际完成的金额(按估算价格计量);

$D$——该项全部设施的总估算价格。

当然承包商如果按合同要求全部完成了该项工作,则应将其清单中所报金额全部支付给承包商。

4.断面法

是按照所完成的工程的几何尺寸计算断面面积及体积,进行计量支付的一种方法。主要用于取土坑和路堤土方的计量。对于填筑土方工程,一般规定计量的体积为原地面线与设计断面所构成的体积。计量时根据此次完成路堤顶面标高与上次计量时的标高,计算断面面积及体积进行计量。

5.图纸法

利用设计图纸进行计算工程量的一种计算方法。如混凝土的体积、钢筋长度、钻孔灌注桩的长度等。此时多余出的工程量不予计量,不满足设计要求的尺寸属于不合格工程,也不予计量。

6.分解计量法

将一个项目,根据工序或部位分解为若干子项,对完成的各子项进行计量。子项计量支付的金额,根据估算的子项占总项的比例所定。各子项合计的支付金额应等于项目规定的总金额。如清单某项为一座通道,给出总价。可根据结构拟分成如下 4 个子项,并估算各部分子项占总项的比例。下部结构占总价 40%;上部结构占总价 30%;挡墙护坡及桥底铺砌占总价 20%;台背砂砾占总价 10%。最后按所完成的部位计量。

### 四、各种计量项目的范围和内容

1.总体要求

理论上讲,所有工程事项都应进行计量,以便获取完整记录,但有时失去烦琐。一般的讲,应对技术规范和工程量清单所包含的内容进行计量,但实际工作中,只对需要进行支付的细目加以计量。

2.重点掌握内容

对于《公路工程国内招标文件范本》(2003 年版下册)“技术规范”的总则、路基土石方工程和桥涵工程的内容要重点掌握它们每章节后的有关“计量与支付”的规定。

## 第三节　工程支付

### 一、工程支付的依据

工程费用支付必须在工程质量合格和计量准确的基础上进行,且主要以以下几点为依据。

1.技术规范

技术规范中对每一章节都有支付的规定,详细说明了各工程细目的工作内容及要求,对口那些内容不单独计量和支付,其价值摊入到哪一细目中,都作了具体规定。同时,还对每一工程细目的支付项目进行了划分。因此,技术规范既是承包人报价时的指导文件和依据,又是监理工程师支付工程费用的指导文件和依据。

2.报价清单

工程量清单经承包人填报价格后成为报价清单,报价清单是费用支付时的单价依据。对于报价清单中没有单价的工程细目,根据技术规范的规定,其费用已摊入到其他细目的单价之中,但承包人必须完成技术规范和图纸所规定的全部工作内容并达到规范要求。对于有单价的工程细目,则以此单价支付工程费用,但应注意其单价的包容程度。单价的包容程度一方面是指单价的价值构成,另一方面是指单价包含的工程或工作内容。

支付工程费用时,必须将报价清单与技术规范联系在一起,确保支付准确。

3.同条款和日常施工记录

对于在招标时无法准确估计或者根本不能预计的支付项目,只能在相关的合同条款中给出一些原则性的规定。如物价上涨和新法规的颁布、工程变更、索赔和计日工等。此类工程细目支付时,以合同条款所规定的为原则,结合工程施工时的日常记录进行支付。

## 二、工程支付的程序

(一)期中支付程序

1.期中支付申请

承包人应在每月末向监理工程师提交由其项目经理签署的按监理工程师批准格式填写的月结账单一式6份,该结账单包括以下栏目,承包人应逐项填写清楚:

(1)自开工截至本月末止已完成的工程价款;

(2)自开工截至上月末止已完成的(已实际结算的)工程价款;

(3)本月完成的(应结算的)工程价款,即(1)~(2);

(4)本月完成的(应结算的)计日工价款;

(5)本月应支付的暂定金额价款;

(6)本月应支付的已进场将用于或安装在永久工程中的材料、设备预付款;

(7)根据合同规定,本月应结算的其他款项;

(8)费用和法规的变更发生的款项;

(9)本月应扣留的保留金和扣回的材料、设备预付款及开工预付款;

(10)根据合同规定,本月应扣除的其他款项。

监理工程师收到承包人要求支付的申请后,必须从以下方面进行确认:

(1)承包人申请中已详细列明其认为有权得到的款项;

(2)申请中所涉及的表格形式经过监理工程师认可。

2.期中支付申请的审定

监理工程师在收到上述月结账单后21d或专用条款数据表中另有规定的天数(中等规模的合同段或与总监办距离不太远时,可以是14d)内,应完成以下内容并签发期中支付证书:

(1)申请的格式和内容应满足合同要求;

(2)各项资料、证明文件手续齐全;

(3)所有款项计算与汇总无误。

3.签发期中支付证书

签发期中支付证书时应完成以下内容:

(1)监理工程师审核并修订承包人的支付申请后,应向业主签发期中支付证书,副本抄送承包人;

(2)监理工程师应写明他认为应该到期结算的价款及需要扣留和扣回的款项;

(3)除了特殊项外(如:计日工、暂定金、费用索赔等),监理工程师签发的期中支付证书中的支付数量应基本正确;

(4)监理工程师可用签发期中支付证书的方式对他过去签发的任何证书作更正或修改;

(5)如果该月应结算的价款经扣留和扣回后的款额少于投标书附录中列明的期中支付证书的最低金额,则该月监理工程师可不核证支付。上述款额将按月结转,直到累计支付金额达到最低金额为止。

(二)最后支付程序

1.最后支付申请

(1)提交最后结账单

承包人收到缺陷责任证书后的28d之内,应以监理工程师批准的格式向监理工程师提交一份最后结账单草案，并附上详细的证实文件，供监理工程师考虑：

①根据合同规定已经完成的全部工程的价值；

②承包人根据合同规定认为应该付给他的任何其他的款项。

(2)提交清账书

在提交最后结账单时，承包人应给业主一份书面清账书，并抄送监理工程师，确认最后结账单中的总金额代表了根据合同规定应付给承包人的全部款项的最后结算。

2.最后支付申请的审定

监理工程师在最后结账单和清账书收到14d之内，应审定并签发一份最后支付证书报业主审批，并抄送给承包人。审定时应注意：

(1)申请的格式和内容，应满足合同规定及监理工程师的要求；

(2)相应的系列结算清单，必须齐全、完整，相互关系清晰；

(3)相应的系列证明资料有监理工程师的签字认可；

(4)确认所有的计量与支付均没有遗漏、重复且计算准确，汇总无误；

(5)发现又能够确认的费用，应及时通知承包人，并要求其提供所需的进一步资料与证明。

3.签发最后支付证书

签发最后支付证书时应写明：

(1)监理工程师认为根据合同规定的最后应付的款额；

(2)在对业主以前所付的全部款额和业主根据合同规定应得的全部款项予以确认后，业主欠承包人或承包人欠业主的差额。

## 三、工程支付项目

工程费用支付项目一般分为清单支付和合同支付，清单支付、合同支付又分为若干个支付项目。工程费用支付项目详见交通部监理培训教材《工程费用监理》。

## 四、工程支付方法

按现行的规定，工程价款的结算，可以根据不同情况采用多种方式：按月结算、竣工后一次结算、分段结算、目标结算、结算双方约定的其他结算方法。其中按月结算是目前最常用的一种方式，现以按月结算为例介绍工程支付方法。

(一)支付开工预付款

开工预付款是开工前业主支付给承包人用于工程开工费的无息贷款，在施工阶段根据工程进度及时间分期从期中支付证书中扣回。开工预付款应按投标书附录中规定的金额(一般为合同价的10%)支付。

1.开工预付款的支付规定

(1)承包人提交了履约担保；

(2)承包人与业主已签订了合同协议书；

(3)承包人提交了开工预付款担保，担保金额同开工预付款额，且随开工预付款的逐次扣回而减少；

(4)该预付款不得用于与本工程无关的支出，监理工程师有权监督，否则业主有权通过预付款保函的方式将该款收回。

承包人在完成上述工作14d内，监理工程师应按投标书附录中规定的金额，签发开工预付款支付证书,并报业主审批。业主应在该支付证书收到后14d内核批,并支付开工预付款的70%的价款;在投标文件载明的主要设备进场后,再支付预付款30%。

2.开工预付款的扣回

开工预付款在期中支付证书的累计金额未达到合同价格的30%之前不予扣回,在达到合同价格30%之后,开始按工程进度的固定比例(即每完成合同价格的1%,扣回开工预付款的2%)分期从各月的期中支付证书中扣回,全部金额在期中支付证书的累计金额达到合同价格的80%时扣完。

(二)支付材料、设备预付款

按照合同业主应给承包人支付一定比例的材料、设备预付款,以供购进将用于和安装在永久工程中的各种材料、设备之用。此项金额应按投标书附录中写明的主要材料、设备单据所列费用(进口的材料、设备为到岸价,国内采购的为出厂价或销售价,地方材料为堆场价)的百分比(一般为70%~75%,不低于60%)支付。

1.材料、设备预付款支付的规定:

(1)材料、设备符合规范要求并经监理工程师认可;

(2)承包人已出具材料、设备费用凭证或支付单据;

(3)材料、设备已在现场交货,且存储良好,监理工程师认为材料、设备的存储方法符合要求。

具备以上条件,监理工程师应将此项金额作为材料、设备预付款计入下一次的期中支付证书中,这种支付不应被视为是对上述材料或设备的批准。在预计竣工前3个月,将不再支付材料、设备预付款。

2.材料、设备预付款的扣回

当材料、设备已用于或安装在永久工程之中时,材料、设备预付款应从期中支付证书中扣回,扣回期不超过3个月。已经支付材料、设备预付款的材料、设备的所有权应属于业主,工程竣工时所有剩余的材料、设备的所有权应属承包人。

(三)支付保留金

保留金是监理工程师根据合同条件的规定,从支付给承包人的付款中替业主暂时扣留的一种款项,主要使用在施工和缺陷责任期内,承包人未能履行合同由承包人承担的各种费用。

1.保留金的扣除方式

保留金的限额为合同价的5%。保留金的扣除是从每期应支付给承包人的工程结算款额中,本月完成的(应结算的)工程价款、本月完成的(应结算的)计日工价款、本月应支付的暂定金额价款、根据合同规定本月应结算的其他款项、费用和法规的变更发生的款额乘以10%进行扣除,直到保留金达到限额为止。

2.保留金的退还

在整个工程缺陷责任期满并发给缺陷责任终止证书后14d内,监理工程师签发保留金支付证书,将保留金退还给承包人。

(四)中间结算

承包人在工程项目建设过程中,按每月完成的工程数量计算各项费用,在月末向业主提出月结账单,进行期中支付申请,要求业主支付当月工程价款。

期中支付的期限为,业主在收到该期中支付证书后21d内或在投标书附录中另有规定并以此为准的天数内支付给承包人。如未能在该期限内付款,则业主应按投标书附录中规定的利率向承包人支付全部未付款额的利息，付息时间从应付而未付该款额之日算起(不计复利)。

(五)竣工结算

承包人按照合同规定的内容全部完工，并经质量验收合格，达到合同要求后，提交最后结账单、清账单发出最后支付申请。承包人要求业主支付最后工程价款。

最后支付期限为，业主收到最后支付证书42d内支付给承包人。如业主在该期限内未能付款，则业主应按投标书附录中规定的利率向承包人支付全部未付款额的利息，付息时间从应付而未付该款额之日算起(不计复利)。

**例11.1** 某项工程项目建设单位与施工单位签订了工程施工承包合同，合同中估算工程量为5300$m^3$，原价180元/$m^3$。合同工期为6个月，有关支付条款如下：

(1)开工前，建设单位向施工单位支付估算合同价20%的预付款：

(2)建设单位从第1个月起，从施工单位的工程款中，按5%的比例扣保留金；

(3)当累计实际完成工程量超过(或低于)估计工程量的10%时，价格应予调整，调价系数为0.9(或1.1)；

(4)每月签发付款证书最低金额为15万元；

(5)预付款从施工单位获得累计工程款超过估算合同价的30%以后的下一个月起至第5个月等额扣除。

施工单位每月实际完成并签认认可的工程量如表11-6所示：

表11-6

| 月　份 | 单　位 | 1 | 2 | 3 | 4 | 5 | 6 |
|---|---|---|---|---|---|---|---|
| 完成工程量 | $m^3$ | 800 | 1000 | 1200 | 1200 | 1200 | 500 |
| 累计完成工程量 | $m^3$ | 800 | 1800 | 3000 | 4200 | 5400 | 5900 |

问题：(1)估算合同总价是多少？

(2)预付工程款是多少？预付工程款从哪个月起扣留？每月扣预付工程款是多少？

(3)每月工程量价款是多少？应签证的工程款是多少？应签发的付款凭证金额是多少？

**解**：(1)估算总价：$5300m^3 \times 180$元$/m^3 = 95.4$(万元)。

(2)预付工程款：$95.4 \times 20\% = 19.08$(万元)。

预付工程款从第三个月扣留，因为第一、二期累计工程款为：

$1800 \times 180 = 32.4$(万元)$> 95.4 \times 30\% = 28.62$(万元)

每月应扣预付工程款$19.08 \div 3 = 6.36$(万元)。

(3)①第一个月工程款为$800 \times 180 = 14.40$(万元)；

应扣保留金：$14.40 \times 0.05 = 0.72$(万元)；

本月签证的工程款：$14.40 - 0.72 = 13.68$(万元)$< 15$(万元)(本月不予付款)。

②第二月工程款为：$1000 \times 180 = 18$(万元)；

本月应扣保留金：$18 \times 0.05 = 0.9$(万元)；

本月签证的工程款：$18 - 0.9 = 17.10$(万元)；

本月应签发的付款凭证金额为：$17.10 + 13.68 = 30.78$(万元)。

③第三个月工程款为：$1200 \times 180 = 21.6$(万元)；

本月应扣保留金：$21.60 \times 0.05 = 1.08$(万元)；

应扣预付工程款：6.36(万元)；

$(21.6 - 1.08) - 6.36 = 14.16$(万元)$< 15$(万元)(本月不予付款)。

④第四个月工程款：$1200 \times 180 = 21.6$（万元）；

本月应扣保留金：$21.60 \times 0.05 = 1.08$（万元）；

应扣预付工程款：6.36（万元）；

本月应签证工程款：$21.06 - 1.08 - 6.36 = 14.16$（万元）；

本月应签发支付的金额为：$14.16 + 14.16 = 28.32$（万元）。

⑤第五个月累计完成 $5400m^3$，比原估算的工程量超过 $100m^3$，但为超过估算 10%，仍按原价估算工程价：$1200 \times 180 = 21.60$（万元）；

应扣保留金：$21.60 \times 0.05 = 1.08$（万元）；

应扣预付工程款：6.36（万元）；

本月应签证工程款：$21.60 - 1.08 - 6.36 = 14.16$（万元）$< 15$（万元）（本月不予付款）。

⑥第六个月累计完成 $5900m^3$，比原估算量超过 $600m^3$，已超过 10%，对超过部分应调整单价。

应调整单价的工程量为：$5900 - 5300(1 + 10\%) = 70(m^3)$；

第六个月完成的工程量价款为：$70 \times 180 \times 0.9 + (500 - 70) \times 180 = 8.874$（万元）；

应扣保留金 $8.874 \times 0.05 = 0.4437$（万元）；

应签证的工程款为：$8.874 - 0.4437 = 8.43$（万元）；

应签发的付款凭证为：$14.16 + 8.43 = 22.59$（万元）。

## 复习思考题

1. 技术规范对各种计量项目所规定的范围和内容有哪些？
2. 工程量清单的构成和内容有哪些？
3. 工程计量的依据有哪些？
4. 如何进行工程计量？
5. 工程支付的依据有哪些？
6. 如何进行工程支付？

# 第十二章　工程财务管理

**学习重点**:1.说明项目的融资方式、融资程序;

2.掌握融资成本的分析方法;

3.说明资金成本的计算方法;

4.说明融资方案的比选方法;

5.描述与工程有关的税收与保险规定;

6.描述施工企业资产的分类和管理;

7.说明资产评估的常用方法;

8.掌握并说明施工企业成本管理的程序和方法。

财务是指资金的筹集、分配和使用的日常业务活动。工程财务是指在工程项目实施过程中的财务活动,具体表现为与工程建设相关的企业和单位的资金运动,以及通过资金运动所体现的经济关系。工程财务包括建设单位财务,勘察设计单位财务和施工企业财务等。

财务管理是指对财务活动所进行的计划、控制、核算、分析和考核等一系列管理活动。工程财务管理指对工程项目实施过程中的财务活动所进行的管理活动。加强工程财务管理的目的是为了保证工程财务活动的正常开展,保证工程所需资金的及时筹集、分配和使用。工程财务管理包括建设单位财务管理、勘察设计单位财务管理和施工企业财务管理等。

本章主要研究施工企业财务有关的内容及其管理。

## 第一节　建设项目的融资与资金筹措

### 一、项目融资

(一)项目融资的概念

融资,可以理解为项目投资而进行的资金筹措行为,通常有广义和狭义两种理解。从狭义上理解,项目融资就是通过项目来融资,也可以说是以项目的资产、收益作抵押来融资。比较具体地讲,项目融资就是在向一个具体的经济实体提供贷款时,贷款方首先查看该经济实体的现金流量和收益,将其视为偿还债务的资金来源,并将该经济实体的资产视为这笔贷款的担保物,若对这两点感到满意,则贷款方同意贷款。而从广义上理解,一切为了建设一个新项目收购一个现有项目或对已有项目进行债务重组所进行的融资活动都可以被称为项目融资。这时的项目融资既包括上述狭义理解意义上的项目融资,也包括传统的项目筹资。

(二)项目融资的方式

融资方式,是指企业取得资金的具体形式。目前,企业融资资金的方式除传统的国家拨款、银行和金融机构的贷款、内部积累以外,还有发行股票、发行债券、租赁、商业信用和利用外资等方式,即所谓的社会集资。

1.发行股票

股票是股份公司为筹集自有资金而发行的有价证券，是持股人拥有公司股份的入股凭证。股票持有者为企业的股东。企业单位购买的股票为法人股，个人购买的股票为个人股，而国家以控股方式对企业进行的投资则为国家股。企业可以发行不同的股票，股票种类不同，决定持有人对企业权益的不同。

2.发行企业债券

企业债券是企业为了筹集资金，依照法定的程序约定一定期间按票面金额还本付息的一种有价凭证，是持有人可以定期获得利息和到期偿还本金的证明书。

3.租赁

租赁是出租人以收取租金为条件，在契约合同规定的期限内，将资产租让给承租人使用的业务活动。企业资产的租赁按其性质划分有经营性租赁和融资性租赁两种。

(1)经营性租赁，是出租方向承租方提供资产的使用权，收取一定租金的服务性业务，也有一定的短期融资作用。

(2)融资性租赁，是一种长期租赁。是指由租赁公司按承租单位要求出资购买设备，在较长的契约或合同期内提供给承租单位使用的信用设备，它是以融通资金为主要目的的租赁。它是以融物代替融资，是企业筹集资金的一种方式。从企业筹资要求来说，融资性租赁比经营性租赁更有优越性。这主要是承租企业可以不必先筹资购买设备，即可通过租赁形式直接取得资产的使用权，而所付租赁费用(租金)比资产的原值要小得多，可节省固定资金的大量投入，达到花钱少，效益高的目的。

4.商业信用，是指商品交易中以延期付款或预收货款进行购销活动而形成的借贷关系，是企业之间的直接信用行为。它也是企业筹集短期资金的一种方式。商业信用的方式主要有应付账款、商业汇票、票据贴现、预收货款等。

5.BOT方式

BOT即英文 Build(建设)、Operate(经营)和 Transfer(移交)三个单词的缩写，代表着一个完整的项目融资的概念。

在BOT方式中，通常由项目东道国政府或其所属机构与项目公司签署协议，把项目建设及经营的特许权授予项目公司。项目公司在项目经营特许期内，利用项目收益偿还投资及营运支出，并获得利润。特许期满后，项目移交给东道国政府或其下属机构。BOT融资方式有时也被称为“公共工程特许权”。通常所说的BOT至少包括以下三种具体形式：

(1)标准BOT(Build—Operate—Transfer)，即建设—经营—移交。

(2)BOOT(Build—Own—Operate—Transfer)，即建设—拥有—经营—移交。

(3)BOO(Build—Own—Operate)，即建设—拥有—经营。

## 二、资金成本与资金结构

(一)资金成本的概念

资金成本是指企业为筹集和使用资金而付出的代价。企业筹集和使用任何资金都要付出代价。资金按其来源不同可分为两种：自有资金和长期借入资金。资金成本是资金使用人为获取资金而付出的代价，这一代价由两部分组成：资金筹集成本和资金使用成本。

(1)资金筹集成本

资金筹集成本是指在资金筹措过程中支付的各项费用。主要包括向银行借款的手续费；发行股票、债券而支付的各项代理发行费用，如印刷费、手续费、公证费、担保费、广告费等。资金筹集成本一般属于一次性费用，筹资次数越多，资金筹集成本也就越大。

(2)资金使用成本

资金使用成本又称资金的占用费，它主要包括支付给股东的各种股利、向债权人支付的贷款利息以及支付给其他债权人的各种利息费用等。资金使用成本一般与所筹集资金的多少以及所筹集资金使用时间的长短有关，具有经常性、定期性支付的特征，是资金成本的主要内容。

资金筹集成本与资金使用成本是有区别的，前者是在筹措资金时一次性支付的，且在使用资金过程中不再发生，因此可作为筹资金额一项扣除，而后者是在资金使用过程中发生的。

(二)资金成本的计算

1.资金成本计算的一般形式

资金成本可用绝对数表示，也可用相对数表示。为便于分析比较，资金成本一般用相对数表示，称之为资金成本率。其一般计算公式为：

$$K=\frac{D}{P-F} \tag{12-1}$$

或

$$K=\frac{D}{P(1-f)} \tag{12-2}$$

式中：$K$——资金成本率(一般通称为资金成本)；

$P$——筹集资金总额；

$D$——使用费；

$F$——筹资费；

$f$——筹集费费率(即筹资费占筹集资金总额的比率)。

资金成本是选择资金来源，拟定筹资方案的主要依据，也是评价投资项目可行性的主要经济指标。

2.资金成本的计算模式

(1)个别资金成本

个别资金成本是指使用各种长期资金的成本，具体包括借款成本、债券成本、普通股成本和留存收益成本。前两种为负债成本，后两者为权益资金成本。当企业在多种筹资方式中选择其一时，要分别计算各种筹资方式的个别资金成本，并从中选取资金成本最低的方式。

(2)加权平均资金成本

加权平均资金成本也称综合资金成本，是指企业以个别资金成本为基数，以各种来源资本占全部资本的比重为权数计算的，以各种方式筹集的全部资金成本的总成本。其中，个别资本占全部资本的比重，即权数的确定方法有账面价值法、市场价值法和目标价值法。当企业有多种筹资方案且每一方案下又有多种筹资方式时，由于个别资金成本有高低差异，为了判断资本结构的合理性，需要计算确定加权平均资金成本。

## 第二节　企业财务与会计

进行工程经济分析和研究工作，必须了解企业的财务和会计。因为，一方面，建设项目经济评价是通过对拟建项目在其建设期和生产期内投入产出诸多经济因素进行调查、预测、计算和论证，从而确定项目在自身和社会两个方面是否经济合理，因此经济评价不可避免地要涉及到项目(企业)生产经营活动过程中的资本金运动，即项目(企业)所需资本金的取得、分配和使用过程，而这正是企业财务工作内容；另一方面，建设项目经济评价使用的基本报表虽不同于企业日常的财务会计报表,但它有一共同点,即都是对企业(项目)的财务状况和经营成果的反映,尽管经济评价报表预测未来的情况,而会计财务报表是对企业在一定时期内的实际情况的反映,它们在形式、内容和编制方法上有很多相近之处。

## 一、企业财务通则

为了适应我国社会主义市场经济发展的需要,规范企业财务行为,有利于企业公平竞争,加强财务管理和经济核算,财务部制定了企业财务通则。企业财务通则是设立在中华人民共和国境内的各类企业财务活动必须遵循的原则和规范。企业财务通则自 1993 年 7 月 1 日起施行。

1.企业财务通则的基本内容

企业财务通则包括总则、资金筹集、流动资产、固定资产、无形资产、递延资产和其他资产、对外投资、成本和费用、营业收入、利润及其分配、外币业务、企业清算、财务报告与财务评价、附则等十二章,共计四十六条内容。

2.企业财务制度的重大改革

企业财务通则对我国传统的企业财务制度进行了重大改革。主要包括以下内容:

(1)建立资本金制度。设立企业必须有法定的资本金。资本金是指企业在工商行政管理部门登记的注册资金。资本金按照投资主体分为国家资本金、法人资本金、个人资本金以及外商资本金等。企业根据国家法律、法规规定,可以采取国家投资、各方筹资或者发行股票等方式筹集资本金,企业对筹集资本金依法享有经营权,在企业经营期内,投资者除依法转让外,不得以任何方式抽回。

(2)取消资金专户存储办法。企业资金不再划分为固定基金、流动基金,实行企业资金统一管理,统筹动用,赋予企业充分的资金运用权。

(3)改革折旧制度。缩短固定资产折旧年限的弹性区间,允许企业在国家规定的幅度及范围内实行加速折旧办法。

(4)改革成本管理制度。从实施完全成本法改为实施制造成本法,企业产品成本包括直接材料、直接工资和制造费用,销售费用、管理费用和财务费用不再计入产品成本,直接计入当期损益;建立坏账准备金制度,允许企业按照应收账款余额的一定比例计提坏账准备金。

(5)建立新的企业财务指标体系。将由国家考核企业财务状况的方法改为企业自行进行财务评价的方法,根据我国的实际情况并借鉴国际通行的做法,设计了能够反映企业偿债能力及资金结构、运营能力、获利能力等全面情况的财务指标体系。具体包括流动比率、速动比率、应收账款周转率、存货周转率、资产负债率、资本金利润率、营业收入利税率、成本费用利润率等。

## 二、企业会计准则

为适应我国社会主义市场经济发展的需要,统一核算标准,保证会计信息质量,根据《中华人民共和国会计法》,财政部制定了企业会计准则,又称会计标准,是企业会计核算工作的基本规范。企业会计准则适用于设在中华人民共和国境内的所有企业。

1.企业会计准则的基本体系

我国的企业会计准则包括基本准则和具体准则两个层次。基本准则主要是就会计核算的基本内容做出原则性规定,是制定具体准则的前提和依据。自 1993 年 7 月 1 日起施行的企业会计准则属于基本准则,在基本准则施行之后,我国又陆续制定了一系列具体准则。

2.企业会计准则的主要内容

作为基本准则的企业会计准则,包括总则、一般原则、资产、负债、所有者权益、收入、费用、利润、财务报告和附则等十章,共计六十六条。其主要内容可分为会计核算的基本前提、一般原则、会计要素准则和财务报表基本内容四部分。

(1)会计核算的基本前提。基本前提包括会计主体、持续经营、会计分期和货币计价四个前提。

①会计主体。会计核算应当以企业发生的各项经济业务为对象,记录和反映企业本身的各项生产经营活动。

②持续经营。会计核算应当以企业持续、正常的生产经营活动为前提。

③会计分期。会计核算应当划分会计期间,分期结算账目和编制会计报表。会计期间分为年度、季度和月份。年度、季度和月份的起讫日期采用公历日期。

④货币计价。会计核算以人民币为计账本位币。业务收支以外币为主的企业,也可以选定某种外币作为计账本位币,但编制的会计报表应当折算为人民币反映。境外企业向国内有关部门编报会计报表,应当折算为人民币反映。

(2)会计核算的一般原则。一般原则反映了社会化大生产对会计核算的基本要求,包括对会计信息的质量要求以及对会计要素进行确认和计量的原则。一般原则包括:

①真实性原则。会计核算应当以实际发生的经济业务为依据,如实反映企业财务状况和经营成果。

②相关性原则。会计核算应当符合国家宏观经济管理的要求,满足有关各方了解企业财务状况和经营成果的需要,满足企业加强内部经营管理的需要。

③可比性原则。会计核算应当按照规定的会计处理方法进行,会计指标应当口径一致,相互可比。

④一致性原则。会计处理方法前后各期应当一致,不得随意变更。如确有必要变更,应当将变更的情况、变更的原因及其对企业财务状况和经营成果的影响,在财务报告中说明。

⑤及时性原则。会计核算应当及时进行。

⑥明晰性原则。会计记录和会计报表应当清晰明了,便于理解和利用。

⑦权责发生制原则。会计核算应当以权责发生制为基础。

⑧配比性原则。收入与其相关的成本、费用应当相互配比。

⑨谨慎性原则。会计核算应当遵循谨慎原则的要求,合理核算可能发生的损失和费用。

⑩实际成本核算原则。各项财产物资应当按取得时的实际成本计价。物价变动时,除国家另有规定者外,不得调整其账面价值。

⑪划分收益性支出与资本性支出原则。会计核算应当合理划分收益性支出与资本性支出。凡支出的效益仅与本会计年度相关的,应当作为收益性支出;凡支出的效益与几个会计年度相关的,应当作为资本性支出。

⑫重要性原则。财务报告应当全面反映企业的财务状况和经营成果。对于重要的经济业务,应当单独反映。

(3)会计要素准则。会计要素是对会计对象按经济特征所作的基本分类。会计要素的划分是准确进行会计核算、提供会计信息的前提和依据。会计要素准则是对会计要素的划分范围、组成,以及确认、计量所作的规定。我国的企业会计准则将会计对象划分为资产、负债、所有者权益、收入、费用和利润六个会计要素。

①资产。资产是企业拥有或控制的能以货币计量的经济资源,包括各种财产、债权和其他权利。资产分为流动资产、长期投资、固定资产、无形资产、递延资产和其他资产。

②负债。负债是企业所承担的能以货币计量、需以资产或劳务偿付的债务。负债分为流动负债和长期负债。

③所有者权益。所有者权益是企业投资人对企业净资产的所有权,包括企业投资人对企业的投入资本以及形成的资本公积金、盈余公积金和未分配利润等。

④收入。收入是企业在销售商品或提供劳务等经营业务中实现的营业收入。包括基本业务收入和其他业务收入。

⑤费用是企业在生产经营过程中发生的各项耗费。包括直接费用、间接费用和期间费用。

⑥利润。利润是企业在一定期间的经营成果。包括营业利润、投资净收益和营业外收支净额。

(4)财务报表基本内容。财务报表基本内容是关于财务报表的功能、种类及主要内容的规定。

## 三、负　债

负债是指过去的交易、事项形成的现时义务,履行该义务预期会导致经济利益流出企业。企业的负债按其流动性(即负债的偿付期限的长短),分为流动负债和长期负债。

1.流动负债

流动负债是指在1年(含1年)或者超过1年的一个营业周期内偿还的债务,包括短期借款、应付票据、应付账款、预收账款、应付工资、应付福利费、应付股利、应交税金、其他暂收应付款项、预提费用和一年内到期的长期借款等。

(1)短期借款是指企业借入的期限在1年以下的各种借款;

(2)应付票据是由出票人出票,委托付款人在指定日期无条件支付确定的金额给收款人或者持票人的票据;

(3)应付账款是指因购买材料、商品或者接受劳务等而发生的债务;

(4)预收账款是买卖双方根据协议的规定,由购货方预先支付一部分货款给供应方而产生的一种负债;

(5)应付工资是企业对职工个人支付劳动报酬而产生的一种负债;

(6)应付福利费是企业准备用于职工福利方面的资金;

(7)应付股利是企业分配给投资者的现金股利或者利润在未支付之前所形成的一项负债;

(8)应交税金是指企业按照国家税法的规定而尚未交纳税金所形成的一种负债;

(9)预提费用是指预先提取计入成本、费用但尚未实际支付的项目所形成的一种负债。

2.长期负债

长期负债是指偿还期在1年或者超过1年的一个营业周期以上的负债,包括长期借款、应付债券、长期应付款等。

(1)长期借款是指企业向银行或者其他金融机构借入的、偿还期在1年(不含1年)以上的借款;

(2)应付债券是企业为筹集长期资金而对外发行债券所形成的一种负债;

(3)长期应付款主要包括应付补偿贸易引进设备款、应付融资租赁款等长期债务。

## 四、所有者权益

所有者权益是指所有者在企业资产中享有的经济利益，其金额为资产减去负债后的余额。所有者权益包括实收资本(或者股本)、资本公积、盈余公积和未分配利润。

1.实收资本

实收资本是指投资者按照企业章程，或合同、协议的约定，实际投入企业的资本。我国实行的是注册资本制，因而，在投资者足额缴纳资本之后，企业的实收资本应该等于企业的注册资本。

2.资本公积

资本公积包括资本(或股本)溢价、接受捐赠资产、拨款转入、外币资本折算差额等。其项目主要包括：

(1)资本(或股本)溢价，是指企业投资者投入的资金超过其在注册资本中所占份额的部分；

(2)接受非现金资产捐赠准备，是指企业因接受非现金资产捐赠而增加的资本公积；

(3)接受现金捐赠，是指企业因接受现金捐赠而增加的资本公积；

(4)股权投资准备，是指企业对被投资单位的长期股权投资采用权益法核算时，因被投资单位接受捐赠等原因增加的资本公积，企业按其持股比例计算而增加的资本公积；

(5)拨款转入，是指企业收到国家拨入的专门用于技术改造、技术研究等的拨款项目完成后，按规定转入资本公积的部分；

(6)外币资本折算差额，是指企业接受外币投资因所采用的汇率不同而产生的资本折算差额；

(7)其他资本公积，是指除上述各项资本公积以外所形成的资本公积，以及从资本公积各准备项目转入的金额。债权人豁免的债务也在本项目中反映。

3.盈余公积

企业的盈余公积包括：

(1)法定盈余公积，是指企业按照规定的比例从净利润中提取的盈余公积。

(2)任意盈余公积，是指企业经股东大会或类似机构批准按照规定的比例从净利润中提取的盈余公积；

(3)法定公益金，是指企业按照规定的比例从净利润中提取的用于职工集体福利设施的公益金。

4.未分配利润

未分配利润是指企业利润经过分配程序后剩下的结余额。

资产、收入、成本费用、利润四个会计要素及财务报表与评价方面的内容分别在第三节、第四节、第六节中阐述。

# 第三节 资产管理与评估

资产是企业拥有或控制的能以货币计量的经济资源，包括各种财产、债权和其他权利。资产分为流动资产、长期资产、固定资产、无形资产、递延资产和其他资产。本节就流动资产、长期资产、固定资产、无形资产、递延资产的计价及核算做出规定，并对资产进行评估。

## 一、资产的分类与管理

1.流动资产

流动资产是指可以在1年或者超过1年的一个营业周期内变现或者耗用的资产,包括货币资金(现金、银行存款等)、短期投资、存货、应收及预付款项等。企业流动资产的货币表现称为企业流动资金,即企业用于日常开支、用于购买、储存劳动对象以及占用在生产过程和流通过程中的那部分周转资金。

流动资产的管理:

(1)货币资金:特别注意其安全性,加强内部管理和监督,加强货币资金的日常核算,保证账款相符。

(2)短期投资:应注意慎重选择投资机会,避免投资风险。

(3)应收及预付款项:能够给企业带来积极影响,但同时会使企业牺牲一定的经济利益。

(4)存货:ABC管理法、经济采购批量。

2.固定资产

固定资产是指企业使用期限超过1年的房屋、建筑物、机器、机械、运输工具以及其他与生产、经营有关的设备、器具、工具等。不属于生产经营主要设备的物品,但单位价值在2000元以上,并且使用年限超过2年的,也应当作为固定资产。不能同时满足这两个条件的劳动资料,应当作为低值易耗品处理。

固定资产的管理主要涉及到固定资产折旧和固定资产修理:

(1)固定资产折旧:按有关折旧规定进行处理。

(2)固定资产中小修(经常修理):特点是经常性、间隔时间短、修理范围小、费用支出少,在发生时一次计入成本费用。

(3)固定资产大修:其特点是间隔时间长、修理范围大、费用多、具有固定资产局部再生性质。

3.无形资产

无形资产是指企业长期使用,但没有实物形态的资产,它们通常代表企业所拥有的一种法定权或优先权,或者是企业所具有的高于一般水平的获利能力。一般包括专利权、商标权、著作权、土地使用权、非专利技术、商誉等。

无形资产的管理主要涉及无形资产计价和摊销。

(1)无形资产的计价:按取得时的实际成本计价。

(2)无形资产的摊销:从开始受益之日起,在有效期限内平均摊入管理费用。

4.递延资产

递延资产是指不能全部计入当年损益,应当在以后年度内分期摊销的各项费用,包括开办费、以经营租赁方式租入的固定资产改良工程支出、摊销期在一年以上的固定资产修理支出以及其他超过一年的待摊费用等。

## 二、固定资产折旧的方法

新财务制度规定,施工企业计提折旧一般采用平均年限法和工作量法。技术进步较快或使用寿命受工作环境影响较大的施工机械和运输设备,经财政部批准,可采用双倍余额递减法或年数总和法计提折旧。

企业按财务制度的有关规定,有权选择具体折旧方法和折旧年限,在开始实行年度前报主管财政机关备案。折旧年限和折旧方法一经确定,不得随意变更。需要变更的,由企业提出申请,并在变更年度前报主管财政机关批准。

1.平均年限法,也称使用年限法

它是按照固定资产的预计使用年限平均分摊固定资产折旧额的方法。这种方法计算的折旧额在各个使用年(月)份都是相等的,折旧的累计额所绘出的图线是直线。因此,这种方法也称直线法。

平均年限法的固定资产折旧率和折旧额计算公式如下:

$$\text{年折年率}=\frac{1-\text{预计净残值率}}{\text{折旧年限}}\times 100\% \tag{12-3}$$

$$\text{月折旧率}=\text{年折旧率}\div 12 \tag{12-4}$$

$$\text{月折旧额}=\text{固定资产原值}\times\text{月折旧率} \tag{12-5}$$

净残值率按照固定资产原值的3%~5%确定,净残值率低于3%或高于5%的,由企业自主确定,报主管财政机关备案。

2.工作量法

是按照固定资产生产经营过程中所完成的工作量计提其折旧的一种方法,是平均年限法派生出的方法。适用于各种时期使用程度不同的专业大型机械、设备。

采用工作量法的固定资产折旧额的计算公式如下:

按照行驶里程计算折旧的公式:

$$\text{单位里程折旧额}=\frac{\text{原值}\times(1-\text{预计净残值率})}{\text{规定的总行驶里程}} \tag{12-6}$$

$$\text{月折旧额}=\text{月实际行驶里程}\times\text{单位里程折旧额} \tag{12-7}$$

按照工作小时计算折旧的公式:

$$\text{每工作小时折旧额}=\frac{\text{原值}\times(1-\text{预计净残值率})}{\text{规定的总工作小时}} \tag{12-8}$$

$$\text{月折旧额}=\text{月实际工作小时}\times\text{每工作小时折旧额} \tag{12-9}$$

按台班计算折旧的公式:

$$\text{每台班折旧额}=\frac{\text{原值}\times(1-\text{预计净残值率})}{\text{规定的总工作台班}} \tag{12-10}$$

$$\text{月折旧额}=\text{月实际工作台班}\times\text{每台班折旧额} \tag{12-11}$$

3.双倍余额递减法

是按照固定资产账面净值和固定的折旧率计算折旧的方法,是快速折旧法的一种。其年折旧率是平均年限法的两倍,并且在计算年折旧率时不考虑预计净残值率。计算月折旧额时,以固定资产账面净值(即固定资产原值减去已提折旧后的余额)为基数。采用这种方法时,折旧率是固定的,但计算基数逐年递减,因此计提的折旧额也逐年递减。

采用双倍余额递减法的固定资产折旧率和折旧额的计算公式如下:

$$\text{年折旧率}=\frac{2}{\text{折旧年限}}\times 100\% \tag{12-12}$$

$$\text{月折旧率}=\text{年折旧率}\div 12 \tag{12-13}$$

$$\text{月折旧率}=\text{固定资产账面净值}\times\text{月折旧率} \tag{12-14}$$

实行双倍余额递减法的固定资产,应当在其固定资产折旧年限到期前两年内,将固定资产净值扣除预计净残值后的净额平均摊销。

**例 12.1** 某项目固定资产原值为 10000 元,预计净残值为 400 元,预计使用年限为 5 年。采用双倍余额递减法计算各年的折旧额。

**解**:年折旧率 = 2 ÷ 5 = 40%

第一年折旧额:10000 × 40% = 4000(元)

第二年折旧额:(10000 - 4000) × 40% = 2400(元)

第三年折旧额:(10000 - 4000 - 2400) × 40% = 1440(元)

第四年折旧额:(10000 - 4000 - 2400 - 1440 - 400) ÷ 2 = 880(元)

第五年折旧额:(10000 - 4000 - 2400 - 1440 - 400) ÷ 2 = 880(元)

4.年数总和法,也称年数总额法

是以固定资产原值减去预计净残值后的余额为基数,按照逐年递减的折旧率计提折旧的一种方法。是加速折旧法的一种。其折旧率以该项固定资产预计尚可使用的年数(包括当年)作分子,而以逐年可使用年数之和作分母。分母是固定的,而分子逐年递减,所以折旧率也逐年递减。采用这种方法时,计算基数是固定的,但折旧率逐年递减,因此计提的折旧额也逐年递减。

采用年数总和法的固定资产折旧率和折旧额的计算公式如下:

$$\text{年折旧率} = \frac{\text{折旧年限} - \text{已使用年限}}{\text{折旧年限} \times (\text{折旧年限} + 1) \div 2} \times 100\% \tag{12-15}$$

$$\text{月折旧率} = \text{年折旧率} \div 12 \tag{12-16}$$

$$\text{月折旧额} = (\text{固定资产原值} - \text{预计净残值}) \times \text{月折旧率} \tag{12-17}$$

**例 12.2** 某项固定资产原值为 10000 元,预计净残值为 400 元,预计使用年限为 5 年。采用年数总和法计算各年的折旧额。

**解**:计算折旧的基数 = 10000 - 400 = 9600(元)

年数总和 = 5 + 4 + 3 + 2 + 1 = 15(年)

或:5 × (5 + 1) ÷ 2 = 15(年)

第一年折旧额:9600 × 5 ÷ 15 = 3200(元)

第二年折旧额:9600 × 4 ÷ 15 = 2560(元)

第三年折旧额:9600 × 3 ÷ 15 = 1920(元)

第四年折旧额:9600 × 2 ÷ 15 = 1280(元)

第五年折旧额:9600 × 1 ÷ 15 = 640(元)

## 三、资产评估

1.资产评估概述

资产评估是指通过对资产某一时点价值的估算,从而确定其价值的经济活动。具体地说,资产评估是指有专门机构和人员,按照国家规定和有关资料,根据特定的目的,遵循适用的原则,选择适当的价值类型,按照法定的程序,运用科学的方法,对资产价值进行评定和估算的过程。

(1)资产评估的类别

资产评估可以分为对资产占有单位进行的整体评估和对其某一类(某一项)资产进行单项评估。单项资产评估又可分为机器设备评估、土地使用权评估、建筑物及在建工程评估、无形资产评估、长期投资及递延资产的评估、流动资产评估等类别。

(2)资产评估的特点

资产评估具有现实性、市场性、预测性、公正性与咨询性等特点。

(3)资产评估的程序

国有资产评估按照下列程序进行:

①申请立项。依照规定进行资产评估的资产占有单位,经其主管部门审查同意后,应当向同级国有资产管理行政主管部门提交资产评估立项申请书,并附财产目录和有关会计报表等资料。国有资产管理行政主管部门应当自收到资产评估立项申请书之日起10日内进行审核,并做出是否准予资产评估立项的决定,通知申请单位及其主管部门。申请单位收到准予资产评估立项通知书后,可以委托有资格的资产评估机构评估资产。

②资产清查。受资产占有单位委托的资产评估机构应当在对委托单位的资产、债权、债务进行全面清查的基础上,核实资产账面与实际是否相符,经营成果是否真实,据以做出鉴定。

③评定估算。资产评估机构应当根据有关规定,对委托单位被评估资产的价值进行评定和估算,并向委托单位提出资产评估结果报告书。

④验证确认。委托单位收到资产评估机构的资产评估结果报告书后,应当报其主管部门审查;主管部门同意后,报同级国有资产管理行政主管部门确认资产评估结果。国有资产管理行政主管部门应当自收到资产占有单位报送的资产评估结果报告书之日起45日内组织审核、验证、协商、确认资产评估结果,并下达确认通知书。资产占有单位对确认通知书有异议的,可自收到通知书之日起15日内向上一级国有资产管理行政主管部门申请复核。上一级国有资产管理行政主管部门应当自收到复核申请书之日起30日内做出裁定,并下达裁定通知书。

2.资产评估的方法

机器设备评估主要有成本法、收益法和市场比较法。

(1)成本法,也称重置成本法。是指在评估资产时按被评估资产的现时重置成本扣除其各项损耗价值来确定被评估资产价值的方法。

采用成本法的计算方法,可用公式表示为:

$$资产评估价值=重置成本-实体性贬值-功能性贬值-经济性贬值 \tag{12-28}$$

(2)收益法:也称收益现值法,它是通过估算被评估资产的未来预期收益,并折算成现值,借此来确定资产价值的一种评估方法。

(3)市场比较法,又称为现行市价法或市场法。是指通过比较被评估资产与最近售出类似资产的异同,并将类似资产的市场价格进行调整,从而确定被评估资产价值的一种资产评估方法。市场法应用简单,但要求有充分发育活跃的资产市场并能方便地获取比较所需的各种资料。

## 第四节　施工企业成本费用与利润

### 一、施工企业成本费用概述

1.费用的概念

市场经济条件下,企业在一定时期内,在生产经营过程中发生的、用货币形式表现的各种耗费,称之为费用。严格地说,费用是在一定会计期间内,企业资产中为取得当期营业收入而耗费掉的那部分资产。

按照经济内容,费用可分为:直接费用、制造费用、期间费用。

直接费用指企业为生产经营商品和提供劳务等发生的各项直接支出。包括直接人工、直接材料、商品进价和其他直接费用,直接计入生产经营成本。

制造费用指企业生产商品和提供劳务而发生的各项间接费用,分配计入生产经营成本。

期间费用指在一定会计期间发生的只与特定的会计期间联系而与产品生产无直接联系的各项费用,包括销售费用、管理费用和财务费用。这些费用不计入生产经营成本,直接计入当期损益。

2.成本的概念

成本分为广义成本和狭义成本。

广义成本指企业为实现生产经营目的而取得各种特定资产(固定资产、流动资产、无形资产、制造产品)或劳务所发生的费用支出。它包含了企业生产经营过程中一切对象化的费用支出,所谓对象化是指成本以特定的承受载体来归集和计算。

狭义成本指为制造产品所发生的费用支出,包括为生产产品所耗费的直接人工、直接材料、其他直接费用、制造费用。其中直接人工、直接材料、其他直接费用直接计入产品成本,制造费用分配计入产品成本。狭义成本概念强调成本是以企业生产的特定产品为对象来归集和计算的,是为生产一定种类和一定数量的产品所应负担的生产费用。

3.成本与费用的区别

成本和费用的区别在于,成本是针对一定的成本核算对象(如某工程)而言的,费用则是针对一定的期间而言的。二者的联系在于,都是企业经济资源的耗费。

## 二、施工企业成本管理的程序

施工企业成本费用管理是指对施工企业发生的实际成本通过预测、计划、控制、核算、分析等活动,在满足质量和工期的条件下采取措施不断降低成本,达到成本控制的目标。

1.成本预测

成本预测指根据有关成本费用资料和各种相关因素,采用一定的预测方法,对未来成本费用所作的科学估计。常用的预测方法分为两类:定性预测和定量预测。

(1)定性预测。定性预测方法有许多种,最常用的是调查研究判断法,即依靠专家来预测未来成本费用的方法,所以也称为专家预测法。其具体方式有:座谈会法和函询调查法。

①座谈会法。指以会议形式集中各方面专家面对面的进行讨论,各自提出自己的看法和意见,最后综合分析,得出预测结论。这种方法的优点是能经过充分讨论,所测数值比较准确;缺点是有时可能出现会议准备不周、走过场,或者屈从于领导的意见。

②函询调查法,也称德尔菲法,指采用函询调查的方式,向有关专家提出所要预测的问题,请他们在互不商量的情况下,背对背地各自做出书面答复,然后将收集的意见进行综合、整理和归类,并匿名反馈给各个专家,再次征求意见,如此经过多次反复之后,就能对所需预测的问题取得较为一致的意见,从而得出预测结果。为了能体现各种预测结果的权威程度,可以针对不同专家预测结果,分别给予重要性权数,再将他们对各种情况的评估作加权平均计算,从而得到期望平均值,做出较为可靠的判断。这种方法的优点是能够最大限度地利用各个专家的能力,相互不受影响,意见易于集中,且真实;缺点是受专家的业务水平、工作经验和成本信息的限制,有一定的局限性。这是一种广泛应用的专家预测方法。

(2)定量预测。常用的方法有高低点法、加权平均法、回归分析法、量本利分析法。

2.成本计划

成本计划,根据成本预测和相关资料,做出成本计划,作为成本控制和管理的主要依据。

3.成本控制

成本控制指在企业生产经营过程中,按照规定的成本费用标准,对影响产品寿命周期成本费用的各种因素进行严格的监督和调节,及时揭示偏差,并采取措施加以纠正,使企业实际成本费用控制在计划范围之内,保证实现成本费用目标。

4.成本核算

成本核算,是审核、汇总、核算一定时期内生产费用发生额和计算产品成本工作的总称。正确进行成本费用核算,是加强成本费用管理的前提,核算得不准确、不及时,就无从实现成本费用的合理补偿,无从及时分析成本费用升降的原因,不利于及时采取措施,降低成本费用,提高经济效益。核算的方法主要有表格核算方法和会计核算方法。

5.成本分析

成本分析是根据成本费用核算资料及其他有关资料,全面分析了解成本费用的变动情况,系统研究影响成本费用升降的各种因素及其形成的原因,寻找降低成本费用的潜力。通过成本费用分析,可以正确认识和掌握成本费用变动的规律性,加强成本费用管理工作;可以定期地对成本费用计划执行结果进行分析、评价和总结,为预测成本费用、编制下期成本费用计划和经营决策提供重要依据。最常用的一种成本分析方法为连环代替法(是因素分析法中的一种方法)。

6.成本考核

成本费用考核是指在财务报告期结束时,通过把报告期成本实际完成数额与计划指标、定额指标或预算指标进行对比,来审核和考察成本费用完成情况,评价成本费用管理水平的一项管理工作。

### 三、成本管理的方法

(1)量本利分析法;

(2)比较分析法;

(3)比率分析法;

(4)因素分析法;

(5)差额分析法。

## 第五节 与工程财务有关的税收与保险规定

### 一、与工程财务有关的税收规定

按照课税对象的不同性质,税收可以划分为流转税、所得税、资源税、财产税和行为税五大类。这里仅介绍与工程财务有关的主要税种。

1.营业税

营业税是对工商盈利事业以营业额为征税对象征收的一种流转税。

(1)营业税的纳税人

营业税的纳税人是指在中华人民共和国境内提供应税劳务、转让无形资产或者销售不动产的单位和个人。这里的“单位”是指国有企业、集体企业、私有企业、股份制企业、外商投资企业、外国企业和其他企业、行政单位、事业单位、军事单位、社会团体和其他单位。“个人”指个体工商户及其他有经营行为的个人,包括中国公民和外国公民。

(2)营业税的课税对象

营业税的课税对象包括在我国境内提供应税劳务、转让无形资产或销售不动产三个方面。

(3)税率

我国营业税实行差别比例税率,对同一行业实行同一税率,对不同行业实行不同税率。营业税税率为:建筑行业为3%,转让无形资产为5%。

(4)应纳税额计算

营业税应纳税额一般根据计税金额(计税营业额)和适用税率计算,基本计算公式为:

$$应纳税额 = 计税营业额 \times 适用税率$$

2.增值税

增值税是以商品生产流通或劳务服务各个环节的增值额为征税对象征收的一种流转税。

应纳税额 = 当期销项税额 - 当期进项税额

其中,销项税额是指纳税人销售货物或者提供应税劳务,按照销售额和规定的税率计算并向购买方收取的增值税额,其计算公式如下:

$$销项税额 = 销售额 \times 适用税率$$

3.所得税

所得税是以单位(法人)或个人(自然人)在一定时期内的纯收入额为征税对象的各个税种的总称。目前,我国的所得税分为企业所得税、外商投资企业和外国企业所得税、个人所得税等。

企业所得税实行33%的比例税率,简洁、清楚、便于计算与企业以往实际税负相接近,与外资所得税相衔接,与多数国家的税率相近。

4.土地增值税

土地增值税以转让房地产所取得的增值额为征税对象。土地增值税的纳税人,是指转让国有土地使用权、地上建筑物及其附着物并取得收入的单位和个人。

土地增值税实行四级超率累进税率:

(1)增值额未超过扣除项目金额50%的部分,税率为30%;

(2)增值额超过扣除项目金额50%,未超过扣除项目金额100%的部分,税率为40%;

(3)增值额超过扣除项目金额100%,未超过扣除项目金额200%的部分,税率为50%;

(4)增值额超过扣除项目金额200%的部分,税率为60%。

土地增值税按如下公式计算:

$$土地增值额 = 出售房地产的收入总额 - 扣除项目金额$$

$$应纳税额 = \sum(每级距的土地增值额 \times 适用税率)$$

5.城乡维护建设税

城乡维护建设税是为筹集城市维护和建设资金而开征的一种附加税。城市维护建设税的纳税人,是有义务缴纳增值税、消费税和营业税的单位和个人。城乡维护建设税以实际缴纳的增值税、消费税和营业税之和为计税依据，与上述三种税同时缴纳。城乡维护建设税根据纳税人所在地的不同，分别规定不同的比例税率。纳税人所在地在市区的，税率为7%；纳税人所在地在县城或镇的，税率为5%；纳税人所在地不在市区、县城或镇的，税率为1%。

施工企业、房地产开发企业应该以实际缴纳的营业税税额为计税依据，同时缴纳城乡维护建设税。

6.教育费附加

教育费附加是为了发展地方教育事业，扩大地方教育经费来源而征收的一种附加税。教育费附加的纳税人，是有义务缴纳增值税、消费税和营业税的单位和个人。教育费附加以实际缴纳的增值税、营业税、消费税的税额为计征依据，与上述三种税同时缴纳。教育费附加税率为3%。

## 二、与工程有关的保险规定

1.工程保险的特点

工程保险是特殊的财产保险，其特点表现在以下几个方面：

(1)保险对象处于施工状态而不是完成状态。保险对象的价值量随着施工进程而增加，使保险费的计算比较特殊。由于工程处于施工状态，风险较大，特别是安装工程的试车阶段，风险更为集中。

(2)工程保险的被保险人是与工程相关的各利益方。保险人可以在一张保险单上对所有参加该项工程的有关各方都给予所需的保险保障。也就是说，凡在工程进行期间，对这项工程承担一定风险的有关各方，即具有保险利益的人，均可作为被保险人之一。因此，工程保险的被保险人可以包括工程所有人、工程承包人、工程分包人和其他关系方等。

(3)工程保险融财产保险与责任保险为一体。工程保险的风险保障项目包括物质财产风险和第三者责任风险，是财产险与责任险相结合的险种。

现行办理的工程保险有建筑工程一切险和安装工程一切险。

2.建筑工程一切险

建筑工程一切险承保以土木建筑为主体的工程在整个建筑期间由于自然灾害或意外事故造成的物质损失和费用，以及被保险人依照民法应承担的对第三者人身伤亡或财产损失的损害赔偿责任。

3.安装工程一切险

安装工程一切险，承保新建、扩建或改造的工矿企业的机器设备或钢结构建筑在整个安装、调试期间由于自然灾害或意外事故造成的物质损失和费用，以及被保险人依照民法应承担的对第三者人身伤亡或财产损失的损害赔偿责任。

安装工程一切险的保险标的，与建筑工程一切险有所不同，包括的项目有：

(1)安装工程(包括被安装的机器设备及安装工程费用)；

(2)建筑工程项目；

(3)施工用机具及设备；

(4)清除残骸费用；

(5)专业费用。

安装工程一切险同时承保第三者责任保险，同建筑工程一切险相同。其他各项都同建筑工程一切险。

## 复习思考题

1.什么叫项目融资?

2.项目融资大致分哪几个阶段?

3.简述项目 BOT 融资方式。

4.建设项目的筹资方式有哪些?

5.什么叫资金成本?

6.我国企业财务制度的基本体系是什么?

7.企业财务通则的基本内容有哪些?它对我国传统的企业财务制度进行了哪些方面的重大改革?

8.什么是企业会计准则?

9.会计核算的一般原则有哪些?

10.什么是固定资产?如何对固定资产进行分类?

11.什么是固定资产折旧?企业可选择的计提折旧的方法有哪几种?各自的内容和计算方法是什么?

12.什么是存货?存货包括哪些项目?存货的管理方法有哪些?

13.什么是流动资产?

14.怎样对短期投资进行管理?

15.什么是无形资产?

16.什么是递延资产?包括哪些内容?

17.什么是资产评估?

18.什么是制造成本法?它的特点是什么?

19.简述施工企业成本费用管理的方法。

20.公路工程施工企业应缴纳的税种有哪些?如何进行计算?

21.某企业发行长期债券 4000 万元,筹资费率为 2%,债券利息率为 12%,所得税率为 33%,则其资金成本率为多少?

22.某企业发行三年期债券,面值总计 400 万元,以 430 万元的价格发售,筹资费为 5 万元,债券利率为 12%,所得税率为 33%,则其资金成本率为多少?

23.某公司发行普通股股票筹资,正常市价为 600 万元,筹资费率为 5%,第一年的股利率为 10%,以后每年增长 5%,计算其资金成本率为多少?

24.某企业需用一台价值 20 万元的施工机械,若采用融资租赁方式租入该种设备,年租金额为 4.5 万元,已知所得税率为 33%,则其资金成本率为多少?

25.某企业年末应收账款余额 40 万元,坏账准备余额为 1000 元,则当年企业应计提多少坏账准备金?

26.某企业第一年首次计提坏账准备金,年末应收款余额为 80 万元。第二年经确认发生坏账损失 0.3 万元予以核销,年末应收账款余额为 100 万元。第三年收回上年已核销的坏账 0.1 万元,年末应收账款余额为 90 万元。第三年末应计提的坏账准备金为多少?

27.某施工企业需要材料 50 吨/年,该材料的一次采购费用为 2000 元,年度保管费率为 0.5%。已知该材料的单价为 25 万元/吨,则其经济采购批量为多少吨?

28.某固定资产原值为 10 万元,预计净残值为 4000 元,使用年限为 5 年。若采用双倍余额递减法计算折旧，则第四年应提折旧额为多少元？

29.某大型设备原值40万元，折旧年限规定为8年，预计月平均工作250小时，预计净现值率为3%。该设备某月实际工作280小时，则用工作量法计算的该月折旧额为多少元？

30.某固定资产原值为350万元，折旧年限为50年，估计残值为0，则采用年数总和法计算第42年的折旧额是多少？

31.某设备购入5年，某部件已损坏。该部件现价为10万元，购入同样功能设备的现时价格为90万元，预计总使用年限为15年，预计净残值率为4%，功能性损耗系数为10%。用成本法评估该设备的价值为多少万？

32.有一块长方形土地，其临街长为30m，深度为20m，深度指数为120%，而该区段路线价为1000元/$m^2$，标准深度为25m，则地块的地价为多少？

33.某工程实际完成混凝土基础的工程量为200$m^3$，其中每立方米基础的混凝土用量标准是1.015$m^3$。混凝土的标准价格是100元/$m^3$，实际价格是103元/$m^3$。实际施工使用混凝土204$m^3$。经计算确定该工程的混凝土材料成本差异为多少元？

34.某施工企业承包一项工程，计划砌砖工程量100$m^3$。按预算定额规定，每立方米耗用红砖510块，每块红砖计划价格为0.15元；而实际砌砖工程量120$m^3$，每立方米实耗红砖500块，每块红砖实际购入价为0.20元。用连环代替法进行成本分析，由价格提高引起的差异为多少元？

35.某施工企业在编制预算时，该单位工程的直接工程费、间接费、计划利润等共计100万元(不含税金)，该企业所在地是市区。该份预算中的税金应该是多少元？

36.某企业的注册资本为1200万元，现有法定盈余公积金500万元，企业决定用盈余公积金转增资本金，可用来转增资本金的盈余公积金为多少？

37.案例：

背景：某业主拟投资一项生产某种市场紧俏产品的建设项目，受委托的工程师经过广泛的调查和深入的分析，估算出该建设项目的各项基础数据如下：

(1)项目建设期1年，第二年开始投入生产经营，运营期为8年。

(2)建设期间一次性投入固定资产投资额为850万元，全部形成固定资产；固定资产使用年限为8年，到期预计净残值率为4%，按照直线法计提折旧。

(3)流动资金投入为200万元，在运营期的前两年均匀投入，运营期末全额回收。

(4)营期第一年生产负荷为60%，第二年达产。

(5)营期内正常年份各年的销售收入为450万元，经营成本为200万元；运营期第一年销售收入和经营成本均按正常年份的60%估算。

(6)产品销售税金及附加合并税率估算为6%，企业所得税税率33%。

(7)该行业基准收益率为10%，基准投资回收期7年。

(8)折现系数取3位小数，其余各项计算保留2位小数。

问题：

(1)编制该项目全部投资的现金流量表及延长表。

(2)计算该项目静态及动态投资回收期。

(3)计算该项目的财务净现值。

(4)从可行性及盈利能力角度对该项目做一个简短的分析。

38.案例：

背景:某建设项目的建设期为2年,生产期为8年。固定资产投资总额为5000万元,其中自有资金为2000万元,其余资金使用银行长期贷款,贷款年利率为8%,每年计息一次,从第三年起每年年末付息,还款方式为在生产期内,按照每年等额偿还法进行偿还。项目流动资金投入为500万元,全部由自有资金解决。项目设计年生产能力为200万件,产品原价为8元/件,销售税金及附加按销售收入的6%计算。项目投产后的正常年份中,年总成本费用为900万元,其中年固定成本为150万元,单位变动成本为3.75元/件。

问题:(1)填写该项目的借款还本付息表。

| 序号 | 项目 | 1 | 2 | 3 | 4 | 5 | 6 | 7 | 8 | 9 | 10 |
|---|---|---|---|---|---|---|---|---|---|---|---|
| 1 | 年初借款本息累计 | 0 | | | | | | | | | |
| 2 | 本年借款 | 2000 | 1000 | | | | | | | | |
| 3 | 本年应付利息 | | | | | | | | | | |
| 4 | 本年偿还本金 | | | | | | | | | | |
| 5 | 本年支付利息 | | | | | | | | | | |

(2)计算该项目的投资利润率、投资利税率和资本金利润率。

(3)计算以产量和单价表示的项目盈亏平衡点。

# 附录1　2003年公路工程监理工程师执业资格考试(试点)《公路工程经济》试卷

**一、单选题**(下列各题中,只有一个备选项最符合题意,请将该备选项的代号填入括号中,选错或不选不得分。每题1分,共10分)

1.融资租赁指租赁期满后,设施或设备的所有权归(　　)。

A.承租人　　B.出租人　　C.第三人　　D.原单位

2.财务内部收益率是指项目对初始投资的偿还能力或项目对贷款利率的(　　)承受能力。

A.最小　　B.最大　　C.全部　　D.部分

3.在下列费用项目中属于工程建设其他费用的是(　　)。

A.研究试验费　　B.材料二次搬运费

C.工器具、生产家具购置费　　D.设备安装费

4.在资金时间价值计算的公式中,一次支付现值的公式是(　　)。

A.$P = F\cdot(1+i)^{n}$　　B.$P = F\cdot(1+i)^{-n}$

C.$P = F\cdot[(1+i)^{n}-1]/i$　　D.$P = F\cdot i/[(1+i)^{n}-1]$

5.根据设计要求,在施工过程中需对某新型钢筋混凝土结构进行一次破坏性试验,以验证设计的正确性,此项试验费应由(　　)。

A.设计单位　　B.建设单位的研究试验费

C.施工单位的其他直接费　　D.施工单位的间接费

6.发包人将其批量采购的桥梁伸缩运抵现场与承包人共同清点后存入承包人仓库,承包人在使用抽样检验认为合格后投入使用。施工过程中发现其中2条伸缩缝制造质量出现较大问题,承包人按照工程师的指示将其拆除并重新安排。工程师对此事件处理的方案为(　　)。

A.费用和工期损失均由承包人承担　　B.补偿费用并顺延合同工期

C.补偿费用但不顺延合同工期　　D.顺延合同工期但不补偿费用

7.预算定额中工人消耗的人工幅度差是指(　　)。

A.预算定额消耗量与概算定额消耗量的差额

B.预算定额消耗量的自身误差

C.预算客人工定额必须消耗量与全部工时消耗量的差额

D.在施工定额工作时间之外,预算定额中应考虑在正常施工条件下所发生的各种工时损失

8.在某项施工过程中,由于出现脚手架倒塌事故而造成实际工进度拖后,承包人根据监理工程师指令采取赶工措施后,仍未能按合同工期完成所承包的任务,则承包人(　　)。

A.应承担赶工费,但不需要向业主支付误期损失赔偿费

B.不需要承担赶工费,但应向业主支付误期损失赔偿费

C.不仅要承担赶工费,还应向业主支付误期损失赔偿费

D.既不需要承担赶工费,也不需要向业主支付误期损失赔偿费

9.根据《企业财务通则》,以下表述不正确的是(　　)。

A.企业设立时,必须有法定的资本金

B.企业资金不再划分固定资金、流动资金、专用资金

C.将制造成本法改为完全成本法

D.经批准可实现加速折旧法

10.编制公路工程预算时,下列(　　)不构成材料预算价格的组成内容。

A.运输损耗费　　B.操作损耗费　　C.仓储损耗费　　D.包装材料费

**二、多选题**(在下列各题的备选答案中,有两个及以上的选项符合题意,请将其代号填入括号内;若选项中有错误选项该题不得分,选项正确但不完全的每个选项得0.5分,完全正确得满分。每题2分,共40分)

1.工程定额按生产因素分包括(　　)。

A.劳动消耗定额　　B.材料消耗定额

C.机械设备定额　　D.施工定额

E.预算定额　　F.估算指标

2.“建筑工程一切险”被保险人可获得保险公司赔偿的受损失费用范围包括(　　)。

A.受损失的施工建筑物

B.领有共用运输执照施工车辆

C.在投标范围内的临时工程

D.业主在工地原有建筑物因施工受到破坏

E.承包人施工人员受到的人身伤害

3.砌筑工程的(　　)作为砌体的附属工程不另计量。

A.砂浆或作为砂浆的小石子混凝土　　B.垫铺材料

C.拱架、支架　　D.砌体的勾缝

E.抹面

4.在索赔费用计算中,确定单价和费率的方法有(　　)。

A.利用工程量清单中的单价　　B.利用协商费率

C.采用正式规定和公布的标准确定费率　　D.按有关票据计算

E.由监理工程师确定单价

5.以上说法正确的是(　　)。

A.对于路基土石方运输项目应分为免费运距和超运运距两部分,超运运距另计超运费

B.按项支付的结构物项目,应按结构形式和施工顺序将结构物分解成不同的工程部位计量支付

C.动用暂定金额进行的工作由监理工程师完成

D.暂定金额可按业主的指令全部或部分地使用,或根本不予动用

6.为完成结构物基础挖方所做的(　　)作为挖基工程的附属工作,不另行计量。

A.挖淤泥　　B.地面排水

C.围堰、基坑支撑及抽水　　D.基坑回填及压实

E.错台开挖或斜坡开挖

7.大、中型工程的竣工决算报表由(　　)组成。

A.竣工工程概算表　　B.竣工财务决算表

C.项目交付使用财产总表及明细表　　D.项目建成交付使用后投资效益表

E.概算执行情况分析表

8.路基填方基底处理工程中,其费用摊入填方工程单价的有(　　)。

A.清除场地　　B.耕地填前压实

C.填前挖松　　D.挖台阶

E.软土处理

9.某桥梁因洪水冲毁,急需修复,承包合同宜采用(　　)。

A.固定总价　　B.可调总价

C.估计工程量清单　　D.纯单价

E.成本加酬金

10.工程量清单中某一支付细目数量变更后,其单价调整的条件为(　　)。

A.该细目所列金额超过签约时合格价格的2%

B.该细目实际变更数量超过或小于工程量清单中所列数量的15%

C.该细目所列金额超过签约时合格价格的1%

D.该细目实际变更数量超过工程量清单中所列数量的+25%

11.工程寿命周期成本即该项工程在其确定的寿命周期内或在预定的有效期内所需支付的(　　)等费用的总和。

A.研究开发费　　B.制造安装费

C.运行维修费　　D.报废回收费

E.设计费

12.下列计量支付报表中由承包人填制的有(　　)。

A.计量支付申请表　　B.工程投资支付月报表

C.进度完成情况明细表　　D.计日工支付申报表

13.根据计量程序与管理的规定,(　　)对驻地监理工程师计量结果拥有充分的否决权。

A.高级驻地监理工程师　　B.总监理工程师代表

C.驻地监理工程师　　D.驻地监理工程师办公室

E.业主代表

14.根据我国《招标投标法》和《公路工程施工招标投标管理办法》的有关规定,下列(　　)是实行工程施工招标的必备条件。

A.建设资金已经落实　　B.设计文件已经批准

C.招标文件已经编制完成　　D.投标邀请尽收眼底已经发出

15.工程计量资料由(　　)签字后是有效的。

A.业主代表　　B.监理工程师

C.承包人　　D.质量监理员

E.材料供应商

16.在下列费用中,不属于直接工程费内容的是(　　)。

A.施工单位搭设的临时设施费　　B.现场管理费

C.技术开发费　　D.工程点交费

E.企业管理费

17.建设单位决定采用哪种合同形式,应根据(　　)因素综合考虑。

A.设计工作深度　　B.工期长短

C.质量要求的高低　　D.工程规模、复杂程度

E.施工单位的要求

18.以下有关工程费用支付的叙述中,正确的有(　　)。

A.监理工程师有权确定工程变更后的费用

B.监理工程师有权通过随后的支付证书对已签发的支付证书中的错误进行纠正

C.索赔费用的确定权归业主

D.工程费用支付的权力归业主

E.监理工程师有价格调整的权力

19.对建设项目进行不确定性分析的目的是(　　)。

A.减少不确定性对经济效果评价的影响　　B.预测项目承担风险的能力

C.质量要求的高低　　D.工程规模、复杂程度

20.招标工程标底具有(　　)等作用。

A.使招标单位预先明确自己在拟建工程上应承担的财务义务

B.给上级主管部门提供核实建设规模的依据

C.是评价的重要尺度

D.是进行工程结算的重要依据

E.是工程决算的参考依据

**三、判断题**(认为下述观点正确的在括号内划"√",错误的划"×",判断准确得分,否则不得分。每题1分,共10分)

1.发行股票不会减少公司应上缴的所得税,而发行债券会使企业少缴一部分所得税。(　　)

2.在进行价格调整计算时,应在扣除保留金之后。(　　)

3.由于财务内部收益率受贷款额和利率大小的影响,因此只能在一定程度上反映出建设项目投资的经济效果。(　　)

4.《企业财务通则》不适用于我国境内的外商投资企业。(　　)

5.建设项目负债筹资的方式包括发行债券、设备租赁、银行贷款等。(　　)

6.项目建议书的投资估算应采用"综合指标";可行性研究报告中的投资估算应采用"分项指标"。(　　)

7.临时设施费是指施工企业为进行建设工程施工所必须的生活和生产用的临时建筑物、构筑物和其他临时设施及概、预算定额中临时工程费用。(　　)

8.属于承包人自己工作失误或用承担的风险而导致工程停工,其所有费用必须由承包人承担。(　　)

9.标底价格由成本、税金组成,不包含利润部分。(　　)

10.当一个工程细目变更后的实际工程数量大于或小于工程量清单所列数量的15%时应考虑价格调整。(　　)

**四、简答题**(要求简明扼要。每题4分,共20分)

1.编制公路建设项目竣工决算有何依据?

2.什么是经济效果评价?其主要方法有哪些?

3.监理工程师在进行支付申请的审查时应审查哪些方面?

4.简述工程量清单的作用及其包含的内容?

5.简述工程费用支付中,清单支付和合同支付分别有哪些项目?

**五、综合分析题**(按所给问题的背景资料,正确分析并回答问题。每题10分,共20分)

1.某企业承包的某项工程有效合同价为5000万元(其利润目标为有效合同的5%)。动员预付款为合同价的10%,动员预付款在中期支付证书累计金额达到合同价格的30%时开始扣回,到中期支付证书的累计金额达到合同价的80%时全部扣完。保留金的百分比为月支付的10%,保留金限额为合同价的5%。工程完成合同价的60%时,由于业主违约,合同被迫终止。此时承包人另外完成变更工程150万元,完成暂定项目50万元,为工程合理订购材料库存80万元。由于合同被迫终止。承包人设备撤回基地和遣返所有雇佣人员的费用共60万元(工程量清单中未单独列项)。已完成的各类工程均已按合同规定支付。(该项目实际工程量与清单量一致,且无调价)

问题:(1)合同终止时,业主扣回多少动员预付款?

(2)合同终止时,业主实际已支付各类工程款共计多少?

(3)合同终止时,业主还需支付各类补偿款多少?

(4)合同终止时,业主总共应支付给承包人多少工程款?

2.某涵洞工程管涵预制混凝土总需要量为6000$m^3$,混凝土工程施工有两种方案可供选择。方案A为现场制作,方案B为购买商品混凝土。已知现场搅拌站一次性投资为200000元,搅拌站设备的租金及维修费为15000元/月,搅拌混凝土所需的其他费用为350元/$m^3$,商品混凝土的平均单价为440元/$m^3$。

问题:(1)若混凝土的施工工期不同时,A、B两个方案哪一个经济?

(2)当混凝土施工工期为14个月时,现场制作混凝土最少为多少$m^3$才比购买商品混凝土经济?

# 附录2　2004年公路工程监理工程师执业资格考试《公路工程经济》试卷及参考答案

**一、单选题**(下列各题中,只有一个备选项最符合题意,请将该备选项的代号填入括号中,选错或不选不得分。每题1分,共20分)

1.监理工程师的计量权力本质上是对计量结果的(　　)。

A.确认权　　B.变更权　　C.委托权　　D.监督权

2.工程索赔计算时最常用的一种方法是(　　)。

A.总费用法　　B.修正的总费用法　　C.实际费用法　　D.协商法

3.在资金时间价值计算的公式中,一次支付现值的公式是(　　)。

A.$P=F\cdot(1+i)^{n}$　　B.$P=F\cdot(1+i)^{-n}$

C.$P=F\cdot[(1+i)^{n}-1]/i$　　D.$P=F\cdot i/[(1+i)^{n}-1]$

4.某公路工程净现金流量数据见下表,可知该项目的表态投资回收期为(　　)年。

| 年　份 | 1 | 2 | 3 | 4 | 5 | 6 |
|---|---|---|---|---|---|---|
| 净现金流量 | -100 | -200 | 100 | 250 | 200 | 200 |

A.3.4　　B.3.0　　C.3.8　　D.3.2

5.单位工程施工组织设计技术经济分析重点,应围绕三个主要方面,即(　　)。

A.劳动生产率、降低成本率、计划利润率

B.技术措施、降低成本措施、施工平面图

C.质量、工期、成本

D.劳动指标、材料使用指标、机械使用指标

6.价格工程的核心是(　　)。

A.总功能提高　　B.使用成本下降　　C.生产成本下降　　D.功能分析

7.(　　)是企业财务制度体系中最基本、最高层次的法规。

A.企业财务通则　　B.企业财务制度　　C.企业会计准则　　D.财务管理规定

8.把将来某一时点的资金金额换算成现在时点的等值金额的过程称为(　　)。

A.兑现　　B.折现　　C.兑换　　D.折换

9.中标通知书(　　)具有法律效力。

A.对招标人和中标人均　　B.只对招标人

C.只对中标人　　D.对招标人和投标人均不

10.编制公路工程预算时,下列(　　)不构成材料预算价格的组成内容。

A.运输损耗费　　B.操作损耗费　　C.仓储损耗费　　D.包装材料费

11.保留金的最高限额一般为合同总价的(　　)。

A.4%　　B.5%　　C.6%　　D.7%

12.《公路工程国内招标文件范本》中规定投标人将所投工程总工程量的(　　)以上进行

分包的投票不予考虑(　　)。

A.80%　　B.50%　　C.30%　　D.60%

13.根据新的财务制度,土地使用权属于(　　)。

A.固定资产　　B.无形资产　　C.递延资产　　D.流动资产

14.设备购置费组成为(　　)。

A.设备原价+采购与保管费　　B.设备原价+运费+装卸费

C.原价+运杂费　　D.设备原价+安装费

15.工程变更总费用超过(　　)时,需要在合同价格中加上或扣除一笔调整金额。

A.10%　　B.15%　　C.20%　　D.25%

16.某工程一次性投资万元,第二年开始投产,年净收益为30万元,则投资回收期为(　　)。

A.9年　　B.10年　　C.11年　　D.12年

17.在下列费用项目中属于工程建设其他费用的是(　　)。

A.研究试验费　　B.材料二次搬运费

C.工器具、生产家具购置费　　D.设备安装费

18.在工程招标编制标底时,一般不考虑的因素是(　　)。

A.工期　　B.质量标准　　C.投票企业资质　　D.自然地理条件

19.第三者责任险是指(　　)。

A.由于灾害或事故造成第三者受到伤害,被保险人获得赔偿的险种

B.被保险人受到第三者的伤害,被保险人获得赔偿的险种

C.被保险有意或无意伤害到第三者,被保险人获得赔偿的险种

D.由于第三者的责任,造成工程损失,被保险人获得赔偿的险种

20.项目在计算期内财务净现值为零时的折现率为(　　)。

A.静态收益率　　B.动态收益率　　C.财务内部收益率　　D.基准折现率

**二、多项选择题**(在下列各题的备选答案中,有两个及以上的选项符合题意,请将其代号填入括号内;若选项中有错误选项该题不得分,选项正确但不完全的每个选项得0.5分,完全正确得满分。每题2分,共40分)

1.根据税收政策规定,我国的所得税包括(　　)。

A.企业所得税　　B.个人所得税

C.外商投资企业和外国企业所得税　　D.事业单位所得税

2.对于寿命周期相同的互斥方案的比选方法一般有:(　　)。

A.差额内部收益率法式　　B.净现值法

C.内部收益率法　　D.净现值率法

3.下列项目不属于建筑安装工程费的有(　　)。

A.直接工程费　　B.间接费

C.计划利润　　D.净现值率法

E.工程建设其他费用

4.下列项目属于工程建设其他费用的是(　　)。

A.办公及生活用家具购置费　　B.建设单位管理费

C.工程造价增涨预置费　　D.施工机构迁移费

5.下列定额中(　　)属于国家规定的计划定额。

A.估算指标　　B.预算定额　　C.施工定额　　D.概算定额

6.从累计现金流量曲线图上可以了解到(　　)。

A.投资回收期　　B.固定资产残值

C.工程造价　　D.建安费

E.项目的累计最大支出

7.包含在建安工程直接费中材料费内的费用有(　　)。

A.周转性材料费

B.材料二次搬运费

C.对材料进行一般性鉴定检查支出的费用

D.构成工程实体的材料费

E.搭建临时设施的材料费

8.可作为竣工决算编制依据的有(　　)。

A.可行性研究报告及其投资估算

B.设计概算或修正概算

C.招投标的标底、承包合同、工程结算资料

D.项目预测的现金流量

E.设备、材料调价文件和调价记录

9.企业财务报表现金流量表中的现金流量分为(　　)几类。

A.经营活动产生的现金流量　　B.投资活动产生的现金流量

C.借贷活动产生的现金流量　　D.筹资活动产生的现金流量

E.工资发放产生的现金流量

10.工程计量的依据有(　　)。

A.施工方所报已完工程量　　B.质量合格证书或签证

C.工程量清单前言和技术规范　　D.批准的设计图纸文件及工程变更签证

E.工程结算价格规定

11.投标人须知的内容有(　　)。

A.合同条件　　B.工程项目概况

C.技术规范　　D.投标人的资格要求

E.投标中的时间安排和相应的规定　　F.银行担保

G.开标时间、评标、定标的原则

12.在公路工程概、预算编制中,监理费的计取为(　　)。

A.国内招标工程费率为1.6%　　B.国内招标工程费率为1.0%

C.国内招标工程费计为0.8%　　D.国际招标工程费计为3.5%

E.国际招标工程费率为2.3%

13.根据FIDIC合同条件,承包人享有的权利有(　　)。

A.有权得到工程付款

B.有权提出索赔

C.有权拒绝接受指定的分包人

D.如果业主违约,承包人有权终止受雇和暂停工作

E.有权进行必要的设计变更

14.根据价值工程原理,提高产品价值的途径包括(　　)。

A.花较大成本更新设备而使产品功能略有提高

B.通过改进产品质量从而提高产品价格

C.在保证产品使用功能的前提下,设备降低成本

D.在不增加成本的前提下,设法提高产品功能

15.下列(　　)应计入建设单位管理费。

A.建设单位工作人员工资、工资性津贴

B.建设单位的临时设施及管理费用性质的开支

C.采购本建设工程用的设备、材料所发生的采购及保管费

D.办理“土地、青苗等补偿费”的工作人员所发生的费用

16.下列税种中(　　)与公路工程相关。

A.耕地占用税收政策　　B.房产税

C.固定资产投资方向调节税　　D.土地增值税

17.影响工程项目直接费用大小的因素有(　　)。

A.设计质量　　B.职工培训费

C.施工方法　　D.现场管理人员工资

E.材料预算价格

18.特殊风险和业主违约导致合同中止支付的补偿区别是(　　)。

A.业主违约对承包人只补偿成本

B.特殊风险对承包人只补偿成本

C.业主违约对承包人只补偿成本不补偿利润损失

D.业主违约除对承包人补偿成本外还应补偿利润损失

19.承包人用于计日工的(　　),必须每天填写清单,上报监理工程师审查。

A.劳务　　B.材料　　C.施工机械　　D.进度情况

20.投保了“建筑工程一切险”的工程项目,可获得保险公司赔偿的受损失原因包括(　　)。

A.被保险人故意行为　　B.地震

C.盗窃　　D.因维修保养不善使施工机械设备失灵

E.设计错误

**三、判断题**(认为下述观点正确的在括号内划“√”,错误的划“×”,判断准确得分,否则不得分。每题1分,共10分)

1.缺陷责任终止证书,是由监理工程师签发,递交业主。(　　)

2.任何工程变更,均不应以任何方式使合同作废或无效,从而导致承包人责任的解除。(　　)

3.工程变更后的变更单价确定应由监理工程师和承包人协商确定。(　　)

4.工程量清单的每两个细目,不论有无列出数量,都须填入单价或总价。(　　)

5.监理工程师可以用保留金支付属于业主的合同义务而发生的费用。(　　)

6.某工程承包合同金额为3000万元,则该工程一般情况下应预留100万元作为保留金。(　　)

7.根据 FIDIC 条款,业主应补偿因异常恶劣的气候条件而造成的承包人的停工损失。（　　）

8.在施工合同条款中一般对工程价款支付的最低限额均有明确的规定,当期支付额低于最低限额时,当期不予支付,由业主转入下一期一并支付。（　　）

9.只有业主在没有完全履行合同规定义务给承包人造成损失时,才能提出索赔。（　　）

10.“有效合同价”是指扣除暂定金额和计日工费用之后的合同价格。（　　）

**四、简答题**(要求简明扼要。每题 5 分,共 10 分)

1.固定总价合同适用的一般条件是什么?

2.××公路工程项目业主与承包人签订了工程承包合同,合同约定工期 600 天,前提每一天奖励 0.5 万元,每推迟一天罚款 0.7 万元。当施工到 120 天时,监理工程师对某种工程材料检验,发现材料质量不合格,由此造成承包人整个工程停工 30 天。此后工程进行到 200 天时,业主提出变更设计,又造成承包人部分工程停工 20 天。最终工期 597 天。请根据上述背景情况分析说明承包人在何种合同规定下,能够争取到补偿?数额是多少?

(注:全部工程停工一天损失 3 万元,部分工程停工一天损失 1.2 万元)

**五、论述题**(按所给问题的背景资料,正确分析并回答问题。每题 10 分,共 20 分)

1.某单位准备以 850 万元投资某一项目,基准收益率为 10%,该项目寿命期为 10 年,投资后每年经营成本为 20 万元,前三年每年收益 100 万元,第三年末又追加投资 200 万元,今后每年收益均为 240 万元。试计算:该项目收益的净现值及净年值。(给出了部分普通复利系数表)

2.某企业承包的某项工程有效合同价为 5000 万元(其利润目标为有效合同的 5%)。动员预付款为合同价的 10%,动员预付款在中期支付证书累计金额达到合同价格的 30%时开始扣回,到中期支付证书的累计金额达到合同价的 80%时全部扣完。保留金的百分比为月支付的 10%,保留金限额为合同价的 5%。工程完成合同价的 60%时,由于业主违约,合同被迫终止。此时承包人另外完成变更工程 150 万元,完成暂定项目 50 万元,为工程合理订购材料库存 80 万元。由于合同被迫终止。承包人设备撤回基地和遣返所有雇佣人员的费用共 60 万元(工程量清单中未单独列项)。业主就已完成的各类工程均已按合同规定支付。(该项目实际工程量与清单量一致,且无调价)

问题:(1)合同终止时,业主扣回多少动员预付款?

(2)合同终止时,业主实际已支付各类工程款共计多少?

(3)合同终止时,业主还需支付各类补偿款多少?

(4)合同终止时,业主总共应支付给承包人多少工程款?

# 参考答案

## 一、单项选择题

| | | | | |
|---|---|---|---|---|
| 1.A | 2.C | 3.B(选 B 或不选均对) | 4.C | 5.C |
| 6.D | 7.A | 8.D | 9.A | 10.B |
| 11.B | 12.C | 13.B | 14.C(选 C 或不选均对) | 15.B |
| 16.C | 17.A | 18.C | 19.A | 20.C |

## 二、多项选择题

| | | | | |
|---|---|---|---|---|
| 1.ABC | 2.ABD | 3.DE | 4.BD | 5.ABD |
| 6.AE | 7.AD | 8.CE | 9.ABD | 10.BCD |
| 11.BDEFG | 12.AD | 13.ABCD | 14.CDE | 15.ABD |
| 16.AC | 17.CE | 18.BD | 19.ABC | 20.BC |

## 三、判断题

1.√ 2.√ 3.× 4.√ 5.× 6.× 7.× 8.× 9.× 10.√

## 四、简答题

1.答:①合同工期较短,一般为工期在一年之内;②规模较小,技术不太复杂的小型工程;③招标时设计深度达到施工图设计要求,工程设计图纸完整齐全,合同履行过程中不会出现较大的设计变更;④技术规范明确。

2.答:根据合同条件的规定,①由于材料不合格造成的停工所发生的费用,不予补偿(1分);②由于业主提出变更造成部分工程停工所发生的费用应予补偿(1分);③最终竣工工期比合同约定工期提前23天,应按合同规定给予奖励;④因此,承包人可得到的补偿为:

$20\times1.2+23\times0.5=35.5$(万元)

## 五、论述题

1.解:(1)该项目收益的净现值(NPV)

NPV $=-850+(100-20)(P/A,10\%,3)-200(P/F,10\%,3)+(240-20)(P/A,10\%,7)(P/F,10\%,3)=-850+80\times2.4868-200\times0.75132+220\times4.8683\times0.75132=3.36$(万元)

(2)该项目收益的净年值(NAV)

$$NAV=3.36\times0.16275=0.547\text{(万元)}$$

2.答题要点

(1)业主扣回动员预付款 = [(累计完成工程款) - 合同价 × 30%] × 动员预付款 ÷ 合同价的 50% $=[(5000\times60\%+150+50)-5000\times30\%]\times(5000\times10\%)\div(5000\times50\%)$

$=340$(万元)

(2)业主已实际支付的各类工程款 = 已完成的合同工程价款 + 变动工程款 + 完成的暂定项目款 + 动员预付款 - 扣回动员预付款 - 保留金

$=5000\times60\%+150+50+5000\times10\%-340-250$

$$=3110(\text{万元})$$

其中保留金取到限额为止。

(3)业主还需支付的各类补偿 = 利润补偿 + 承包人已支付的库存材料款 + 施工设备撤回基地和遣返所有雇佣人员费用的一部分 + 已扣的保留金

其中,利润补偿 $=(5000-5000\times60\%)\times5\%=100$(万元)

承包人已支付的库存材料款80万元,业主一经支付,库存材料则属于业主所有。承包人的施工设备撤回基地和遣返所有雇佣人员费用因在工程量清单中未单独列项,所以合同总价中应已包含此费用。因此,业主只能补偿支付其合理部分。

承包人施工设备撤回和遣返所有雇佣人员费用 $=(5000-5000\times60\%)\div5000\times60$

$$=24(\text{万元})$$

返还已扣保留金:$5000\times5\%=250$(万元)

业主还需支付的各类补偿款 $=100+80+24+250=454$(万元)

(4)业主总共支付的工程款 = 业主已实际支付的各类工程款 + 业主还需要支付的各类补偿 - 尚未扣回的动员预付款

$$=3110+454-(500-340)$$

$$=3404(\text{万元})$$

# 附录3　2005年公路工程监理工程师执业资格考试《公路工程经济》试卷及参考答案

**一、单选题**(下列各题中,只有一个备选项最符合题意,请将该备选项的代号填入括号中,选错或不选不得分。每题1分,共20分)

1.反映建设项目对国家所做净贡献的一个绝对指标是(　　)。

A.经济内部收益率　　B.投资回收期

C.经济效益费用比　　D.经济净现值

2.当我们对某个投资方案进行分析时,发现有关参数不确定,而且这些参数变化的概率也不知道,只知道其变化的范围时,可采用的分析方法为(　　)。

A.盈亏平衡分析　　B.敏感性分析

C.概率分析　　D.不确定性分析

3.某公路工程项目水泥原价300元/t,采用10t人工装卸载重汽车运输,运距10km。查预算定额每100t水泥第一个1km运距需要2.19台班,定额基价为486f元;每增运1km需0.11台班,定额基价为24元。水泥场外运输损耗率1%,采购保管费率为2.5%。问每吨水泥的采购保管费应是(　　)元(分析时忽略装卸费)。

A.8.32　　B.7.85　　C.7.75　　D.7.58

4.在建安工程造价中,材料预算价格是指材料由其来源地运到(　　)的价格。

A.施工工地　　B.使企业少缴部分所得税

C.施工工地仓库后出库　　D.施工工地仓库

5.对大型桥墩混凝土浇筑工程的计量应采取的计量方法是(　　)。

A.凭证法　　B.断面法　　C.分项计量法　　D.均推法

6.采用发行股票方式筹集公路工程建设资金可以(　　)。

A.降低企业的负责比例　　B.使企业少缴部分所得税

C.提高企业的融资风险　　D.保持原有股东对企业控制权

7.某地区欲建收费的高速公路,所需资金为4亿元,此后第1,2,3年末各需2亿元(三年内合计投资10亿元),修成后每隔56年维修一次,每次修理费用14万元。若基准收益率为8%,则该道路自开通(3年后)起维持40年所需总投资额(包括初期投资和维修费在内)的现值为(　　)亿元。已知:$(P/A,8\%,3)=2.577$,$(A/F,8\%,5)=0.17046$,$(P/A,8\%,40)=11.925$,$(P/F,8\%,3)=0.7938$。

A.12.426　　B.10.325　　C.9.156　　D.11.428

8.把将来某一时点的资金金额换算成现在时点的等值金额的过程称为(　　)。

A.设备的型号　　B.租金支付方式　　C.承租人　　D.贸易

9.公路建筑安装工程费包括建筑工程费和安装工程费两部分,其中安装工程费是指为安装(　　)的费用。

A.混凝土预制构件　　B.钢结构工程构件

C.营运、养护、管理所需设备　　D.施工机械、设备

10.出口信贷可分为(　　)两种。

A.买方信贷和卖方信贷　　B.货币信贷和物资(设备)信贷

C.买方信贷和物资(设备)信贷　　D.卖方信贷和货币信贷

11.监理工程师可以用保留金支付属于(　　)的合同义务而发生的费用。

A.施工单位　　B.建设单位　　C.材料供应单位　　D.设计单位

12.路基填方碾压工程,如填料含水量不够,需要洒水时,其洒水费用(　　)。

A.另外计量　　B.不予计量

C.由建设单位确定是否计量　　D.根据费用大小确定

13.可行性研究属于项目(　　)主要工作之一。

A.计划阶段　　B.施工准备阶段　　C.实施阶段　　D.决策阶段

14.发行(　　)融资是一种融债券和股票于一体的融资方式,适合于交通融资。

A.私募债券　　B.建设债券　　C.金融债券　　D.可转换债券

15.某银行年贷款利率为 r,一年计算利息 m 次,如果折算为一年计算一次,则对应的年计算率 i 为(　　)。

A.$m^r$　　B.$r^m$　　C.$(1+mr)^m-1$　　D.$(1+r/m)^m-1$

16.建设工程动态投资部分,是指在建设期内,因建设期利息、建设工程需缴纳的(　　)和国家新批准的税费、利率变动以及建设期价格引起的建设投资增加额。

A.营业税　　B.土地使用税

C.固定资产投资方向调节税　　D.城乡建设维护税

17.按公路工程概预算编制办法规定,人工费由(　　)构成。

A.基本工资、工资性补助、职工福利费

B.基本工资、生产工人辅助工资

C.基本工资

D.基本工资、工资性补贴、生产工人辅助工资、职工福利费设备安装费

18.《公路工程机械台班费用定额》中,下列(　　)不属于可变费用。

A.经常性修理费　　B.机上人工费

C.养路费及车船使用费　　D.燃料动力费

19.根据交通部《公路基本建设工程概预算编制办法(1996 年)》,公路工程的定额编制、管理费以定额建筑安装工程费总额为基数,按(　　)计列。

A.0.17%　　B.0.18%　　C.0.15%　　D.0.16%

20.概预算中辅助生产现场经费是按人工费的 15%,最后构成(　　)。

A.人工费　　B.材料费　　C.间接费　　D.施工管理费

**二、多项选择题**(在下列各题的备选答案中,有两个及以上的选项符合题意,请将其代号填入括号内;若选项中有错误选项该题不得分,选项正确但不完全的每个选项得 0.5 分,完全正确得满分。每题 2 分,共 40 分)

1.施工企业成本费用管理,应着重围绕(　　)等环节进行。

A.花较大成本更新设备而使产品功能略有提高

B.通过改进产品质量从而提高产品价格

C.在保证产品使用功能的前提下,设法降低成本

D.在不增加成本的前提下,设法提高产品功能

E.消除或减少一些多余功能,从而降低产品成本

2.根据价值工程原理,提高产品价值的途径包括(　　)。

A.花较大成本更新设备而使产品功能略有提高

B.通过改进产品质量从而提高产品价格

C.在保证产品使用功能的前提下,设法降低成本

D.在不增加成本的前提下,设法提高产品功能

E.消除或减少一些多余功能,从而降低产品成本

3.以下有关工程费用支付的叙述中,正确的是(　　)。

A.监理工程师有权确定工程变更后的费用

B.监理工程师有权通过随后的支付证书对已签发的支付证书中的错误进行纠正

C.索赔费用的确定权归建设单位

D.工程费用支付的权力归建设单位

E.监理工程师有价格调整的权力

4.由于建设单位的原因,导致工程暂停两个月,则施工单位可提出的索赔项目有(　　)。

A.利润　　B.人工窝工费

C.机械设备窝工费　　D.增加的利息支出

E.增加的履约保函手续费

5.下列说法正确的有(　　)。

A.材料或设备监理工程师签发预付款支付证书,即被视为监理工程师对该本材料或设备的批准

B.当工程竣工后,所有剩余材料设备的所有权应属建设单位,施工单位不得将其运走

C.如果施工单位在提交第一次付款申请或在这个时间前提交一份由建设单位认可的担保金额为合同价5%的银行保函,则中期支付中不再将扣留金退还施工单位

D.在监理工程师颁发全部工程的交工证书后,应当将全部保留金退还施工单位

E.施工阶段施工单位未能遵照监理工程师的指示对有缺陷的工程师进行修补,则建设单位可以雇佣他人来完成有关工作,费用可从保留金中支出

6.施工图预算是在施工图设计完成后,以施工图为依据,根据(　　)进行编制的。

A.预算定额　　B.设计概算

C.取费标准　　D.概算定额

E.地区人工、材料、机械台班的预算价格

7.下列费用中,不能计人生产经营成本的是(　　)。

A.直接费用　　B.审计费用　　C.财务费用　　D.管理费用

8.下列(　　)属于现场管理费定额项目。

A.管理人员的基本工资和其他费用

B.现场管理用房屋的租赁费

C.现场管理用交通工具耗用的油料、燃料费

D.企业为筹集资金而发生的费用

E.临时设施费

9.下列融资方式筹集的资金,属项目资本金的包括(　　)。

A.发行股票　　　　　　　　　　　　　　B.发行债券
C.银行贷款　　　　　　　　　　　　　　D.保留盈金
E.政府预算内资金

10.建安工程临时设施是指(　　)。
A.临时宿舍、文化福利及公用房屋与建筑物、仓库、办公室、加工厂
B.工地范围内的各种临时工作便道、人行道
C.临时工程的施工便道和供电设施
D.工地临时用水、用电的水管支线和电线支线

11.对工程单价有重大影响的因素有(　　)。
A.人工工日、材料或货品设备的基础价格　B.工程定额
C.施工工期　　　　　　　　　　　　　　D.摊入系数
E.调价因素

12.雨季施工增加费是指在雨季期间施工为保证工程质量和安全生产而增加的(　　)。
A.防水、防潮措施费　　　　　　　　　　D.工效降低费
C.机械作业效率降低费　　　　　　　　　D.现场管理费
E.照明设施费

13.计划利润的计费基数包括(　　)。
A.直接费　　　　　　　　　　　　　　　B.定额直接费
C.间接费　　　　　　　　　　　　　　　D.施工技术装备费
E.其他直接费

14.某项目的现金流量图如右图所示,则下列关系中成立的有(　　)。

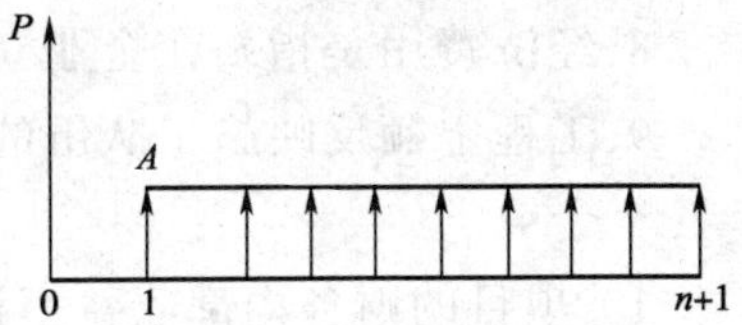


A. $P = A + [(1+i)^n - 1]/[i(1+i)]^n$
B. $P = A + A(P/A, i, n)$
C. $P = A(P/A, i, n)$
D. $P = A(P/A, i, n+1)$

15.进行施工招标的项目,评标时一般主要对投标企业的(　　)进行评审。
A.投标报价　　　　　　　　　　　　　　B.施工方案
C.垫资方案　　　　　　　　　　　　　　D.主要材料用量
E.投标技巧

16.下列(　　)是影响合同计价方式选择的主要因素。
A.项目的复杂程度　　　　　　　　　　　B.工程设计工作的深度
C.施下企业的等级　　　　　　　　　　　D.工程施工的难易程度
E.质量的要求

17.对建设项目进行财务评价时,常用的动态评价指标包括(　　)。
A.财务净现值　　　　　　　　　　　　　B.财务内部收益率
C.动态投资回收期　　　　　　　　　　　D.投资利润率

18.审查施工图预算的重点应放在(　　)。
A.概算单价套用是否正确　　　　　　　　B.工程数量计算是否准确
C.各项取费标准是否符合现行规定　　　　D.预算单价套用是否正确

19.(　　)属于国家规定的计价定额。

A.概算指标　　　　B.预算定额

C.施工定额　　　　D.概算定额

20.钻孔灌注桩开挖、钻孔、清孔、钻孔泥浆、护筒、混凝土、破桩以及(　　)作为孔桩的附属工作,不另行计量。

A.桩的承载试验　　　　B.搭设施工平台

C.挖土围堰　　　　D.栈桥

E.无破损检验

**三、判断题**(认为下述观点正确的在括号内划"√",错误的划"×",判断准确得分,否则不得分。每题1分,共10分)

1.施工单位当月完成合同金额150元,根据合同当月应扣预付款80万元,保留金比率为10%,开具临时支付证书的最小限额为60万元,则该月应支付63万元。　(　　)

2.清单工程量,是施工生产前的预算数量,不是施工单位应予以完成的实际和准确工程量,其准确性高低,对工程造价影响不大。　(　　)

3.定额基价仅作为计算有关费用的基数,不能作为编制工程造价的直接依据。　(　　)

4.项目可行性研究报告可作为项目后评估的依据。　(　　)

5.递延资产是指不能全部计入当年损益,应当在以后年度内分期摊销的各项费用。　(　　)

6.施工技术装备费是由定额直接工程费与间接费之和为基数,乘以相应费率。　(　　)

7.公路项目投资的经济评价,一般用三类指标进行,它们是币值、时间及收益率。　(　　)

8.经济费用是指站在企业立场上,衡量由于执行某一项目而带来的企业效益。　(　　)

9.工程定额反映施工队伍的生产效率和管理水平,它也是决定标价水平的重要因素。　(　　)

10.项目的财务内部收益率计算值越大,表明其盈利能力越强。　(　　)

**四、简答题**(按所给问题的背景资料,正确分析并回答,请将答案和题号写在答题纸上。每题15分,共30分)

1.某项工程项目建设单位与施工单位签订了工程施工承包合同,合同中估算工程量为5300$m^2$,原价180元/$m^3$。合同工期为6个月,有关支付条款如下:

(1)开工前,建设单位向施工单位支付估算合同价20%的预付款;

(2)建设单位从第1个月起,从施工单位的工程款中,按5%的比例扣保留金;

(3)当累计实际完成工程量超过(或低于)估计工程量的10%时,价格应予调整,调价系数为0.9(或1.1);

(4)每月签发付款证书最低金额为15万元;

(5)预付款从施工单位获得累计工程款超过估算合同价的30%以后的下一个月起至第5个月均匀扣除。

施工单位每月实际完成并经签认认可的工程量如下表所示。

| 月　份 | 单位 | 1 | 2 | 3 | 4 | 5 | 6 |
|---|---|---|---|---|---|---|---|
| 完成工程量 | $m^3$ | 800 | 1000 | 1200 | 1200 | 1200 | 500 |
| 累计完成工程量 | $m^3$ | 800 | 1800 | 3000 | 4200 | 5400 | 5900 |

问题:(1)估算合同总价是多少?

(2)预付工程款是多少?预付工程款从哪个月起扣留?每月扣预付工程款是多少?

(3)每月工程量价款是多少?应签证的工程款是多少?应签发的付款凭证金额是多少?

2.某建设项目单位与施工单位签订了工程承包合同,根据合同及其附件的有关条文,对索赔内容有如下规定:(1)因窝工发生的人工费按25元/工日计算,监理方提前一周通知施工单位时不以窝工处理,以补偿费支付(4元/工日);(2)机械设备台班费:塔吊:300元/台班;混凝土搅拌机:70元/台班;砂浆搅拌机:30元/台班。因窝工而闲置时,只考虑折旧费,按台班费电0%计算;(3)因临时停工一般不补偿管理费和利润。在施工过程中发生了以下情况:(1)于6月8日至6月21日,因建设单位提供的模板未到而使1台塔吊、1台混凝土搅拌机和35名支模工停工(建设单位已于5月30日通知承包方);(2)于6月10日至6月21日,因建设单位原因导致工地停电停水,使1台砂浆搅拌机和30名工人停工;(3)于6月20日至6月23日,因砂浆搅拌机故障而使1台砂浆搅拌机和35名工人停工。

问题:施工单位在有效期内提出索赔要求时,监理单位认为合理的索赔金额应为多少?

# 参考答案

## 一、单项选择题

1.D　2.B　3.C　4.C　5.C　6.A　7.C　8.D　9.C　10.A
11.A　12.B　13.D　14.D　15.D　16.C　17.D　18.A　19.A　20.B

## 二、多项选择题

1.ABDE　2.CDE　3.ABE　4.BCDE　5.CE
6.ACE　7.CD　8.ABC　9.ADE　10.ABD
11.ABD　12.ABC　13.BCE　14.E　15.AB
16.ABD　17.ABC　18.BCD　19.ABD　20.BCD

## 三、判断题

1.√　2.×　3.√　4.√　5.√　6.√　7.√　8.×　9.√　10.√

## 四、简答题

1.解答

(1)估算总价 95.4 万元,即 $5300\times180$ 元/$m^3$ = 95.4 万元

(2)预付工程款 $19.4\times20\%=19.08$(万元)

预付工程款从第三个月扣留,因为第一、二期累计工程款为:

$1800\times180=32.4>95.4\times30\%=28.62$(万元)

每月应扣预付工程款 $19.08\div3=6.36$(万元)

(3)①第一月工程款为 $800\times180=14.40$(万元)

应扣保留金:$14.40\times0.05=0.72$(万元)

本月签证的工程款:$14.4\times0.95=13.68$(万元)(本月不预付款)

②第二月工程款为:$1000\times180=18$(万元)

本月应扣保留金:$18\times0.05=0.9$(万元)

本月签证的工程款:$18\times0.95=17.10$(万元)

本月应签发的付款凭证金额为:$17.10+13.68=30.78$(万元)

③第三个月工程款为:$1200\times180=21.6$(万元)

本月应扣保留金:$21.6\times0.05=1.08$(万元)

应扣预付工程款:6.36 万元

$20.52-6.36=14.16$(万元)< 15 万元(本月不预付款)

④第四个月工程款为:$1200\times180=21.6$(万元)

本月应扣保留金:$21.6\times0.05=1.08$(万元)

应扣预付工程款:6.36 万元

本月应签证的工程款:$21.6-1.08-6.36=14.16$(万元)

本月应签发支付的金额为:$14.16+14.16=28.32$(万元)

⑤第五个月累计完成 5400$m^3$,比原估计的工程量超过 100$m^3$,但未超过估算 10%,仍按原

价估算工程价：$1200 \times 180 = 21.6$（万元）

应扣保留金：$21.6 \times 0.05 = 1.08$（万元）

应扣预付款：6.36 万元

本月应签证工程款：$21.6 - 1.08 - 6.36 = 14.16$（万元）$<15$（万元）（本月不预付款）

⑥第六个月累计完成 5900$m^3$，比原估算量超过 600$m^3$，已超过 10%，对超过部分应调整单价。

应调整单价的工程量为：$5900 - 5300(1 + 10\%) = 70$（$m^3$）

第六个月完成的工程量价款为：$70 \times 180 \times 0.9 + (500 - 70) \times 180 = 8.874$（万元）

应扣保留金：$8.874 \times 0.05 = 0.4437$（万元）

应签证的工程款为：$8.874 - 0.4437 = 8.43$（万元）

应签发的付款凭证为：$14.16 + 8.43 = 22.59$（万元）

2.解答

(1)合理的索赔金额如下：

窝工机械闲置费：按合同机械闲置只计取折旧费。

塔吊 1 台：$300 \times 70\% \times 14 = 2940$（元）

混凝土搅拌机 1 台：$70 \times 70\% \times 14 = 686$（元）

砂浆搅拌机 1 台：$30 \times 70\% \times 12 = 252$（元）

小计：$2940 + 686 + 252 = 3878$（元）

(2)窝工人工费：因业主已于 1 周前通知承包商，故只以补偿支付：

$4 \times 35 \times 14 = 1900$（元），及 $25 \times 30 \times 12 = 9000$（元）

因砂浆搅拌机机械故障造成的窝工不予补偿。

小计：$1960 + 9000 = 10960$（元）

(3)临时个别窝工一般不补偿管理费和利润。

故合理的索赔金额为：$3878 + 10960 = 14838$（元）。

# 附录4 利 息 表

**4% 复 利 因 子**

| | 一次支付 | | 等额多次支付 | | | | |
|---|---|---|---|---|---|---|---|
| *N* | *F/P* | *P/F* | *F/A* | *P/A* | *A/F* | *A/P* | *N* |
| 1 | 1.0400 | 0.9615 | 1.0000 | 0.9615 | 1.0000 | 1.0400 | 1 |
| 2 | 1.0816 | 0.9246 | 2.0400 | 1.8861 | 0.4902 | 0.5302 | 2 |
| 3 | 1.1249 | 0.8890 | 3.1216 | 2.7751 | 0.3203 | 0.3603 | 3 |
| 4 | 1.1699 | 0.8548 | 4.2465 | 3.6299 | 0.2355 | 0.2755 | 4 |
| 5 | 1.2167 | 0.8219 | 5.4163 | 4.4518 | 0.1846 | 0.2246 | 5 |
| 6 | 1.2653 | 0.7903 | 6.6330 | 5.2421 | 0.1508 | 0.1908 | 6 |
| 7 | 1.3159 | 0.7599 | 7.8983 | 6.0021 | 0.1266 | 0.1666 | 7 |
| 8 | 1.3686 | 0.7307 | 9.2142 | 6.7327 | 0.1085 | 0.1485 | 8 |
| 9 | 1.4233 | 0.7026 | 10.5828 | 7.4353 | 0.0945 | 0.1345 | 9 |
| 10 | 1.4802 | 0.6756 | 12.0061 | 8.1109 | 0.0833 | 0.1233 | 10 |
| 11 | 1.5395 | 0.6496 | 13.4863 | 8.7605 | 0.0741 | 0.1141 | 11 |
| 12 | 1.6010 | 0.6246 | 15.0258 | 9.3851 | 0.0666 | 0.1066 | 12 |
| 13 | 1.6651 | 0.6006 | 16.6268 | 9.9856 | 0.0601 | 0.1001 | 13 |
| 14 | 1.7317 | 0.5775 | 18.2919 | 10.5631 | 0.0547 | 0.0947 | 14 |
| 15 | 1.8009 | 0.5553 | 20.0236 | 11.1184 | 0.0499 | 0.0899 | 15 |
| 16 | 1.8730 | 0.5339 | 21.8245 | 11.6523 | 0.0458 | 0.0858 | 16 |
| 17 | 1.9470 | 0.5134 | 23.6975 | 12.1657 | 0.0422 | 0.0822 | 17 |
| 18 | 2.0258 | 0.4936 | 25.6454 | 12.6593 | 0.0390 | 0.0790 | 18 |
| 19 | 2.1068 | 0.4746 | 27.6712 | 13.1339 | 0.0361 | 0.0761 | 19 |
| 20 | 2.1911 | 0.4564 | 29.7781 | 13.5903 | 0.0336 | 0.0736 | 20 |
| 21 | 2.2788 | 0.4388 | 31.9692 | 14.0292 | 0.0313 | 0.0713 | 21 |
| 22 | 2.3699 | 0.4220 | 34.2480 | 14.4511 | 0.0292 | 0.0692 | 22 |
| 23 | 2.4647 | 0.4057 | 36.6179 | 14.8568 | 0.0273 | 0.0673 | 23 |
| 24 | 2.5633 | 0.3901 | 39.0826 | 15.2470 | 0.0256 | 0.0656 | 24 |
| 25 | 2.6658 | 0.3751 | 41.6459 | 15.6221 | 0.0240 | 0.0640 | 25 |
| 26 | 2.7725 | 0.3607 | 44.3117 | 15.9828 | 0.0226 | 0.0626 | 26 |
| 27 | 2.8834 | 0.3468 | 47.0842 | 16.3296 | 0.0212 | 0.0612 | 27 |
| 28 | 2.9987 | 0.3335 | 49.9676 | 16.6631 | 0.0200 | 0.0600 | 28 |
| 29 | 3.1187 | 0.3207 | 52.9663 | 16.9837 | 0.0189 | 0.0589 | 29 |
| 30 | 3.2434 | 0.3083 | 56.0849 | 17.2920 | 0.0178 | 0.0578 | 30 |
| 35 | 3.9461 | 0.2534 | 73.6522 | 18.6646 | 0.0136 | 0.0536 | 35 |
| 40 | 4.8010 | 0.2083 | 95.0255 | 19.7928 | 0.0105 | 0.0505 | 40 |
| 45 | 5.8412 | 0.1712 | 121.0290 | 20.7200 | 0.0083 | 0.0483 | 45 |
| 50 | 7.1067 | 0.1407 | 152.6670 | 21.4822 | 0.0066 | 0.0466 | 50 |
| 55 | 8.6464 | 0.1157 | 191.1590 | 22.1086 | 0.0052 | 0.0454 | 55 |
| 60 | 10.5196 | 0.0951 | 237.9910 | 22.6235 | 0.0042 | 0.0442 | 60 |
| 65 | 12.7987 | 0.0781 | 294.9680 | 23.0467 | 0.0034 | 0.0434 | 65 |
| 70 | 15.5716 | 0.0642 | 364.2900 | 23.3945 | 0.0027 | 0.0427 | 70 |
| 75 | 18.9452 | 0.0528 | 448.6310 | 23.6804 | 0.0022 | 0.0422 | 75 |
| 80 | 23.0498 | 0.0434 | 551.2450 | 23.9154 | 0.0018 | 0.0418 | 80 |
| 85 | 28.0436 | 0.0357 | 676.0900 | 24.1085 | 0.0015 | 0.0415 | 85 |
| 90 | 34.1193 | 0.0293 | 827.9800 | 24.2673 | 0.0012 | 0.0412 | 90 |
| 95 | 41.5113 | 0.0241 | 1012.7800 | 24.3978 | 0.0010 | 0.0410 | 95 |
| 100 | 50.5049 | 0.0198 | 1237.6200 | 24.5050 | 0.0008 | 0.0408 | 100 |
| ∞ | | | | 25.0000 | | 0.0400 | ∞ |

## 5% 复利因子

| | 一次支付 | | 等额多次支付 | | | | |
|---|---|---|---|---|---|---|---|
| N | F/P | P/F | F/A | P/A | A/F | A/P | N |
| 1 | 1.0500 | 0.9524 | 1.0000 | 0.9524 | 1.0000 | 1.0500 | 1 |
| 2 | 1.1025 | 0.9070 | 2.0500 | 1.8594 | 0.4878 | 0.5378 | 2 |
| 3 | 1.1576 | 0.8636 | 3.1525 | 2.7232 | 0.3172 | 0.3672 | 3 |
| 4 | 1.2155 | 0.8227 | 4.3101 | 3.5460 | 0.2320 | 0.2820 | 4 |
| 5 | 1.2763 | 0.7835 | 5.5256 | 4.3295 | 0.1810 | 0.2310 | 5 |
| 6 | 1.3401 | 0.7462 | 6.8019 | 5.0757 | 0.1470 | 0.1970 | 6 |
| 7 | 1.4071 | 0.7107 | 8.1420 | 5.7864 | 0.1228 | 0.1728 | 7 |
| 8 | 1.4775 | 0.6768 | 9.5491 | 6.4632 | 0.1047 | 0.1547 | 8 |
| 9 | 1.5513 | 0.6446 | 11.0266 | 7.1078 | 0.0907 | 0.1407 | 9 |
| 10 | 1.6289 | 0.6139 | 12.5779 | 7.7217 | 0.0795 | 0.1295 | 10 |
| 11 | 1.7103 | 0.5847 | 14.2068 | 8.3064 | 0.0704 | 0.1204 | 11 |
| 12 | 1.7959 | 0.5568 | 15.9171 | 8.8633 | 0.0628 | 0.1128 | 12 |
| 13 | 1.8856 | 0.5303 | 17.7130 | 9.3936 | 0.0565 | 0.1065 | 13 |
| 14 | 1.9799 | 0.5051 | 19.5986 | 9.8986 | 0.0510 | 0.1010 | 14 |
| 15 | 2.0789 | 0.4810 | 21.5786 | 10.3797 | 0.0463 | 0.0963 | 15 |
| 16 | 2.1829 | 0.4581 | 23.6575 | 10.8378 | 0.0423 | 0.0923 | 16 |
| 17 | 2.2920 | 0.4363 | 25.8404 | 11.2741 | 0.0387 | 0.0887 | 17 |
| 18 | 2.4066 | 0.4155 | 28.1324 | 11.6896 | 0.0355 | 0.0855 | 18 |
| 19 | 2.5269 | 0.3957 | 30.5390 | 12.0853 | 0.0327 | 0.0827 | 19 |
| 20 | 2.6533 | 0.3769 | 33.0659 | 12.4622 | 0.0302 | 0.0802 | 20 |
| 21 | 2.7860 | 0.3589 | 35.7192 | 12.8212 | 0.0280 | 0.0780 | 21 |
| 22 | 2.9253 | 0.3418 | 38.5052 | 13.1630 | 0.0260 | 0.0760 | 22 |
| 23 | 3.0715 | 0.3256 | 41.4305 | 13.4886 | 0.0241 | 0.0741 | 23 |
| 24 | 3.2251 | 0.3101 | 44.5020 | 13.7986 | 0.0225 | 0.0725 | 24 |
| 25 | 3.3864 | 0.2953 | 47.7271 | 14.0939 | 0.0210 | 0.0710 | 25 |
| 26 | 3.5557 | 0.2812 | 51.1134 | 14.3752 | 0.0196 | 0.0696 | 26 |
| 27 | 3.7335 | 0.2678 | 54.6691 | 14.6430 | 0.0183 | 0.0683 | 27 |
| 28 | 3.9201 | 0.2551 | 58.4026 | 14.8981 | 0.0171 | 0.0671 | 28 |
| 29 | 4.1161 | 0.2429 | 62.3227 | 15.1411 | 0.0160 | 0.0660 | 29 |
| 30 | 4.3219 | 0.2314 | 66.4388 | 15.3725 | 0.0151 | 0.0651 | 30 |
| 35 | 5.5160 | 0.1813 | 90.3203 | 16.3742 | 0.0111 | 0.0611 | 35 |
| 40 | 7.0400 | 0.1420 | 120.8000 | 17.1591 | 0.0083 | 0.0583 | 40 |
| 45 | 8.9850 | 0.1113 | 159.7000 | 17.7741 | 0.0063 | 0.0563 | 45 |
| 50 | 11.4674 | 0.0872 | 209.3480 | 18.2559 | 0.0048 | 0.0548 | 50 |
| 55 | 14.6356 | 0.0683 | 272.7130 | 18.6335 | 0.0037 | 0.0537 | 55 |
| 60 | 18.6792 | 0.0535 | 353.5840 | 18.9293 | 0.0028 | 0.0528 | 60 |
| 65 | 23.8399 | 0.0419 | 456.7980 | 19.1611 | 0.0022 | 0.0522 | 65 |
| 70 | 30.4264 | 0.0329 | 588.5280 | 19.3427 | 0.0017 | 0.0517 | 70 |
| 75 | 38.8327 | 0.0258 | 756.6530 | 19.4850 | 0.0013 | 0.0513 | 75 |
| 80 | 49.5614 | 0.0202 | 971.2280 | 19.5965 | 0.0010 | 0.0510 | 80 |
| 85 | 63.2543 | 0.0158 | 1245.0900 | 19.6838 | 0.0008 | 0.0508 | 85 |
| 90 | 80.7303 | 0.0124 | 1594.6100 | 19.7523 | 0.0006 | 0.0506 | 90 |
| 95 | 103.0350 | 0.0097 | 2040.6900 | 19.8059 | 0.0005 | 0.0505 | 95 |
| 100 | 131.5010 | 0.0076 | 2610.0200 | 19.8479 | 0.0004 | 0.0504 | 100 |
| ∞ | | | | 20.0000 | | 0.0500 | ∞ |

**6% 复利因子**

| | 一次支付 | | 等额多次支付 | | | | |
|---|---|---|---|---|---|---|---|
| N | F/P | P/F | F/A | P/A | A/F | A/P | N |
| 1 | 1.0600 | 0.9434 | 1.0000 | 0.9434 | 1.0000 | 1.0600 | 1 |
| 2 | 1.1236 | 0.8900 | 2.0600 | 1.8334 | 0.4854 | 0.5454 | 2 |
| 3 | 1.1910 | 0.8396 | 3.1836 | 2.6730 | 0.3141 | 0.3741 | 3 |
| 4 | 1.2625 | 0.7921 | 4.3746 | 3.4651 | 0.2286 | 0.2886 | 4 |
| 5 | 1.3382 | 0.7473 | 5.6371 | 4.2124 | 0.1774 | 0.2374 | 5 |
| 6 | 1.4185 | 0.7050 | 6.9753 | 4.9173 | 0.1434 | 0.2034 | 6 |
| 7 | 1.5036 | 0.6651 | 8.3938 | 5.5824 | 0.1191 | 0.1791 | 7 |
| 8 | 1.5938 | 0.6274 | 9.8975 | 6.2098 | 0.1010 | 0.1610 | 8 |
| 9 | 1.6895 | 0.5919 | 11.4913 | 6.8017 | 0.0870 | 0.1470 | 9 |
| 10 | 1.7908 | 0.5584 | 13.1808 | 7.3601 | 0.0759 | 0.1359 | 10 |
| 11 | 1.8983 | 0.5268 | 14.9716 | 7.8869 | 0.0668 | 0.1268 | 11 |
| 12 | 2.0122 | 0.4970 | 16.8699 | 8.3838 | 0.0593 | 0.1193 | 12 |
| 13 | 2.1329 | 0.4688 | 18.8821 | 8.8527 | 0.0530 | 0.1130 | 13 |
| 14 | 2.2609 | 0.4423 | 21.0151 | 9.2950 | 0.0476 | 0.1076 | 14 |
| 15 | 2.3966 | 0.4173 | 23.2760 | 9.7122 | 0.0430 | 0.1030 | 15 |
| 16 | 2.5404 | 0.3936 | 25.6725 | 10.1059 | 0.0390 | 0.0990 | 16 |
| 17 | 2.6928 | 0.3714 | 28.2129 | 10.4773 | 0.0354 | 0.0954 | 17 |
| 18 | 2.8543 | 0.3503 | 30.9055 | 10.8276 | 0.0324 | 0.0924 | 18 |
| 19 | 3.0256 | 0.3305 | 33.7600 | 11.1581 | 0.0296 | 0.0896 | 19 |
| 20 | 3.2071 | 0.3118 | 36.7856 | 11.4699 | 0.0272 | 0.0872 | 20 |
| 21 | 3.3996 | 0.2942 | 39.9927 | 11.7641 | 0.0250 | 0.0850 | 21 |
| 22 | 3.6035 | 0.2775 | 43.3923 | 12.0416 | 0.0230 | 0.0830 | 22 |
| 23 | 3.8197 | 0.2618 | 46.6658 | 12.3034 | 0.0213 | 0.0813 | 23 |
| 24 | 4.0489 | 0.2470 | 50.8155 | 12.5504 | 0.0197 | 0.0797 | 24 |
| 25 | 4.2919 | 0.2330 | 54.8645 | 12.7834 | 0.0182 | 0.0782 | 25 |
| 26 | 4.5494 | 0.2198 | 59.1563 | 13.0032 | 0.0169 | 0.0769 | 26 |
| 27 | 4.8223 | 0.2074 | 63.7057 | 13.2105 | 0.0157 | 0.0757 | 27 |
| 28 | 5.1117 | 0.1956 | 68.5281 | 13.4062 | 0.0146 | 0.0746 | 28 |
| 29 | 5.4184 | 0.1846 | 73.6397 | 13.5907 | 0.0136 | 0.0736 | 29 |
| 30 | 5.7435 | 0.1741 | 79.0581 | 13.7648 | 0.0126 | 0.0726 | 30 |
| 35 | 7.6861 | 0.1301 | 111.4350 | 14.4982 | 0.0090 | 0.0690 | 35 |
| 40 | 10.2857 | 0.0972 | 154.7620 | 15.0463 | 0.0065 | 0.0665 | 40 |
| 45 | 13.7646 | 0.0727 | 212.7430 | 15.4558 | 0.0047 | 0.0647 | 45 |
| 50 | 18.4201 | 0.0543 | 290.3360 | 15.7619 | 0.0034 | 0.0634 | 50 |
| 55 | 24.6503 | 0.0406 | 394.1720 | 15.9905 | 0.0025 | 0.0625 | 55 |
| 60 | 32.9876 | 0.0303 | 533.1280 | 16.1614 | 0.0019 | 0.0619 | 60 |
| 65 | 44.1449 | 0.0227 | 719.0820 | 16.2891 | 0.0014 | 0.0614 | 65 |
| 70 | 59.0758 | 0.0169 | 967.9310 | 16.3845 | 0.0010 | 0.0610 | 70 |
| 75 | 79.0568 | 0.0126 | 1 300.95 | 16.4558 | 0.0008 | 0.0608 | 75 |
| 80 | 105.7960 | 0.0095 | 1 746.60 | 16.5091 | 0.0006 | 0.0606 | 80 |
| 85 | 141.5790 | 0.0071 | 2 342.98 | 16.5489 | 0.0004 | 0.0604 | 85 |
| 90 | 189.4640 | 0.0053 | 3 141.07 | 16.5787 | 0.0003 | 0.0603 | 90 |
| 95 | 253.5460 | 0.0039 | 4 209.10 | 16.6099 | 0.0002 | 0.0602 | 95 |
| 100 | 339.3010 | 0.0029 | 5 638.36 | 16.6175 | 0.0002 | 0.0602 | 100 |
| ∞ | | | | 18.1820 | | 0.0600 | ∞ |

**8% 复利因子**

| | 一次支付 | | 等额多次支付 | | | | |
|---|---|---|---|---|---|---|---|
| N | F/P | P/F | F/A | P/A | A/F | A/P | N |
| 1 | 1.0800 | 0.9259 | 1.0000 | 0.9259 | 1.0000 | 1.0800 | 1 |
| 2 | 1.1664 | 0.8573 | 2.0800 | 1.7833 | 0.4808 | 0.5608 | 2 |
| 3 | 1.2597 | 0.7938 | 3.2464 | 2.5771 | 0.3080 | 0.3880 | 3 |
| 4 | 1.3605 | 0.7350 | 4.5061 | 3.3121 | 0.2219 | 0.3019 | 4 |
| 5 | 1.4693 | 0.6806 | 5.8666 | 3.9927 | 0.1705 | 0.2505 | 5 |
| 6 | 1.5869 | 0.6302 | 7.3359 | 4.6229 | 0.1363 | 0.2163 | 6 |
| 7 | 1.7138 | 0.5835 | 8.9228 | 5.2064 | 0.1121 | 0.1921 | 7 |
| 8 | 1.8509 | 0.5403 | 10.6366 | 5.7466 | 0.0940 | 0.1740 | 8 |
| 9 | 1.9990 | 0.5002 | 12.4876 | 6.2469 | 0.0801 | 0.1601 | 9 |
| 10 | 2.1589 | 0.4632 | 14.4866 | 6.7101 | 0.0690 | 0.1490 | 10 |
| 11 | 2.3316 | 0.4289 | 16.6455 | 7.1390 | 0.0601 | 0.1401 | 11 |
| 12 | 2.5182 | 0.3971 | 18.9771 | 7.5361 | 0.0527 | 0.1327 | 12 |
| 13 | 2.7196 | 0.3677 | 21.4953 | 7.9038 | 0.0465 | 0.1265 | 13 |
| 14 | 2.9372 | 0.3405 | 24.2149 | 8.2442 | 0.0413 | 0.1213 | 14 |
| 15 | 3.1722 | 0.3152 | 27.1521 | 8.5595 | 0.0368 | 0.1168 | 15 |
| 16 | 3.4269 | 0.2919 | 30.3243 | 8.8514 | 0.0330 | 0.1130 | 16 |
| 17 | 3.7000 | 0.2703 | 33.7502 | 9.1216 | 0.0296 | 0.1096 | 17 |
| 18 | 3.9960 | 0.2502 | 37.4502 | 9.3719 | 0.0267 | 0.1067 | 18 |
| 19 | 4.3157 | 0.2117 | 41.4463 | 9.6036 | 0.0241 | 0.1041 | 19 |
| 20 | 4.6610 | 0.2145 | 45.7620 | 9.8181 | 0.0219 | 0.1019 | 20 |
| 21 | 5.0338 | 0.1987 | 50.4229 | 10.0168 | 0.0198 | 0.0998 | 21 |
| 22 | 5.4365 | 0.1839 | 55.4567 | 10.2007 | 0.0180 | 0.0980 | 22 |
| 23 | 5.8715 | 0.1703 | 60.8933 | 10.3711 | 0.0164 | 0.0964 | 23 |
| 24 | 6.3412 | 0.1577 | 66.7647 | 10.5288 | 0.0150 | 0.0950 | 24 |
| 25 | 6.8485 | 0.1460 | 73.1059 | 10.6748 | 0.0137 | 0.0937 | 25 |
| 26 | 7.3964 | 0.1352 | 79.9544 | 10.8100 | 0.0125 | 0.0925 | 26 |
| 27 | 7.9881 | 0.1252 | 87.3507 | 10.9352 | 0.0114 | 0.0914 | 27 |
| 28 | 8.6271 | 0.1159 | 95.3388 | 11.0511 | 0.0105 | 0.0905 | 28 |
| 29 | 9.3173 | 0.1073 | 103.9660 | 11.1584 | 0.0096 | 0.0896 | 29 |
| 30 | 10.0627 | 0.0994 | 113.2830 | 11.2578 | 0.0088 | 0.0888 | 30 |
| 35 | 14.7853 | 0.0676 | 172.3170 | 11.6546 | 0.0058 | 0.0858 | 35 |
| 40 | 21.7245 | 0.0460 | 259.0560 | 11.9246 | 0.0039 | 0.0839 | 40 |
| 45 | 31.9204 | 0.0313 | 386.5060 | 12.1084 | 0.0026 | 0.0826 | 45 |
| 50 | 46.9016 | 0.0213 | 573.7700 | 12.2335 | 0.0017 | 0.0817 | 50 |
| 55 | 68.9138 | 0.0145 | 848.9230 | 12.3186 | 0.0012 | 0.0812 | 55 |
| 60 | 101.2570 | 0.0099 | 1 253.21 | 12.3766 | 0.0008 | 0.0808 | 60 |
| 65 | 148.7800 | 0.0067 | 1 847.25 | 12.4160 | 0.0005 | 0.0805 | 65 |
| 70 | 218.6060 | 0.0046 | 2 720.08 | 12.4428 | 0.0004 | 0.0804 | 70 |
| 75 | 321.2040 | 0.0031 | 4 002.55 | 12.4611 | 0.0002 | 0.0802 | 75 |
| 80 | 471.9550 | 0.0021 | 5 886.93 | 12.4735 | 0.0002 | 0.0802 | 80 |
| 85 | 693.4560 | 0.0014 | 8 655.71 | 12.4820 | 0.0001 | 0.0801 | 85 |
| 90 | 1 018.92 | 0.0010 | 12 723.9 | 12.4877 | $\alpha$ | 0.0801 | 90 |
| 95 | 1 497.12 | 0.0007 | 18.071.5 | 12.4917 | $\alpha$ | 0.0801 | 95 |
| 100 | 2199.76 | 0.0005 | 27 484.5 | 12.4943 | $\alpha$ | 0.0800 | 100 |
| ∞ | | | | 12.5000 | | 0.0800 | ∞ |

## 10% 复利因子

| | 一次支付 | | 等额多次支付 | | | | |
|---|---|---|---|---|---|---|---|
| *N* | *F/P* | *P/F* | *F/A* | *P/A* | *A/F* | *A/P* | *N* |
| 1 | 1.1000 | 0.9091 | 1.0000 | 0.9091 | 1.0000 | 1.1000 | 1 |
| 2 | 1.2100 | 0.8261 | 2.1000 | 1.7355 | 0.4762 | 0.5762 | 2 |
| 3 | 1.3310 | 0.7513 | 3.3100 | 2.4869 | 0.3021 | 0.4021 | 3 |
| 4 | 1.4641 | 0.6830 | 4.6410 | 3.1699 | 0.2155 | 0.3155 | 4 |
| 5 | 1.6105 | 0.6209 | 6.1051 | 3.7908 | 0.1638 | 0.2632 | 5 |
| 6 | 1.7716 | 0.5645 | 7.7156 | 4.3553 | 0.1296 | 0.2296 | 6 |
| 7 | 1.9487 | 0.5132 | 9.4872 | 4.8684 | 0.1054 | 0.2054 | 7 |
| 8 | 2.1436 | 0.4665 | 11.4359 | 5.3349 | 0.0874 | 0.1874 | 8 |
| 9 | 2.3579 | 0.4241 | 13.5795 | 5.7590 | 0.0736 | 0.1736 | 9 |
| 10 | 2.5937 | 0.3855 | 15.9374 | 6.1446 | 0.0627 | 0.1627 | 10 |
| 11 | 2.8531 | 0.3505 | 18.5312 | 6.4951 | 0.0540 | 0.1540 | 11 |
| 12 | 3.1384 | 0.3186 | 21.3843 | 6.8137 | 0.0468 | 0.1468 | 12 |
| 13 | 3.4523 | 0.2897 | 24.5227 | 7.1034 | 0.0408 | 0.1408 | 13 |
| 14 | 3.7975 | 0.2633 | 27.9750 | 7.3667 | 0.0357 | 0.1357 | 14 |
| 15 | 4.1772 | 0.2394 | 31.7725 | 7.6061 | 0.0315 | 0.1315 | 15 |
| 16 | 4.5950 | 0.2176 | 35.9497 | 7.8237 | 0.0278 | 0.1278 | 16 |
| 17 | 5.0545 | 0.1978 | 40.5447 | 8.0216 | 0.0247 | 0.1247 | 17 |
| 18 | 5.5599 | 0.1799 | 45.5992 | 8.2014 | 0.0219 | 0.1219 | 18 |
| 19 | 6.1159 | 0.1635 | 51.1591 | 8.3649 | 0.0195 | 0.1195 | 19 |
| 20 | 6.7275 | 0.1486 | 57.2750 | 8.5136 | 0.0175 | 0.1175 | 20 |
| 21 | 7.4002 | 0.1351 | 64.0025 | 8.6487 | 0.0156 | 0.1156 | 21 |
| 22 | 8.1403 | 0.1228 | 71.4027 | 8.7715 | 0.0140 | 0.1140 | 22 |
| 23 | 8.9543 | 0.1117 | 79.5430 | 8.8832 | 0.0126 | 0.1126 | 23 |
| 24 | 9.8494 | 0.1015 | 88.4973 | 8.9847 | 0.0113 | 0.1113 | 24 |
| 25 | 10.8347 | 0.0923 | 98.3470 | 9.0770 | 0.0102 | 0.1102 | 25 |
| 26 | 11.9182 | 0.0839 | 109.1820 | 9.1609 | 0.0092 | 0.1092 | 26 |
| 27 | 13.1100 | 0.0763 | 121.1000 | 9.2372 | 0.0083 | 0.1083 | 27 |
| 28 | 14.4210 | 0.0693 | 134.2100 | 9.3066 | 0.0075 | 0.1075 | 28 |
| 29 | 15.8631 | 0.0630 | 148.6310 | 9.3696 | 0.0067 | 0.1067 | 29 |
| 30 | 17.4494 | 0.0573 | 164.4940 | 9.4269 | 0.0061 | 0.1061 | 30 |
| 35 | 28.1024 | 0.0356 | 271.0240 | 9.6442 | 0.0037 | 0.1037 | 35 |
| 40 | 45.2592 | 0.0221 | 442.5920 | 9.7791 | 0.0023 | 0.1033 | 40 |
| 45 | 72.8904 | 0.0137 | 718.9050 | 9.8628 | 0.0014 | 0.1024 | 45 |
| 50 | 117.3910 | 0.0085 | 1 163.91 | 9.9148 | 0.0009 | 0.1019 | 50 |
| 55 | 189.0590 | 0.0053 | 1 880.59 | 9.9471 | 0.0005 | 0.1005 | 55 |
| 60 | 304.4810 | 0.0033 | 3 304.81 | 9.9672 | 0.0003 | 0.1003 | 60 |
| 65 | 490.3700 | 0.0020 | 4 893.71 | 9.9796 | 0.0002 | 0.1002 | 65 |
| 70 | 789.7460 | 0.0013 | 7 887.47 | 9.9873 | 0.0001 | 0.1001 | 70 |
| 75 | 1 271.89 | 0.0008 | 12 708.9 | 9.9921 | α | 0.1001 | 75 |
| 80 | 2 048.40 | 0.0005 | 20.474.0 | 9.9951 | α | 0.0000 | 80 |
| 85 | 3 298.97 | 0.0003 | 32 979.7 | 9.9970 | α | 0.1000 | 85 |
| 90 | 5 313.02 | 0.0002 | 53 120.2 | 9.9981 | α | 0.1000 | 90 |
| 95 | 8 556.67 | 0.0001 | 85 556.7 | 9.9988 | α | 0.1000 | 95 |
| 100 | 13 780.6 | α | 137 796 | 9.9993 | α | 0.1000 | 100 |
| ∞ | | | | 10.0000 | | 0.1000 | ∞ |

**12% 复利因子**

| | 一次支付 | | 等额多次支付 | | | | |
|---|---|---|---|---|---|---|---|
| $N$ | $F/P$ | $P/F$ | $F/A$ | $P/A$ | $A/F$ | $A/P$ | $N$ |
| 1 | 1.1200 | 0.8929 | 1.0000 | 0.8929 | 1.0000 | 1.1200 | 1 |
| 2 | 1.2544 | 0.7972 | 2.1200 | 1.6901 | 0.4717 | 0.5917 | 2 |
| 3 | 1.4049 | 0.7118 | 3.3744 | 2.4018 | 0.2963 | 0.4163 | 3 |
| 4 | 1.5735 | 0.6355 | 4.7793 | 3.0373 | 0.2092 | 0.3292 | 4 |
| 5 | 1.7623 | 0.5674 | 6.3528 | 3.6048 | 0.1574 | 0.2774 | 5 |
| 6 | 1.9738 | 0.5066 | 8.1152 | 4.1114 | 0.1232 | 0.2432 | 6 |
| 7 | 2.2107 | 0.4523 | 10.0890 | 4.5638 | 0.0991 | 0.2191 | 7 |
| 8 | 2.4760 | 0.4039 | 12.2997 | 4.9676 | 0.0813 | 0.2013 | 8 |
| 9 | 2.7731 | 0.3606 | 14.7757 | 5.3282 | 0.0677 | 0.1977 | 9 |
| 10 | 3.1058 | 0.3220 | 17.5487 | 5.6502 | 0.0570 | 0.1770 | 10 |
| 11 | 3.4785 | 0.2875 | 20.6546 | 5.9377 | 0.0484 | 0.1684 | 11 |
| 12 | 3.8960 | 0.2567 | 24.1331 | 6.1944 | 0.0414 | 0.1614 | 12 |
| 13 | 4.3635 | 0.2292 | 28.0291 | 6.4235 | 0.0357 | 0.1557 | 13 |
| 14 | 4.8871 | 0.2046 | 32.3926 | 6.6282 | 0.0309 | 0.1509 | 14 |
| 15 | 5.4736 | 0.1827 | 37.2797 | 6.8109 | 0.0268 | 0.1468 | 15 |
| 16 | 6.1304 | 0.1631 | 42.7533 | 6.9740 | 0.0234 | 0.1434 | 16 |
| 17 | 6.8660 | 0.1456 | 48.8837 | 7.1196 | 0.0205 | 0.1405 | 17 |
| 18 | 7.6900 | 0.1300 | 55.7497 | 7.2497 | 0.0179 | 0.1379 | 18 |
| 19 | 8.6128 | 0.1161 | 63.4397 | 7.3658 | 0.0158 | 0.1358 | 19 |
| 20 | 9.6463 | 0.1037 | 72.0524 | 7.4694 | 0.0139 | 0.1339 | 20 |
| 21 | 10.8038 | 0.0926 | 81.6987 | 7.5620 | 0.0122 | 0.1322 | 21 |
| 22 | 12.1003 | 0.0826 | 92.5026 | 7.6446 | 0.0108 | 0.1308 | 22 |
| 23 | 13.5523 | 0.0738 | 104.6030 | 7.7184 | 0.0096 | 0.1296 | 23 |
| 24 | 15.1786 | 0.0659 | 118.1550 | 7.7843 | 0.0085 | 0.1285 | 24 |
| 25 | 17.0001 | 0.0588 | 133.3340 | 7.8431 | 0.0075 | 0.1275 | 25 |
| 26 | 19.0401 | 0.0525 | 150.3340 | 7.8957 | 0.0067 | 0.1267 | 26 |
| 27 | 21.3249 | 0.0469 | 169.3740 | 7.9426 | 0.0059 | 0.1259 | 27 |
| 28 | 23.8839 | 0.0419 | 190.6990 | 7.9844 | 0.0052 | 0.1252 | 28 |
| 29 | 26.7499 | 0.0374 | 214.5830 | 8.0218 | 0.0047 | 0.1247 | 29 |
| 30 | 29.9599 | 0.0334 | 241.3330 | 8.0552 | 0.0041 | 0.1241 | 30 |
| 35 | 52.7996 | 0.0189 | 431.6630 | 7.1755 | 0.0023 | 0.1223 | 35 |
| 40 | 93.0509 | 0.0170 | 767.0910 | 8.2438 | 0.0013 | 0.1213 | 40 |
| 45 | 163.9980 | 0.0061 | 1 358.23 | 8.2825 | 0.0007 | 0.1207 | 45 |
| 50 | 289.0020 | 0.0035 | 2 400.02 | 8.3045 | 0.0004 | 0.1204 | 50 |
| 55 | 509.3200 | 0.0020 | 4 236.00 | 8.3170 | 0.0002 | 0.1202 | 55 |
| 60 | 897.5960 | 0.0011 | 7 471.63 | 8.3240 | 0.0001 | 0.1201 | 60 |
| 65 | 1 581.87 | 0.0006 | 13 173.9 | 8.3281 | $\alpha$ | 0.1201 | 65 |
| 70 | 2 787.80 | 0.0004 | 23.223.3 | 8.3303 | $\alpha$ | 0.1200 | 70 |
| 75 | 4 913.05 | 0.0002 | 40 933.8 | 8.3316 | $\alpha$ | 0.1200 | 75 |
| 80 | 8 658.47 | 0.0001 | 72 145.6 | 8.3324 | $\alpha$ | 0.1200 | 80 |
| ∞ | | | | 8.3330 | | 0.1200 | ∞ |

## 15% 复利因子

| | 一次支付 | | 等额多次支付 | | | | |
|---|---|---|---|---|---|---|---|
| $N$ | $F/P$ | $P/F$ | $F/A$ | $P/A$ | $A/F$ | $A/P$ | $N$ |
| 1 | 1.1500 | 0.8696 | 1.0000 | 0.8696 | 1.0000 | 1.1500 | 1 |
| 2 | 0.3225 | 0.7561 | 2.1500 | 1.6257 | 0.4651 | 0.6151 | 2 |
| 3 | 1.5209 | 0.6575 | 3.4725 | 2.2832 | 0.2880 | 0.4380 | 3 |
| 4 | 1.7490 | 0.5718 | 4.9934 | 2.8550 | 0.2003 | 0.3503 | 4 |
| 5 | 2.0114 | 0.4972 | 6.7424 | 3.3522 | 0.1433 | 0.2983 | 5 |
| 6 | 0.3131 | 0.4323 | 8.7537 | 3.7845 | 0.1142 | 0.2642 | 6 |
| 7 | 2.6600 | 0.3759 | 11.0668 | 4.1604 | 0.0904 | 0.2404 | 7 |
| 8 | 3.0579 | 0.3269 | 13.7268 | 4.4873 | 0.0729 | 0.2229 | 8 |
| 9 | 3.5179 | 0.2843 | 16.7858 | 4.7716 | 0.0596 | 0.2096 | 9 |
| 10 | 4.0456 | 0.2472 | 20.3037 | 5.0188 | 0.0493 | 0.1993 | 10 |
| 11 | 4.6524 | 0.2149 | 24.3493 | 5.2337 | 0.0411 | 0.1911 | 11 |
| 12 | 5.3502 | 0.1869 | 29.0017 | 5.4206 | 0.0345 | 0.1845 | 12 |
| 13 | 6.1528 | 0.1625 | 34.3519 | 5.5831 | 0.0291 | 0.1791 | 13 |
| 14 | 7.0757 | 0.1413 | 40.5047 | 5.7245 | 0.0247 | 0.1747 | 14 |
| 15 | 8.1371 | 0.1229 | 47.5804 | 5.8474 | 0.0210 | 0.1710 | 15 |
| 16 | 9.3576 | 0.1069 | 55.7175 | 5.9542 | 0.0179 | 0.1679 | 16 |
| 17 | 10.7613 | 0.0929 | 65.0751 | 6.0072 | 0.0154 | 0.1654 | 17 |
| 18 | 12.3755 | 0.0808 | 75.8363 | 6.1280 | 0.0132 | 0.1632 | 18 |
| 19 | 14.2318 | 0.0703 | 88.2118 | 6.1982 | 0.0113 | 0.1613 | 19 |
| 20 | 16.3665 | 0.0611 | 102.4440 | 6.2593 | 0.0098 | 0.1598 | 20 |
| 21 | 18.8215 | 0.0531 | 118.8100 | 6.3125 | 0.0084 | 0.1584 | 21 |
| 22 | 21.6447 | 0.0462 | 137.6320 | 6.3587 | 0.0073 | 0.1573 | 22 |
| 23 | 24.8915 | 0.0402 | 159.2760 | 6.3988 | 0.0063 | 0.1563 | 23 |
| 24 | 28.6252 | 0.0349 | 174.1680 | 6.4338 | 0.0054 | 0.1554 | 24 |
| 25 | 32.9189 | 0.0304 | 212.7930 | 6.4641 | 0.0047 | 0.1547 | 25 |
| 26 | 37.8568 | 0.0264 | 245.7120 | 6.4906 | 0.0041 | 0.1541 | 26 |
| 27 | 43.5353 | 0.0230 | 283.5690 | 6.5135 | 0.0035 | 0.1535 | 27 |
| 28 | 50.0656 | 0.0200 | 327.1040 | 6.5335 | 0.0031 | 0.1531 | 28 |
| 29 | 57.5754 | 0.0174 | 377.1700 | 6.5509 | 0.0027 | 0.1527 | 29 |
| 30 | 66.2118 | 0.0151 | 434.7450 | 6.5660 | 0.0023 | 0.1523 | 30 |
| 35 | 133.1760 | 0.0075 | 881.1700 | 6.6166 | 0.0011 | 0.1511 | 35 |
| 40 | 267.8630 | 0.0037 | 1 779.09 | 6.6418 | 0.0006 | 0.1506 | 40 |
| 45 | 538.7690 | 0.0019 | 3 585.13 | 6.6543 | 0.0003 | 0.1503 | 45 |
| 50 | 1 083.66 | 0.0009 | 7 217.71 | 6.6605 | 0.0001 | 0.1511 | 50 |
| 55 | 2 179.62 | 0.0005 | 14 524.1 | 6.6636 | $\alpha$ | 0.1501 | 55 |
| 60 | 4 384.00 | 0.0002 | 29 220.0 | 6.6651 | $\alpha$ | 0.1500 | 60 |
| 65 | 8 817.78 | 0.0001 | 58 778.5 | 6.6659 | $\alpha$ | 0.1500 | 65 |
| 70 | 17 735.7 | $\alpha$ | 118 231 | 6.6663 | $\alpha$ | 0.1500 | 70 |
| 75 | 35 672.8 | $\alpha$ | 237 812 | 6.6664 | $\alpha$ | 0.1500 | 75 |
| 80 | 71 750.8 | $\alpha$ | 478 332 | 6.6666 | $\alpha$ | 0.1500 | 80 |
| ∞ | | | | 6.6670 | | 0.1500 | ∞ |

## 20% 复利因子

| | 一次支付 | | 等额多次支付 | | | | |
|---|---|---|---|---|---|---|---|
| *N* | *F/P* | *P/F* | *F/A* | *P/A* | *A/F* | *A/P* | *N* |
| 1 | 1.2000 | 0.8333 | 1.0000 | 0.8333 | 1.0000 | 1.2000 | 1 |
| 2 | 1.4400 | 0.6944 | 2.2000 | 1.5278 | 0.4545 | 0.6545 | 2 |
| 3 | 1.7280 | 0.5787 | 3.6400 | 2.1065 | 0.2747 | 0.4747 | 3 |
| 4 | 2.0736 | 0.4823 | 5.3680 | 2.5887 | 0.1863 | 0.3863 | 4 |
| 5 | 2.4883 | 0.4019 | 7.4418 | 2.9906 | 0.1344 | 0.3344 | 5 |
| 6 | 2.9860 | 0.3349 | 9.9299 | 3.3255 | 0.1007 | 0.3007 | 6 |
| 7 | 3.5832 | 0.2791 | 12.9159 | 3.6046 | 0.0774 | 0.2774 | 7 |
| 8 | 4.2998 | 0.2326 | 16.4991 | 3.8372 | 0.0606 | 0.2606 | 8 |
| 9 | 5.1598 | 0.1938 | 20.7989 | 4.0310 | 0.0481 | 0.2481 | 9 |
| 10 | 6.1917 | 0.1615 | 25.9587 | 4.1925 | 0.0385 | 0.2385 | 10 |
| 11 | 7.4301 | 0.1346 | 32.1504 | 4.3271 | 0.0311 | 0.2311 | 11 |
| 12 | 8.9161 | 0.1122 | 39.5805 | 4.4392 | 0.0253 | 0.2253 | 12 |
| 13 | 10.6993 | 0.0935 | 48.4966 | 4.5327 | 0.0206 | 0.2206 | 13 |
| 14 | 12.8392 | 0.0779 | 59.1959 | 4.6106 | 0.0169 | 0.2169 | 14 |
| 15 | 15.4070 | 0.0649 | 72.0351 | 4.6755 | 0.0139 | 0.2139 | 15 |
| 16 | 18.4884 | 0.0541 | 87.4421 | 4.7296 | 0.0114 | 0.2114 | 16 |
| 17 | 22.1861 | 0.0451 | 105.9310 | 4.7746 | 0.0094 | 0.2094 | 17 |
| 18 | 26.6233 | 0.0376 | 128.1170 | 4.8122 | 0.0078 | 0.2078 | 18 |
| 19 | 31.9480 | 0.0313 | 154.7400 | 4.8435 | 0.0065 | 0.2065 | 19 |
| 20 | 38.3376 | 0.0261 | 186.6880 | 4.8696 | 0.0054 | 0.2054 | 20 |
| 21 | 46.0051 | 0.0217 | 225.0260 | 4.8913 | 0.0044 | 0.2044 | 21 |
| 22 | 55.2061 | 0.0181 | 271.0310 | 4.9094 | 0.0037 | 0.2037 | 22 |
| 23 | 66.2474 | 0.0151 | 326.2370 | 4.9245 | 0.0031 | 0.2031 | 23 |
| 24 | 79.4968 | 0.0126 | 392.4840 | 4.9371 | 0.0025 | 0.2025 | 24 |
| 25 | 95.3962 | 0.0105 | 471.9810 | 4.9476 | 0.0021 | 0.2021 | 25 |
| 26 | 114.4750 | 0.0087 | 567.3770 | 4.9563 | 0.0013 | 0.2018 | 26 |
| 27 | 137.3710 | 0.0073 | 681.8530 | 4.9636 | 0.0015 | 0.2015 | 27 |
| 28 | 164.8450 | 0.0061 | 819.2230 | 4.9697 | 0.0012 | 0.2012 | 28 |
| 29 | 197.8140 | 0.0051 | 984.0680 | 4.9747 | 0.0010 | 0.2010 | 29 |
| 30 | 237.3760 | 0.0042 | 1 181.88 | 4.9789 | 0.0008 | 0.2008 | 30 |
| 35 | 590.6680 | 0.0017 | 2 948.34 | 4.9915 | 0.0003 | 0.2003 | 35 |
| 40 | 1 469.77 | 0.0007 | 7 343.85 | 4.9966 | 0.0001 | 0.2001 | 40 |
| 45 | 3 657.26 | 0.0003 | 18 281.3 | 4.9986 | α | 0.2001 | 45 |
| 50 | 9 100.43 | 0.0001 | 45 497.2 | 4.9995 | α | 0.2000 | 50 |
| 55 | 22 644.8 | α | 113 219 | 4.9993 | α | 0.2000 | 55 |
| 60 | 56 347.5 | α | 281 732 | 4.9999 | α | 0.2000 | 60 |
| ∞ | | | | 5.0000 | | 0.2000 | ∞ |

## 25% 复利因子

| 一次支付 | | | 等额多次支付 | | | | |
|---|---|---|---|---|---|---|---|
| *N* | *F/P* | *P/F* | *F/A* | *P/A* | *A/F* | *A/P* | *N* |
| 1 | 1.2500 | 0.8000 | 1.0000 | 0.8000 | 1.0000 | 1.2500 | 1 |
| 2 | 1.5625 | 0.6400 | 2.2500 | 1.4400 | 0.4444 | 0.6944 | 2 |
| 3 | 1.9531 | 0.5120 | 3.8125 | 1.9520 | 0.2623 | 0.5123 | 3 |
| 4 | 2.4414 | 0.4096 | 5.7656 | 2.3616 | 0.1734 | 0.4234 | 4 |
| 5 | 3.0518 | 0.3277 | 3.2070 | 2.6893 | 0.1218 | 0.3718 | 5 |
| 6 | 3.8147 | 0.2621 | 11.2588 | 2.9514 | 0.0888 | 0.3383 | 6 |
| 7 | 4.7684 | 0.2097 | 15.0735 | 3.1611 | 0.0663 | 0.3163 | 7 |
| 8 | 5.9605 | 0.1678 | 19.8419 | 3.3289 | 0.0504 | 0.3004 | 8 |
| 9 | 7.4506 | 0.1342 | 25.8023 | 3.4631 | 0.0388 | 0.2888 | 9 |
| 10 | 9.3132 | 0.1074 | 33.2529 | 3.5705 | 0.0310 | 0.2801 | 10 |
| 11 | 11.6415 | 0.0859 | 42.5661 | 3.6564 | 0.0235 | 0.2735 | 11 |
| 12 | 14.5519 | 0.0687 | 54.2077 | 3.7251 | 0.0184 | 0.2684 | 12 |
| 13 | 18.1899 | 0.0550 | 68.7596 | 3.7801 | 0.0145 | 0.3645 | 13 |
| 14 | 22.7374 | 0.0440 | 86.9495 | 3.8241 | 0.0115 | 0.2615 | 14 |
| 15 | 28.4217 | 0.0352 | 109.6870 | 3.8593 | 0.0091 | 0.2591 | 15 |
| 16 | 35.5271 | 0.0281 | 138.1090 | 3.8874 | 0.0072 | 0.2572 | 16 |
| 17 | 44.4089 | 0.0225 | 173.6360 | 3.9099 | 0.0058 | 0.2558 | 17 |
| 18 | 55.5112 | 0.0180 | 213.0450 | 3.9279 | 0.0046 | 0.2546 | 18 |
| 19 | 69.3889 | 0.0144 | 273.5560 | 3.9424 | 0.0037 | 0.2537 | 19 |
| 20 | 86.7362 | 0.0115 | 342.9450 | 3.9539 | 0.0029 | 0.2529 | 20 |
| 21 | 108.4200 | 0.0092 | 429.6810 | 3.9631 | 0.0023 | 0.3523 | 21 |
| 22 | 135.5250 | 0.0074 | 538.1010 | 3.9705 | 0.0019 | 0.2519 | 22 |
| 23 | 169.4070 | 0.0059 | 673.6260 | 3.9764 | 0.0015 | 0.2515 | 23 |
| 24 | 211.7580 | 0.0047 | 843.0230 | 3.9811 | 0.0012 | 0.2512 | 24 |
| 25 | 264.6980 | 0.0038 | 1 054.79 | 3.9849 | 0.0009 | 0.2509 | 25 |
| 26 | 330.8720 | 0.0030 | 1 319.49 | 3.9879 | 0.0008 | 0.2508 | 26 |
| 27 | 413.5900 | 0.0024 | 1 650.36 | 3.9903 | 0.0006 | 0.2506 | 27 |
| 28 | 516.9880 | 0.0019 | 2 063.95 | 3.9923 | 0.0005 | 0.2505 | 28 |
| 29 | 646.2350 | 0.0015 | 2 580.94 | 3.9938 | 0.0004 | 0.2504 | 29 |
| 30 | 807.7940 | 0.0012 | 3 227.17 | 3.9950 | 0.0003 | 0.2503 | 30 |
| 35 | 1 465.19 | 0.0004 | 9 856.76 | 3.9984 | 0.0001 | 0.2501 | 35 |
| 40 | 7 523.16 | 0.0001 | 30 088.7 | 3.9995 | α | 0.2500 | 40 |
| 45 | 22 958.9 | α | 91 831.5 | 3.9998 | α | 0.2500 | 45 |
| 50 | 70 064.9 | α | 280 256.0 | 3.9999 | α | 0.2500 | 50 |
| ∞ | | | | 4.0000 | | 0.2500 | ∞ |

## 30% 复利因子

| | 一次支付 | | 等额多次支付 | | | | |
|---|---|---|---|---|---|---|---|
| *N* | *F/P* | *P/F* | *F/A* | *P/A* | *A/F* | *A/P* | *N* |
| 1 | 1.3000 | 0.7692 | 1.0000 | 0.7600 | 1.0000 | 1.3000 | 1 |
| 2 | 1.6900 | 0.5917 | 2.3000 | 1.3610 | 0.4348 | 0.7348 | 2 |
| 3 | 2.1970 | 0.4552 | 3.9900 | 1.8160 | 0.2506 | 0.5506 | 3 |
| 4 | 2.8561 | 0.3501 | 6.1870 | 2.1660 | 0.1616 | 0.4616 | 4 |
| 5 | 3.7129 | 0.2693 | 9.0430 | 2.4360 | 0.1106 | 0.4106 | 5 |
| 6 | 4.8268 | 0.2072 | 12.7560 | 2.6430 | 0.0784 | 0.3784 | 6 |
| 7 | 6.2749 | 0.1594 | 17.5830 | 2.8020 | 0.0569 | 0.3569 | 7 |
| 8 | 8.1573 | 0.1226 | 23.8580 | 2.9250 | 0.0419 | 0.3419 | 8 |
| 9 | 10.6040 | 0.0943 | 32.0150 | 3.0190 | 0.0312 | 0.3312 | 9 |
| 10 | 13.7860 | 0.0725 | 42.6190 | 3.0920 | 0.0235 | 0.3235 | 10 |
| 11 | 17.9220 | 0.0558 | 56.4050 | 3.1470 | 0.0177 | 0.3177 | 11 |
| 12 | 23.2980 | 0.0429 | 74.3270 | 3.1900 | 0.0135 | 0.3135 | 12 |
| 13 | 30.2870 | 0.0330 | 97.6250 | 3.2230 | 0.0102 | 0.3102 | 13 |
| 14 | 39.3740 | 0.0254 | 127.9100 | 3.2490 | 0.0078 | 0.3078 | 14 |
| 15 | 51.1860 | 0.0195 | 167.2900 | 3.2680 | 0.0060 | 0.3060 | 15 |
| 16 | 66.5420 | 0.0150 | 218.4700 | 3.2830 | 0.0046 | 0.3046 | 16 |
| 17 | 86.5040 | 0.0116 | 285.0100 | 3.2950 | 0.0035 | 0.3035 | 17 |
| 18 | 112.4600 | 0.0089 | 371.5200 | 3.3040 | 0.0027 | 0.3027 | 18 |
| 19 | 146.1900 | 0.0068 | 483.9700 | 3.3110 | 0.0021 | 0.3021 | 19 |
| 20 | 190.0500 | 0.0053 | 630.1600 | 3.3160 | 0.0016 | 0.3016 | 20 |
| 21 | 247.0600 | 0.0040 | 820.2100 | 3.3200 | 0.0012 | 0.3012 | 21 |
| 22 | 321.1800 | 0.0031 | 1 067.3 | 3.3230 | 0.0009 | 0.3009 | 22 |
| 23 | 417.5400 | 0.0024 | 1 388.5 | 3.3250 | 0.0007 | 0.3007 | 23 |
| 24 | 542.8000 | 0.0018 | 1 806.0 | 3.3270 | 0.0005 | 0.3005 | 24 |
| 25 | 705.6400 | 0.0014 | 2 348.8 | 3.3290 | 0.0004 | 0.3004 | 25 |
| 26 | 917.3300 | 0.0011 | 3 054.4 | 3.3300 | 0.0003 | 0.3003 | 26 |
| 27 | 1 192.5 | 0.0008 | 3 971.8 | 3.3310 | 0.0003 | 0.3003 | 27 |
| 28 | 1 550.3 | 0.0006 | 5 164.3 | 3.3310 | 0.0002 | 0.3002 | 28 |
| 29 | 2 015.4 | 0.0005 | 6 714.6 | 3.3320 | 0.0002 | 0.3002 | 29 |
| 30 | 2 620.0 | 0.0004 | 8 730.0 | 3.3320 | 0.0001 | 0.3001 | 30 |
| 31 | 3 406.0 | 0.0003 | 11 350.0 | 3.3320 | $\alpha$ | 0.3001 | 31 |
| 32 | 4 427.8 | 0.0002 | 14 756.0 | 3.3330 | $\alpha$ | 0.3001 | 32 |
| 33 | 5 756.1 | 0.0002 | 19 184.0 | 3.3330 | $\alpha$ | 0.3001 | 33 |
| 34 | 7 483.0 | 0.0001 | 24 940.0 | 3.3330 | $\alpha$ | 0.3000 | 34 |
| 35 | 9 727.8 | 0.0001 | 32 423.0 | 3.3330 | | 0.3000 | 35 |
| ∞ | | | | 3.3330 | | 0.3000 | ∞ |

## 40% 复利因子

| | 一次支付 | | 等额多次支付 | | | | |
|---|---|---|---|---|---|---|---|
| N | F/P | P/F | F/A | P/A | A/F | A/P | N |
| 1 | 1.4000 | 0.7143 | 1.0000 | 0.7140 | 1.0000 | 1.4000 | 1 |
| 2 | 1.9600 | 0.5102 | 2.4000 | 1.2240 | 0.4167 | 0.8167 | 2 |
| 3 | 2.7440 | 0.3644 | 4.3600 | 1.5890 | 0.2294 | 0.6294 | 3 |
| 4 | 3.8416 | 0.2603 | 7.1040 | 1.8490 | 0.1408 | 0.5408 | 4 |
| 5 | 5.3782 | 0.1859 | 10.9460 | 2.0350 | 0.0934 | 0.4914 | 5 |
| 6 | 7.5295 | 0.1328 | 16.3240 | 2.1680 | 0.0163 | 0.4613 | 6 |
| 7 | 10.5410 | 0.0949 | 23.8530 | 2.2630 | 0.0419 | 0.4419 | 7 |
| 8 | 14.7580 | 0.0678 | 34.3950 | 2.3310 | 0.0291 | 0.4291 | 8 |
| 9 | 20.6610 | 0.0484 | 49.1530 | 2.3790 | 0.0203 | 0.4203 | 9 |
| 10 | 28.9250 | 0.0346 | 69.8140 | 2.4140 | 0.0143 | 0.4143 | 10 |
| 11 | 40.4960 | 0.0247 | 98.7390 | 2.4380 | 0.0101 | 0.4101 | 11 |
| 12 | 56.6940 | 0.0176 | 139.2300 | 2.4560 | 0.0072 | 0.4027 | 12 |
| 13 | 79.3710 | 0.0126 | 195.9300 | 2.4690 | 0.0051 | 0.4051 | 13 |
| 14 | 111.1200 | 0.0090 | 275.3000 | 2.4780 | 0.0036 | 0.4036 | 14 |
| 15 | 155.5700 | 0.0064 | 386.4200 | 2.4840 | 0.0026 | 0.4026 | 15 |
| 16 | 217.8000 | 0.0046 | 541.9900 | 2.4890 | 0.0018 | 0.4019 | 16 |
| 17 | 304.9100 | 0.0033 | 759.7800 | 2.4920 | 0.0013 | 0.4013 | 17 |
| 18 | 426.8800 | 0.0023 | 1 064.7 | 2.4940 | 0.0009 | 0.4009 | 18 |
| 19 | 597.6300 | 0.0017 | 1 491.6 | 2.4960 | 0.0007 | 0.4007 | 19 |
| 20 | 836.6800 | 0.0012 | 2 089.2 | 2.4970 | 0.0005 | 0.4005 | 20 |
| 21 | 1171.4 | 0.0009 | 2 925.9 | 2.4980 | 0.0003 | 0.4003 | 21 |
| 22 | 1 639.9 | 0.0006 | 4 097.2 | 2.4980 | 0.0002 | 0.4002 | 22 |
| 23 | 2 295.9 | 0.0004 | 5 737.1 | 2.4990 | 0.0002 | 0.4002 | 23 |
| 24 | 3 214.2 | 0.0003 | 8 033.0 | 2.4990 | 0.0001 | 0.4001 | 24 |
| 25 | 4 499.9 | 0.0002 | 11 247.0 | 2.4990 | α | 0.4001 | 25 |
| 26 | 6 290.8 | 0.0002 | 15 747.0 | 2.5000 | α | 0.4001 | 26 |
| 27 | 8 819.8 | 0.0001 | 22 047.0 | 2.5000 | α | 0.4000 | 27 |
| 28 | 12 348.0 | 0.0001 | 30 867.0 | 2.5000 | α | 0.4000 | 28 |
| 29 | 17 287.0 | 0.0001 | 43 214.0 | 2.5000 | α | 0.4000 | 29 |
| 30 | 24 201.0 | α | 60 501.0 | 2.5000 | | 0.4000 | 30 |
| ∞ | | | | 2.5000 | | 0.4000 | ∞ |

## 50% 复利因子

| | 一次支付 | | 等额多次支付 | | | | |
|---|---|---|---|---|---|---|---|
| N | F/P | P/F | F/A | P/A | A/F | A/P | N |
| 1 | 1.5000 | 0.6667 | 1.0000 | 0.6670 | 1.0000 | 1.5000 | 1 |
| 2 | 2.2500 | 0.4444 | 2.5000 | 1.1110 | 0.4000 | 0.9000 | 2 |
| 3 | 3.3750 | 0.2963 | 4.7500 | 1.4070 | 0.2101 | 0.7105 | 3 |
| 4 | 5.0625 | 0.1975 | 8.1250 | 1.6050 | 0.1231 | 0.6231 | 4 |
| 5 | 7.5938 | 0.1317 | 13.1880 | 1.7370 | 0.0758 | 0.5758 | 5 |
| 6 | 11.3910 | 0.0878 | 20.7810 | 1.8240 | 0.0481 | 0.5481 | 6 |
| 7 | 17.0860 | 0.0585 | 32.1720 | 1.8830 | 0.0311 | 0.5311 | 7 |
| 8 | 25.6290 | 0.0390 | 49.2580 | 1.9920 | 0.0203 | 0.5203 | 8 |
| 9 | 38.4430 | 0.0260 | 74.8870 | 1.9480 | 0.0134 | 0.5134 | 9 |
| 10 | 57.6650 | 0.0173 | 113.3300 | 1.9650 | 0.0088 | 0.5088 | 10 |
| 11 | 86.4980 | 0.0116 | 171.0000 | 1.9770 | 0.0059 | 0.5059 | 11 |
| 12 | 129.7500 | 0.0077 | 257.4900 | 1.9850 | 0.0039 | 0.5039 | 12 |
| 13 | 194.6200 | 0.0051 | 387.2400 | 1.9900 | 0.0026 | 0.5026 | 13 |
| 14 | 291.9300 | 0.0034 | 591.8600 | 1.9930 | 0.0017 | 0.5017 | 14 |
| 15 | 437.8900 | 0.0023 | 873.7900 | 1.9950 | 0.0011 | 0.5011 | 15 |
| 16 | 656.8400 | 0.0015 | 1311.7000 | 1.9970 | 0.0008 | 0.5008 | 16 |
| 17 | 985.2600 | 0.0010 | 1968.5000 | 1.9980 | 0.0005 | 0.5005 | 17 |
| 18 | 1 477.9 | 0.0007 | 2953.8000 | 1.9990 | 0.0003 | 0.5003 | 18 |
| 19 | 2 216.8 | 0.0005 | 4431.7000 | 1.9990 | 0.0002 | 0.5002 | 19 |
| 20 | 3 325.3 | 0.0003 | 6648.5000 | 1.9990 | 0.0002 | 0.5002 | 20 |
| 21 | 4 987.9 | 0.0002 | 9 973.8 | 2.0000 | 0.0001 | 0.5001 | 21 |
| 22 | 7 481.8 | 0.0001 | 14 962.0 | 2.0000 | α | 0.5001 | 22 |
| 23 | 11 223.0 | 0.0001 | 22 443.0 | 2.0000 | α | 0.5000 | 23 |
| 24 | 16 834.0 | 0.0001 | 33 666.0 | 2.0000 | α | 0.5000 | 24 |
| 25 | 25 251.0 | α | 50 500.0 | 2.0000 | α | 0.5000 | 25 |
| ∞ | | | | 2.0000 | | 0.5000 | ∞ |

等差现值因子($P/G$)

| N | 1% | 2% | 3% | 4% | 5% | 6% | N |
|---|---|---|---|---|---|---|---|
| 2 | 0.958 | 0.958 | 0.941 | 0.924 | 0.906 | 0.890 | 2 |
| 3 | 2.895 | 2.841 | 2.772 | 2.702 | 2.634 | 2.569 | 3 |
| 4 | 5.773 | 5.612 | 5.437 | 5.267 | 5.101 | 4.945 | 4 |
| 5 | 9.566 | 9.233 | 8.887 | 8.554 | 8.235 | 7.934 | 5 |
| 6 | 14.271 | 13.672 | 13.074 | 12.506 | 11.966 | 11.458 | 6 |
| 7 | 19.860 | 18.895 | 17.952 | 17.066 | 16.230 | 15.449 | 7 |
| 8 | 26.324 | 24.868 | 23.478 | 22.180 | 20.968 | 19.840 | 8 |
| 9 | 33.626 | 31.559 | 29.609 | 27.801 | 26.124 | 24.576 | 9 |
| 10 | 41.764 | 38.945 | 36.305 | 33.881 | 31.649 | 29.601 | 10 |
| 11 | 50.721 | 46.984 | 43.530 | 40.377 | 37.496 | 34.869 | 11 |
| 12 | 60.479 | 55.657 | 51.245 | 47.248 | 43.621 | 40.335 | 12 |
| 13 | 71.018 | 64.932 | 59.416 | 54.454 | 49.984 | 45.961 | 13 |
| 14 | 82.314 | 74.783 | 68.010 | 61.961 | 56.550 | 51.711 | 14 |
| 15 | 94.374 | 85.183 | 76.996 | 69.735 | 63.284 | 57.553 | 15 |
| 16 | 107.154 | 96.109 | 86.343 | 77.744 | 70.156 | 63.457 | 16 |
| 17 | 120.662 | 107.535 | 96.023 | 85.958 | 77.136 | 69.399 | 17 |
| 18 | 134.865 | 119.436 | 106.009 | 94.350 | 84.200 | 75.355 | 18 |
| 19 | 149.754 | 131.792 | 116.274 | 102.893 | 91.323 | 81.304 | 19 |
| 20 | 165.320 | 144.577 | 126.794 | 111.564 | 98.484 | 87.228 | 20 |
| 21 | 181.546 | 157.772 | 137.544 | 120.341 | 105.663 | 93.111 | 21 |
| 22 | 198.407 | 171.354 | 148.504 | 129.202 | 112.841 | 98.939 | 22 |
| 23 | 215.905 | 185.305 | 159.651 | 138.128 | 120.004 | 104.699 | 23 |
| 24 | 234.009 | 199.604 | 170.965 | 147.101 | 127.135 | 110.379 | 24 |
| 25 | 252.717 | 214.231 | 182.428 | 156.103 | 134.223 | 115.971 | 25 |
| 26 | 272.011 | 229.169 | 194.020 | 165.121 | 141.253 | 121.466 | 26 |
| 27 | 291.875 | 244.401 | 205.725 | 174.138 | 148.217 | 126.858 | 27 |
| 28 | 312.309 | 259.908 | 217.525 | 183.142 | 155.105 | 132.140 | 28 |
| 29 | 333.280 | 275.674 | 229.409 | 192.120 | 161.907 | 137.307 | 29 |
| 30 | 354.790 | 291.684 | 241.355 | 201.061 | 168.617 | 142.357 | 30 |
| 31 | 376.822 | 307.921 | 253.354 | 209.955 | 175.228 | 147.284 | 31 |
| 32 | 399.360 | 324.369 | 265.392 | 218.792 | 181.734 | 152.088 | 32 |
| 33 | 422.398 | 341.016 | 277.457 | 227.563 | 188.130 | 156.766 | 33 |
| 34 | 445.919 | 357.945 | 289.536 | 236.260 | 194.412 | 161.317 | 34 |
| 35 | 469.916 | 374.846 | 301.619 | 244.876 | 200.575 | 165.741 | 35 |
| 36 | 494.375 | 392.003 | 313.695 | 253.405 | 206.618 | 170.037 | 36 |
| 37 | 519.279 | 409.305 | 325.755 | 261.839 | 212.538 | 174.205 | 37 |
| 38 | 544.622 | 426.738 | 337.788 | 270.175 | 218.333 | 178.247 | 38 |
| 39 | 570.396 | 444.291 | 349.786 | 278.406 | 224.000 | 182.163 | 39 |
| 40 | 596.576 | 461.953 | 361.742 | 286.530 | 229.540 | 185.955 | 40 |
| 42 | 650.167 | 497.560 | 385.495 | 302.437 | 240.234 | 193.171 | 42 |
| 44 | 705.288 | 533.474 | 408.989 | 317.869 | 250.412 | 199.911 | 44 |
| 46 | 761.870 | 569.618 | 432.177 | 332.810 | 260.079 | 206.192 | 46 |
| 48 | 819.089 | 605.921 | 455.017 | 347.244 | 269.242 | 212.033 | 48 |
| 50 | 879.089 | 642.316 | 477.472 | 361.183 | 277.910 | 217.456 | 50 |

续上表

| N | 7% | 8% | 9% | 10% | 15% | 20% | N |
|---|---|---|---|---|---|---|---|
| 2 | 0.873 | 0.857 | 0.841 | 0.826 | 0.756 | 0.694 | 2 |
| 3 | 2.506 | 2.445 | 2.386 | 2.329 | 2.071 | 1.852 | 3 |
| 4 | 4.794 | 4.650 | 4.511 | 4.378 | 3.786 | 3.299 | 4 |
| 5 | 7.646 | 7.372 | 7.111 | 6.862 | 5.775 | 4.906 | 5 |
| 6 | 10.978 | 10.523 | 10.092 | 9.684 | 7.937 | 6.581 | 6 |
| 7 | 14.714 | 14.024 | 13.374 | 12.763 | 10.192 | 8.255 | 7 |
| 8 | 18.788 | 17.806 | 16.887 | 16.028 | 12.481 | 9.883 | 8 |
| 9 | 23.140 | 21.808 | 20.570 | 19.421 | 14.755 | 11.434 | 9 |
| 10 | 27.715 | 25.977 | 24.372 | 22.891 | 16.979 | 12.887 | 10 |
| 11 | 32.466 | 30.266 | 28.247 | 26.396 | 19.129 | 14.233 | 11 |
| 12 | 37.350 | 34.634 | 32.158 | 29.901 | 21.185 | 15.467 | 12 |
| 13 | 42.330 | 39.046 | 36.072 | 33.377 | 23.135 | 16.588 | 13 |
| 14 | 47.371 | 43.472 | 39.962 | 36.800 | 24.972 | 17.601 | 14 |
| 15 | 52.445 | 47.886 | 43.806 | 40.152 | 26.693 | 18.509 | 15 |
| 16 | 57.526 | 52.264 | 47.584 | 43.416 | 28.296 | 19.321 | 16 |
| 17 | 62.592 | 56.588 | 51.281 | 46.581 | 29.783 | 20.042 | 17 |
| 18 | 67.621 | 60.842 | 54.885 | 49.639 | 31.156 | 20.680 | 18 |
| 19 | 72.598 | 65.090 | 58.386 | 52.582 | 32.421 | 21.244 | 19 |
| 20 | 77.805 | 69.090 | 61.776 | 55.406 | 33.582 | 21.739 | 20 |
| 21 | 82.339 | 73.063 | 65.056 | 58.109 | 34.645 | 22.174 | 21 |
| 22 | 87.079 | 76.926 | 68.204 | 60.689 | 35.615 | 22.555 | 22 |
| 23 | 91.719 | 80.672 | 71.235 | 63.146 | 36.499 | 22.887 | 23 |
| 24 | 96.254 | 84.300 | 74.142 | 65.481 | 37.302 | 23.176 | 24 |
| 25 | 100.676 | 87.804 | 76.926 | 67.696 | 38.031 | 23.428 | 25 |
| 26 | 104.981 | 91.184 | 79.586 | 69.794 | 38.692 | 23.646 | 26 |
| 27 | 109.165 | 94.439 | 82.123 | 71.777 | 39.289 | 23.835 | 27 |
| 28 | 113.226 | 97.569 | 84.541 | 73.649 | 39.828 | 23.999 | 28 |
| 29 | 117.161 | 100.574 | 86.842 | 75.414 | 40.315 | 24.101 | 29 |
| 30 | 120.971 | 103.456 | 89.027 | 77.076 | 40.753 | 24.263 | 30 |
| 31 | 124.654 | 106.216 | 91.102 | 78.639 | 41.147 | 24.368 | 31 |
| 32 | 128.211 | 108.857 | 93.068 | 80.108 | 41.501 | 24.459 | 32 |
| 33 | 131.643 | 111.382 | 94.931 | 81.485 | 41.818 | 24.537 | 33 |
| 34 | 134.950 | 113.792 | 96.693 | 82.777 | 42.103 | 24.604 | 34 |
| 35 | 138.135 | 116.092 | 98.358 | 83.987 | 42.359 | 24.661 | 35 |
| 36 | 141.198 | 118.284 | 99.931 | 85.119 | 42.587 | 24.711 | 36 |
| 37 | 144.144 | 120.371 | 101.416 | 86.178 | 42.792 | 24.753 | 37 |
| 38 | 146.972 | 122.358 | 102.815 | 87.167 | 42.974 | 24.789 | 38 |
| 39 | 149.688 | 124.247 | 104.134 | 88.091 | 43.137 | 24.820 | 39 |
| 40 | 152.292 | 126.042 | 105.376 | 88.952 | 43.283 | 24.847 | 40 |
| 42 | 157.180 | 129.365 | 107.643 | 90.505 | 43.529 | 24.889 | 42 |
| 44 | 161.660 | 132.355 | 109.645 | 91.851 | 43.723 | 24.920 | 44 |
| 46 | 165.758 | 135.038 | 111.410 | 93.016 | 43.878 | 24.942 | 46 |
| 48 | 169.498 | 137.443 | 112.962 | 94.022 | 44.000 | 24.958 | 48 |
| 50 | 172.905 | 139.593 | 114.325 | 94.889 | 44.096 | 24.970 | 50 |

续上表

| N | 25% | 30% | 35% | 40% | 45% | 50% | N |
|---|---|---|---|---|---|---|---|
| 2 | 0.640 | 0.592 | 0.549 | 0.510 | 0.476 | 0.444 | 2 |
| 3 | 1.664 | 1.502 | 1.362 | 1.239 | 1.132 | 1.037 | 3 |
| 4 | 2.893 | 2.552 | 2.265 | 2.020 | 1.810 | 4.630 | 4 |
| 5 | 4.204 | 3.630 | 3.157 | 2.764 | 2.434 | 2.156 | 5 |
| 6 | 5.514 | 4.666 | 3.983 | 3.428 | 2.972 | 2.595 | 6 |
| 7 | 6.773 | 5.622 | 4.717 | 3.997 | 3.418 | 2.946 | 7 |
| 8 | 7.947 | 6.480 | 5.352 | 4.471 | 3.776 | 3.220 | 8 |
| 9 | 9.021 | 7.234 | 5.889 | 4.858 | 4.058 | 3.428 | 9 |
| 10 | 9.987 | 7.887 | 6.336 | 5.170 | 4.277 | 3.584 | 10 |
| 11 | 10.846 | 8.445 | 6.705 | 5.417 | 4.445 | 3.699 | 11 |
| 12 | 11.602 | 8.917 | 7.005 | 5.611 | 4.572 | 3.784 | 12 |
| 13 | 12.262 | 9.314 | 7.247 | 5.762 | 4.668 | 3.846 | 13 |
| 14 | 12.833 | 9.644 | 7.442 | 5.879 | 4.740 | 3.890 | 14 |
| 15 | 13.326 | 9.917 | 7.597 | 5.969 | 4.793 | 3.922 | 15 |
| 16 | 13.748 | 10.143 | 7.721 | 6.038 | 4.832 | 3.945 | 16 |
| 17 | 14.108 | 10.328 | 7.818 | 6.090 | 4.861 | 3.961 | 17 |
| 18 | 14.415 | 10.479 | 7.895 | 6.130 | 4.882 | 3.973 | 18 |
| 19 | 14.674 | 10.602 | 7.995 | 6.160 | 4.898 | 3.981 | 19 |
| 20 | 14.893 | 10.702 | 8.002 | 6.183 | 4.909 | 3.987 | 20 |
| 21 | 15.078 | 10.783 | 8.038 | 6.200 | 4.917 | 3.991 | 21 |
| 22 | 15.233 | 10.848 | 8.067 | 6.213 | 4.923 | 3.994 | 22 |
| 23 | 15.362 | 10.901 | 8.089 | 6.222 | 4.927 | 3.996 | 23 |
| 24 | 15.471 | 10.943 | 8.106 | 6.229 | 4.930 | 3.997 | 24 |
| 25 | 15.562 | 10.977 | 8.119 | 6.235 | 4.933 | 3.998 | 25 |
| 26 | 15.637 | 11.005 | 8.130 | 6.239 | 4.934 | 3.999 | 26 |
| 27 | 15.700 | 11.026 | 8.137 | 6.242 | 4.935 | 3.999 | 27 |
| 28 | 15.752 | 11.044 | 8.143 | 6.244 | 4.936 | 3.999 | 28 |
| 29 | 15.796 | 11.058 | 8.148 | 6.245 | 4.937 | 4.000 | 29 |
| 30 | 15.832 | 11.069 | 8.152 | 6.247 | 4.937 | 4.000 | 30 |
| 31 | 15.861 | 11.078 | 8.154 | 6.248 | 4.938 | 4.000 | 31 |
| 32 | 15.886 | 11.085 | 8.157 | 6.248 | 4.938 | 4.000 | 32 |
| 33 | 15.906 | 11.090 | 8.158 | 6.249 | 4.938 | 4.000 | 33 |
| 34 | 15.923 | 11.094 | 8.159 | 6.249 | 4.938 | 4.000 | 34 |
| 35 | 15.937 | 11.098 | 8.160 | 6.249 | 4.938 | 4.000 | 35 |
| 36 | 15.948 | 11.101 | 8.161 | 6.249 | 4.938 | 4.000 | 36 |
| 37 | 15.957 | 11.103 | 8.162 | 6.250 | 4.938 | 4.000 | 37 |
| 38 | 15.965 | 11.105 | 8.162 | 6.250 | 4.938 | 4.000 | 38 |
| 39 | 15.971 | 11.106 | 8.162 | 6.250 | 4.938 | 4.000 | 39 |
| 40 | 15.977 | 11.107 | 8.163 | 6.250 | 4.938 | 4.000 | 40 |
| 42 | 15.984 | 11.109 | 8.163 | 6.250 | 4.938 | 4.000 | 42 |
| 44 | 15.990 | 11.110 | 8.163 | 6.250 | 4.938 | 4.000 | 44 |
| 46 | 15.993 | 11.110 | 8.163 | 6.250 | 4.938 | 4.000 | 46 |
| 48 | 15.995 | 11.111 | 8.163 | 6.250 | 4.938 | 4.000 | 48 |
| 50 | 15.997 | 11.111 | 8.163 | 6.250 | 4.938 | 4.000 | 50 |

等差年金因子(*A*/*G*)

| *N* | 0.5% | 1% | 2% | 3% | 4% | 5% | 6% | *N* |
|---|---|---|---|---|---|---|---|---|
| 2 | 0.461 | 0.486 | 0.493 | 0.492 | 0.490 | 0.487 | 0.485 | 2 |
| 3 | 0.954 | 0.984 | 0.985 | 0.980 | 0.974 | 0.967 | 0.961 | 3 |
| 4 | 1.453 | 1.480 | 1.474 | 1.463 | 1.451 | 1.439 | 1.427 | 4 |
| 5 | 1.954 | 1.971 | 1.959 | 1.941 | 1.922 | 1.902 | 1.883 | 5 |
| 6 | 2.448 | 2.463 | 2.441 | 2.413 | 2.386 | 2.358 | 2.330 | 6 |
| 7 | 2.942 | 2.952 | 2.920 | 2.881 | 2.843 | 2.805 | 2.767 | 7 |
| 8 | 3.440 | 3.440 | 3.395 | 3.345 | 3.294 | 3.244 | 3.195 | 8 |
| 9 | 3.931 | 3.926 | 3.867 | 3.803 | 3.739 | 3.675 | 3.613 | 9 |
| 10 | 4.425 | 4.410 | 4.336 | 4.256 | 4.177 | 4.099 | 4.022 | 10 |
| 11 | 4.916 | 4.893 | 4.801 | 4.705 | 4.609 | 4.514 | 4.421 | 11 |
| 12 | 5.405 | 5.374 | 5.263 | 5.148 | 5.034 | 4.922 | 4.811 | 12 |
| 13 | 5.894 | 5.853 | 5.722 | 5.587 | 5.453 | 5.321 | 5.192 | 13 |
| 14 | 6.385 | 6.331 | 6.177 | 6.021 | 5.866 | 5.713 | 5.563 | 14 |
| 15 | 6.873 | 6.807 | 6.630 | 6.450 | 6.272 | 6.067 | 6.926 | 15 |
| 16 | 7.360 | 7.281 | 7.079 | 6.874 | 6.672 | 6.473 | 6.279 | 16 |
| 17 | 7.846 | 7.754 | 7.524 | 7.293 | 7.066 | 6.842 | 6.624 | 17 |
| 18 | 8.331 | 8.225 | 7.967 | 7.708 | 7.453 | 7.203 | 6.960 | 18 |
| 19 | 8.816 | 8.694 | 8.406 | 8.118 | 7.834 | 7.557 | 7.287 | 19 |
| 20 | 9.300 | 9.162 | 8.842 | 8.523 | 8.209 | 7.903 | 7.605 | 20 |
| 22 | 10.266 | 10.092 | 9.704 | 9.318 | 8.941 | 8.573 | 8.216 | 22 |
| 24 | 11.228 | 11.016 | 10.553 | 10.095 | 9.648 | 9.214 | 8.795 | 24 |
| 25 | 11.707 | 11.476 | 10.973 | 10.476 | 9.992 | 9.523 | 9.072 | 25 |
| 26 | 12.186 | 11.934 | 11.390 | 10.853 | 10.331 | 9.826 | 9.341 | 26 |
| 28 | 13.141 | 12.844 | 12.213 | 11.593 | 10.991 | 10.411 | 9.857 | 28 |
| 30 | 14.092 | 13.748 | 13.024 | 12.314 | 11.627 | 10.969 | 10.342 | 30 |
| 32 | 15.041 | 14.646 | 13.822 | 13.017 | 12.241 | 11.500 | 10.799 | 32 |
| 34 | 15.986 | 15.537 | 14.607 | 13.702 | 12.832 | 12.006 | 11.227 | 34 |
| 35 | 16.458 | 15.980 | 14.995 | 14.037 | 13.120 | 12.250 | 11.432 | 35 |
| 36 | 16.928 | 16.421 | 15.380 | 14.369 | 13.402 | 12.487 | 11.630 | 36 |
| 38 | 17.867 | 17.299 | 16.140 | 15.018 | 13.950 | 12.944 | 12.006 | 38 |
| 40 | 18.802 | 18.170 | 16.887 | 15.650 | 14.476 | 13.377 | 12.359 | 40 |
| 45 | 21.126 | 20.320 | 18.702 | 17.155 | 15.705 | 14.364 | 13.141 | 45 |
| 50 | 23.429 | 22.429 | 20.441 | 18.557 | 16.812 | 15.223 | 13.796 | 50 |
| 55 | 25.711 | 24.498 | 22.105 | 19.860 | 17.807 | 15.966 | 14.341 | 55 |
| 60 | 27.973 | 26.526 | 23.695 | 21.067 | 18.697 | 16.606 | 14.791 | 60 |
| 65 | 30.214 | 28.515 | 25.214 | 22.184 | 19.491 | 17.154 | 15.160 | 65 |
| 70 | 32.435 | 30.463 | 26.662 | 23.214 | 20.196 | 17.621 | 15.461 | 70 |
| 75 | 34.635 | 32.372 | 28.042 | 24.163 | 20.821 | 18.017 | 15.706 | 75 |
| 80 | 36.814 | 34.242 | 29.356 | 25.035 | 21.372 | 18.352 | 15.903 | 80 |
| 85 | 38.973 | 36.073 | 30.605 | 25.835 | 21.857 | 18.635 | 15.062 | 85 |
| 90 | 41.112 | 37.866 | 31.792 | 26.566 | 22.283 | 18.871 | 16.189 | 90 |
| 95 | 43.230 | 39.620 | 32.918 | 27.235 | 22.655 | 19.069 | 16.290 | 95 |
| 100 | 45.328 | 41.336 | 33.985 | 27.844 | 22.980 | 19.234 | 16.371 | 100 |

续上表

| N | 7% | 8% | 9% | 10% | 12% | 15% | 18% | N |
|---|---|---|---|---|---|---|---|---|
| 2 | 0.483 | 0.481 | 0.478 | 0.476 | 0.472 | 0.465 | 0.459 | 2 |
| 3 | 0.955 | 0.949 | 0.943 | 0.936 | 0.925 | 0.907 | 0.890 | 3 |
| 4 | 1.415 | 1.404 | 1.392 | 1.381 | 1.359 | 1.326 | 1.295 | 4 |
| 5 | 1.865 | 1.846 | 1.828 | 1.810 | 1.775 | 1.723 | 1.673 | 5 |
| 6 | 2.303 | 2.276 | 2.250 | 2.224 | 2.172 | 2.097 | 2.025 | 6 |
| 7 | 2.730 | 2.694 | 2.657 | 2.022 | 2.551 | 2.450 | 2.353 | 7 |
| 8 | 3.146 | 3.099 | 3.051 | 3.004 | 2.913 | 2.781 | 2.656 | 8 |
| 9 | 3.552 | 3.491 | 3.431 | 3.372 | 3.257 | 3.092 | 2.936 | 9 |
| 10 | 3.946 | 3.798 | 3.798 | 3.725 | 3.585 | 3.393 | 3.194 | 10 |
| 11 | 4.330 | 4.239 | 4.151 | 4.064 | 3.895 | 3.655 | 3.430 | 11 |
| 12 | 4.702 | 4.596 | 4.491 | 4.388 | 4.190 | 3.908 | 3.647 | 12 |
| 13 | 5.065 | 4.940 | 4.818 | 4.699 | 4.468 | 4.144 | 3.845 | 13 |
| 14 | 5.417 | 5.273 | 5.133 | 5.995 | 4.732 | 4.362 | 4.025 | 14 |
| 15 | 5.758 | 5.594 | 5.435 | 5.279 | 4.980 | 4.565 | 4.189 | 15 |
| 16 | 6.090 | 5.905 | 5.724 | 5.549 | 5.215 | 4.752 | 4.337 | 16 |
| 17 | 6.411 | 6.204 | 6.002 | 5.807 | 5.435 | 4.925 | 4.471 | 17 |
| 18 | 6.722 | 6.492 | 6.269 | 6.053 | 5.643 | 5.084 | 4.592 | 18 |
| 19 | 7.024 | 6.770 | 6.524 | 6.286 | 5.838 | 5.231 | 4.700 | 19 |
| 20 | 7.316 | 7.037 | 6.767 | 6.509 | 6.020 | 5.365 | 4.798 | 20 |
| 22 | 7.872 | 7.541 | 7.223 | 6.919 | 6.351 | 5.601 | 4.963 | 22 |
| 24 | 8.392 | 8.007 | 7.638 | 7.288 | 6.641 | 5.798 | 5.095 | 24 |
| 25 | 8.639 | 8.225 | 7.832 | 7.458 | 6.771 | 5.883 | 5.150 | 25 |
| 26 | 8.877 | 8.435 | 8.016 | 7.619 | 6.892 | 5.961 | 5.199 | 26 |
| 28 | 9.329 | 8.829 | 8.357 | 7.914 | 7.110 | 6.096 | 5.281 | 28 |
| 30 | 9.749 | 9.190 | 8.666 | 8.176 | 7.297 | 6.207 | 5.345 | 30 |
| 32 | 10.138 | 9.520 | 8.944 | 8.409 | 7.459 | 6.297 | 5.394 | 32 |
| 34 | 10.499 | 9.821 | 9.193 | 8.615 | 7.596 | 6.371 | 5.433 | 34 |
| 35 | 10.669 | 9.961 | 9.308 | 8.709 | 7.658 | 6.402 | 5.449 | 35 |
| 36 | 10.832 | 10.095 | 9.417 | 8.799 | 7.714 | 6.430 | 5.462 | 36 |
| 38 | 11.140 | 10.344 | 9.617 | 8.956 | 7.814 | 6.478 | 5.485 | 38 |
| 40 | 11.423 | 10.570 | 9.796 | 9.096 | 7.899 | 6.517 | 5.502 | 40 |
| 45 | 12.063 | 11.045 | 10.160 | 9.374 | 8.057 | 6.583 | 5.529 | 45 |
| 50 | 12.529 | 11.411 | 10.429 | 9.570 | 8.160 | 6.620 | 5.543 | 50 |
| 55 | 12.921 | 11.690 | 10.626 | 9.708 | 8.225 | 6.641 | 5.549 | 55 |
| 60 | 13.232 | 11.902 | 10.768 | 9.802 | 8.266 | 6.653 | 5.553 | 60 |
| 65 | 13.476 | 12.060 | 10.870 | 9.867 | 8.292 | 6.659 | 5.554 | 65 |
| 70 | 13.666 | 12.178 | 10.943 | 9.911 | 8.308 | 6.663 | 5.555 | 70 |
| 75 | 13.814 | 12.266 | 10.994 | 9.941 | 8.318 | 6.665 | 5.555 | 75 |
| 80 | 13.927 | 12.330 | 11.030 | 9.961 | 8.324 | 6.666 | 5.555 | 80 |
| 85 | 14.015 | 12.377 | 11.055 | 9.974 | 8.328 | 6.666 | 5.555 | 85 |
| 90 | 14.081 | 12.412 | 11.073 | 9.983 | 8.330 | 6.666 | 5.556 | 90 |
| 95 | 14.132 | 12.437 | 11.085 | 9.989 | 8.331 | 6.667 | 5.556 | 95 |
| 100 | 14.170 | 12.455 | 11.093 | 9.993 | 8.332 | 6.667 | 5.556 | 100 |

续上表

| N | 20% | 25% | 30% | 35% | 40% | 45% | 50% | N |
|---|---|---|---|---|---|---|---|---|
| 2 | 0.455 | 0.444 | 0.435 | 0.426 | 0.417 | 0.408 | 0.400 | 2 |
| 3 | 0.879 | 0.852 | 0.827 | 0.803 | 0.780 | 0.758 | 0.737 | 3 |
| 4 | 1.274 | 1.225 | 1.178 | 1.134 | 1.092 | 1.053 | 1.015 | 4 |
| 5 | 1.641 | 1.563 | 1.490 | 1.422 | 1.358 | 1.298 | 1.242 | 5 |
| 6 | 1.979 | 1.868 | 1.765 | 1.670 | 1.581 | 1.499 | 1.423 | 6 |
| 7 | 2.290 | 2.412 | 2.006 | 1.881 | 1.766 | 1.661 | 1.565 | 7 |
| 8 | 2.576 | 2.387 | 2.216 | 2.060 | 1.919 | 1.791 | 1.675 | 8 |
| 9 | 2.836 | 2.605 | 2.396 | 2.209 | 2.042 | 1.893 | 1.760 | 9 |
| 10 | 3.074 | 2.797 | 2.551 | 2.334 | 2.142 | 1.973 | 1.824 | 10 |
| 11 | 3.289 | 2.966 | 2.683 | 2.436 | 2.221 | 2.034 | 1.871 | 11 |
| 12 | 3.848 | 3.115 | 2.795 | 2.520 | 2.285 | 2.082 | 1.907 | 12 |
| 13 | 3.660 | 3.244 | 2.889 | 2.589 | 2.334 | 2.118 | 1.933 | 13 |
| 14 | 3.817 | 3.356 | 2.968 | 2.644 | 2.373 | 2.145 | 1.952 | 14 |
| 15 | 3.959 | 3.453 | 3.034 | 2.689 | 2.403 | 2.165 | 1.966 | 15 |
| 16 | 4.085 | 3.537 | 3.089 | 2.725 | 2.426 | 2.180 | 1.976 | 16 |
| 17 | 4.198 | 3.608 | 3.135 | 2.753 | 2.444 | 2.191 | 1.983 | 17 |
| 18 | 4.298 | 3.670 | 3.172 | 2.776 | 2.458 | 2.200 | 1.988 | 18 |
| 19 | 4.386 | 3.722 | 3.202 | 2.793 | 2.468 | 2.206 | 1.991 | 19 |
| 20 | 4.464 | 3.767 | 3.228 | 2.008 | 2.476 | 2.210 | 1.994 | 20 |
| 22 | 4.594 | 3.836 | 3.265 | 2.827 | 2.487 | 2.216 | 1.997 | 22 |
| 24 | 4.694 | 3.886 | 3.289 | 2.839 | 2.493 | 2.219 | 1.999 | 24 |
| 25 | 4.735 | 3.905 | 3.298 | 2.843 | 2.494 | 2.220 | 1.999 | 25 |
| 26 | 4.771 | 3.921 | 3.305 | 2.847 | 2.496 | 2.221 | 1.999 | 26 |
| 28 | 4.829 | 3.946 | 3.315 | 2.851 | 2.498 | 2.221 | 2.000 | 28 |
| 30 | 4.873 | 3.963 | 3.322 | 2.853 | 2.499 | 2.222 | 2.000 | 30 |
| 32 | 4.906 | 3.975 | 3.326 | 2.855 | 2.490 | 2.222 | 2.000 | 32 |
| 34 | 4.931 | 3.983 | 3.329 | 2.856 | 2.500 | 2.222 | 2.000 | 34 |
| 35 | 4.941 | 3.986 | 3.330 | 2.856 | 2.500 | 2.222 | 2.000 | 35 |
| 36 | 4.949 | 3.988 | 3.330 | 2.856 | 2.500 | 2.222 | 2.000 | 36 |
| 38 | 4.963 | 3.992 | 3.332 | 2.857 | 2.500 | 2.222 | 2.000 | 38 |
| 40 | 4.973 | 3.995 | 3.332 | 2.857 | 2.500 | 2.222 | 2.000 | 40 |
| 45 | 4.988 | 3.998 | 3.333 | 2.857 | 2.500 | 2.222 | 2.000 | 45 |
| 50 | 4.995 | 3.999 | 3.333 | 2.857 | 2.500 | 2.222 | 2.000 | 50 |
| 55 | 4.998 | 4.000 | 3.333 | 2.857 | 2.500 | 2.222 | 2.000 | 55 |
| 60 | 4.999 | 4.000 | 3.333 | 2.857 | 2.500 | 2.222 | 2.000 | 60 |
| 65 | 5.000 | 4.000 | 3.333 | 2.857 | 2.500 | 2.222 | 2.000 | 65 |
| 70 | 5.000 | 4.000 | 3.333 | 2.857 | 2.500 | 2.222 | 2.000 | 70 |
| 75 | 5.000 | 4.000 | 3.333 | 2.857 | 2.500 | 2.222 | 2.000 | 75 |
| 80 | 5.000 | 4.000 | 3.333 | 2.857 | 2.500 | 2.222 | 2.000 | 80 |
| 85 | 5.000 | 4.000 | 3.333 | 2.857 | 2.500 | 2.222 | 2.000 | 85 |
| 90 | 5.000 | 4.000 | 3.333 | 2.857 | 2.500 | 2.222 | 2.000 | 90 |
| 95 | 5.000 | 4.000 | 3.333 | 2.857 | 2.500 | 2.222 | 2.000 | 95 |
| 100 | 5.000 | 4.000 | 3.333 | 2.857 | 2.500 | 2.222 | 2.000 | 100 |

# 参 考 文 献


[1] 蔡成祥.公路工程经济分析.北京:人民交通出版社,1995

[2] 邵颖红,黄渝祥.工程经济学概论.北京:电子工业出版社,2003

[3] 赵国杰.工程经济学.天津:天津大学出版社,2003

[4] 刘新梅.工程经济分析.西安:西安交通大学出版社,2003

[5] 杜葵.工程经济学.重庆:重庆大学出版社,2001

[6] 周伟,王选仓主编.道路经济与管理.北京:人民交通出版社,1998

[7] 施国庆,董铭.投资项目社会评价研究.河海大学学报(哲学社会科学版).2003

[8] 王五英等 . 投资项目社会评价方法 .北京:经济管理出版社,1997

[9] 盛洪飞.道路工程经济与管理.北京:人民交通出版社,2002

[10] 保罗·萨缪尔森.经济学.北京:华夏出版社,2001

[11] 曼昆. 经济学原理,北京:机械工业出版社,2003

[12] 傅鸿源.工程项目风险评价方法的研究.系统工程理论与实践,1995

[13] 郭仲伟.风险分析与决策,北京:机械工业出版社,1987

[14] 江兵.组合概率在风险分析中的应用.决策与决策支持系统,1994

[15] 尹贻林,陈通,杨杉.我国项目风险管理的发展趋势,中国软科学, 1995

[16] 杨建平,杜端甫.投资项目风险管理动态模型研究.决策科学与应用,北京:海洋出版社,1996

[17] 公路项目可行性研究报告编制大纲.中国智能交通资讯网 www.P-link.Cn.2005

[18] 周鹤年.新编技术经济学.北京:中国纺织出版社.1997

[19] 陈伟忠.技术经济教程.西安:西安交通大学出版社,1996

[20] 亨利·马尔科姆·斯坦纳.工程经济学原理.北京:经济科学出版社,2000

[21] 万威武,陈伟忠.可行性研究与项目评价.西安:西安交通大学出版社.1998

[22] 李南.工程经济学.北京:科学出版社,2000

[23] 李相然. 工程经济学.北京: 中国建材工业出版社, 2005

[24] 文德云.公路工程建设招标与投标.北京:人民交通出版社,2002

[25] 黄有亮,徐向阳等. 工程经济学.南京: 东南大学出版社, 2002

[26] 刘晓君. 工程经济学. 北京:中国建筑工业出版社, 2003

[27] 李南.工程经济学. 北京:科学出版社, 2000

[28] 梁金江.公路工程管理.北京:人民交通出版社,2005

[29] 亨利,马尔科姆,斯坦纳. 工程经济学原理(第二版).北京: 经济科学,2000

[30] [美]Leland Blank, Anthony Tarquin. 工程经济学(第 5 版).北京: 清华大学出版社,2003

[31] 袁剑波.公路经济学教程.北京:人民交通出版社,2002

[32] 石勇民.公路工程定额原理与估价.北京:人民交通出版社,2004

[33] 陈毅刚.关于公路建设项目经济评价的研究(硕士学位论文).成都:电子科技大学,2002

[34] 石振武.高速公路建设项目经济评价相关问题的研究(博士学位论文).哈尔滨:东北林业大学,2004

[35] 阮路.公路改建项目的经济评价方法(硕士学位论文).西南交通大学,2002

[36] 朱锡庆.道路收费理论.长沙交通学院学报,2003
[37] 林晓言,王红梅.技术经济学教程(第二版).北京:经济管理出版社,2005
[38] 白思俊.现代交通项目管理.北京:机械工业出版社,2003
[39] 尹贻林等.工程造价管理相关知识.北京:中国计划出版社,2001
[40] 张建仁.工程费用监理.北京:人民交通出版社,1999
[41] 严作人,孙立军.道路工程经济与管理.上海:同济大学出版社,1995
[42] 王文松等.现代咨询方法与实务.北京:中国计划出版社,2003
[43] 尹贻林等.工程造价的确定与控制.北京:中国计划出版社,2001
[44] 刘伊生.工程造价管理基础理论与相关法规.北京:中国计划出版社,2003
[45] 尹贻林等.工程造价案例分析.北京:中国城市出版社,2001
[46] 王文松等.现代咨询方法与实务.北京:中国计划出版社,2003
[47] 交通部公路工程定额站.公路工程施工招投标与费用监理,2002
[48] 交通部公路工程定额站.公路工程造价管理相关知识,2001
[49] 江苏省工程建设标准定额总站.工程造价基础理论,2000
[50] 解绍璋等.公路工程国内招标文件范本.北京:人民交通出版社,2003
[51] 王彤等.项目决策分析与评价.北京:中国计划出版社,2003
[52] 黄显贵等.公路工程监理工程师执业资格考试应试辅导——公路工程经济.北京:人民交通出版社,2006
[53] 交通部公路工程定额站.公路工程造价编制与项目经济评价.2002